国家社科基金一般项目（项目编号：17BZX060）

20世纪《论语》诠释研究

刘伟 著

山东人民出版社·济南
国家一级出版社 全国百佳图书出版单位

图书在版编目（CIP）数据

20世纪《论语》诠释研究/刘伟著.--济南：山东人民出版社，2022.12

ISBN 978-7-209-14226-7

Ⅰ.①2… Ⅱ.①刘… Ⅲ.①《论语》—研究—20世纪 Ⅳ.①B222.25

中国版本图书馆CIP数据核字(2022)第248546号

20世纪《论语》诠释研究

20 SHIJI LUNYU QUANSHI YANJIU

刘伟 著

主管单位 山东出版传媒股份有限公司
出版发行 山东人民出版社
出 版 人 胡长青
社　　址 济南市市中区舜耕路517号
邮　　编 250003
电　　话 总编室（0531）82098914
　　　　　市场部（0531）82098027
网　　址 http://www.sd-book.com.cn
印　　装 山东新华印务有限公司
经　　销 新华书店

规　　格 32开（148mm×210mm）
印　　张 13.875
字　　数 293千字
版　　次 2022年12月第1版
印　　次 2022年12月第1次
ISBN 978-7-209-14226-7
定　　价 68.00元

序

《论语》作为“五经之管辖、六艺之喉衿”，上承五经，下启诸子，在中国文化史上具有极为重要之地位。自《论语》问世，两千多年来，对《论语》的注释、训诂、疏解、论说从未中断，形成了源远流长的《论语》学传统，对中国文化的发展产生了深刻的影响。进入20世纪，儒学几经沉浮，孔子更是历尽劫难，而《论语》没有因孔子、儒学的命运多舛而受到冷落，反而无论是反孔还是尊孔，抑或评孔、研孔，所有人都要到《论语》中寻求根据，寻求对他们观点有用的“新大陆”，因而《论语》的诠释可谓五花八门，呈现出千姿百态。这样一时代，是解除一切禁忌的时代，是思想大开放的时代，也是可以蔑视一切学术权威的时代，这一时期的《论语》诠释最值得人们注意，研究这一时期的《论语》学有着特别的意义。呈现在读者面前的这部学术专著是刘伟教授主持的国家社科基金项目结项成果，也是他多年从事《论语》诠释研究的结晶。

从宏观上来看，该著对20世纪《论语》诠释问题作了扎实深入的研究，取得了可喜可赞的研究成果。作者从《论语》学概论开始，沿着时间轴即清末、民国、新中国成立前到“文革”，改革开放前前后后，对《论语》诠释娓娓道来，如行流水，同时对港台地区《论语》诠释也进行了专门梳理。作者思路清晰，行文流畅，有自己鲜明的学术特点。作者评述有点有面，点面结合，令人耳目一新。同时，作者还从《论语》文本的编纂、孔门“四科”、《论语》中的祭祀与身份认同等专题入手进行了深入探讨，丰富了《论语》学内容，增加了该成果的分量。诚如专家在鉴定意见中所言：“该成果系统展示出了20世纪《论语》诠释的演变特点，扩展了《论语》学研究的广度和深度，探讨了儒学的传承与经典诠释的关系，这对于促进儒学的学术发展，弘扬中华优秀传统文化，都具有重要的学术价值。”具体来说，该书的学术价值主要有以下几点：

其一，首次对20世纪《论语》诠释研究成果作了比较全面系统的爬梳探究，接续了学术界的《论语》学研究传统，拓展了《论语》学研究的视野。自《论语》成书以来，历朝历代的《论语》注疏，可谓浩如烟海。但从目前来看，关于《论语》诠释成果的研究，大都聚焦清代之前，而对20世纪的《论语》学的研究关注度不够，这是与20世纪的《论语》诠释所取得的成就极不相应。刘伟教授大著的问世，补了这一研究领域的空白，堪称百年《论语》学研究通史性之力作。

其二，该著对20世纪《论语》注本的解经风格、主要特色等作了精准概括和深刻剖析，臧否得失，切中肯綮，为学术界理解和把握《论语》不同注本提供了参考。尤其是沿着传统经典诠释的方法和路径探究了《论语》不同注本中的汉学与宋学、训诂与义理、注与疏等核心问题，是以中释中的范例，对构建中国特色哲学社会科学三大体系有一定促进作用。

其三，真知灼见、闪耀其间。围绕《论语》文本的编纂、孔门“四科”意蕴、“绝地天通”改革、《论语》中祭祀与身份认同等《论语》研究中的热点难点问题展开深入探讨，并提出个人见解，值得肯定。尤其是能够结合当今时代需求和学术研究自身规律，认为《论语》诠释的未来发展“必须回应时代关切，在根植传统的基础上，积极与中国马克思主义相呼应，在创造性转换创新性发展中开出新天地”，这些论断都是难能可贵的。

诚然，一千个读者心中有一千个哈姆雷特。作为中国人的《圣经》，每一位《论语》的研究者都有自己对《论语》的理解，可谓说不尽的《论语》，这正是《论语》诠释魅力所在。该著只是刘伟教授现阶段的研究心得，假以时日，20 年后再研究百年《论语》诠释史，可能会有新的不同于今的认识。期待他坚持不懈、持之以恒，在《论语》学研究领域不断取得新成就。

是为序。

颜炳罡

2022 年 12 月

目录

绪论

第一节 研究缘起

顾名思义，《论语》学是以《论语》为核心所进行的学术研究。《论语》自成书以来，研习者众多。从宏观上来看，大致分为两类：一类是以学习《论语》为目的，对《论语》内容仅作文字层面的注解、训诂，基本不作义理的阐发的；另一类则是在学习的基础上进行义理层面的探讨的。这便是《论语》学的源泉。作为现代学术意义上的《论语》学，有学者认为，最早出现在清朝光绪皇帝审定颁布的《奏定学堂章程》。该《章程》规定，大学教育分为高等学堂或大学预科、分科大学堂、通儒院三级，大学堂分为八科，设立在京师的大学堂必须八科齐备，设立在省会的不必八科齐备，但至少须设置三科。此八科为经学科大学、政治科大学、文学科大学等，列在首位的是经学科大学。经学分十一门：《周易》学门、《尚书》学门、《毛诗》学门、《春秋左传》学门、《春秋三传》学门、《周礼》学门、《仪礼》学门、《礼记》学门、《论语》学门、《孟子》学门和理学门。其中，《论语》学门就是现代学术意义上的《论语》学。以此为发端，《论语》学在学术界被广泛沿用。①

从本课题而言，国外对此方面的研究主要集中在以《论语》为蓝本探究孔子及儒家思想方面，如杜维明的《论儒学的宗教性——对〈中庸〉的现代诠释》（1976）、狄百瑞的《为己之学》（1990）、嵇辽拉的《孔子生平、学说与命运》（1993）等，对 20 世纪《论语》诠释文本的研究鲜有涉及。

国内学者对 20 世纪《论语》诠释成果的研究主要集中在以下四个方面。

第一，直接对 20 世纪《论语》诠释成果的研究。郭素红对 20 世纪中国论语文献研究状况进行了总结与回顾，同时就论语文献学学科体系的构建、论语文献学今后的主要研究方向提出了建议。②徐庆文对 20 世纪《论语》诠释的主要特点及其未来走向进行了简要梳理和分析，认为《论语》诠释成果分为以经解经式的“古”式《论语》诠释和学科分治式的新式《论语》诠释，前者被现代学人归入历史，后者的诠释模式已经成型，并在学科分治中形成了文、史、哲三个学科的学者各自独立地固守着自己的领地而拒斥其

---

① 参见刘立志：《“〈论语〉学”名目溯源》，《江海学刊》2005 年第 5 期。

② 参见郭素红：《20 世纪中国〈论语〉文献学研究回顾与展望》，《东疆学刊》2007 年第 1 期。

他学科的趋势。[1] 柳宏、宋展云从文学层面梳理了新中国成立以来六十年的《论语》研究史，认为六十年来的《论语》传播和《论语》研究，呈现出从经学向文学转变的显著特征，开创了真正从文学层面研究《论语》的新方向。[2]

第二，对某一历史阶段《论语》诠释成果的研究。刘斌详细梳理、甄别了民国时期《论语》诠释的文献，重点阐释了简朝亮的《论语集注补正述疏》、马一浮的《论语大义》、程树德的《论语集释》、赵纪彬的《论语新探》的诠释特色。[3] 唐明贵对 1950 年至 1980 年期间的《论语》诠释研究成果进行了概述，并指出了不足。[4] 郑子慧对 1978 年以来《论语》学的研究成果作了较为详细的梳理，认为这一时期出版的有关《论语》的专著达 430 多种，有关《论语》的研究论文有 2000 余篇，《论语》的研究呈现出蓬勃发展的趋势。[5] 宋红宝对改革开放以来的《论语》诠释文献资料进行了爬梳整理，分析了该时期《论语》诠释的基本特点、规律、成因，以及不同时期《论语》研究在价值取向、研究方法上所发生的变化。[6]

---

① 参见徐庆文:《从注释性经学到观念性哲学——20 世纪〈论语〉诠释特点及其走向》,《齐鲁学刊》2015 年第 1 期。

② 参见柳宏、宋展云:《〈论语〉文学研究 60 年》,《文学评论》2009 年第 6 期。

③ 参见刘斌:《民国〈论语〉学研究》,山东大学博士学位论文,2008 年。

④ 参见唐明贵:《中国学者近半个世纪以来的〈论语〉研究》,《古籍整理研究学刊》2005 年第 2 期。

⑤ 参见郑子慧:《新时期〈论语〉研究述评》,曲阜师范大学硕士学位论文,2008 年。

⑥ 参见宋红宝:《新时期国人经典观念的转变与释读方法的多元化——以〈论语〉释读为例》,曲阜师范大学硕士学位论文,2010 年。

第三，对《论语》学断代史性质的研究论著中所涉研究成果的研究。朱华忠认为康有为的《论语注》既非客观地梳释《论语》本义，亦非措意于章句要旨，而是别有用意存焉。其主要目的则在为君主立宪、变法维新以及因时进化方面提供理论上的依据，存在公羊家之引申过远、曲解正文、强经义以就己见的缺点。① 柳宏则认为康有为站在中西文化交会点上吐故纳新，交融整合，是近代中国开辟传统文化向近代转型的第一位探路人，“援西学入儒”的诠释方式也是清末《论语》诠释的一大特色。②

第四，对单一《论语》诠释文本的研究成果的研究。

（1）对清末《论语》诠释文本的研究。主要涉及廖平的《知圣篇》、康有为的《论语注》、简朝亮的《论语集注补正述疏》。李长春认为《知圣篇》对《论语》相关内容的引证隐含了一种全新诠释，既有传统的“断章取义”“合文见义”，也有独具特色的“逆向释义”，在诠释方法和诠释策略上既续接古典传统又独辟蹊径，使得廖平的素王论避开一般今文学家的论证路径而新意迭出。③ 孔祥骅认为康有为是清代《论语》诠释的集大成者，把《论语》与《春秋》公羊学所阐发的“通三统”“张三世”“孔子改制”等微言大义紧密结合并改造成为维新变法服务的理论根据，在晚清救

---

① 参见朱华忠:《清代论语学》,巴蜀书社2008年版。

② 参见柳宏:《清代〈论语〉诠释史论》,社会科学文献出版社2008年版。

③ 参见李长春:《廖平〈知圣篇〉中的〈论语〉诠释》,《社会科学研究》2011年第3期。

亡图存的政治变革中掀起了公羊议政、公羊改制的狂飙。① 唐明贵认为《论语集注补正述疏》以洽于经义为旨归，折中汉宋精粹，不但补朱注之略，而且正朱注之讹谬，所作述疏深入浅出，解读翔实，代表了同时期《论语》研究的最高水平，具有重要的学术价值，在《论语》学史上理应占有一席之地。②

（2）对民国时期《论语》诠释文本的研究。主要涉及程树德的《论语集释》、杨树达的《论语疏证》、钱穆的《论语新解》和杨伯峻的《论语译注》。程俊英认为《论语集释》是一部"荟萃贯串"力作，学术价值主要有三点：网罗宏富、条理明晰、立论公允。③ 马瑞霞从训诂体例、释义体例、训诂术语、校勘及修辞术语、引用书籍等对《论语疏证》进行了比较详尽的分析，认为广微博采、注重考据是其主要特色。④ 周海平认为《论语新解》充分扬弃了宋明义理之学与乾嘉考据之学，以朴学为基阐发义理，对《论语》的阐释达到了质实而圆融的境界，是众注本中极新极平极高之作。⑤ 黄彦伟认为钱穆既尊崇朱注又显出其"和而不同"的义理旨向，同时其将对老子其人其书的考辨以及对《论语》与《孟子》

① 参见孔祥骅：《论康有为的〈论语〉学》，《上海交通大学学报（社会科学版）》1999 年第 4 期。

② 参见唐明贵：《简朝亮〈论语集注补正述疏〉的特色》，《聊城大学学报（社会科学版）》2010 年第 1 期。

③ 参见程俊英：《程树德教授及其〈论语集释〉》，《古籍整理研究学刊》1988 年第 4 期。

④ 参见马瑞霞：《杨树达〈论语疏证〉研究（一）》，兰州大学硕士学位论文，2010 年。

⑤ 参见周海平：《深情的体悟，卓然的阐释——〈论语新解〉的学术情怀与境界》，《孔子研究》2002 年第 6 期。

《中庸》《易传》的学脉承续等重要论点贯穿到《新解》的释解中去，体现出“欲融铸一家之言”的努力。[①] 相对程树德的《论语集释》、杨树达的《论语疏证》和钱穆的《论语新解》而言，杨伯峻的《论语译注》所受的关注较多。蔡莱莉、柳宏认为杨氏之注释紧紧围绕普及与提高之目标，采用了不同于古代的注释体例，“不纠缠于考据”“不炫博”“不矜奇”“不自是”“不遗美”，以尊重传统、实事求是、千虑一得的鲜明注释特点，积极探索当代译注体文本形态及注释方法。[②] 在肯定《论语译注》价值的基础上，学者从不同角度对其中某些章句进行了质疑。如高敏认为“节用爱人”“有耻且格”“父母唯其疾之忧”“至于犬马，皆能有养”“无適也，无莫也”“不有祝鮀之佞，而有宋朝之美”“何有于我哉”“式负版者”“色斯举矣”等语句的注译存有欠当之处。[③] 崔海东[④]、庄荣贞[⑤]、胡振远[⑥]等分别从义理、语法、词义等方面对《论语译注》的某些章句进行了辨析，认为在某些地方存在语义不明、逻辑不通、词义标点等令人难以理解等问题。

---

① 参见黄彦伟：《〈论语新解〉：融铸一家之言的义理通释典范》，《社会科学论坛》2013 年第 11 期。

② 参见蔡莱莉、柳宏：《杨伯峻〈论语译注〉注释特点论》，《江苏社会科学》2014 年第 6 期。

③ 参见高敏：《杨伯峻〈论语译注〉献疑》，《孔子研究》2015 年第 1 期。

④ 参见崔海东：《杨伯峻〈论语译注〉义理商榷》，《合肥师范学院学报》2014 年第 1 期。

⑤ 参见庄荣贞：《杨伯峻〈论语译注〉质疑》，《长春师范学院学报（人文社会科学版）》2008 年第 5 期。

⑥ 参见胡振远：《〈论语译注〉疑义解读》，《赤峰学院学报（汉文哲学社会科学版）》2012 年第 12 期。

（3）对新中国成立以来至20世纪末《论语》诠释文本的研究。主要涉及赵纪彬的《论语新探》、李泽厚的《论语今读》。由于这两部著作是所处时代的扛鼎之作，具有鲜明的时代烙印，因此备受学界关注。对《论语新探》有两种截然不同的看法：一种观点是彻底否定，认为没有任何学术价值。傅云龙、孙乃源认为《论语新探》只是“一个为了迎合某种反革命政治需要而歪曲和践踏阶级分析方法的铁证”，是完全适应“四人帮”篡党夺权反革命政治的需要的，是“古为帮用”的影射史学的活标本。[①] 另一种观点在肯定《新探》有一定学术价值的基础上，针对《新探》中的某些观点进行质疑批驳。魏德尧[②]、任钟印[③]、张作耀[④]和傅晏风[⑤]分别从孔子思想的逻辑结构以及“有教无类”“人”“民”“后进”等方面对《论语新探》中的相关论点进行了质疑和批驳。《论语今读》是李泽厚积极倡导的“第四期儒学”之标志性著作，体现了李泽厚个人的思想与见解，得到学界的普遍肯定。王毅认为，李泽厚以“回归原典，重探儒学”为宗旨，在《论语今读》中重新建立了一个以塑造文化心理结构为基础、“一个世界”的世界观为前提、

---

① 参见傅云龙、孙乃源：《赵纪彬一九七六年的〈新探〉究竟“新”在哪里?》，《哲学研究》1978年第7期。

② 参见魏德尧：《孔子思想的逻辑结构——兼驳〈论语新探〉一书中的有关论点》，《延安大学学报(社会科学版)》1981年第Z1期。

③ 参见任钟印：《试论“有教无类”——评〈论语新探〉》，《黄石师院学报(哲学社会科学版)》1981年第4期。

④ 参见张作耀：《孔门先进弟子异同论——兼评〈论语新探·先进异同考〉》，《东岳论丛》1990年第5期。

⑤ 参见傅晏风：《〈论语〉“人”“民”辨说——兼评赵纪彬〈论语新探·释人民〉》，《重庆文理学院学报(社会科学版)》2009年第2期。

"情本体"为内核、悦志悦神为目标的完整的哲学架构。在这个结构中，塑造人的情感心理与传统《论语》的"仁""爱"等理念相统一，又蕴含了人的主体性这条隐线，呈现出开放包容以及实用理性两个特点。[①] 孙福万[②]、李健胜[③]、田静[④]等从义理、训诂等多个层面对《论语今读》中部分章句或个别观点进行了评析。

（4）对港台地区《论语》诠释文本的研究。主要涉及南怀瑾的《论语别裁》、毛子水的《论语今注今译》、傅佩荣的《傅佩荣解读论语》、方骥龄的《论语新诠》。令狐国芳、王晶冰以《论语别裁》为例，阐释了南怀瑾的"做人好、做事对"的学问观。[⑤] 高振铎认为《论语别裁》是"盛名之下、其实难副"，存在"别出心裁""望文生义""疏忽大意""不知所云"等四类典型谬误。[⑥] 黄佳琦对《论语今注今译》和杨伯峻的《论语译注》进行了比较，认为它们在编排体例、译注顺序和引书体例等方面存在差异，而"著书目的不同""学术环境有别"是产生差异的主要原因。[⑦] 陈锦

---

① 参见王毅：《从〈论语今读〉看李泽厚〈论语〉哲学架构与现代人文情怀》，《美与时代》（下）2021年第1期。

② 参见孙福万：《〈论语今读〉与中国人的主体性问题》，《江苏广播电视大学学报》2002年第5期。

③ 参见李健胜：《李泽厚对〈论语〉的文本定位与思想阐释——以〈论语今读〉为中心》，《西北师大学报（社会科学版）》2011年第6期。

④ 参见田静：《〈论语今读〉译注商榷五则》，《吕梁学院学报》2011年第1期。

⑤ 参见令狐国芳、王晶冰：《从〈论语别裁〉管窥南怀瑾的学问观》，《太原理工大学学报（社会科学版）》2014年第6期。

⑥ 参见高振铎：《〈论语别裁〉纠谬》，《古籍整理研究学刊》1992年第5期。

⑦ 参见黄佳琦：《杨伯峻、毛子水〈论语〉译注差异简论》，《图书馆学刊》2016年第8期。

源从标点不当、径改原文、释义不确等方面对《傅佩荣解读论语》中存在的问题进行了质析。[①] 刘倩认为《论语新诠》主要目的是宣传台湾地区政府的政治方针，义理大于考据，许多地方一味谋求新解以致曲解甚至误解了《论语》的本义。[②]

纵观20世纪《论语》诠释研究的历史，成绩较为明显，但也存在需要补充和完善的地方，主要体现两个方面。其一，缺乏百年回顾通史性的研究，断代史的研究也仅仅局限在“民国”“改革开放至20世纪末”，“清末”涉及甚少，“新中国成立至改革开放”尚未关注；而且，现有研究成果多为学术论文，多是宏观梳理，主旨明确、对比臧否、内涵丰富深刻的专著尚未出现。其二，研究领域有待进一步拓展。20世纪是大激荡、大变革的时代，《论语》诠释与政治、教育、学术的交互关系，以及诠释者与时代、社会的互动等，对这些方面的研究比较欠缺，需要积极探索。故此，笔者选取“20世纪《论语》诠释”作为研究课题，对一百年来的《论语》诠释史作贯通式的爬梳、阐释与解析，以期对当前研究成果作进一步的挖掘、深化和完善。

第二节　研究范围和研究内容

20世纪《论语》诠释研究，时间范围界定在1900年至1999

---

① 参见陈锦源:《〈傅佩荣解读论语〉商榷》,南京大学硕士学位论文,2007年。

② 参见刘倩:《方骥龄〈论语新诠〉辨疑》,曲阜师范大学硕士学位论文,2013年。

年，横跨一个世纪。空间范围以中国大陆（内地）学者的《论语》诠释文本为主，涵盖港台地区的。从成果形式上看，既包括较为系统的对《论语》的注疏、训解、考辨之作以及相关的辑佚、序跋、题录等，也包括学者在建构思想体系时对《论语》有关思想资料的吸收、利用与发挥；选取既有个性风采又有时代特色，且具有代表性和影响力的经典之作作为剖析重点。从成果时段上看，以 20 世纪《论语》诠释成果为主，也涉及 20 世纪之前的《论语》研究成果。

本课题旨在对 20 世纪《论语》诠释进行贯通性研究，总体研究框架是：其一，从宏观上讨论《论语》诠释的基本概况，厘清《论语》诠释研究中的一些基本理论问题，为此后研究奠定基础。其二，以《论语》诠释在不同历史阶段的演变为依据，探寻 20 世纪《论语》诠释与此前《论语》诠释的关系，以及其对 21 世纪初期《论语》诠释的影响。其三，结合该时代的社会政治、文化背景，选取有代表性的《论语》诠释著作进行剖析，从中探寻勾勒《论语》诠释的历史进程，揭示《论语》诠释的特点和规律，探寻社会政治、经济、文化及诠释主体等因素与《论语》诠释之间的关系。其四，围绕《论语》文本编纂、孔门“四科”、《论语》中的祭祀与身份认同等重点问题展开讨论，臧否得失。其五，在总结 20 世纪《论语》诠释历史的基础上，结合时代背景和学术规律，提出《论语》学未来发展路径。

课题内容共分十个部分。具体如下：

绪论。围绕本课题研究的主旨，重点梳理研究的现状和当前存在的主要不足。在此基础上，提出本课题研究所要解决的主要问题。

第一章　《论语》学概论。首先，对《论语》学基本内涵进行阐述，为深入研究奠定理论基础。其次，从《论语》学的形成期（先秦两汉时期）、《论语》学的发展期（魏晋南北朝至隋唐时期）和《论语》学的高峰期（宋元明清时期）等三个阶段，对20世纪之前的《论语》学进行回顾总结，探寻规律，臧否得失，指出《论语》学发展演变的承续关系及其学术内在发展逻辑。

第二章　清末至民国时期的《论语》学。首先，对这一时期《论语》学进行简要概括，指出主要成果及其研究特色。其次，选取简朝亮的《论语集注补正述疏》、程树德的《论语集释》、马一浮的《论语大义》和杨树达的《论语疏证》进行重点剖析，探寻其《论语》诠释所呈现的主要特点及学术价值。

第三章　新中国成立至改革开放的《论语》学。首先，从新中国成立初期和“文革”时期等两个层面总结分析《论语》学研究的基本概况和主要特点。其次，选取赵纪彬的《论语新探》进行剖析，指出其学理特色及学术价值。

第四章　改革开放至20世纪末期的《论语》学。首先，从“改革开放至20世纪80年代末”“20世纪90年代”等两个层面，阐述《论语》学发展所面临的时代背景、基本概况和主要特点。其次，选取李泽厚的《论语今读》进行重点剖析，指出其学理特色及学术价值。

第五章　港台地区《论语》学鸟瞰。首先，对港台地区的《论语》研究方面的著作、论文等的基本情况及其所彰显的学术特色进行阐述。其次，在此基础上，选取钱穆的《论语新解》进行重点剖析，指出其学理特色及学术价值。

第六章　《论语》文本编纂讨论。首先，围绕孔子弟子与《论语》编纂展开探讨，对有资料记载的一百名孔子弟子是否参加文本编纂进行分析，明确指出参加编纂的可能性及理由。其次，对《论语》首尾两章《学而》篇、《尧曰》篇从义理层面切入分析所含章与章之间存在的内在逻辑，进一步检讨《论语》文本编排逻辑根据。

第七章　孔门“四科”意蕴探析。“孔门十哲”是孔子弟子的杰出代表，被孔子归为“德行”“言语”“政事”和“文学”等“四科”。本章重点从每个弟子的思想行为入手探讨“四科”划分的根本标准及逻辑依据。

第八章　《论语》中的祭祀与身份认同。“祭祀”与“身份认同”是古代社会非常关注的重要问题，也是《论语》所谈论的重要内容，而且都与“绝地天通”改革密切相关。首先，本章围绕“绝地天通”展开讨论，指出“绝地天通”改革对“祭祀”“身份认同”所产生的重要影响。其次，以《论语》为基础，对“祭祀”与“身份认同”问题进行深入讨论。

余论。在总结20世纪《论语》诠释研究历史经验的基础上，结合时代背景和学术规律，从以骨气和底气为引领、变“接着讲”为“重新讲”、积极与中国马克思主义相结合等层面，指出《论语》学未来发展的路向。

研究重点主要有两个方面：

第一，对20世纪《论语》诠释成果思想内涵进行深入发掘。

学者在对《论语》进行训释、解说时，往往会将自身的生命体验、理论思考、对时代问题的回应、对社会政治的见解融入其中，如何在深入梳理、总结《论语》训释、解说、发挥之作的基础上，借鉴现代诠释学的理论与方法，挖掘诠释成果的思想内涵，从而把握《论语》文本诠释与思想理论建构之间的关系，是本课题研究的重点。

第二，对《论语》诠释的代表性著作进行深入研究。这些成果学术贡献大，对当时及后世产生较大影响，是一个时代《论语》诠释史发展的标志，也构成了《论语》诠释发展演变的重要节点。虽然研究成果较多，但仍然存在较大的拓展空间，如何在前人研究的基础上有所突破和创新，也是本课题研究的重点。

第三节　研究方法和创新之处

一、研究方法

本课题研究重视对《论语》诠释文献的搜集、整理，试图对20世纪《论语》诠释史进行目录学意义上的梳理，客观呈现该时期《论语》诠释整体面貌。在此基础上，具体分析不同时期、不同学派学者的学术成就、治学特色，并进一步结合具体的历史情境，在学术史、思想史、社会史等多重视角下，深入分析、挖掘该时代《论语》诠释成果所蕴含的思想内涵与学术旨趣，探究《论语》的传播情况及其与当时社会的关系。

第一，历史与逻辑相统一的方法。它既是社会科学研究的基本原则，又是其重要的研究方法。本课题在对《论语》诠释与 20 世纪学术发展、演变过程的阐述中，不仅关注学者研究《论语》的演变过程，同时还要探寻其内在逻辑性，即在《论语》研究对 20 世纪学术思想发展影响这一问题上，其阶段划分既要体现历史性，更要体现逻辑性。

第二，思想史与学术史相结合的方法。在资料归纳和文献整理的基础上，从思想史和学术史相结合的视角，对一些学术问题作宏观与微观相结合的系统解读阐述。

二、创新之处

第一，研究内容的突破与创新。本课题不是对该时代宏观的经学史进行研究，也不是单独对某部《论语》注本或者某个学者、某个学派的《论语》诠释成果进行研究，而是全面研究、论述 20 世纪《论语》学的嬗变历程，探讨《论语》诠释与学术思潮、社会环境之间的内在联系，对不同学派在《论语》诠释与学术思想建构方面的特色与创新作系统阐述。这就使该成果既不同于某个历史时期宏观经学史的研究，也有别于某部《论语》注本或者某个学者、某个学派的《论语》学成果。

第二，研究视野的创新。从历史阶段来看，对整个 20 世纪《论语》诠释成果作全面系统的梳理与总结，在《论语》诠释史上尚属首次，时代的划定具有拓荒性。同时，围绕祭祀、身份认同、文本编纂等《论语》研究的热点问题展开深入探讨，并提出个人见解，无疑是对当前研究的促进与提升。

第一章 《论语》学概论

第一节 《论语》学的基本内涵

《论语》是儒家学派的创始人孔子及其弟子们的言行记录，从东汉起被列入儒家经典之列，到南宋经理学大师朱熹集注后成为“四书”之一，是中国传统社会中士子们必读的典籍著作，在当时的政治社会和文化生活中占有非常重要的地位。《论语》作为儒家的经典，自成书以来，研习者众多。顾名思义，《论语》学是以《论语》为核心所进行的学术研究，形成于西汉，属于“经学”的范畴。从宏观方面来看，《论语》学研究的内容大致可分为三类：第一类是以训诂、考据为主，着眼于字词的读音、含义的解释，重点是诠释理解文本的基本内容。第二类是以义理阐发为主，在掌握基本文义的基础上着重阐释文本中所蕴含的哲理，重点是通过文本来阐发诠者自己的思想。第三类是以文本为主，同时参考其他资料，对《论语》成书、流传等进行研究。其中，以第二类的研究为重点，是《论语》学的核心所在。作为现代学术意义上的《论语》学，有学者认为最早出现在清朝光绪皇帝审定颁布的《奏定学堂章程》。该《章程》规定：大学教育分为高等学堂或大学预科、分科大学堂、通儒院三级，大学堂分为八科，设立在京师的大学堂必须八科齐备，设立在省会的不必八科齐备，但至少须设置三科。此八科为经学科大学、政治科大学、文学科大学等，列在首位的是经学科大学。经学分十一门：《周易》学门、《尚书》学门、《毛诗》学门、《春秋左传》学门、《春秋三传》学门、《周礼》学门、《仪礼》学门、《礼记》学门、《论语》学门、《孟子》学门和理学门。其中，《章程》对经学研究方法进行了解释。以《周易》学为例，《章程》规定：

> 研究《周易》学之要义：一、传经渊源，一、文字异同，一、音训，一、全经纲领，一、每卦每爻精义，一、十翼每篇精义，一、全经通义，一、群经证易，一、诸子引易者证易，一、诸史解易引易者证易，一、秦汉至今易学家流派，一、易纬，一、易经支流，一、外国科学证易，一、历代政治人事用易道见诸施行之实事，一、经义与后世事迹不相同而理相同之处。

从上可知，《周易》学研究范围涵盖了《周易》文本以及涉及《周易》内容的相关资料，古今中外概莫能外，训诂、音韵、义理、实证等多种方法并用，这种研究方法基本等同于现代意义上的诠释学。因为《章程》还特别说明“诸经皆同”，所以《论语》学自亦应在此皆同之列。因此，《论语》学门就是现代学术意义上的《论语》学。[①] 梁启超云：“《论语》学在汉有齐、鲁、古三家，自张禹合齐于鲁，郑康成复合齐、鲁于古，师法不可复辨。”[②] 周予同在论及《论语》时，从“《论语》的篇第”“《论语》的种类与变迁”“《论语》篇数的异说”“《论语》的编者及其争辩”“《论语》的命名与其别名”“《论语》学的沿革”等方面展开探讨，明确使用了《论语》学这一概念，并把《论语》文本形成、后期注本演化等作为《论语》学研究的范围。[③] 很显然，梁启超和周予同都把《论语》学的范围重点限定在《论语》文本编定及其注本的演变上。由此为发端，《论语》学这一概念在学术界被广泛运用。

经过长期的发展演变，《论语》学研究的范围从文本编定、注本演变、音韵、训诂、考据、义理逐渐向交叉学科、宽领域、深层次拓展。有学者对《论语》学研究的主要内容作了简要概括，包括《论语》之编纂者、成书年代、版本变迁、真伪考辨、篇章结构、文字训诂、名物考释、学术价值、学派风气、注译传播等，并涉及哲学史、经学史、经济史、伦理史、教育史、文化史、历史学、文字学、版本学、校雠学等多门学科。[④] 也有学者认为，《论语》学

---

① 参见刘立志：《“〈论语〉学”名目溯源》，《江海学刊》2005 年第 5 期。
② 梁启超：《梁启超中国近三百年学术史》，吉林人民出版社 2013 年版，第 203 页。
③ 参见周予同：《群经概论》，岳麓书社 2011 年版。
④ 参见张岱年主编：《孔子大辞典》，上海辞书出版社 1993 年版。

的主旨是对《论语》的研究，从外延来看，凡是在学术层面或与之紧密相关的层面，涉及《论语》文本的著录、刊刻、辨伪、校勘、注解、考证等等皆在需要考虑或关注的范围之内。[①] 从目前《论语》学研究的实际情况来看，除了综合性研究（主要指著作）之外，分类研究大致可以分为以下五类：

第一类：《论语》名称的研究。包括“论语”名称的由来、含义、命名的时间等。

第二类：《论语》成书的研究。包括《论语》的编纂者、结集年代、篇章结构、文本变迁等。

第三类：《论语》内容的研究。从名物考释、文字训诂、篇章真伪、学术流派等多种角度对《论语》中所反映的信息进行解读、比对和校勘。

第四类：《论语》思想的研究。从义理的角度对《论语》中所反映的思想进行解读、阐释。

第五类：《论语》学的研究。从学术史的角度对研究《论语》的各种学术成果进行梳理概括、归纳总结、臧否得失。

当然，这五类划分也仅仅是粗线条的勾勒，在具体实践中，这样的分类并不是非常明显。具体到研究成果，这几类内容也并非泾渭分明，而是相互交叉，你中有我，我中有你。尤其是从研究《论语》的著作来看，这种现象更是普遍。有些著作，既有对《论语》书名、成书、传播的研究，也有对具体内容的义理阐释，从形式

① 刘斌：《民国〈论语〉学研究》，山东大学博士学位论文，2008 年。

上，很难把这类著作划归为哪一类。为此，学界常常把这类著作归为《论语》学综合类研究。

第二节　《论语》学的形成与演变

《汉书·艺文志》云：“《论语》者，孔子应答弟子时人及弟子相与言而接闻于夫子之语也。当时弟子各有所记。夫子既卒，门人相与辑而论纂，故谓之《论语》。”这段话透露出两个信息：一是《论语》的主要内容都是围绕孔子及其弟子展开；二是《论语》最后结集在孔子去世之后。陆德明《经典释文·序录》云：“夫子既终，微言已绝，弟子恐离居已后各生异见，而圣言永灭，故相与论撰、因辑时贤及古明王之语，合成一法，谓之《论语》。”这段话除了印证上述两点信息之外，还提出了编辑《论语》的主要目的，即统一整理规范孔子生前之言语，“合成一法”，避免异见。《论语》成书之后，学者围绕《论语》展开了探讨，这也是《论语》学之肇始。从宏观上来看，20 世纪之前的《论语》学研究大致分为三个历史阶段：先秦两汉时期（形成期）、魏晋南北朝至隋唐时期（发展期）、宋元明清时期（高峰期）。

一、第一个阶段：先秦两汉时期——《论语》学的形成期

在这一历史时期，《论语》学正式形成，注解《论语》的版本比较多。根据清人侯康考述，当时《论语》的诠释文本主要有：贾逵的《论语注》、包咸的《论语章句》、郑众的《论语传》、马融的

《论语训说》、何休的《论语训注》、郑玄的《论语注》《论语释义》《论语孔子弟子目录》、麻达的《论语注》、周氏的《论语章句》、盍氏的《论语注》、谯周的《论语注》、周生烈的《论语注》、程秉的《论语注》、陈群的《论语义说》、王肃的《论语注》等。① 上述所提版本有的失传，有的散见于其他著作。从宏观而言，这一时期《论语》学的成就主要表现为：《论语》流行版本编定、《论语》经典注本开始出现以及《论语》被神学化。

（一）《论语》流行版本编定

《论语》成书是一个动态的过程，不可能一蹴而就，应是由许多人、在较长时期内编定。“《论语》的作者和成书的准确时间已不可考。但可以肯定，它不是一时一人所作，而是由孔子的弟子和再传弟子，以至三传弟子，经过一个相当长的时间编成的。成书时间有认为在战国初期，也有认为是在战国末期，约在孔子死后数十年至 200 年间。”② 具体哪些人参加了编纂，学界多有争议。③ 又因当时条件所限（因为纸张尚未出现，只能刻在或书写在简帛上），因此，《论语》最终所形成的文本难免有歧异甚至相互矛盾之处。日本学者藤塚邻认为，“诸人出生地点、年龄、受业年限、思维能力、境遇等条件各有不同，将他们共同或单独地从孔子那里听到又

① 参见侯康：《补后汉书艺文志》，载《二十五史补编》（第二册），中华书局 1988 年版。

② 钱逊：《〈论语〉讲义》，人民出版社 2012 年版，第 27 页。

③ 参见刘伟：《孔子弟子与先秦时期〈论语〉编纂探微》，《云梦学刊》2018 年第 6 期。

经过互相议论的问题，按各人的理解程度记述下来，这其间存在若干歧异及省略之处在所难免”①。西汉时期，当时官方流行的《论语》版本主要有三种：《鲁论》《齐论》《古论》。《汉书·艺文志》云：“《论语》古二十一篇。出孔子壁中，两《子张》。《齐》二十二篇。多《问王》《知道》。《鲁》二十篇，《传》十九篇。”皇侃《论语义疏·自序》引刘向《别录》云：“鲁人所学，谓之《鲁论》；齐人所学，谓之《齐论》；合壁所得，谓之《古论》。”《鲁论》《齐论》和《古论》内容并不完全相同，篇章亦非完全一致，具体语句也有偏差。

尽管这三种版本研习者众多，“传《齐论》者，昌邑中尉王吉、少府宋畸、御史大夫贡禹、尚书令五鹿充宗、胶东庸生，唯王阳名家。传《鲁论语》者，常山都尉龚奋、长信少府夏侯胜、丞相韦贤、鲁扶卿、前将军萧望之、安昌侯张禹，皆名家”（《汉书·艺文志》），但从长远来看，多种版本流行并不利于圣人之言的教化与传播。为此，安昌侯张禹在传《齐论》的基础上，对这三个版本进行了整合。《汉书·张禹传》载：“张禹字子文，河内轵人也……及禹壮，至长安学，从沛郡施雠受《易》，琅邪王阳、胶东庸生问《论语》，既皆明习，有徒众，举为郡文学。甘露中，诸儒荐禹，有诏太子太傅萧望之问。禹对《易》及《论语》大义，望之善焉，奏禹经学精习，有师法，可试事。奏寝，罢归故官。久之，试为博士。初元中，立皇太子，而博士郑宽中以《尚书》授太子，荐言禹

① ［日］吉田贤抗：《日本关于〈论语〉撰者与编辑方式的研究与〈论语〉的注释工作》，《孔子研究》1988年第1期。

善《论语》。诏令禹授太子《论语》，由是迁光禄大夫。”既然奉命为太子讲解《论语》，那么自然而然面临《论语》版本的选择取舍。因此，在《鲁论》《齐论》《古论》的基础上，张禹进行了修订整合，“禹先事王阳，后从庸生，采获所安，最后出而尊贵”（《汉书·张禹传》），“遂合而考之，删其烦惑，除去《齐论》《问王》《知道》二篇，从《鲁论》二十篇为定，号《张侯论》”（《隋书·经籍志》）。经张禹修订后的文本随后便流行开来，“诸儒为之语曰：‘欲为《论》，念张文。’由是学者多从张氏，余家浸微”（《汉书·张禹传》）。张禹修订的文本被后人称之为《张侯论》，这便是《论语》学正式开始的标志。

（二）《论语》经典注本开始出现

其间，关于《论语》的注释文本开始出现，有代表性、影响较大的主要有孔安国的《论语孔氏训解》、包咸的《论语章句》、马融的《论语训说》和郑玄的《论语注》。

1. 孔安国的《论语孔氏训解》。孔安国（约前156—约前74），西汉经学家，孔子十二世孙，字子国。汉武帝时任谏大夫，为博士，从学于鲁申公。《论语孔氏训解》又称为《论语孔安国注》，是孔安国对《论语》作的注解，也是目前可以见到的最早的《论语》注释文本。对此文本，学界多有争议。清代学者认为该文本为后人伪造，并非孔安国本人所作，以沈涛《论语孔注辨伪》和丁晏《论语孔注证伪》为代表。但目前学界多认为《论语孔氏训解》中有孔安国本人的贡献，大可不必怀疑。“尽管《古文论语训解》可能出自孔安国后学或孔氏后人之手，其中也可能有东汉甚至更晚的资料羼入，但孔安国曾经训解《古文论语》一事还是不能够轻易否定的。”① 从《论语》学之视角来审视，《论语孔氏训解》有三个比较突出的特点。

第一，从内容上来看，诠释主旨是以训诂通大义。《论语》成书于战国时期，离孔安国所处的西汉已经三百多年，《论语》文本所处的具体语境发生了很大变化。再加上《论语》是语录体，篇与篇之间、章句与章句之间没有明显的逻辑关联，特别是《古论》与《鲁论》《齐论》相比，在使用字体上有明显不同，具体章句也有较大差异，后人理解起来就比较困难。因此，《论语孔氏训解》的主旨是对《古论》里面人们不易理解以及存在误解的地方进行注释和解读。比如，“叶公问孔子于子路”（《论语·述而》）。叶公具体指谁？《论语》里面并没有详细说明。对此，孔安国注曰：“叶公名诸梁，楚大夫，食采于叶，僭称公。”这一注解，让人可以知晓叶公具体所指。再如“不曰坚乎，磨而不磷；不曰白乎，涅而不缁”（《论语·阳货》）。对不好理解的“磷”字和“涅”字，孔安国作了注解：“磷，薄也。涅，可以染皂者。言至坚者磨之不薄，至白者染之于涅而不黑，喻君子虽在浊乱，浊乱不能污也。”这让人读后，豁然开朗，不会再产生歧义。

第二，从文本历史地位来看，《论语孔氏训解》是最早的注释文本。《汉书·艺文志》虽云“凡《论语》十二家，二百二十九篇”，但都没有流传下来。《论语孔氏训解》在《汉书·艺文志》

---

① 单承彬:《论语源流考述》,吉林人民出版社 2002 年版,第 112 页。

里虽然没有记载，但在何晏《论语集解》、裴骃《史记集解》、李善《文选注》、李贤《后汉书注》都有详细记载或提及。这无疑是《论语》学早期的研究资料，具有较高的史料价值，对《论语》在后世的传播作出了独特贡献。朱彝尊在《经义考》中引宋人姚雪坡的评价曰："六经之传行于世者，《诗》《礼》笺注自郑康成，始于东汉。《易》《春秋》注自王弼、杜预，始于魏晋。出西汉者，独孔安国《书》传耳！然安国《书》传本出伪托，唯《论语集解》中所引孔氏训，则解经首功矣！"

第三，注解中记载大量历史事实，有补充史料之功。《论语》里涉及许多历史人物和历史事件，但只是蜻蜓点水、点到为止，并没有详细的记载。对此，孔安国作了相对翔实的解释。如，对"伯夷、叔齐不念旧恶"（《论语·公冶长》）中的伯夷、叔齐，孔安国解释说："伯夷、叔齐，孤竹君之二子。孤竹，国名。"《论语·泰伯》篇提到"舜有臣五人而天下治"，对五人具体指谁并没有作解释，孔安国则回答了这一疑问，指出这五个人分别是"禹、稷、契、皋陶、伯益"。除了对人物进行解释之外，孔安国还对特定的历史事件作了补充说明，如"冉有、季路见于孔子，曰：'季氏将有事于颛臾。'"（《论语·季氏》）季氏为什么讨伐颛臾、历史背景如何等等，《论语》并没有提及。对此，孔安国注曰："颛臾，伏羲之后，风姓之国，本鲁之附庸，当时臣属鲁。季氏贪其土地，欲灭而取之。冉有与季路为季氏臣，来告孔子。"这一注解交代了季氏将伐颛臾的历史背景，让后人明白了事情的起因。由于孔安国为孔子后裔，对圣人之事要比他人更为了解，也更有说服力，这些注释作为历史材料被后人所引用亦在情理之中。

2. 包咸的《论语章句》。包咸（前6—65），字子良，会稽曲阿（今江苏丹阳）人，东汉经学家。建武年间，任职谏议大夫、侍中、右中郎将，官至大鸿胪。据《后汉书·儒林列传下》载："少为诸生，受业长安，师事博士右师细君，习《鲁诗》《论语》……建武中，入授皇太子《论语》，又为其章句。"在当时，包咸解经之功深得皇帝赞许，"经传有疑，辄遣小黄门就舍即问"（《后汉书·儒林列传下》），其所作章句也得到后人的认可，被何晏的《论语集解》、朱熹的《论语集注》等大量引用。马国翰在《玉函山房辑佚书》中认为："只是少部分没有被朱熹采纳，其余皆采入《集注》，特文小异耳！学者参考同异，甄核是非，先河之义，其在斯乎？"从宏观而言，《论语章句》的注经特色主要体现在继承创新、有个人看法和新意。一是善于从《尔雅》中甄选确定字义。《论语章句》对字词的解释多采用《尔雅》，但字词在不同的语境下有不同的含义，如何选择而且能够让后人接受是对解经者的考验。包咸在解经过程中对字词的训释切实做到了与所处语境相吻合，让人信服。如"天之历数在尔躬。允执其中。四海困穷，天禄永终"（《论语·尧曰》）中的"允"字，在《尔雅·释古》中有三种含义："信""诚""佞"。在此章中选哪一种需要斟酌，包咸把"允"字释为"信"。这种看法被朱熹直接采用，钱穆在《论语新解》中也把"允"解释为"信义"①。二是善于结合具体语境对

① 参见钱穆:《论语新解》,生活·读书·新知三联书店2002年版。

字词作出创新的解释。如包咸把《论语·学而》篇第一章“有朋自远方来”中的“朋”释为“同门”，发前人之未发。“以‘同门’来解释《学而》之‘朋’字，以包咸为早。”① 三是对具体章句能够作创新性的理解发挥。如“子贡欲去告朔之饩羊。子曰：‘赐也，尔爱其羊，我爱其礼。’”（《论语·八佾》）对此，包咸作了自己的理解：“羊存犹以识其礼，羊亡礼遂废。”一语道破了“饩羊”存在的价值，象征意义大于实质功能，完全契合孔子重礼之本义。

3. 马融的《论语训说》。马融（79—166），字季长，右扶风茂陵（今陕西兴平）人，东汉经学家，曾任校书郎、议郎、南郡太守。《后汉书·马融列传》载：“融才高博洽，为世通儒，教养诸生，常有千数。涿郡卢植，北海郑玄，皆其徒也。”马融注《论语》《孝经》《诗》《易》《三礼》《尚书》等，著作已佚。清马国翰《玉函山房辑佚书》有《论语马氏训说》两卷。马融在经学方面具有崇高地位，被后世学者所尊崇。《论语马氏训说》主要有两个特点：以《古论语》为主兼采《鲁论》《张侯论》；以礼解《论》的风格非常明显。

第一，以《古论语》为底本，兼采《鲁论》《张侯论》。《后汉书·马融列传》只是提到马融注解《论语》，但并未说明所依据的具体版本。对此，后世学者多有争议。主要有两种观点：一种观点认为马融注的是《古论语》，以何晏、陆德明等为代表。何晏《论

① 蒋鸿青：《汉代至北宋〈论语〉学史考论》，社会科学文献出版社 2017 年版，第 39 页。

语集解·序》云："《古论》唯博士孔安国为之训说，而世不传。至顺帝时，南郡太守马融亦为之训说。"陆德明在《经典释文·序录》中认为："古《论语》者，出自孔氏壁中，凡二十一篇，有两《子张》，篇次不与齐、鲁《论》同，孔安国为传，后汉马融亦注之。"何晏与陆德明都认为，马融是对孔安国的《古论》作的训解。另一种观点则认为马融注解的并非《古论》，而是其他版本。皇侃在《论语义疏·自序》中曰："至汉顺帝时，有南郡太守扶风马融、字季长；建安中，大司农北海郑玄、字康成，又就《鲁论》篇章，考《齐》验《古》，为之注解。"皇侃认为马融和郑玄是以《鲁论》为蓝本，兼采《齐论》和《古论》。《隋书·经籍志》云："禹本受《鲁论》，晚讲《齐论》，后遂合而考之，删其烦惑，除去《齐论》《问王》《知道》二篇，号《张侯论》。周氏、包氏为之章句，马融又为之训。"此种观点认为马融所注解的应是在综合《鲁论》《齐论》的基础上形成的《张侯论》。

针对上述两种观点，学界多从前者，认为马融所注解的《论语》应该是《古论》。刘宝楠在《论语序》中评论说："据融传，但言'注论语'，而此《序》以为《古论》者，以融注他经多为古文，故意所注《论语》亦是《古论》。其后康成取《古论》校正《鲁论》，当亦受之融者也。皇侃《疏》《隋·经籍志》谓马融亦注《鲁论》，似未然。"① 显然，刘宝楠根据马融专攻古文经学的学术传统及其弟子郑玄注《古论》，便推定马融所注也是《古论》。这

① 刘宝楠:《论语正义》,高流水点校,中华书局1990年版,第783页。

种说法虽有一定道理，但也有值得商榷之处。马融虽然是古文经学专家，但并不完全排斥他不涉及的今文经学。弟子郑玄所作《古论》也并不足以说明马融也是作《古论》，只是这种可能性较大而已。如果深加分析，上述两种观点都有可能。马融虽然是古文经学的代表，但并不拘泥于门户，对今文经学也有所借鉴。如在注解《周易·乾卦》中“潜龙勿用”一句时，马融注曰：“物莫大于龙，故借龙以喻天之阳气也。初九，建子之月，阳气始动于黄泉，既未萌芽，犹是潜伏，故曰潜龙也。”（《周易·马氏传》）马融以阳气释龙，并用阳气的变化来说明“潜龙勿用”，这显然是受到了今文经学家孟喜、京房卦气说的影响。据此，我认为马融所注《论语》以《古论》为基础，同时参考了《鲁论》和《张侯论》，所依据的是综合文本，非单一文本。

第二，以“礼”解《论》的风格非常明显。马融学识渊博，遍注群经，成就斐然，尤其在注解“三礼”（《周礼》《仪礼·丧服》《礼记》）方面有独到见解，颇得时人赞许。马国翰在《礼记马氏注·序》中云：“融之学长于三《礼》。”由于《论语》里有些章句涉及礼制，因此，马融在注解过程中就非常自然地发挥专长，以“礼”释《论》。如“子曰：‘射不主皮，为力不同科，古之道也。’”（《论语·八佾》）对“射不主皮”，马融从礼制的层面进行了比较详细的注解。他说：“射有五善焉：一曰和志，体和；二曰和容，有容仪；三曰主皮，能中质；四曰和《颂》，合《雅》《颂》；五曰兴武，与舞同。天子三侯，以熊、虎、豹皮为之。言射者不但以中皮为善，亦兼取和容也。”通过马融的注解，读者不仅拓展了对“射礼”的认知，也加深了对“射不主皮”精神内涵的理解。需要注意的是，马融在以“礼”解《论》的过程中并非完全沿袭前人说法，而是有他自己的理解。就此章而言，刘宝楠认为马融是将“五事”理解为“五善”：“五物者，五事也。马云‘五善’，谓五物为善也。”①

4. 郑玄的《论语注》。郑玄（127—200），字康成，北海郡高密县（今山东高密）人，东汉末年著名经学家，曾入太学学习《京氏易》《公羊春秋》《三统历》及《九章算术》，又从张恭祖学《古文尚书》《周礼》和《左传》等，最后从马融学古文经。郑玄编注群经，著作颇丰，《后汉书·郑玄传》云：“凡玄所注《周易》《尚书》《毛诗》《仪礼》《礼记》《论语》《孝经》《尚书大传》《中候》《乾象历》，又著《天文七政论》《鲁礼禘祫义》《六艺论》《毛诗谱》《驳许慎五经异义》《答临孝存周礼难》，凡百余万言。”据清儒郑珍考证，郑玄的著述达六十种之多。郑玄治学以古文经学为主，兼采今文经学，融会贯通，自成一家。顾炎武在《述古诗》中称赞郑玄说：“大哉郑康成，探赜靡不举。六艺既该通，百家亦兼取。至今三礼存，其学非小补。”他创立的“郑学”，破除了过去今古文经学的家法，初步统一了今古文经学，在经学史上具有承先启后划时代的意义，被后人奉若神明。唐代元行冲云：“宁道孔圣误，讳闻郑服非。”（《旧唐书·元行冲传》）郑玄的《论语注》虽然亡佚，但结合后人的辑录和新出土文献仍可窥见一斑。20世纪初，从敦煌和吐鲁番文书中发现了郑玄《论语注》的残本，王素将

---

① 刘宝楠:《论语正义》，高流水点校，中华书局1990年版，第107页。

此残本整理成《唐写本论语郑氏注及其研究》[1]。从中可以看出，郑玄在注解《论语》方面的贡献主要体现在两个方面：

第一，以《古论》为标准对当时盛传的其他《论语》版本进行了校正。在当时，《论语》流行的版本主要有《鲁论》《齐论》《古论》以及《张侯论》，这些版本并不完全一致，在篇章、字词等方面存在差异。皇侃在《论语义疏·自序》中云："至汉时，合壁所得，及口以传授，遂有三本：一曰《古论》，二曰《齐论》，三曰《鲁论》。既有三本，而篇章亦异。《古论》分《尧曰》下章《子张问》更为一篇，合二十一篇。篇次以《乡党》为第二篇，《雍也》为第三。篇内倒错不可具说。《齐论》题目与《鲁论》大体不殊，而长有《问王》《知道》二篇，合二十二篇，篇内亦微有异。《鲁论》有二十篇，即今日所讲者是也。寻当昔撰录之时，岂有三本之别？将是编简缺落、口传不同耳。"基于此，郑玄对当时流传的《论语》版本进行了校正。至于郑玄所采用的具体版本，说法不一。有的认为，郑玄的《论语注》采用的是《鲁论》《齐论》和《古论》。如何晏《论语集解·序》云："汉末，大司农郑玄就《鲁论》篇章，考之《齐》《古》而为之注。"有的则认为，郑玄采用的是《齐论》《古论》和《张侯论》。如《隋书·经籍志》云："以《张侯论》为本，参考《齐论》《古论》而为之注。"两者的不同在于《鲁论》与《张侯论》。其实，如果从文本的源流来看，这两种看法并不矛盾，因为《张侯论》与《鲁论》大体上是一致的，

---

① 参见王素:《唐写本论语郑氏注及其研究》,文物出版社 1991 年版。

而且《张侯论》比《鲁论》更为全面。从上文可知，《张侯论》是张禹奉命教太子之作，“为《论语章句》献之”（《汉书·张禹传》）。从常理来推测，作为太子学习的教材，张禹应高度重视，依据当时的标准，取其精华、去其糟粕，在《齐论》《鲁论》的基础上进行编定。宋翔凤《论语师法表》云：“《张侯论》合齐鲁两家之学，特其篇章与《鲁论》同，故多以《张论》为《鲁论》。后汉熹平石经，即用《张论》。”由之，《张侯论》比《鲁论》更为全面和权威。因此，以上两种说法在根本上具有一致性。另外，学界多认为郑玄的《论语注》是以《古论》校正《齐论》和《鲁论》。王国维在《书〈论语郑氏注〉残卷后》（《观堂集林》）中云：“郑氏所据本固为自《鲁论》出之《张侯论》，及以《古论》校之，则篇章虽仍《鲁》旧，而字句全从古文。《释文》虽云郑以《齐》《古》正读凡五十事，然其所引廿四事及此本所存三事，皆以《古》正《鲁》，无以《齐》正《鲁》者，知郑但以《古》校《鲁》，未以《齐》校《鲁》也。”“凡此进一步证实，见引于各书之郑本大体是可信的，郑本确为‘以古正鲁’。”①

第二，郑玄的《论语注》以“礼”释《论》特色鲜明。郑玄虽遍注群经，但成就最高的莫过于他对“三礼”的注解，《三礼注》为后世治礼学者所宗，孔颖达甚至称之为“礼是郑学”。因此，郑玄以“礼学”知识解释《论语》也在情理之中，这一点承

① 中国科学院考古研究所资料室：《唐景龙四年写本〈论语郑氏注〉残卷说明》，《考古》1972 年第 2 期。

袭了其师马融的风格。如“然则管仲知礼乎?”曰:“邦君树塞门,管氏亦树塞门;邦君为两君之好,有反坫,管氏亦有反坫。管氏而知礼,孰不知礼?”(《论语·八佾》)这段话中的“树塞门”“反坫”关系到当时的礼制。对此,郑玄根据《仪礼》《礼记》等对此进行了注解:“人君别内外于门,树屏以蔽之。反坫,反爵之坫,在两楹之间。若与邻国君为好会,其献酢之礼,更酌,酌毕,则各反爵于坫上。今管仲皆僭为之,如是,是不知礼也。”

(三)《论语》被神学化

随着汉代“谶纬”思潮的流行,《论语》作为体现圣人主要思想的著作也被神学化,在诠释文本过程中孔子及其孔门弟子同样被赋予神秘色彩,《论语纬》或《论语谶》开始出现。“纬”与“谶”同义,“纬书者,经之纬也。亦称谶”(王鸣盛《蛾术编·谶纬》)。关于《论语谶》的记载,最早见于《白虎通·辟雍》篇:“《论语谶》曰:五帝立师,三王制之。”《隋书·经籍志》中有“《论语谶》八卷,宋均注”记载。李贤注“乃案七经谶、明堂图”云:“《七经》谓《诗》《书》《礼》《乐》《易》《春秋》及《论语》也。”(《后汉书·张纯传》)有学者认为《论语纬》形成的“上限应在刘歆之后,下限则当在白虎观会议之前”①。《论语谶》的篇目有八种:“比考谶、撰考谶、摘辅谶、摘衰圣承进谶、阴嬉谶、秦王受命谶、纠滑谶、崇爵谶。”②“谶纬之学”多是穿凿附会,带有

① 任蜜林:《西汉论语学传承与〈论语纬〉》,《中国社会科学报》2014年12月1日。

② 易玄:《谶纬神学与古代社会预言》,巴蜀书社1999年版,第81页。

明显的“法古”“宗圣”特点。如“皇者天。天不言，四时行焉，百物生焉。三皇垂拱无为，设言而民不违，道德玄泊，有似皇天，故称曰皇”（《纬书集成》）。同时，在具体内容上，多是围绕神化孔子及其弟子、宣传符瑞与君权神授而展开。如认为孔子出生神秘，必为神人之后：“叔梁纥与征在祷尼丘山，感黑龙之精。”（《论语谶·撰考谶》）① 孔门弟子也多有异相，非一般俗人。《论语谶》曰：“颜回山庭日角。曾子珠衡犀角。于贡山庭，斗星绕口。子夏、子张日角大目。”② 再如，《论语比考谶》对《尧曰》篇尧告诫舜之语的由来作了神话般的演绎。

帝尧率舜等游首山，观河诸，乃有五老游河诸。一老曰：“河图将来，告帝期。”二老曰：“河图将来，告帝谋。”三老曰：“河图将来，告帝书。”四老曰：“河图将来，告帝图。”五老曰：“河图将来，告帝符。”有顷，赤龙衔玉苞，舒图刻版，题命可卷，金泥玉检封盛威，曰：“知我者重童也。”五老乃为流星入昂。黄姚视之一，龙谶图在，与太尉舜共发曰：“帝枢当百，则禅于虞。”尧喟然叹曰：“咨汝舜，天之历数在尔躬，允执其中，四海困穷，天禄永终。”乃以禅舜。③

① 易玄：《谶纬神学与古代社会预言》，巴蜀书社 1999 年版，第 96 页。
② 易玄：《谶纬神学与古代社会预言》，巴蜀书社 1999 年版，第 100 页。
③ 易玄：《谶纬神学与古代社会预言》，巴蜀书社 1999 年版，第 88—89 页。

上述记载旨在告诉人们尧受帝位以及后将其位禅让于舜，都得到了仙人指点并与河图相符合，换言之，这都是天命使然，圣王肩负天命，统领世人。总之，《论语谶》的出现是当时谶纬之风在《论语》诠释领域的显现，内容多为荒诞怪异之语，基本没有学术价值，但如果从了解古代社会风俗人情而言，可为后人提供参考。

二、第二个阶段：魏晋南北朝至隋唐时期——《论语》学的发展期

在这一历史时期，《论语》学取得了快速发展，主要体现为《论语》注释著作数量大幅度增加。根据《三国志》《晋书》《隋书》《唐书》等史书以及朱彝尊的《经义考》、陈梦雷的《古今图书集成》等，这一时期《论语》研究著作近百部。其中，影响较大的有何晏等人的《论语集解》、皇侃的《论语义疏》、陆德明的《论语音义》和韩愈、李翱的《论语笔解》。从宏观而言，这一时期《论语》学的主要特点集中在四个方面：荟萃众家释《论》、以玄解《论》、音义结合释《论》、越前儒回孔孟释《论》。

（一）荟萃众家释《论》

这主要体现在何晏等人的《论语集解》。对《论语集解》一书的作者，学界普遍认为是何晏领衔的集体，其中，以何晏所起作用最大。裴松之在注《三国志·魏书·曹真传》时明确称“何晏《论语集解》”，皇侃《论语义疏》亦云《论语集解》乃“何晏所集者也”。对此，也有不同看法。如清末学者丁国钧在《补晋书艺文志》中认为《论语集解》乃“郑冲与孙邕、曹羲、荀顗、何晏等共集”（《二十五史补编》），把郑冲居首、何晏居末，显然有贬低

何晏、推翻旧说之嫌；宋翔凤在《师法表》中明确认定“《论语集解》之成，当定自冲手”①。这种质疑尽管标新立异、不同旧说，但并没有改变学界主流的看法，如《四库全书总目》称《论语注疏》为“魏何晏注”，阮元《论语注疏校勘记》中亦称《论语集解》为“何晏本”。由此，《论语集解》应是何晏与孙邕、郑冲、曹羲、荀顗等人共同编撰的结晶，何晏起到了“总领其事而裁成之”（梁启雄《论语注疏汇考》）的主导作用。何晏在《论语集解·序》中云：“今集诸家之善，记其姓名。有不安者，颇为改易，名曰《论语集解》。”此句旨在说明：《论语集解》是“集诸家之善”，即博采众长，选取有代表性的注本；“有不安者，颇为改易”，意即何晏等人对感到不认可的地方，进行重新诠释。由此可知，《论语集解》是对当时流行经典版本的荟萃，在此基础上又融入了编撰者的看法，是继承与创新的有机结合。陆德明在《经典释文·序录》中云：“魏吏部尚书何晏集孔安国、包咸、周氏、马融、郑玄、陈群、王肃、周生烈之说，并下己意，为集解。”

总的来看，这八家注本风格并非完全相同，如孔安国、马融的注解偏重训诂，包咸偏重今文章句，郑玄则是会通古今文，陈群、王肃、周生烈则是“作注而说其义”（邢昺语）。因为风格不同，自然会有门户成见，注解之间看法不一、相互抵牾也在情理之中。由此，何晏等人摈除门户之见，能够把八家不同见解择善纳入，便于学人甄别采纳，开创了新的注解体例——“集解体”。此外，由

① 刘宝楠:《论语正义》,高流水点校,中华书局1990年版,第790页。

于《论语集解》选择的是当时比较流行而且又非常具有代表性的《论语》注本，所选内容相对全面。有学者根据知不足斋版的《论语集解》作了统计，认为《集解》共征引孔安国注 473 条、包咸注 194 条、马融注 133 条、郑玄注 111 条、王肃注 36 条、周生烈注 13 条、陈群注 3 条，另存“一曰”之说 5 条，合计达 968 条，约占《论语集解》总注条目的 88%，而何晏等人新注仅 131 条，约占总注条目的 12%。[①] 这在客观上对汉魏古注有保存之功。

（二）以玄解《论》

魏晋时期，玄学盛行。何晏、王弼虽然是儒家学者，但作为玄学代表人物，在注解《论语》的过程中融入玄学、以玄释儒也是顺理成章。王弼的《论语释疑》堪称代表，开以玄释《论》之先河。王弼“以无为本”，在《老子注》《老子指略》《论语释疑》中贯穿着以无解道、以无释《论》的色彩，但在阐述的路径上却大不相同。对此，余敦康明确指出：“在解释这两家的经典时，王弼所依据的基本思路是不相同的。就道家的经典而言，尽管《老子》‘未免于有’，其哲学的意义停留于本体论的现象层次，但在表现形式上却是反复申说那不可以训的无，所以在解释时应该由体以及用，把抽象的无与具体的有联结起来。至于儒家的经典，尽管已经上升到‘体无’的高度，但在表现形式上却是‘言必及有’，所谈的只是一些属于现象层次的问题，所以在解释时必须从相反的思路入手，由用以见体，在孔子就事论事所阐述的一些具体言论中去发掘

① 唐明贵：《论语学史》，中国社会科学出版社 2009 年版，第 185 页。

其深层的哲学意义。”① 除了《论语释疑》,《论语集解》中也有玄学之色彩。清代学者陈澧认为:“何注始有玄虚之语。如‘子曰:志于道’。注云:‘道不可体,故志之而已。’”② 也有学者认为,《论语集解》是“儒玄并综”。“我们不能因为《论语集解》八家注的儒学特色,断言此书纯是儒家思想,也不能因为《论语集解》中何晏注的玄学色彩,断言此书所反映的全是玄学思想。而毋宁说此书于两者兼而有之,故可以‘儒玄并综’概括之。”③

(三)音义结合释《论》

在中国古代社会,随着时代发展和社会变化,语言文字读音和字义在运用过程中往往也会随之改变。对经典的解读,由于发音不同,对字词的理解往往也会产生歧义。“儒家经典历经千百年的流传,其文字的读音的和含义渐渐积聚起不少疑问。而要读懂这些儒家经典,搞清楚经文的音义是首先要越过的障碍。文字的发音并不是可以忽略的小事,音与义有着密切的联系。利用读音可以训释词义,利用读音的转变可以区别词义,利用不同字读音的相同相近可以通假文字。”④《论语》传至隋唐,有些字的读音和意义发生了很大变化,这就造成在对经典的理解上容易产生分歧。对此,陆德明在《经典释文·序录》中说得非常透彻,“夫书音之作,作者多

---

① 余敦康:《何晏王弼玄学新探》,方志出版社2007年版,第252—253页。

② 陈澧:《东塾读书记》,钟旭元、魏达纯校点,上海古籍出版社2012年版,第20页。

③ 禹菲:《何晏〈论语集解〉“儒玄并综”的学术特色》,《中国哲学史》2020年第5期。

④ 谢保成、赵俊:《中国隋唐五代思想史》,人民出版社1994年版,第44页。

矣，前儒撰者，光乎篇籍，其来既久，诚无间然。但降圣已远，不免偏尚，质文详略，互有不同。汉魏迄今，遗文可见，或专出己意，或祖述旧音，各师成心，制作如面，加以楚夏声异，南北语殊，是非信其所闻，轻重因其所习，后学钻仰，罕逢指要。夫筌蹄所寄，唯在文言，差若毫厘，谬便千里"①，"先儒旧音，多不音注。然注既释经，经由注显，若读注不晓，则经义难明，混而音之，寻讨未易"②。基于此，作为精通儒释道和音韵学的大家，陆德明主要从音韵学的角度对《论语》作了诠释，其作《论语音义》堪称这一时期《论语》学的扛鼎之作。主要特点体现在：选字注音、音义结合、注解前注。

第一，选字注音。直接选取《论语》中读音不确定的字或容易引起歧义的字进行注音。注音的方式主要有两种：一种是直接注音，指出该字的读音与当时字音确定的字的读音相同，注为"音某某"。如"有朋自远方来，不亦说乎"（《论语·学而》）中的"说"字，《论语音义》直接注"音悦"③。"道之以德，齐之以礼，有耻且格"（《论语·为政》）中的"道"字，《论语音义》直接注"音导"④。"夫子之道，忠恕而已矣"（《论语·里仁》）中的"恕"字，《论语音义》直接注"音庶"⑤。"子谓公冶长"（《论语·公冶

① 陆德明:《经典释文》,张一弓点校,上海古籍出版社 2012 年版,第 1 页。
② 陆德明:《经典释文》,张一弓点校,上海古籍出版社 2012 年版,第 2 页。
③ 陆德明:《经典释文》,张一弓点校,上海古籍出版社 2012 年版,第 521 页。
④ 陆德明:《经典释文》,张一弓点校,上海古籍出版社 2012 年版,第 522 页。
⑤ 陆德明:《经典释文》,张一弓点校,上海古籍出版社 2012 年版,第 523 页。

长》）中的“冶”字，《论语音义》直接注“音也”①。“季氏将伐颛臾”（《论语·季氏》）中的“颛”“臾”，《论语音义》直接注“颛音专。臾音瑜”②。“谨权量”（《论语·尧曰》）中的“量”，《论语音义》直接注“音亮”③。另一种采用反切的方法，用当时读音确定的字注音，注为“某某反”。如“其为人也孝弟，而好犯上者”（《论语·学而》）中的“好”，《论语音义》注“呼报反”④。“冉有、子贡，侃侃如也”（《论语·先进》）中的“侃侃”，《论语音义》注为“苦旦反”⑤。“敢用玄牡”（《论语·尧曰》）中的“牡”，《论语音义》注为“茂后反”⑥。以上两种注音方式的前提，都是以当时读音没有歧义的字来标注。由此可以看出，陆德明所注音的字，在当时的语境中读音已经不确定，只有统一读音，才能最大限度避免歧义，这也体现了陆德明注音的重要性。

第二，音义结合。在注音的同时，《论语音义》对有些字的含义也进行了解释。解释含义的方式分为两种：一是直接指出该字的含义。如“以约失之者鲜矣”（《论语·里仁》）中的“鲜”，《论语音义》先用“仙善反”表明“鲜”的读音，然后用“少也”明示其义。⑦“子罕言利与命与仁”（《论语·子罕》）中的“罕”，

① 陆德明:《经典释文》,张一弓点校,上海古籍出版社 2012 年版,第 524 页。
② 陆德明:《经典释文》,张一弓点校,上海古籍出版社 2012 年版,第 534 页。
③ 陆德明:《经典释文》,张一弓点校,上海古籍出版社 2012 年版,第 536 页。
④ 陆德明:《经典释文》,张一弓点校,上海古籍出版社 2012 年版,第 521 页。
⑤ 陆德明:《经典释文》,张一弓点校,上海古籍出版社 2012 年版,第 530 页。
⑥ 陆德明:《经典释文》,张一弓点校,上海古籍出版社 2012 年版,第 536 页。
⑦ 陆德明:《经典释文》,张一弓点校,上海古籍出版社 2012 年版,第 524 页。

《论语音义》用"呼旱反"表明"罕"的读音，然后用"希也"说明其义。① 二是直接引用前人的注释。如"人不知而不愠"（《论语·学而》）中的"愠"，《论语音义》先用"纡问反"表明"愠"的读音，然后直接引用郑玄的"怨也"说明其含义。② "仁者，其言也讱"（《论语·颜渊》）中的"讱"，《论语音义》注曰："音刃。孔云：难也。郑云：不忍言也。字或作'仞'。"③ 由此，陆德明直接引用了孔安国和郑玄的注释，并认为"讱"可能是"仞"。类似的情况在《论语音义》中比较普遍。如"可使治其赋也"（《论语·公冶长》）中的"赋"，《论语音义》注曰："孔云：兵赋也。郑云：军赋。梁武云：《鲁论》作'传'。"④

第三，注解前注。基于前人的注解不详或者不明，为了让时人理解，陆德明针对前人的注疏作了补充解释。如"殷因于夏礼，所损益可知也；周因于殷礼，所损益可知也"（《论语·为政》），马融注曰："所因，谓三纲五常；所损益，谓文质三统。"对此，陆德明作了进一步注解："三纲：谓父子、夫妇、君臣是也。五常：谓仁、义、礼、智、信。三统：谓天、地、人三正。"⑤

总之，《论语音义》是以《论语集解》为蓝本，选取时人不确定的字从读音、意义等层面进行注解，既吸收了汉魏六朝的研究成果，

① 陆德明:《经典释文》,张一弓点校,上海古籍出版社2012年版,第527页。
② 陆德明:《经典释文》,张一弓点校,上海古籍出版社2012年版,第521页。
③ 陆德明:《经典释文》,张一弓点校,上海古籍出版社2012年版,第530页。
④ 陆德明:《经典释文》,张一弓点校,上海古籍出版社2012年版,第524页。
⑤ 陆德明:《经典释文》,张一弓点校,上海古籍出版社2012年版,第522页。

又阐述己见，有一定新意，代表了隋唐时期《论语》学的最高成就。

（四）越前儒回孔孟释《论》

所谓“越前儒回孔孟”，是指在《论语》文本的注疏上，越过汉代魏晋南北朝时期的儒家注解，直接回到孔孟原典，探究经文本义。这主要体现在韩愈与李翱的《论语笔解》上。隋唐时期，佛道盛行，儒家受到冲击。韩愈为抗衡佛道，振兴儒学，在《原道》中构建了儒家的“道统”：

> 曰：斯吾所谓道也，非向所谓老与佛之道也。尧以是传之舜，舜以是传之禹，禹以是传之汤，汤以是传之文、武、周公，文、武、周公传之孔子，孔子传之孟轲。轲之死，不得其传焉。

韩愈建构的“道统”从上古截止到先秦孟子，后期的两汉经学并没有被纳入，这就否定了两汉经学传承孔孟之道的历史地位和重要作用。而且，韩愈以“非我其谁哉”（《重答张籍书》）的大丈夫精神，表明自己要承续儒家道统，担负起复兴儒学的文化使命。他说：“释老之害，过于杨墨；韩愈之贤，不及孟子。孟子不能救之于未亡之前，而韩愈乃欲全之于已坏之后。呜呼，其亦不自量力，且见其身之危，莫之救以死也！虽然，使其道由愈而粗传，虽灭死，万万无恨！”（《与孟尚书书》）在此背景下，韩愈和他的学生李翱所撰的《论语笔解》自然而然地便体现了重建道统、否定汉儒的精神。

第一，质疑前人注解。以孔安国、包咸、马融、郑玄等为代表的汉代经学大师，对《论语》的注疏无疑是引领潮流的典范。但在韩愈、李翱看来，这些大师之作局限于章句训诂，鲜能深究《论语》中的微言大义。据此，《论语笔解》对前人的注解多持质疑之态。如"子张问十世可知也"（《论语·为政》），孔安国注曰"文质礼变"，马融注曰"所因谓三纲五常，所损益谓文质三统"。对此，韩愈、李翱进行了批驳，认为两者没有真正理解孔子从周之深意。韩愈说："孔、马皆未详仲尼从周之意，泛言文质三统，非也。后之继周者得周礼则盛，失周礼则衰，孰知因之之义，其深矣乎？"李翱继续发挥说："损益者，盛衰之始也。礼之损益知时之盛衰。因者，谓时虽变而礼不革也。礼不革，则百世不衰可知焉。穷此深旨，其在周礼乎？"① 显然，韩愈和李翱都认为因损皆是周礼，并非"三纲五常""文质三统"。这种情况在《论语笔解》中多处出现，有学者作了统计："在《论语笔解》中，共摘录孔安国注 43 条，其中被驳斥者 34 条；共摘录包咸注 19 条，其中被驳斥者 18 条；共摘录周氏注 2 条，其中被驳斥者 1 条；共摘录马融注 14 条，其中被驳斥者 13 条；共摘录郑玄注 11 条，其中被驳斥者 10 条；共摘录王肃注 3 条，其中被驳斥者 2 条。"② 由此可以看出，韩愈、李翱对前人的注解总的基调是质疑乃至批驳。

第二，修正经典。《论语》作为儒家的元典，孔子之言的汇编，也是圣人思想集中之体现，汉魏注家都奉若神明，唯经文是从，不

---

① 韩愈、李翱：《论语笔解》，中华书局 1991 年版，第 3 页。

② 唐明贵：《论语学史》，中国社会科学出版社 2009 年版，第 258 页。

敢作任何改动。韩愈、李翱则与此不同，对《论语》文本按照已意作了多处更改。如“曾谓泰山不如林放乎”（《论语·八佾》）中的“谓”，韩愈认为当作“为”①；“人之生也直”（《论语·雍也》）中的“直”，韩愈认为“德字之误”②；“吾以女为死矣”（《论语·先进》）中的“死”，韩愈认为“死当为先，字之误也”，理由是“上文云颜渊后，下文云回何敢先，其义自明，无死理也”；李翱进一步附和说：“以回德行亚圣之才，明非敢死之士也，古文脱误，包注从而讹舛，退之辩得其正。”③ 《论语笔解》共“改易《论语》文字 16 处，变更经文次序 2 处，主张删除经文 1 处”④。

第三，阐发已义。韩愈、李翱修正《论语》，虽然个别地方采用吸收了前人的观点，比如“宰予昼寝”（《论语·公冶长》）中的“昼”，《论语笔解》认为是“画”之误⑤，这源于《汉书·艺文志》将“昼”解释为“画”。但多数情况下，韩愈、李翱都是在阐明自已的观点，并没有历史依据。如“言必信，行必果，硁硁然小人哉”（《论语·子路》）中的“小”，韩愈认为当是“为”之误，具体理由是：“硁硁。敢勇貌，非小人也，小当为之字，古文小与之相类，传之误也。上文既云言必信，行必果，岂小人之为耶？当作之人哉，于义得矣。”⑥ 很显然，这种理由比较勉强，仅是从义

① 韩愈、李翱:《论语笔解》,中华书局 1991 年版,第 4 页。
② 韩愈、李翱:《论语笔解》,中华书局 1991 年版,第 7 页。
③ 韩愈、李翱:《论语笔解》,中华书局 1991 年版,第 17 页。
④ 唐明贵:《论语学史》,中国社会科学出版社 2009 年版,第 260 页。
⑤ 韩愈、李翱:《论语笔解》,中华书局 1991 年版,第 7 页。
⑥ 韩愈、李翱:《论语笔解》,中华书局 1991 年版,第 18 页。

理上作分析，并没有确凿的根据，权当一家之言，并不能让人信服。

三、第三个阶段：宋元明清时期——《论语》学的高峰期

从宋元到明清，这一历史时期是《论语》学的成熟期和高峰期，无论是研究《论语》专著之数量，还是理论水平，与前代相比都有了突飞猛进的发展。从数量来说，《宋史·艺文志》《宋史·艺文志补》和朱彝尊的《经义考》记载，仅两宋时期，研究《论语》的专著就达到250余部，远远超出此前所有《论语》研究著作数量的总和。从理论层面来看，《论语》研究日益成熟，具有以下鲜明特点：其一，以理学为鲜明特色的《论语》研究专著涌现，展现出比较成熟的理论水准；其二，以《四书章句集注》为中心，掀起了尊朱与疑朱反朱的学术思潮；其三，以考据、注疏见长的集大成专著出现，不拘门户、广征博引、客观公允是其主要特征；其四，以佛释《论》、融会中西的诠释著作出现，时代意蕴浓厚。

（一）以理学为鲜明特色的《论语》研究专著涌现，展现出比较成熟的理论水准

宋明理学是中国哲学的成熟时期，也是儒学发展的最高峰，被学界称为“新儒家”或者“新儒学”，主旨是借鉴佛道对以“四书五经”为基础的先秦儒家思想进行改造提升。因此，在《论语》研究领域，涌现出以宋明理学为鲜明特色的《论语》诠释著作。主要有程颐的《论语解》、朱熹的《论语集注》和刘宗周的《论语学案》。

1. 程颐的《论语解》。开理学释《论》之先风。《论语解》是《经说》中的内容之一，由程颐的门人弟子根据记录整理而成，内容包括《学而》《为政》《八佾》《里仁》《公冶长》《雍也》《述而》《泰伯》等八篇以及《子罕》中的数章，均系条释《论语》中的某些章句，并有所发挥，至于为何仅解半部《论语》，无从详考。[①]《论语解》尽管只对部分篇章进行了诠释，但开理学释《论》之先风，这一点毋庸置疑，也是其最大的亮点。这主要体现在两个方面：

第一，是从《论语解》内容来看，程颐运用理学的核心概念范畴来解释《论语》。如“五十而知天命”（《论语·为政》）中的“天命”，程颐注解曰“知天命，穷理尽性也”[②]；“人而不仁，如礼何？人而不仁，如乐何”（《论语·八佾》）中的“仁”，程颐注解曰“仁者天下之正理，失正理无序而不和”[③]。由于《论语解》只是注解了一部分《论语》，未能看到程颐对整部《论语》注解的全貌，但通过朱熹在《四书章句集注》中的引用，也能看出程子以理释《论》的鲜明特点。如“性相近也，习相远也”（《论语·阳货》），朱熹引程注曰：“此言气质之性，非言性之本也。若言其本，则性即是理，理无不善，孟子之言性善是也，何相近之有哉？”[④] 在这里，程颐指出孔子所言是“气质之性”，并提出了他的

---

① 张岱年主编:《孔子大辞典》,上海辞书出版社 1993 年版,第 340 页。
② 程颢、程颐:《二程集》,王孝鱼点校,中华书局 1981 年版,第 1135 页。
③ 程颢、程颐:《二程集》,王孝鱼点校,中华书局 1981 年版,第 1136 页。
④ 朱熹:《四书章句集注》,中华书局 2011 年版,第 164 页。

"性即是理也"的著名命题。针对"有颜回者好学，不迁怒，不贰过。不幸短命死矣！今也则亡，未闻好学者也"（《论语·雍也》），朱熹引程子曰："天地储精，得五行之秀者为人。其本也真而静。其未发也五性具焉，曰仁、义、礼、智、信。形既生矣，外物触其形而动于中矣。其中动而七情出焉，曰喜、怒、哀、惧、爱、恶、欲。情既炽而益荡，其性凿矣。故学者约其情使合于中，正其心，养其性而已。然必先明诸心，知所往，然后力行以求至焉。"① 显然，程颐阐述了性、情的构成要素以及性情之间的关系，具有鲜明的理学色彩。

第二，是从《论语解》后世影响来看，以理学释《论》的做法促进了《论语》学的发展。一方面，程门弟子受到程颐的影响，在诠释《论语》方面取得了丰硕成果。据晁公武记载：谢良佐著《论语解》十卷、范祖禹著《论语说》十卷、杨时著《论语义》十卷、尹焞著《论语义》十卷。（《郡斋读书志》）另一方面，程颐对《论语》的注解被朱熹大量引用，影响和促进了朱熹理学体系的建构。

2. 朱熹的《论语集注》。《论语集注》是《四书章句集注》的一部分，而《四书章句集注》无疑是朱熹穷其毕生精力之作，"某于《论》《孟》，四十余年理会，中间逐字称等，不教偏些子"（《朱子全书》），也最能代表朱熹的理学思想。《论语集注》的主要特点有以下几个方面：

---

① 朱熹:《四书章句集注》,中华书局2011年版,第82—83页。

第一，以理释《论》。《集注》总体上采用“先训读—阐释大意—引程子及程门谢氏、游氏、杨氏、尹氏等各家之说—最后以‘愚谓’‘愚按’补足之”这种诠释模式，主要运用微言大义、六经注我的解经方式。在注解过程中，朱熹时刻都在注意用理学思想进行解读，以此来达到构建自己理学思想体系之目的。尽管《集注》中有诸多训诂、考据，但这在朱熹看来只是解经的基础，并非核心，“圣人教人，只是个《论语》。汉魏诸儒只是训诂。《论语》须是玩味”①，而解经的最终指向则是达到通经明理，“经之有解，所以通经。经既通，自无事于解，借经以通乎理耳。理得，则无俟于经”②。如“礼之用，和为贵。先王之道斯为美，小大由之”（《论语·学而》）一章，朱熹注解曰：“礼者，天理之节文，人事之仪则也。和者，从容不迫之意。盖礼之为体虽严，而皆出于自然之理，故其为用，必从容而不迫，乃为可贵。先王之道，此其所以为美，而小事大事无不由之也。”显然，朱熹用“理”来解释“礼”，认为先王之道即循理之道。正如陈来所说：“朱子的《论语集注》是义理派的解释学风，在重视训诂音读的同时，力求通过注释阐发他的哲学思想，或者说自觉地用他的哲学思想解释本文。”③

第二，承袭程氏理学思想。《集注》博采众长，引用多家观点，但引用最多的是程氏、程门弟子以及后学的注解。“朱熹引用的注解以程氏为最多，达159处，约占总数的29.5%。其次是程门弟子

---

① 朱杰人等主编:《朱子全书》(第14册),上海古籍出版社2002年版,第652页。
② 朱杰人等主编:《朱子全书》(第14册),上海古籍出版社2002年版,第350页。
③ 陈来:《中国近世思想史研究》,生活·读书·新知三联书店2010年版,第133页。

及后学，如尹焞、范祖禹、杨时、谢良佐、吕大临、游酢、侯仲良、胡寅、张敬夫、李郁、黄祖舜、曾几十二家注解 291 处，约占总数的 54.29%。二者相加达到 450 处，约占总数的 83.95%。”① 在引用过程中，朱熹不惜篇幅，大量引用程颐的观点来论证自己的理学思想。如“君子务本，本立而道生。孝弟也者，其为仁之本与”（《论语·学而》）一章，朱熹先提出“仁者，爱之理，心之德也”的理学思想，然后便大段引用程颐的注解：“孝弟，顺德也，故不好犯上，岂复有逆理乱常之事。德有本，本立则其道充大。孝弟行于家，而后仁爱及于物，所谓亲亲而仁民也。故为仁以孝弟为本。论性，则以仁为孝弟之本。”或问：“孝弟为仁之本，此是由孝弟可以至仁否?”曰：“非也。谓行仁自孝弟始，孝弟是仁之一事。谓之行仁之本则可，谓是仁之本则不可。盖仁是性也，孝弟是用也，性中只有个仁、义、礼、智四者而已，曷尝有孝弟来。然仁主于爱，爱莫大于爱亲，故曰孝弟也者，其为仁之本与!”② 从整部《集注》来看，朱熹引用程氏及其后学思想的主要目的是为自己的理学建构提供理论论证，在承袭的基础上也创新了程氏之思想。

第三，博采众家。朱熹在《集注》中除了阐述自己的理学思想外，还大量引用前人的注解。如《学而》篇引谢氏、游氏、尹氏、马氏、杨氏、洪氏、胡氏、吴氏、范氏、张敬夫等 12 家，《为政》篇引程子、范氏、胡氏、周氏、吕氏、谢氏、陆氏、马氏、张敬夫

① 唐明贵：《论语学史》，中国社会科学出版社 2009 年版，第 305 页。
② 朱熹：《四书章句集注》，中华书局 2011 年版，第 50 页。

等9家，《八佾》篇引程子、谢氏、尹氏、杨氏、范氏、李氏、黄氏、吕氏、苏氏、吴氏、游氏、赵伯循等13家，《里仁》篇引程子、谢氏、胡氏、尹氏、范氏、杨氏、孔氏、吴氏、游氏等10家，《公冶长》篇引程子、谢氏、范氏、胡氏、苏氏、吴氏、张子等8家，《雍也》篇引程子、谢氏、尹氏、范氏、杨氏、胡氏、吕氏、张敬夫、张子、洪氏、侯氏等12家，《述而》篇引程子、谢氏、尹氏、晁氏、杨氏、范氏、洪氏、吕氏、苏氏、吴氏、张子、张敬夫等12家。此种引用情况遍及《论语》各篇。有学者作了统计，直接提到姓氏如程氏（二程）、谢氏（谢良佐）、游氏（游酢）、杨氏（杨时）等计26家、521处，不知姓氏的15处。①

第四，融会“四书”解经。在经典注疏方面，宋明理学与汉唐经学有明显不同，即融会《四书》，相互参比讨论。这在《论语集注》中体现得比较明显。如“夫子循循然善诱人，博我以文，约我以礼”（《论语·子罕》），朱熹引侯氏曰：“博我以文，致知格物也。约我以礼，克己复礼也。”② 用《大学》中的“格物致知”来注解“博我以文”。又如：“博学而笃志，切问而近思，仁在其中矣”（《论语·子张》），朱熹注解曰：“四者皆学问思辨之事耳，未及乎力行而为仁也。然从事于此，则心不外驰，而所存自熟，故曰仁在其中矣。”③ 在这里，朱熹借用《中庸》中的“博学、审问、慎思、明辨”来解释子夏所讲的“博学、笃志、切问、近思”，认

---

① 唐明贵：《论语学史》，中国社会科学出版社2009年版，第303页。

② 朱熹：《四书章句集注》，中华书局2011年版，第106页。

③ 朱熹：《四书章句集注》，中华书局2011年版，第176页。

为两者相同。《四书章句集注》乃朱熹毕生之作，也是他理学思想体系建构的基础，融会《大学》《中庸》《论语》《孟子》作互参对比讨论也是应有之义。

3. 刘宗周的《论语学案》。刘宗周是明末哲学家，提出以气质为本体的自然人性论，认为“气”贯通“性”“道”“理”，反对宋儒“理在气先说”；在道德修养论上，创“慎独说”，强调道德修养的自觉性。① 《论语学案》是刘宗周在万历年间给学生讲学的心得总结，也体现了他的哲学思想。主要有两个方面的特点：

第一，“慎独”思想贯穿其中。刘宗周的弟子黄宗羲认为：“先生之学，以慎独为宗，儒者人人言慎独，唯先生始得其真。”② 这一语切中刘宗周哲学思想之肯綮。正如刘宗周自己所言：“独之外，别无本体；慎独之外，别无工夫。此所以为中庸之道也。”③ 在《论语学案》中，“慎独”的思想贯穿于其间。如“为政以德，譬如北辰，居其所而众星之”（《论语 · 为政》），刘宗周注解曰：“为政以德，只是笃恭而天下平气象。君子学以慎独，直从声臭外定根基。一切言动事为，庆赏刑威，无不日见于天下。而间其所从出之地，凝然不动些子。只有一个渊默之象，为天下立皇极而已，所谓北辰居所而众星共也。”④ 他认为，为政者做到慎独，便有了“为天下立皇极”的根基。又如，他在解“朝闻道，夕死可矣”

① 张岱年主编:《中国哲学大辞典》，上海辞书出版社 2010 年版，第 563 页。
② 黄宗羲:《明儒学案》，沈芝盈点校，中华书局 2008 年版，第 1514 页。
③ 黄宗羲:《明儒学案》，沈芝盈点校，中华书局 2008 年版，第 1583 页。
④ 吴光主编:《刘宗周全集》（第一册），浙江古籍出版社 2007 年版，第 277 页。

（《论语·里仁》）曰：“闻道不废寻求，亦不关寻求；不废解悟，亦不关解悟；不废躬行，亦不关躬行；不废真积力久，亦不关真积力久。道只是本来人，即‘率性’之谓。真闻道者，尽性焉而止矣。尽性，则与天地合德，与日月合明，与四时合序，与鬼神合吉凶，先天而天弗道，后天而奉天时。天且弗违，而况于生死之故。然其要只是一念慎独来，此一念圆满，决之一朝不为易，须之千古万世不为难。学者省之。”① 在他看来，“闻道”的关键在己，是自己本身所具有的，并非借力于外，而应自省于内。这一点，便是继承发扬了孟子的“尽心—知性—知天”的逻辑进路。再如，在解“非礼勿视，非礼勿听，非礼勿言，非礼勿动”（《论语·里仁》）时，明确指出要克己、省察。他说：“非礼勿视、听、言、动者，心存于视、听、言、动之时而不动于己私之谓也。视、听、言、动，一心也，这点心不存，则视听言动到处受病，皆妄矣。必此心时时涵养、时时省察，断然不使非礼者加乎其身，而天理于此周流矣。到此，克无剩法，复无遗体，此为一日克复者也。”②

很显然，“克己”“省察”与曾子的“三省吾身”异曲同工，实质上仍然强调“慎独”之功。刘宗周主张“慎独”，宗旨在于匡正阳明后学凸显空谈流弊。正如梁启超所言：“王学在万历、天启间，几已与禅宗打成一片。东林领袖顾泾阳（宪成）、高景逸（攀龙）提倡格物，以救空谈之弊，算是第一次修正。刘蕺山（宗周）

---

① 吴光主编：《刘宗周全集》（第一册），浙江古籍出版社2007年版，第310—311页。
② 吴光主编：《刘宗周全集》（第一册），浙江古籍出版社2007年版，第431页。

晚出，提倡慎独，以救放纵之弊，算是第二次修正。明清嬗代之际，王门下唯蕺山一派独盛，学风已渐趋健实。”①

第二，融合理学与心学。阳明之学在后期逐渐流于佛、老，空谈之风盛行。对此，刘宗周曾上书予以批判：“王守仁之言良知也，无善无恶；其弊也，必为老、庄，顽钝而无耻。顾宪成之学朱子也，善善而恶恶；其弊也，必为申、韩，惨刻而不情。佛、老之害，得宪成而救。臣惧一变复为申、韩，自今日始。”② 尽管如此，但从总体而言，刘宗周的思想“基本上仍属于王学一系的心学”③。不过，刘宗周融合了心学与理学，既有心学之色彩，也有理学之特质。比如，刘宗周在《论语》开篇便开宗明义，对“学”进行了阐释：“‘学’是孔门第一义。‘时习’一章是二十篇第一义。孔子一生精神，开万古宫墙户牖，实尽于此。‘学’之为言‘效’也，汉儒曰‘觉’，非也。学所以求‘觉’也，觉者心之体也。心体本觉，有物焉蔽之，气质之为病也。学以复性而已矣。有方焉，仰以观乎天，俯以察乎地，中以尽乎人，无往而非学也。学则觉矣，时时学则时时觉矣。时习而说，说其所觉矣；友朋而乐，乐其与天下同归于觉也；人不知而不愠，不隔其为天下之觉也。故学以独觉为真，以同觉为大，以无往而不失其所觉为至。此君子之学也。说学不愠，即是仁体。孔门学以求仁，即于此逗出。”④ 刘宗周提出了

---

① 梁启超:《梁启超中国近三百年学术史》,吉林人民出版社 2013 年版,第 41 页。

② 吴光主编:《刘宗周全集》(第六册),浙江古籍出版社 2007 年版,第 3—4 页。

③ 陈来:《宋明理学》,华东师范大学出版社 2004 年版,第 293 页。

④ 吴光主编:《刘宗周全集》(第一册),浙江古籍出版社 2007 年版,第 270—271 页。

"学即觉"，认为自学为"独觉"，与朋友一起学为"同觉"，最根本的仍然是"独觉"。"觉"即觉悟、觉察，是主体的自我意识彰显，也是统摄内外的途径。而"觉"又是"心之体"，这就构成了"学—觉—心"的逻辑进路，使学具有了心学的色彩。又如，在解"子绝四：毋意，毋必，毋固，毋我"（《论语・学而》）时，刘宗周说："毋意、毋必、毋固、毋我，此心体也。人心与太虚同体，不惹纤毫物累，总有物累，四者便循环而起。始焉无中生有，忽起一意，已而执意不化，必然如此，而辗转一意，如坚垒之莫破，则固矣；究也以客为主，认贼作子，成为我矣。返而勘之，乐我乎？人乎？以为真，如人入梦境，种种苦乐认作在我，一觉便应释然，此一意之变幻也。圣人之心，从江、汉秋阳洗暴过来，渣滓浑化，天理周流，何四者之累哉！四者不分是理是欲，总是气拘物蔽。于浑然无物之中而生一意，又以倏起之意转成为必、固、我，此是梦中做梦。意、必、固、我，其仁心之危乎？"① 刘宗周把"人心"喻为太虚，本是明澈，不染微尘，但因意、必、固、我，便为外物所累。而圣人之心则涤荡清澈，纯是天理流行。虽然没有区分心、理，但将两者并说，显然有会通心、理之意蕴。

（二）以《四书章句集注》为中心，掀起了尊朱与疑朱反朱的学术思潮

朱熹《四书章句集注》成书之后，随着朱子学的传播，越来越受到社会重视。元仁宗皇庆二年（1313 年），《四书章句集注》被

① 吴光主编：《刘宗周全集》（第一册），浙江古籍出版社 2007 年版，第 397 页。

钦定为科举考试指定用书。“皇庆二年，诏定考试程序，蒙古、色目人第一场经问五条，《大学》《论语》《孟子》《中庸》内设问，用朱氏《章句集注》。其义理精明、文辞典雅者为中选……汉人、南人第一场明经、经疑二问，《大学》《论语》《孟子》《中庸》内出题，并用朱氏《章句集注》，复以己意结之，限三百字以上。”（《元史·选举志》）由此，以《四书章句集注》为代表的朱子学便成为官方学术的主流，受到普遍关注。在《论语》学研究领域，掀起了以《四书章句集注》为核心的尊朱与疑朱反朱的学术思潮，出现了一批影响大、学术水平高的《论语》诠释著作。从宏观上来看，主要集中在两个层面：一方面，承袭《论语章句集注》的疏解，并从解疑、补注、继续阐发等层面维护朱子的思想，这方面的著作主要有金履祥的《论语集注考证》和陆陇其的《松阳讲义》。另一方面，以质疑甚至批驳《论语章句集注》为主，在此基础上提出新的见解，这方面的著作主要有陈天祥的《论语辨疑》和毛奇龄的《论语稽求篇》。

1. 尊朱为主：金履祥的《论语集注考证》和陆陇其的《松阳讲义》

（1）金履祥的《论语集注考证》。金履祥作《论语集注考证》的目的主要是维护朱子的权威地位，承袭并发展朱子的思想。《论语孟子集注考证》云：“古书之有注者必有疏，《论孟考证》即《集注》之疏也。以有《纂疏》，故不名疏。而文义之详明者亦不敢赘，但用陆氏《经典释文》之例，表其疑难者疏之。文公《集注》多因门人之问更定。其间所不及者抑或未修，而事迹名数，文公亦以无甚紧要略之。今皆为之修补。”总体而言，《论语集注考证》有三个鲜明特点：以传承朱子思想为宗旨，对《论语集注》作解疑、补正、阐发。

第一，解疑。对当时有疑问而《论语集注》未能解答的问题进行疏证答疑，以解时人之惑。如子谓子夏曰：“女为君子儒，无为小人儒。”（《论语·雍也》）《四书章句集注》有朱熹、程颐和谢良佐的注解。朱熹曰：“儒，学者之称。”程子曰：“君子儒为己，小人儒为人。”谢氏曰：“君子小人之分，义与利之间而已。然所谓利者，岂必殖货财之谓？以私灭公，适己自便，凡可以害天理者皆利也。子夏文学虽有余，然意其远者大者或昧焉，故夫子语之以此。”① 朱熹只是简单地对“儒”进行了解释，引用程颐和谢良佐的观点但未进行评论，这种现象在《集注》中比较普遍。对此，金履祥作了进一步发挥：儒，学者之称。子夏文学，故夫子鞭辟其近里。君子儒则务德业，小人儒则绔文辞。王文宪（王柏）曰：“程子于儒上说君子小人固甚平，恐于子夏未切，谢氏以义利说恐尤甚。子夏细密谨严，病于促狭，故以是警之。后世托儒为小人者固多矣，恐子夏必不至此。”履祥按，《语录》：朱子亦尝疑此说，为初学之时。至于言博学、笃志、切问、近思之后，则不待为此言矣。又曰：“圣人为万世立言，岂专为子夏设？”观此二条，则文公固自疑谢氏之说为过矣，然“汝为”二字专为子夏言，当如文宪之说泛。文公亦尝言子夏太细密谨严，又云其促狭，于子游、叶贺孙

① 朱熹：《四书章句集注》，中华书局2011年版，第85页。

之间，亦言其太紧小。如此，则此君子小人只是以度量规模为言，其言君子如大人君子，其言小人是野人小人，若樊须小人之类，盖对大人君子而言。特有小大之分耳，非言善否之殊也。至为学者切己省察，则《集注》之言自在所深省。（《论语集注考证》）在这里，金履祥对程颐、谢良佐、张载、王柏的观点进行了分析，并提出了自己的看法，目的在于提醒学者"《集注》之言自在所深省"。又如，对"参乎！吾道一以贯之"（《论语·里仁》），朱熹以"圣人之心，浑然一理，而泛应曲当，用各不同"[①] 注解，对此，金履祥作了进一步解释：且理是何物？文公好说个"恰好处"。理只是恰好处。此便是中，便是至善，自古圣贤相传只是这个。天下万事万物各个不同，而就每事每物中，又自各有个恰好处，故事理虽不同，到得恰好处则一，此所谓万殊而一本。然其一本者，非有形象在一处，只是一个恰好底道理在事事物物之中，此所谓一本而万殊。(《论语集注考证》）金履祥按照自己的理解用"事理"来解释朱熹的"恰好处"，并提出"万殊而一本"，这与朱熹的"月映万川、理一分殊"的思想相契合。

第二，补正。对朱熹未能穷尽的问题进行补充解释，对认为有错误的地方进行修正。如"子欲居九夷"（《论语·子罕》）。朱熹注曰："东方之夷有九种。欲居之者，亦乘桴浮海之意。"[②] 朱熹以"道不行，乘桴浮于海"（《论语·公冶长》）解此章，但对"九夷"

---

① 朱熹：《四书章句集注》，中华书局 2011 年版，第 71 页。

② 朱熹：《四书章句集注》，中华书局 2011 年版，第 108 页。

是什么、孔子为何“欲居之”，并没明言。对此，金履祥作了详细的注解。他首先对“夷”进行了解释，并列举了“九夷”的名称：《东汉书》曰：夷者，抵也。仁而好生万物抵地而出也，故天性仁顺，易以道御。夷有九种，曰畎夷、干夷、方夷、黄夷、白夷、赤夷、元夷、风夷、阳夷。随后，对孔子为何欲居之进行了补正发挥：箕子避地朝鲜，施八条之约，使人知禁，行数百千年，东彝通以柔谨为风，异乎三方，故仲尼欲居九夷也。（《论语集注考证》）同时，对朱子注解不当的地方，金履祥根据自己的看法也进行了修正。如“伯牛有疾，子问之，自牖执其手，曰：‘亡之，命矣夫！斯人也而有斯疾也！斯人也而有斯疾也！’”（《论语·雍也》）对其中的“牖”，朱熹注曰：“牖，南牖也。礼：病者居北牖下。”① 对“北牖”一说，金履祥认为不妥，“牖”当为“墉”。他说：盖室中北墉而南牖。墉：墙也。古人室北墙上起柱为壁，虽壁间西北角有小圆窗，名厞谓之屋漏，然无北牖之名也。（《论语集注考证》）此种说法得到后人的认可，如钱穆在《论语新解》中说：“古人居室，北墉而南牖，墉为墙，牖为窗。”②

第三，阐发。在《四书章句集注》的基础上，沿着朱子的思路进行阐释，金履祥提出个人的看法，发朱子之未发。如有子曰：“礼之用，和为贵。先王之道斯为美，小大由之。”（《论语·学而》）朱熹注曰：“礼者，天理之节文，人事之仪则也。和者，从

① 朱熹：《四书章句集注》，中华书局2011年版，第85页。
② 钱穆：《论语新解》，生活·读书·新知三联书店2002年版，第148页。

容不迫之意。盖礼之为体虽严，而皆出于自然之理，故其为用，必从容而不迫，乃为可贵。先王之道，此其所以为美，而小事大事无不由之也。”① 在此基础上，金履祥作了进一步阐发：此章所谓礼，盖高下散殊之分也。其所谓和，则合同交通之意也。先王制礼，其尊卑贵贱上下之体截然其严，然其用则常有交通和同之意行其间。如宗庙之礼至严也，而旅酬逮下献享之礼多仪也，而燕示慈惠尊卑上下至辨也，而灿然有文之中每有懽然相爱之意，此皆礼之用有和而小大事皆由之。又如饮食合懽也，而笾豆有数延祭，有仪臣侍君，燕不过三爵，夫妇和好也，而内外有辨，衣服异藏，湢浴异处，此类非一，或但知和洽之意，而略上下、名分、尊卑、降杀、男女、内外之节，此所以流而生祸，而亦不可行也。《集注》但见行礼不拘迫之意，似不见交际和洽之意；但说君子行礼之意，不推先王制礼之意。(《论语集注考证》）在此，金履祥认为礼不仅具有“不拘迫”，而且应兼有“合同交通”，很显然，这是对朱子解经的引申发挥。这种发挥完全是金履祥个人看法，并非朱子本义，有的甚至与朱子解释相牴牾，但宣扬朱子思想的主旨没有变。正如黄宗羲《宋元学案》所云：仁山有《论孟考证》，发朱子之所未发，多所牴牾。其所以牴牾朱子者，非立异以为高，其明道之心，亦欲如朱子耳。朱子岂好同而恶异者哉！世为科举之学者，于朱子之言，未尝不锱铢以求合也。乃学术之传，在此而不在彼，可以憬然悟矣。

---

① 朱熹:《四书章句集注》,中华书局2011年版,第53页。

（2）陆陇其的《松阳讲义》。陆陇其是清代尊朱辟王思潮的重要代表人物，“以居敬穷理为要”，曾言：“穷理而不居敬，则玩物丧志，而失于支离，居敬而不穷理，则将扫见闻，空善恶，其不堕于佛老，以至于师心自用，而为猖狂恣睢者，鲜矣！”① 阳明心学在后期发展中逐渐染上空谈之流弊，陆陇其认为“明之衰，阳明之道行也”（《三鱼堂文集》），因此力主废除王学，推崇程朱理学。“吾辈今日学问，只是遵朱子。朱子之意即圣人之意；非朱子之意，即非圣人之意，断断不可认错了。”② 这种“尊朱辟王”的思想在《论语》诠释中体现得非常明显，也是其一大特色。如子曰：“由！诲女知之乎？知之为知之，不知为不知，是知也。”（《论语·为政》）朱熹注曰：“子路好勇，盖有强其所不知以为知者，故夫子告之曰：我教女以知之之道乎！但所知者则以为知，所不知者则以为不知。如此则虽或不能尽知，而无自欺之蔽，亦不害其为知矣。况由此而求之，又有可知之理乎？”③ 针对朱子的“无自欺之蔽”，陆陇其提出了个人看法：“这个‘自欺’与《大学》‘自欺’有别：《大学》‘自欺’是指能知而不能行说，是诚意内事；此‘自欺’是指强不知以为知貌，是致知内事”，并认为朱子的“由此而求之，又有可知之理乎”“最说得明白”④。在此基础上，他并没有忘记辟王：“自明季王阳明一脉学问兴，都谓‘真知之外更别无知’。此

---

① 徐世昌等：《清儒学案》，沈芝盈、梁运华点校，中华书局2008年版，第465页。
② 陆陇其：《松阳讲义》，周军等校注，华夏出版社2013年版，第4页。
③ 朱熹：《四书章句集注》，中华书局2011年版，第59页。
④ 陆陇其：《松阳讲义》，周军等校注，华夏出版社2013年版，第151页。

自夫子欲扫去闻见话头，而反以朱《注》为支离。此等邪说，今日学者不可染一毫在胸中。”① 又如子曰：“赐也，女以予为多学而识之者与?”对曰：“然，非与?”曰：“非也，予一以贯之。”（《论语·卫灵公》）对此，陆陇其解曰：

> 今人皆指此“一”为“一心”，未尝不是，然须知这心是如何样的心。又或指此“一”为“一理”，谓是此心之理，亦未尝不是，然须知此理是如何样的理。释氏亦言心，明季讲学家如湛甘泉辈，亦言体认天理，但彼所谓心，所谓理，只指得昭昭灵灵的一段精魂。这个如何贯得万事万物？圣人所谓心，所谓理，是从万殊处精炼来，是极实的，不是空虚的，所以便能贯尽万事万物……“一贯忠恕”，有生熟之分，“一贯”中又自有生熟之分。夫子知天命时，已是“一贯”了，到从心所欲，则又加熟。若颜之“卓”，曾之“唯”，子贡之“非”，只是知天命地位。姚江一派讲学，俱云“‘一贯’是初学入德事，谓必先‘一贯’然后可学识”。其说似将“一贯”作朱子所谓“存养”看，然与朱子之“存养”又不同，只是要捉住这个昭昭灵灵的精魂而已。此是狐禅，切不可从。②

---

① 陆陇其:《松阳讲义》,周军等校注,华夏出版社 2013 年版,第 151—152 页。
② 陆陇其:《松阳讲义》,周军等校注,华夏出版社 2013 年版,第 265—266 页。

在陆陇其看来，阳明后学完全沦为佛禅，就心谈体认天理，便是“空虚”，“只是要捉住这个昭昭灵灵的精魂而已”，并不能“贯得万事万物”，由此便斥之为“狐禅，切不可从”。从客观而言，陆陇其认为王学有其合理之处，与其尊朱有关，但在一定程度上也存在偏见。“陆陇其以朱学的立场来批评王学，随意将王学归入佛、禅一路还是太过轻率，讲工夫论而角度有别，故而某些观点正好相反，类似‘鸡同鸭讲’，争论一番虽然也有益处，但还是很难分辨出一个所以然。”①

2. 疑朱批朱：陈天祥的《论语辨疑》和毛奇龄的《论语稽求篇》

（1）陈天祥的《论语辨疑》。《论语辨疑》是陈天祥《四书辨疑》的一部分，总的基调是对朱熹的《四书章句集注》持质疑甚至批驳态度。如子曰：“君子耻其言而过其行。”（《论语·宪问》）朱熹注曰：“耻者，不敢尽之意。过者，欲有余之辞。”② 对朱子的注解，陈天祥作了批驳，并作了进一步解读。他说：注文以耻其言与过其行分为两意，解“耻”字为“不敢尽之意”，解“过”字为“欲有余之辞”，圣人之言恐不如此之迂曲也。且言不过行，有何可耻？行取得中，岂容过余？过中之行，君子不为；过犹不及，圣人之明论也。注文本因“而”字，故为此说。本分言之，止是耻其言过于行。旧说君子言行相顾，若言过其行，谓“有言而行不副，君

① 张天杰：《陆陇其的〈四书〉学与清初的“由王返朱”思潮》，《浙江社会科学》2016 年第 10 期。

② 朱熹：《四书章句集注》，中华书局 2011 年版，第 146 页。

子所耻”。南轩曰：“言过其行则为无实之言，是可耻也。”耻言之过行，则其笃行可知矣。二论意同，必如此说，义乃可通。“而”字盖“之”字之误。(《四书辨疑》) 陈天祥认为朱子的解释违背圣人之言，曲解了圣人的思想，并引用张栻的观点作旁证。

同时，其认为误解的原因在于文本把“之”字误写成了“而”字。又如子曰：“君子和而不同，小人同而不和。”(《论语·子路》) 朱熹注曰：“和者，无乖戾之心。同者，有阿比之意。”对此，陈天祥进行了质疑。他说：和则固无乖戾之心，只以无乖戾之心为和，恐亦未尽。若无中正之气，专以无乖戾为心，亦与阿比之意相邻，和与同未易辨也。中正而无乖戾，然后为和。凡在君父之侧，师长、朋友之间，将顺其美，匡救其恶，可者献之，否者替之，结者解之，离者合之，此君子之和也。而或巧媚阴柔，随时俯仰，人曰可，己亦曰可，人曰否，己亦曰否，惟言莫违，无唱不和，此小人之同也。晏子辨梁丘据非和，以为“君所谓可，而有否焉，臣献其否，以成其可。君所谓否，而有可焉，臣献其可，以去其否。是以政平而不干，民无争心”；“今据不然。君所谓可，据亦曰可；君所谓否，据亦曰否”；“据亦同也，焉得为和”。此论辨析甚明，宜引以证此章之义。(《四书辨疑》) 陈天祥在质疑朱子的基础上，引入“中正之气”，并用晏婴的“和如羹”来区别君子之和与小人。

总之，在朱子之学成为官方之学、学者莫不尊崇，《四书章句集注》研究蔚然成风的背景下，陈天祥能够本着客观理性的治学态度，对《集注》进行质疑，发朱子之未发，难能可贵。而且，其重视学理探讨，非存心立异，得到了学界的普遍认可。正如四书馆臣在《四书辨疑·提要》中所言："今观其书，大意主于阙疑，而不贵穿凿，故其所列三百余条，皆平心剖析，实非有意立异。"

(2) 毛奇龄的《论语稽求篇》。清初，随着经学复兴、学风逐渐由空返实，学术研究逐渐回归原典。然而，儒家经籍在两千多年的流传过程中，后人注解多有伪托、附会之辞，掩盖了经典的原貌。因此，辨伪考证、厘清原典便成为清初学者的首要工作。毛奇龄堪称其中的代表。总体而言，毛奇龄对前代学者围绕儒家经典所作的注解基本上持质疑甚至否定的态度。他在《与朱录田孝廉论〈论〉〈孟〉书》中云："故仆解六经，谓自汉迄今，从来误解者十居其九；自汉迄今，从来不解者十居其一。"在毛奇龄看来，历代学者所作的注解多是误解圣人之说，前人所注基本上不可取。

这种思想在《四书改错》中体现得非常明显。他断言，"四书无一不错"①，"然且日读四书，日读四书注，而其就注义以作八比，又无一不错。人错、天类错、地类错、物类错、官师错、朝庙错、邑里错、宫室错、器用错、衣服错、饮食错、井田错、学校错、郊社错、禘尝错、丧祭错、礼乐错、刑政错、典制错、故事错、记述错、章节错、句读错、引书错、据书错、改经错、改注错、添补经文错、自造典礼错、小诂大诂错、抄变词例错、贬抑圣门错，真所谓聚九州四海之铁铸不成此错矣"②。针对朱熹的《四书章句集注》，毛奇龄认为朱子解释不足信，并给予严厉批驳。如

① 毛奇龄:《四书改错》,胡春丽点校,华东师范大学出版社 2015 年版,第 1 页。
② 毛奇龄:《四书改错》,胡春丽点校,华东师范大学出版社 2015 年版,第 5 页。

子疾病，子路请祷。子曰："有诸?"子路对曰："有之。《诔》曰：'祷尔于上下神祇。'"子曰："丘之祷久矣。"（《论语·述而》）对于"诔"，朱熹注曰："诔者，哀死而述其行之辞也。"[①] 对此，毛奇龄给予批驳。他说：

> 子路以子病请祷，而病者亲问，则正当以古祷礼对，而对以谥诔之诔，子路纵不学，亦宁不少为病者嫌乎？古有祷礼，有谥礼，而总名曰诔。诔者，累也。祷者，累功德以求福；谥则累功德以易名，明分二礼。但以累功德同，故均以"累"字称之。实则祷曰祷诔，谥曰谥诔。故《周官》大祝作六词，直分"五曰祷，六曰诔"，谓祷诔可称诔，而谥诔必不可称祷。今明曰"祷尔"，而偏以哀死之谥诔当之，可乎？按：《说文》："诔，祷也。"《论语》"诔曰：祷尔于上下神祇"是也。而孔安国注《论语》，云："诔，祷篇也。"徐锴曰："即《尚书·金縢》之词。"郑司农曰："即《春秋传》铁之战，卫太子祷于军中是也。"是诔即是祷。"祷尔"一句，即祷篇之文。注太错矣。诔，一作讄，见《说文》；一作謉，见《集韵》。总此一字。[②]

① 朱熹:《四书章句集注》,中华书局 2011 年版,第 146 页。

② 毛奇龄:《四书改错》,胡春丽点校,华东师范大学出版社 2015 年版,第 310—311 页。

毛奇龄认为古代有"祷"礼和"谥"礼，统称"诔"，"祷诔"可称"诔"，而"谥诔"必不可称"祷"。此章中的"诔"当为"祷诔"，不是"谥诔"，不能注释为"哀死而述其行之辞"。此种看法得到后人的认可。杨伯峻对此章注曰："诔，本应作讄，祈祷文，和哀悼死者的'诔'不同。"① 可见，毛奇龄的质疑有理有据。但通篇看来，此种有理有据的质疑占少数，多是对朱子的攻讦或强为之辞。全祖望在《萧山毛检讨别传》中指出："西河则谈经，于是并汉以后人俱不得免，而其所最切齿者为宋人，宋人之中所最切齿者为朱子。其实朱子亦未尝无可议，而西河则狂号怒骂，惟恐不竭其力，如市井无赖之叫嚣者，一时骇之。"② 尽管《四书改错》存有诸多瑕疵，但毛奇龄敢于质疑经典、求证辨伪的精神值得肯定。"盖自明以来，申明汉儒之学，使人不敢以空言说经，实自西河始。而辨证图书，排击异学，尤有功于经义。"③

（三）以考据、注疏见长的集大成专著出现，不拘门户、广征博引、客观公允是其主要特征

从《论语》诠释的层面来看，这一时期出现了以考据、注疏见长的集大成著作，主要有陈士元的《论语类考》、翟灏的《论语考异》、刘宝楠的《论语正义》。从总体上看，这类著作呈现出不拘门户、相对客观公允、广征博引的鲜明特点。

---

① 杨伯峻:《论语译注》,中华书局1980年版,第81页。

② 全祖望:《全祖望集汇校集注》,朱铸禹汇校集注,上海古籍出版社2000年版,第986页。

③ 徐世昌等:《清儒学案》,沈芝盈、梁运华点校,中华书局2008年版,第965页。

1. 陈士元的《论语类考》。陈士元作《论语类考》的目的在于通过辨伪考证，引导读书人回归到儒家基本精神，而不是把《论语》作为科举成名的工具。他说：明兴，设科举，士初试七义，《论语》居先。而世之学子，幼时即承斯业，及从政为邦，则目为筌蹄，不复省览，予于是益病焉。昔人有言：《论语》始于不愠，终于知命、为君子儒，洙泗为仁之方、一贯之秘具于此，可终身违乎？（《论语类考》）

《论语类考》主要内容是对《论语》中所论及的名物制度分类进行辨伪考证，故取名为“类考”。全书共二十卷，分为“天象、时令、封国、邑名、地域、田则、官职、人物、礼仪、乐制、兵法、宫室、饮食、车乘、冠服、器具、鸟兽和草木”等十八类，每一类下面又分子目，如“天象考”细分为北辰、日月之食两类，“时令考”细分为夏时、历数等六类，“封国考”细分为杞、宋等十七类，“邑名考”细分仪、费等十一类，“地域考”细分为泰山、首阳等二十一类，“田则考”细分为邻里乡党、千室十室等十三类，“官职考”细分为百官、大宰等二十三类，“人物考”细分为孔子、孔鲤等一百五十三类，“礼仪考”细分为谛、灌等二十八类，“乐制考”细分为八佾、雍彻等十三类，“兵法考”细分为师旅、军旅等十类，“宫室考”细分为宗庙、太庙等二十类，“饮食考”细分为腥、酱等二十类，“车乘考”细分为殷辂、輗等九类，“冠服考”细分为周冕、麻冕等二十七类，“器具考”细分为木铎、权等二十三类，“鸟兽考”细分为凤凰、饩羊等十类，“草木考”细分为五谷、匏瓜等九类。全书共四百九十四条，每一小条目下面罗列古今诸家之说，相互参订，并以“元按”的方式阐述自己的观点。如子路宿于石门。晨门曰：“奚自?”子路曰：“自孔氏。”曰：“是知其不可而为之者与?”（《论语·宪问》）朱熹注曰：“石门，地名。”金履祥曰：“赵善誉《舆地考》云石门，在东平之境。”在引用朱熹和金履祥的基础上，陈士元说出了自己的看法：《春秋》隐公三年冬，齐侯郑伯盟于石门。杜预氏云石门，齐地，在济北庐县故城西南。又《水经注》云济北庐县故城西南六十里，有石门。然庐县故城在今山东济南府长清县西南二十里，则石门当在今兖州府东平州平阴县地，是齐郑所盟之石门，即子路所宿之石门也。《一统志》云平阴县西二十五里山上有石门，东西相向，可通人行者是已。而《沂州志》又云石门山，在费县西南八十里，即子路宿处，似谬。（《论语类考》）

朱熹认为“石门”是地名，并没有指出具体位置。金履祥引《舆地考》的说法，认为石门在东平境内。在此基础上，陈士元以《春秋经传集解》《水经注》《一统志》等相关记载为据，认为《左传》中“齐侯郑伯盟于石门”，就是子路所宿石门，在兖州府东平州平阴县地，比金履祥的说法更为具体，同时指出《沂州志》中“石门在费县西南八十里”有误。此外，在考辨证伪的过程中，陈士元虽然以朱子之学为正宗，但并不盲从朱子，认为朱注有错讹之处，也予以纠正。如“谋动干戈于邦内”（《论语·季氏》）中的“干戈”，朱熹注曰：“干，楯也。戈，戟也。”① 对“戈为戟”的注

① 朱熹：《四书章句集注》，中华书局2011年版，第159页。

解，陈士元提出了质疑：戈与戟形相肖而长短大小不同，朱子《集注》以戈为戟，未之考耳，若谓戈为短戟可也。(《论语类考》)朱熹认为戈即为戟，而陈士元则认为朱熹的看法不对，认为戈乃短戟比较妥当。总之，《论语类考》不仅是辨伪考证之作，而且不囿于门户、不唯朱子是从，在辨伪之中能够阐发己意、提出新的见解，这在当时朱子之学盛行的情况下敢于坚持己见、指陈《集注》的质疑精神，实在是难能可贵。

2. 翟灏的《论语考异》。翟灏作《四书考异》，分上下编，共七十二卷。其中，涉及《论语》的内容主要分为两部分：《四书考异》上卷涉及《论语》九篇，包括《论语原始》《鲁论语》《齐论语》《古论语》《论语各本》《旧称〈论语〉为传》《尊立论语》《论语篇章》《论语逸文》等；《四书考异》下卷涉及《论语》二十篇，主要对诸篇中存在的文字、音读等差异的经文进行详细考辨。每一条经文在胪列前人注解的基础上，再断以己意。总体而言，《论语考异》有三个鲜明特点：

第一，广征博引，考据精深。在《论语考异》中，为保证校勘的准确性，翟灏可谓无所不引，基本涵盖了当时所存的文献。有学者统计，从《论语集解》《论语义疏》《论语集注》等直接注解《论语》的文本，到《易坤凿度》《韩诗外传》等与《论语》条目直接相关或间接相关文献，《论语考异》引用文本达百种以上。[①]同时，对每一个条目，翟灏都尽可能地做到了考据详尽。比如，对

① 参见唐明贵：《论语学史》，中国社会科学出版社2009年版。

《论语》文本的字数，自古以来见仁见智、意见并不统一。

翟灏首先对关于《论语》字数记载的相关文献作了考证，考汉石经《论语总题》曰："凡廿篇，万五千七百一口字。"王应麟《小学绀珠》引郑耕老《励学篇》曰："《论语》一万二千七百字。"周密《浩然斋视听钞》曰："《论语》共一万七千七百五字。"宇文虚中《题时习斋》诗曰："《鲁论》二万三千字。"《金石文字记》曰："唐开成刊立石经《论语》，一万六千五百九字。"《石刻铺叙》曰："蜀石经《论语》三册，《序》三百七十二字，《正经》一万五千九百十三字，《注》一万九千四百五十四字。"在胪列上述文献资料后，翟灏阐述了自己的看法：《论语》字数，言人人殊，即谓其各依所师授，亦未应悬绝如斯。若郑氏、宇文氏所称，必字画传写有讹也。今据《集注》本分篇计之。《学而》篇四百九十三字，《为政》篇五百七十九字，《八佾》篇六百八十九字，《里仁》篇五百一字，《公冶长》篇八百六十九字，《雍也》篇八百一十六字，《述而》篇八百七十三字，《泰伯》篇六百一十四字，《子罕》篇八百六字，《乡党》篇六百四十二字，《先进》篇一千五十三字，《颜渊》篇九百九十二字，《子路》篇一千三十五字，《宪问》篇一千三百四十字，《卫灵公》篇九百五字，《季氏》篇八百六十三字，《阳货》篇一千一十九字，《微子》篇六百一十八字，《子张》篇八百四十二字，《尧曰》篇三百六十九字，通二十篇，共凡一万五千九百一十八字，与《石刻铺叙》所记蜀石经《正经》之数略同，《序》及所题"学而第一""为政第二"等文不预数内。(《四书考异》)

翟灏在考证前人记载的基础上，依据《四书章句集注》对经文字数作了准确的统计，可谓有理有据、资料引用详实。

第二，不拘门户，理性客观。翟灏对每一条目，都广征博引，而且不拘门户，比较客观地对所引资料进行分析，并阐明己见。“翟灏博通经史，旁及诸子百家、山经地志。精治《四书》、著《四书考异》。贯穿精审，折中求当，不拘于汉宋诸儒之说。”（《孔子文化大典》）

第三，留阙存疑，期待后学。对一时难以确定的问题，翟灏也没有乾纲独断、妄下结论，而是本着留阙存疑、期待后学的态度，将此问题留给后人。比如“周有八士：伯达、伯适、仲突、仲忽、叔夜、叔夏、季随、季騧”（《论语·微子》），围绕“八士”为何人及其来源，翟灏进行了详细分析：

“八士”，周文、武时人，出南宫氏。《晋语》：“文王之即位也，询于‘八虞’。”贾、唐注云：“八虞即周八士，皆为虞官。”《逸周书·和寤》《武寤》二篇序“武王将赴牧野”之文，一云“厉翼于尹氏八士”，一云“尹氏八士咸作有绩”。至《克殷篇》则命尹逸作筴告神，命南宫忽振财发粟。命南宫百达迁九鼎三巫，明八士即南宫氏兄弟而随武王伐纣者也。《汉书·人表》列伯达以下八人于周初，似自允当。郑康成谓成王时，刘向马融谓宣王时，不知其别何依据。又《白虎通·姓名篇》云：“《论语》周有八士，积于叔何？盖以两两俱生故也。不积于伯、季，明其无二也。”此伯仲叔季俱两两相并，而班氏言之如此，当时别典所记岂有与《论语》绝殊者耶？《公羊传》注言“文家字积于叔，质家字积于仲”，疏举太姒十子，“伯邑考”外皆称“叔”，惟末有聃季而已，为“字积于叔”之证。班氏或兼论及彼，而其文有讹耶？释蒙启滞犹望于后之达者。①

关于“八士”所处的具体时代，郑玄、刘向和马融说法不一；对其名，《白虎通义》与《公羊传》所记又有牴牾；如何断定，翟灏没有定论，只是以“释蒙启滞犹望于后之达者”作结。

3. 刘宝楠的《论语正义》。《论语正义》共二十四卷，是刘宝楠和其子刘恭冕的合力之作。一般认为，前十七卷乃刘宝楠自撰，后七卷则是刘恭勉续撰，依据是原书刻本从卷一到卷十七，卷题下都署“宝应刘宝楠学”，卷十八至卷二十四，则署“恭冕续”。对此，有学者提出质疑，依据是前十七卷的注疏中引用了刘宝楠去世后才出版的资料，如俞樾的《群经平议》《诸子平议》和戴望的《论语注》，这显然非刘宝楠所为。因此，便认为刘恭冕除续写后七卷之外，还对前十七卷的个别篇章有所增订拾补。② 还有学者认为，“此书卷一至卷六大体为宝楠所撰，卷七至卷十五大体为父子合撰，卷十六至卷二十四则由恭冕独力任之”③。简言之，《论语正义》是

---

① 安静:《〈四书考异·条考〉考异考释之形式特点》,《浙江教育学校学报》2010年第5期。

② 唐明贵:《论语学史》,中国社会科学出版社2009年版,第455页。

③ 吴柱:《刘宝楠、刘恭冕父子合撰〈论语正义〉新证》,《历史文献研究》2021年第1期。

刘宝楠父子通力合作的结晶，刘宝楠主导，最终由刘恭冕所编定。从《论语》学之视角来审视，《论语正义》堪称集大成之作。梁启超在《清代学术概论》中评价说："撷取一代经说之菁华，加以别择结撰，殆可谓集大成。"

概言之，《论语正义》有三个比较鲜明的特点：

第一，贯通古今，广征博引。"这部书考证详尽，远远胜过了邢昺的旧《疏》，成为清代经学著述中的出色作品。"① "《正义》所征引的典籍，据笔者粗略统计达 370 余种，数量之多，是此前的各种《论语》注释本都无法相比的。从时间跨度而言，所引典籍上自先秦，下迄注者当代，长达 2000 余年。而且所引典籍，都注明了书名、篇名，极便学者查考。从内容而言，征引典籍所涉及的学科门类，几乎是无所不包，计有 10 余个大类。"② 之所以如此，与刘宝楠编撰《论语正义》的初衷有关。刘恭冕在《论语正义·后序》中云："先君子发策得《论语》，自是摒弃他务，专精致思，依焦氏作《孟子正义》之法，先为长编，得数十巨册，次乃荟萃而折中之，不为专己之学，亦不欲分'汉''宋'门户之见，凡以发挥圣道，证明典礼，期于实事求是而已。"③ 由此可知，《论语正义》选取资料的标准是"发挥圣道""证明典礼""实事求是"，不分门户，不囿于己见。除了引用古人的注疏外，刘宝楠还引用了大量清人的著作。主要有刘台拱的《论语骈枝》、刘宝树的《经义说

---

① 张舜徽：《清儒学记》，齐鲁书社 1991 年版，第 399 页。

② 龚霁芃：《〈论语正义〉的学术成就》，《孔子研究》2006 年第 3 期。

③ 刘恭冕：《宝应刘氏集》，广陵书社 2006 年版，第 582 页。

略》、方观旭的《论语偶记》、钱坫的《论语后录》、包慎言的《论语温故录》、焦循的《论语补疏》、刘逢禄的《论语述何》、宋翔凤的《论语发微》、戴望的《论语注》、毛奇龄的《论语稽求篇》和《四书賸言》、凌曙的《四书典故覈》、周炳中的《四书典故辩证》、陈鳣的《论语古训》、刘培翚的《四书拾义》、翟灏的《四书考异》、江永的《乡党图考》、黄式三的《论语后案》等，应该说这是《论语正义》的主要特点，也是它超前人注解的主要标志。①

第二，破除门户，但偏重汉注。《论语正义》虽然“亦不欲分‘汉’‘宋’门户之见”②，但在注疏中依然偏重汉注，并在此基础上有所发挥。“《论语》汉注的辑佚，刘宝楠之前，清人几乎已经穷尽其说，刘宝楠的《论语正义》对汉注采择极为精审，但他最重要的贡献，是从群书引《论语》内容发掘《论语》的‘汉人旧义’，有大量与新出土之说若合符契。”③

第三，考据详尽，兼有己意。《论语正义》所引材料广博翔实，博古通今，对有代表性的诠释可谓无所不包。同时，对其中不确定或存疑之处，能够断以己意。“发扬了乾嘉学风，在注释中注重文字训诂、史实考订和阐发经义。尤其对古代的典章名物制度、风俗礼节、历史事件以及人名地名的注释考证，更为详备。对前人的注解，作者多所评判；对拿不定主意的地方，作者又往往兼收并蓄，

① 高流水：《本书点校说明》，载刘宝楠《论语正义》，中华书局 1990 年版，第 4 页。
② 刘恭冕：《宝应刘氏集》，广陵书社 2006 年版，第 582 页。
③ 陈壁生：《刘宝楠〈论语正义〉的得与失》，《国际儒学》2021 年第 4 期。

留待读者自己鉴别。”①

（四）以佛释《论》、融会中西的诠释著作出现，时代意蕴浓厚

在这一历史时期，佛教逐渐本土化并成为中华文化的组成部分，西方文化传入并对传统文化造成严重冲击。在此背景下，出现了时代特色鲜明的以佛释《论》、融会中西的诠释著作，主要有智旭的《论语点睛》和康有为的《论语注》。

1. 智旭的《论语点睛》。《论语点睛》是《四书蕅益解》的一部分，也是“佛门高僧唯一一部全面诠释《论语》的著作”②。从《论语》诠释的角度来看，《论语点睛》主要特点就是运用佛家语言来阐释《论语》，以释解儒，力求会通佛儒。对此，江谦在《〈论语点睛〉补注序》中说得非常清楚：“明蕅益大师以佛知见为《四书》解，而佛儒始通，微言始显，真解也，亦圆解也。”③“点睛”的用意亦在于此，智旭法师在《四书蕅益解·序》中云：“解《论语》者曰‘点睛’，开出世光明也。”④江谦亦云：“夫‘点睛’则圆照之体相用全矣！”⑤如《学而》篇第一章，子曰：“学而时习之，不亦说乎！有朋自远方来，不亦乐乎？人不知而不愠，不亦君

---

① 高流水：《本书点校说明》，载刘宝楠《论语正义》，中华书局 1990 年版，第 4 页。

② 韩焕忠：《蕅益智旭对〈论语〉的佛学解读》，《原道》2019 年第 2 期。

③ 蕅益大师：《四书蕅益解》，江谦补注，雷雪敏点校，中国水利水电出版社 2012 年版，第 52 页。

④ 蕅益大师：《四书蕅益解》，江谦补注，雷雪敏点校，中国水利水电出版社 2012 年版，第 1 页。

⑤ 蕅益大师：《四书蕅益解》，江谦补注，雷雪敏点校，中国水利水电出版社 2012 年版，第 52 页。

子乎!”智旭解曰:

此章以“学”字为宗主,以“时习”二字为旨趣,以“悦”字为血脉。“朋来”及“人不知”,皆是“时习”之时;“乐”及“不愠”皆是“说”之血脉无间断处。盖人人本有灵觉之性,本无物累,本无不说,由其迷此本体,生出许多恐惧忧患。今“学”即是始觉之智,念念觉,于本觉无不觉时,故名“时习”。无时不觉,斯无时不说矣!此觉原是人所同然,故朋来而乐;此觉原无人我对待,故不知不愠。夫能历朋来,人不知之时而无不习、无不说者,斯为君子之学!若以知不知二其心,岂孔子之所谓“学”哉![1]

智旭以佛家常用概念“觉”来训“学”,以“始觉之智”“念念觉”来解“时习”,认为只有达到“觉”的境界,才能做到“不知不愠”。很显然,“觉”强调的是个体的主动性和自觉意识。又如,在解经的过程中,智旭常常把孔子比作佛陀、菩萨。“子张问:‘十世可知也?’子曰:‘殷因于夏礼,所损益可知也;周因于殷礼,所损益可知也;其或继周者,虽百世,可知也。’”(《论语·为政》)智旭解曰:

---

① 蕅益大师:《四书蕅益解》,江谦补注,雷雪敏点校,中国水利水电出版社 2012 年版,第 53 页。

知来之事，圣人别有心法，与如来具六通相同，如明镜无所不照，非外道所修作意五通比也。子张骛外，尚未能学孔子之迹，又安可与论及本地工夫？故直以“礼之损益”答之。然礼之纲要，决定不可损益。所损益者，因时制宜，随机设教之事耳。若知克己复礼为仁，则知实智。若知随时损益之致，则知权智。既知权、实二知，则知来之事，不外此矣。①

在此，智旭认为孔子与佛祖如来一样，具有六种神通，只是鉴于子张“骛外”，不能与之“论及本地工夫”，只能以“礼之损益”答之。另外，除了以佛释儒外，智旭在解经的过程中坚持了王阳明心学路线，对程朱理学多有质疑。比如，在《论语·学而》第一篇补注中，针对“觉”与外界有何关联，智旭作了以下解答：

或问：“学者觉也，但觉悟心性，不求之事物，有济乎？”曰：“圆觉之人，知天下一切事物皆吾心也。一事未治，一物未安，则是吾心未治未安也。治之安之，悦可知矣！故《大学》言‘致知在格物’，又言‘物格而后知至’。学是致知，时习之则格物之功也。安有弃物蹈空之弊乎？弃物蹈空，非觉者也。格物之本，即是修身。故

① 蕅益大师:《四书蕅益解》,江谦补注,雷雪敏点校,中国水利水电出版社 2012 年版,第 64 页。

'自天子至于庶人，壹是皆以修身为本'。一身果修，多身化之，故'朋自远来，与人同乐'。有未化者，是吾心之诚未至也，但当反求诸己，故'人不知而不愠'。至诚无息则君子也，君子即《易》所谓大人。修身齐家治国平天下，人人有责，位虽不同其有事则同也，故曰'不亦君子乎'。"①

智旭认为，"圆觉之人"认知外物的途径是"心"，格物致知、修身为本皆在"心"，心治则外物治，心安则外物安。由此，智旭把心与外物勾连起来，并把心作为主导。显然，这依然是阳明心学的路线。"蒲益智旭解释《论语》，每以王阳明、李贽等人之说为是，而以朱熹之说为非，这既表明佛教在程朱理学与陆王心学之间的去取，也可以帮助人们理解程朱、陆王之间的区别以及他们与佛教渊源深浅程度的差异。"②

2. 康有为的《论语注》。《论语注》最大的特点是融合中西古今，借用西方现代理论来阐述孔子思想，其主旨是为现实服务。比如，子张问："十世可知也?"子曰："殷因于夏礼，所损益，可知也；周因于殷礼，所损益，可知也。其或继周者，虽百世，可知也。"（《论语·为政》）康有为在《论语注》中洋洋洒洒作了近千字的注解：

---

① 蕅益大师:《四书蕅益解》，江谦补注，雷雪敏点校，中国水利水电出版社 2012 年版，第 53—54 页。

② 韩焕忠:《蕅益智旭对〈论语〉的佛学解读》，《原道》2019 年第 2 期。

三十年为一世。损，减也；益，饶也。《春秋》之义，有据乱世，升平世，太平世。子张受此义，故因三世而推问十世，欲知太平世之后如何也。孔子之道有三统、三世，此盖藉三统以明三世，因推三世而及百世也。夏、殷、周者，三统递嬗，各有因革损益。观三代之变，则百世之变可知也。盖民俗相承，故后王之起，不能不因于前朝，弊化宜革，故一代之兴，不能不损益为新制。人道进化皆有定位，自族制而为部落，而成国家，由国家而成大统。由独人而渐立酋长，由酋长而渐正君臣，由君主而渐为立宪，由立宪而渐为共和。由独人而渐为夫妇，由夫妇而渐定父子，由父子而兼锡尔类，由锡类而渐为大同，于是复为独人。盖自据乱进为升平，升平进为太平，进化有渐，因革有由；验之万国，莫不同风。观婴儿可以知壮夫及老人，观萌芽可以知合抱至参天，观夏、殷、周三统之损益，亦可推百世之变革矣。孔子之为《春秋》，张为三世：据乱世则内其国而外诸夏，升平世则内诸夏外夷狄，太平世则远近大小若一。盖推进化之理而为之。孔子生当据乱之世，今者大地既通，欧美大变，盖进至升平之世矣。异日，大地大小远近如一，国土既尽，种类不分，风化齐同，则如一而太平矣。孔子已预知之。然世有三重：有乱世中之升平、太平，有太平中之升平、据乱。故美国之进化，有红皮土番；中国之文明，亦有苗、瑶、僮、黎。一世之中可分三世，三世可推为九世，九世可推为八十一世，八十一世可推为千万世，为无量世。太平大同之后，其进化尚多，其分等亦繁，岂止百世哉？其理微妙，其事精深，子张欲知太平世后之事，孔子不欲尽言，但以三世推之，以为百世可以知也。百世为三千年，于今近之，故曰百世以俟圣人而不惑。子张少孔子四十八岁，于孔子梦奠之时，年仅二十五，而能为十世之问，其必闻于《春秋》三世之义，推太平世后之事，及百世之伟论，可谓高怀远志矣。惜乎记《论语》后学者之不能著也。此为孔子微言，可与《春秋》三世、《礼运》大同之微旨合观，而见神圣及运世之远。后儒泥于据乱之一世，尚未尽夏、殷、周之三统，而欲以断孔子之大道，此其割地偏安，岂止如东周君萧詧之云乎？嗟乎！孔子之道，闇而不明，郁而不发，为天下裂，岂可言哉！幸微言尚传，赖修明恢复之。①

从上可知，康有为运用公羊“三世”（据乱世、升平世、太平世）来阐述孔子的三统（夏、殷、周），认为孔子作《春秋》之目的是张为三世：据乱世则内其国而外诸夏，升平世则内诸夏外夷狄，太平世则远近大小若一。从“人道进化皆有定位”出发，提出“族制—部落—国家”的社会进化路线，认为“君主—立宪—共和”乃是实现“大同”的逻辑进路。由此可以看出，康有为采用

① 《康有为全集》（第六集），姜义华、张荣华编校，中国人民大学出版社 2007 年版，第 393 页。

的是“六经注我”的解经方式，以《论语》为蓝本，通过诠释孔子的思想来阐明自己的观点。“在《论语注》中，康有为通过大量的阐释，试图向世人揭示孔子为太平世手定的大同太平之制，在他看来，孔子制定的大同太平之制就是近代中国进行政治改革的思想纲领。综观《论语注》全书，康有为最具原创性、最有价值的部分即体现在上述所讲的孔子改制思想上，而改制思想的实质乃是国家治理的问题。”① 简言之，康有为毕生致力于以西方模式求中国政治、经济以及学术思想的变革，为了阐明他的变革主张，儒家经典在某种程度上成为他表述政治思想的工具。正如萧公权所说：“儒家经典既是康氏哲学的泉源，也是他表达自己思想的媒介……《大学》《中庸》《论语》《孟子》以及《礼记》中的‘礼运篇’，主要作为他二十年间借自《春秋》以及大乘佛教和西学所得哲学的工具。”②

不过，从另一个角度来看，在当时的时代背景下，康有为这种解经方式固然是为阐述己意而为之，融合古今中西，与传统解经方式截然不同，但在客观上却为保存传统文化作了新的尝试和努力。“康氏的武断解经虽使传统派大为吃惊，但对孔孟学说的破坏极微。他的解释常超越了字面，但那是对儒家经典意义的延伸而非否定。西方的影响使他的经解绝对的‘非正统’，但并不是‘非儒’。再者，他并不是将外来因素引入儒学的第一人。宋明的理学家早已用

① 曹润青：《康有为〈论语注〉思想研究》，商务印书馆 2019 年版，第 210 页。

② [美]萧公权：《近代中国与新世界：康有为变法与大同思想研究》，汪荣祖译，江苏人民出版社 2007 年版，第 70—71 页。

佛家观点来增饰儒学。这些理学家不能无视从印度传入中国的思想。同理，康氏必须利用欧洲思想。但在19世纪的中国，康氏面临综合中西思想的紧要任务，此为他的理学家先驱们所不及见的。因此，康氏所扮演的角色并不是像理学家一般的书斋中哲学家，而是努力救世的圣人。”①

---

① [美]萧公权:《近代中国与新世界:康有为变法与大同思想研究》,汪荣祖译,江苏人民出版社2007年版,第72页。

第二章 清末至民国时期的《论语》学

从20世纪初到新中国成立，经历了清末和民国两个历史阶段。在这一历史时期，西学东渐，奉西方为圭臬；破旧立新，反传统成为时尚。在东西文化碰撞的时代背景下，《论语》学领域也涌现出一批力作，有代表性的主要有：康有为的《论语注》[①]、简朝亮的《论语集注补正述疏》、程树德的《论语集释》、马一浮的《论语大义》和杨树达的《论语疏证》。从宏观而言，这一时期的《论语》学大致有以下几个鲜明特点。

第一，贯通古今，融会中西。如康有为的《论语注》，采用的是"六经注我"的解经方式，运用公羊"三世"（据乱世、升平世、太平世）来阐述孔子的三统（夏、殷、周），从"人道进化皆

---

① 由于在第一章《〈论语〉学概论》中对康有为的《论语注》进行了简要分析，因此在本章中不再对《论语注》单独阐述。

有定位”出发，提出“族制—部落—国家”的社会进化路线，认为“君主—立宪—共和”乃是实现“大同”的逻辑进路，通过运用西方理论诠释孔子的思想，并以此来阐发自己的观点，从而为变革现实服务。马一浮的《论语大义》援释入儒、以佛解经，融入佛教思想，“凸显了中国传统学术之一贯性与包容性”①。

第二，《论语》诠释里程碑式的著作出现。程树德的《论语集释》所引书目六百八十种，共四十卷，一百四十万言，从汉代至清代，对所有研究《论语》且流传后世的资料，基本上涵盖殆尽，“荟萃贯串”、旁征博引，超过历代之作，被誉为“《论语》注释的集大成之作”②。简朝亮的《论语集注补正述疏》运用考信证实、借题发挥、补充朱说之未尽等方法对朱子《集注》阐发补正，所引资料丰富翔实，在当时堪称翘楚。“在民国废经的背景下，简氏费十年之工纂成的《论语集注补正述疏》，可谓用力精勤，算得上经古文学《论语》研究的殿军之作。”③

第三，摒除门户，融会汉学和宋学。汉学重视训诂考据，校勘比对文献，我注六经，不轻下结论，文献征引有余，真知灼见不足。宋学突出微言大义，六经注我，说理有余而文献支撑不足。两者各有短长。因此，摒除门户、融会汉宋，成为这一时期的解经潮流。无论是

① 张刚：《六艺之旨，散在〈论语〉——马一浮〈论语大义〉概述》，《乐山师范学院学报》2014 年第 1 期。

② 蒋见元：《论语集释·整理后记》，载程树德《论语集释》，中华书局 2013 年版，第 1 页。

③ 刘斌：《民国〈论语〉学研究》，山东大学博士学位论文，2008 年。

承袭程朱理学思想的《论语集注补正述疏》《论语疏证》，还是以“荟萃贯串”为主的《论语集释》，都摒除门户之见，把训诂考据、文献互证与义理阐发有机融合，体现了客观理性的治学精神。

第四，打破惯例，经史互证，解经方法不断创新。清代学者在注疏体制上多遵从唐代《五经正义》所创立的体例，先采用某一家注而后疏通其义，其间又申以他家之说。程树德基于深厚的传统文化功底与西学背景下的法学素养，大胆破除这一传统解经体例，创新了一种全新的、中西结合的解经体例。即按照“考异”“音读”“考证”“集解”“唐以前古注”“集注”“别解”“余论”“发明”“按语”等十类，对《论语》章句进行诠释解，这种新的解经体例较之以往的注疏更加完善。杨树达的《论语集释》运用史学诠释经学，“以古释古”“经史互证”，创新解经新方法，“诚可为治经者辟一新途径，树一新楷模也”①。

第一节　简朝亮的《论语集注补正述疏》

简朝亮（1851—1933），字季纪，号竹居，广东顺德简岸乡人，岭南学派朱次琦（九江）的传人，晚清民国时期岭南经学家、谱学家、教育家、文学家，人称“简岸先生”。著有《尚书集注述疏》

① 杨树达:《论语疏证·陈序》，载《论语疏证》，上海古籍出版社2013年版，第1页。

《论语集注补正述疏》《孝经集注述疏》《读书堂问答》等。其中，《论语集注补正述疏》是简朝亮授课讲稿，历经十年写成，由其弟子赞助刊行问世。该书对每一章诠释的体例是先列《论语》经文，次列朱子《论语集注》的全文，然后以“述曰”的形式对经文进行阐述，尤其对存疑难懂以及有争议的内容论述较为详细。同时，附《读书堂论语答问》，对相关问题作进一步解答和阐释。“述曰”主要由两部分构成：一是疏通、补正朱子的《论语集注》，解读翔实、补充资料丰富全面；二是注释校正字音。从《论语》学之视角来审视，《论语集注补正述疏》主要有两个特点：其一，补正朱注，引用资料丰富翔实。补充相关资料，阐明朱子对论语注解的主旨内涵。这是《论语集注补正述疏》最大的特点。其二，折中汉学和宋学，阐发已意。

一、补正朱注，引用资料丰富翔实

简朝亮在《论语集注补正述疏·序》中云：“朱子之为《论语集注》也，自汉迄宋皆集焉，终身屡修之，欲其叶于经也，其未及修之者，后人补之正之，宜也。”① “补之正之”表明了简朝亮作《论语集注补正述疏》的主旨：其一，以弘扬阐发遵循朱熹对《论语》注解为主；其二，对《论语集注》中相关内容进行学理的支撑和“补之”，让人更能深刻地理解朱子的思想；其三，对《论语集注》中简朝亮认为有误的地方进行“正之”。由此可以看出，

① 简朝亮:《论语集注补正述疏——附〈读书堂答问〉》，赵友林、唐明贵校注，华东师范大学出版社2013年版，第4页。

《论语集注补正述疏》的主调是阐发补正朱注，以便让人能更准确地理解和把握朱子的思想。在补正朱子《集注》的过程中，简朝亮主要采取了考信证实、借题发挥、补充朱说之未尽等方法。仅举一例。

针对“有朋自远方来，不亦乐乎”（《论语·学而》）中“朋”，朱熹注曰：“朋，同类也。”[①] 何谓“同类”？朱熹并没有细说。对此，简朝亮引经据典，作了充分翔实的阐发论述：

> 《释文》云：“‘有’或作‘友’，非。”盖辩异文也。《白虎通》引“有朋”作“朋友”，亦讹也。《周官·司谏疏》引郑《论语注》云：“同门曰朋，同志曰友。”《易·蹇·象》疏引郑同。今无以见其必释此经也。如曰“友朋”，若庄二十二年《左传》引《逸诗》言“畏我友朋”者，先友后朋，非此经之序也。即如曰“朋友”，是亦不明此因学而有朋也，其为文则突矣。包氏咸云“同门曰朋”，此古说也，非古义也，朱子不采焉。或以疵之，非也。如包氏言，则同门非必同志矣。何为言亦乐以概之邪？盖释朋友之训，有不可执一者。《诗·常棣》云“每有良朋”，《易·蹇·象》云“大蹇朋来”，此朋之该友而言也。《易·坤·象传》云“西南得朋，乃与类行。”则朋者，同类也；同类，斯同志焉。[②]

① 朱熹：《四书章句集注》，中华书局 2011 年版，第 49 页。

② 简朝亮：《论语集注补正述疏——附〈读书堂答问〉》，赵友林、唐明贵校注，华东师范大学出版社 2013 年版，第 59—60 页。

简朝亮引用《尚书》《诗经》《易经》《左传》《白虎通》《释文》等文献中关于“朋”的相关表述，来说明朱熹把“朋”释为“同类”的依据，在此基础上，他又作了进一步引申，把“朋”释为“同类”“同志”。朱熹简短的“朋，同类也”，便引来简朝亮洋洋洒洒三百余字的注解，资料不可谓不翔实，说理不可谓不充分。类似的情况在《论语集注补正述疏》中俯拾皆是。这也是《论语集注补正述疏》最鲜明的特色。值得注意的是，针对朱熹《集注》中简朝亮认为不妥或者不对的地方，《论语集注补正述疏》还作了纠正。如：

予小子履，敢用玄牡，敢昭告于皇皇后帝：有罪不敢赦。(《论语·尧曰》)

朱熹注曰：“此引《尚书·汤诰》之辞。盖汤既放桀而告诸侯也。与《尚书》（指《伪古文尚书》）大同小异。”① 朱熹认为，“予小子履”与《伪古文尚书》中的“肆台小子”是“大同小异”，两者没有根本区别。对此，简朝亮则给予指正：

伪古文《商书·汤诰》云：“肆台小子，将天命明威，不敢赦。敢用玄牡，敢昭告于上天神后，请罪有夏。”其下文越数节者，乃云：“尔有善，朕弗敢蔽。罪当朕躬，

① 朱熹:《四书章句集注》,中华书局 2011 年版,第 180 页。

> 弗敢自赦。惟简在上帝之心，乃尔万方有罪，在予一人。予一人有罪，无以尔万方。”台，读若诒，我也。此伪者以为汤既放桀而告诸侯也。朱子以《论语》此文校之，谓大同小异者，未审焉。其实，则大异小同也。夫《论语》所引文，固连文矣，今伪者分之，其言祭天者，以为追言汤伐桀时也；其言万方者，以为汤有天下后也。岂《论语》所引文上下连而贯之者乎？朱《注》误于斯矣。①

简朝亮认为朱熹所说“大同小异”是“未审焉”，是被伪尚书所误导。“大同小异”应是“大异小同”。显然，这是对朱熹注解的纠正。朱熹《集注》中多有引用伪古文尚书的有关内容以解经，对此，朱九江曾云：“《书伪古文》乱经也。”（《朱九江年谱》）显然，简朝亮纠正朱注也是承袭其师朱九江之先风。

二、折中汉学和宋学，阐发己意

一般而言，“汉学”主张言必有据、事必有本、实事求是，力求广稽博征，用资料来说话，不穿凿附会，也不妄加议论。其弊在于常因注重训诂考据流于细碎烦琐。“宋学”以义理见长，注重微言大义，好为新说，发前人之未发；其弊在于因忽视训诂考据其理往往流于空疏，缺乏事实支撑。基于此，简朝亮以是否符合孔门主旨为标准，摈弃汉宋门户之偏见，对两者折中调和。这一点，梁启

---

① 简朝亮：《论语集注补正述疏——附〈读书堂答问〉》，赵友林、唐明贵校注，华东师范大学出版社 2013 年版，第 1307—1308 页。

超看得非常清楚。他说："尤有吾乡简朝亮，著《尚书集注述疏》《论语集注述疏》，志在沟通汉宋，非正统派家法，然精核处极多。"(《清代学术概论》)"九江弟子最著者，则顺德简竹居（朝亮），南海康长素先生（有为）。竹居坚苦笃实，卓然人师，注《论语》《尚书》，折中汉宋精粹。"① 尽管也有学者认为，简朝亮解经仍然属于乾嘉学派。如钱穆云："然稚圭论学，在当时要为孤掌之鸣，从学有简朝亮最著，然似未能承其学，仍是乾、嘉经学余绪耳。"② 但也有学者对此进行了质疑。"无论是重塑朱次琦的经师人师形象，接着朱次琦的'四行''五学'往下说，还是遍注儒家经典，简朝亮都是结合新的社会形势，朝着朱次琦学说的既定目标、具体路径为它输进新内容，使获得了较大发展的朱次琦学说延至民国中后期，并与同出一门的康有为别出的岭南近现代新儒学产生尖锐冲突，呈现岭南儒学近代转型的复杂性、艰巨性。因此，钱穆认为简朝亮未能传承朱次琦之学，实是未能抓住简朝亮经学生涯乃至朱次琦学说的要害。"③ 这种说法较为公允。在《论语集注补正述疏》中，这种折中汉宋的做法主要体现在两个方面：

第一，推崇孔学，以圣人之道统领注疏。"《论语》之经，六经之精也，百民之要也，万世之师也，所谓自生民以来未有盛于孔

---

① 《梁启超全集》，北京出版社 1999 年版，第 4274 页。

② 钱穆：《中国学术思想史论丛》（卷八），生活·读书·新知三联书店 2009 年版，第 367 页。

③ 张纹华：《简朝亮对朱次琦学说的传承与发展——兼与钱穆先生榷议》，《江南大学学报（人文社会科学版）》2015 年第 3 期。

子也。秦虽火之，不能灭之，汉终复之。”① 朱熹划定“四书五经”，提升了《论语》的地位，简朝亮则更进一步，把《论语》确定为“六经之精、百氏之要、万世之师”，以《论语》统领儒家经典。因此，在注疏的过程中，以圣人之道作为取舍论证标准，破除汉宋门户偏见也在情理之中。“自汉迄宋而至于今也，为《论语》之学者，明经以师孔子也。惟求其学之叶于经而已矣，乌可立汉学、宋学之名而自画哉？昔闻之九江朱先生曰：‘古之言异学也，畔之于道外，而孔子之道隐；今之言汉学、宋学者，咻之于道中，而孔子之道歧，何天下之不幸也。’今念斯言，道中既不安，岂不由道外而他求欤？则道中咻者过矣。”②

第二，义理训诂考据融合使用，并阐发己意。“述曰”部分基本上都是训诂、考据、义理的融合体。如孔子曰：“不知命，无以为君子也。”（《论语·尧曰》）朱熹引程子曰：“知命者，知有命而信之也。人不知命，则见害必避，见利必趋，何以为君子？”③ 对此，简朝亮在“述曰”中先对此章进行了考证：

> 《释文》云：“‘孔子曰，不知命’，《鲁论》无此章。今从古。”此据郑《注》也，盖郑本从古焉。“子曰”上

① 简朝亮：《论语集注补正述疏——附〈读书堂答问〉》，赵友林、唐明贵校注，华东师范大学出版社2013年版，第3页。

② 简朝亮：《论语集注补正述疏——附〈读书堂答问〉》，赵友林、唐明贵校注，华东师范大学出版社2013年版，第3—4页。

③ 朱熹：《四书章句集注》，中华书局2011年版，第181页。

有“孔”字，皇邢本同，宋石经同，《集注》本当同，坊本遗之尔。①

然后，对“命”进行了训诂和考据分析：

孔《注》云：“命，谓穷达之分。”《释文》：“分，扶问反。”皇《疏》云：“穷，谓贫贱；达，谓富贵。”《集注》用程子说，以利害言之，则死生亦在其中矣。《笔解》云：“韩曰：命谓穷理尽性以至于命也，非止穷达。”然则《集注》利害之说，犹未尽与？非也，此宜观其会通矣。《经》云：“五十而知天命。”《集注》统以天道而言，盖理宰乎数而行，皆天命也。圣人所知，皆贯于斯矣。若夫学者所知，则知有天理之命而信之不疑，斯知有天数之命而信之不疑，故利害无能动也。程子说固以理驭数焉。《韩诗外传》云：“子曰：‘不知命，无以为君子。’言天之所生，皆有仁义礼智顺善之心。不知天之所以命生，则无仁义礼智顺善之心。无仁义礼智顺善之心，谓之小人。故曰：‘不知命，无以为君子。’”《汉书·董仲舒传》云：“人受命于天，固得天之灵，贵于物也。故孔子曰：‘天地之性，人为贵。’明于天性，知自贵于物。知自贵于物，

① 简朝亮：《论语集注补正述疏——附〈读书堂答问〉》，赵友林、唐明贵校注，华东师范大学出版社2013年版，第1349页。

然后知仁谊。知仁谊，然后重礼节。重礼节，然后安处善。安处善，然后乐循理。乐循理，然后谓之君子。故孔子曰：'不知命，亡以为君子。'"此皆可与程子所参观矣。①

简朝亮为了论证程子以利害解命之说的合理性，引用了孔安国、皇侃、韩婴、董仲舒的观点，来质疑韩愈的说法。而且，还引用《释文》对"分"的读音进行了注解。从上可以看出，对于此章，简朝亮融合了训诂、考据、辞章、义理，折中了汉学和宋学的做法，并阐明了自己的观点。"训诂成文是简朝亮撰写义疏体著述的手段，注音、释义是其内容。采用韵书反切注音与标示地方读音、从摘字为音到普遍注音与训诂文字多依《尔雅》《说文》《释文》与汉宋经师训诂、广征博引与择善而从、经、史互通等分别是简著注音、释义的主要特色。"②

诚然，简朝亮的《论语集注补正述疏》也有许多不足之处，主要体现为引用资料过于庞杂烦琐，如对"既富矣，又何加焉？曰：'教之'"（《论语·子路》）的注解，引经据典、洋洋洒洒达四万余字③，尽管他对此也进行了说明，"此述疏言之长矣，盖有不得不

---

① 简朝亮：《论语集注补正述疏——附〈读书堂答问〉》，赵友林、唐明贵校注，华东师范大学出版社 2013 年版，第 1349 页。

② 张纹华：《简朝亮对朱次琦学说的传承与发展——兼与钱穆先生榷议》，《江南大学学报（人文社会科学版）》2015 年第 3 期。

③ 参见简朝亮：《论语集注补正述疏——附〈读书堂答问〉》，赵友林、唐明贵校注，华东师范大学出版社 2013 年版。

言之长者，以非此则无以明尔”①，但注解篇幅如此之长难免会喧宾夺主，让人不知所云。另外，还有“略显武断、空话太多、重复表述”② 等诸多不足之处。尽管如此，瑕不掩瑜，如果从《论语》学发展之视角来审视，《论语集注补正述疏》的地位不容忽视。“在民国废经的背景下，简氏费十年之工纂成的《论语集注补正述疏》，可谓用力精勤，算得上经古文学《论语》研究的殿军之作。”③

第二节　程树德的《论语集释》

程树德（1876—1944），字郁庭，福建福州人，清末民初著名法律史学家，一生主要从事国际法、宪法、中国法制史研究，著有《九朝律考》《中国法治史》《说文稽古编》等。晚年所作的《论语集释》是民国时期《论语》研究的重要之作，在中国经学史上占有较重要的地位。《论语集释》创作于 1934 年，完成于 1942 年，1943 年由国立华北编译馆出版。从《论语》学之视角来审视，《论语集释》主要有三个鲜明特点：资料搜集全面详尽、诠释体例新

---

① 简朝亮:《论语集注补正述疏——附〈读书堂答问〉》，赵友林、唐明贵校注，华东师范大学出版社 2013 年版，第 884 页。

② 张纹华:《简朝亮对朱次琦学说的传承与发展——兼与钱穆先生榷议》，《江南大学学报(人文社会科学版)》2015 年第 3 期。

③ 刘斌:《民国〈论语〉学研究》，山东大学博士学位论文，2008 年。

颖、摈除门户偏见。

一、荟萃博引，超过历代之作

程树德在介绍编纂《论语集释》的初衷时云：

> 《论语》注释，汉时有孔安国、马融、郑玄、包咸诸家，魏则陈群、王肃亦有义说。自何晏《集解》行，而郑王各注皆废。自朱子《集注》行，而《集解》及邢皇二《疏》又废。朱子至今又八百余年，加以明清两代国家以之取士；清初名儒代出，著述日多，其间训诂义理多为前人所未及，惜无荟萃贯串之书。兹篇窃本孔氏"述而不作"之旨，将宋以后诸家之说分类采辑，以为研究斯书之助，定名曰《论语集释》。①

从上可以看出，程树德旨在沿用何晏、朱熹的做法，把宋以后至清代所有研究《论语》的著作"分类采辑"，形成"荟萃贯串"之作，作为研究《论语》"之助"。即《论语集释》的定位是《论语》研究的"荟萃贯串"之作。从《论语集释》具体内容来看，《集释》所引书目六百八十种，全书共四十卷，一百四十万言。从汉代至清代，对所有研究《论语》且流传后世的资料，基本上都涵盖殆尽。如"唐以前古注"门类，"上自汉末，下及于唐，中间南北朝诸家著述为《北堂书钞》《太平御览》《艺文类聚》所引者备

---

① 程树德：《论语集释·凡例》，载《论语集释》，中华书局2013年版，第1页。

列无遗。其材料以《皇侃义疏》《马国翰玉函山书房辑佚书》为主，计所采者凡三十八家”[①]。此外，朱熹《论语集注》、邢昺《论语注疏》、阮元《论语校勘记》、翟灏《四书考异》、叶德辉《天文本单经论语校勘记》等经典文献自然也在其中。《论语集释》所引资料包括：论语类127种、四书类76种、经总类70种、专经类53种、说文及字书类28种、类书及目录类15种、史类65种、诸子及笔记类174种、文集类57种、碑志类15种。正如程树德之女程俊英所说："上至佚书残帙，下及先父本人述作，旁逮碑传方志，远涉海外典籍，范围之广，征引之博，为迄今为止的《论语》研究著作之最。"[②] 从广征博引来看，无论是何晏的《论语集解》、皇侃的《论语义疏》，还是邢昺的《论语注疏》、朱熹的《四书章句集注》、刘宝楠的《论语正义》，都难以与《论语集释》比肩。"程君《论语集释》三十九卷，征引旧书一卷，盖清新疏铅椠之繁，若焦氏之《孟子》，陈氏之《公羊》，孙氏之《周官》，未能或遇焉。"[③]

简言之，《论语集释》旁征博引，"荟萃贯串"众家之说，超过历代之作，不仅为后世学者研究《论语》"免无数翻检之劳"[④]，提供了巨大方便，"此书为研究论语学者提供了自汉到清的详尽资料，又对《论语》的训诂注释有充分考证，用各家学说阐明孔子的思想本质，为译注、研究《论语》的学者批判继承我国古代文化遗

---

① 程树德:《论语集释·凡例》,载《论语集释》,中华书局2013年版,第2页。
② 程俊英:《程树德教授及其〈论语集释〉》,《古籍整理研究学刊》1988年第4期。
③ 任铭善:《无受室文存》,浙江大学出版社2005年版,第184页。
④ 程俊英:《程树德教授及其〈论语集释〉》,《古籍整理研究学刊》1988年第4期。

产提供了广泛的根据，是一部研究孔子思想，特别是研究孔子教育思想的重要参考书”①。而且，其对传承弘扬中华优秀传统文化功不可没。著名学者胡道静评价曰：“毕生精力之所在，成熟于晚年，尤称完美，对祖国文化遗产整理工作，贡献甚大。”②

二、诠释体例打破传统，开创新制

总体而言，清代学者在注疏体制上多遵从唐代《五经正义》所创立的体例，即先采用某一家注而后疏通其义，其间又申以他家之说。这最初源于郑玄的《毛诗传笺》，皇侃《论语义疏》、唐代成玄英《庄子注疏》都采用了这种注疏体式。程树德基于深厚的传统文化功底与西学背景下的法学素养，大胆破除这一传统解经体例，创新了一种全新的、中西结合的解经体例。即按照“考异”“音读”“考证”“集解”“唐以前古注”“集注”“别解”“余论”“发明”“按语”等十类，对《论语》章句进行诠释解。

其中，“考异”重在指出异同，辨析校勘，所引材料以阮元《论语校勘记》、翟灏《四书考异》、叶德辉《天文本单经论语校勘记》为主。

“音读”重在分析字词的读音及句读。以陆德明《经典释文》、武亿《经读考异》为据。

“考证”重点对人名、地名、器物、度数等进行辨析。由于阎若璩的《四书释地》和江永的《乡党图考》对此考证比较翔实，

① 程树德:《论语集释·前言》,载《论语集释》,中华书局 2013 年版,第 3 页。
② 程俊英:《程树德教授及其〈论语集释〉》,《古籍整理研究学刊》1988 年第 4 期。

在此基础上，主要选择《大戴礼》《说苑》《新序》《春秋繁露》《韩诗外传》《中论》《论衡》诸书有涉及《论语》之解释者进行辨析。

“唐以前古注”主要选取汉末至唐代《论语》注疏的文本进行辨析，主要有刘歆《论语注》、包咸《论语章句》、郑玄《论语注》、王朗《论语说》、王弼《论语释疑》、卫瓘《论语集注》、缪播《论语旨序》、缪协《论语说》、郭象《论语体略》、栾肇《论语释疑》、虞喜《论语赞注》、庾翼《论语释》、李充《论语集注》、范宁《论语注》、孙绰《论语集注》、梁觊《论语注》、袁乔《论语注》、江熙《论语集解》、殷仲堪《论语解》、张凭《论语注》、蔡谟《论语注》、颜廷之《论语说》、释惠琳《论语说》、沈骥士《论语训注》、顾欢《论语注》、梁武帝《论语注》、太史叔明《论语注》、褚仲都《论语义疏》、皇侃《论语义疏》、沈峭《论语注》、熊埋《论语说》、季彪《论语注》、陆特进《论语注》、颖子岩《论语注》、李巡《论语注》、张封溪《论语注》以及韩愈和李翱的《论语笔解》等共三十八家。

“发明”按照通经原以致用的原则，选择程朱、陆王等学派中的“心得之语”“精确不磨之论”，启发后学理解其中原理。如“危邦不入，乱邦不居。天下有道则见，无道则隐”。（《论语·泰伯》）“发明”部分在引用《四书反身录》中的有关内容后，还引用了清人焦袁熹的《此木轩四书说》，即“危乱之邦，其君相不能用人听言，虽有扶危定乱之术，无所施其力，故不入不居，非特为避祸而已。”①

“按语”是程树德对《集解》《集注》以及别解诸说不同者进行选择取舍，提出的个人见解。这部分最能体现程树德的学术思想，“贯串”所引文献的主线。对每一章的诠释，都是从考异、音读、考证开始，以发明、按语作结。

但需要注意的是，这十类并非每章都有，“以上十种，非必各章皆备，无则缺之”②。其中，“按语”类在其他九类中基本上都会出现，属于通用的性质；考异、音读、考证属考证范畴；“唐以前古注”比较关注经学史上被忽略的部分，在很大程度上弥补了其他注疏本的不足。因此，《论语集释》所形成的这种新的解经体例较之以往的注疏更加完善。

三、摒除汉宋，阐发己见

汉学重视训诂考据，宋学重视阐发义理，各有优劣。程树德本身既有乾嘉学派的学术功底，又有比较深厚的西学理论素养和学术视野，对汉学与宋学的短长优劣认识比较清楚。他说：

> 研究《论语》之法，汉儒与宋儒不同。汉儒所重者，名物之训诂，文字之异同；宋儒则否，一以大义微言为主。惜程朱一派好排斥异己，且专宣孔氏所不言之理学，故所得殊希。陆王派虽无此病，然援儒入墨，其末流入于

---

① 程树德:《论语集释》,程俊英、蒋见元点校,中华书局 2013 年版,第 623 页。

② 程树德:《论语集释·凡例》,载《论语集释》,中华书局 2013 年版,第 4 页。

狂禅，亦非正规。故《论语》一书，其中未发之覆正多。是书职责，在每章列举各家之说，不分门户，期于求一正当解释，以待后学者，借此以发明圣人立言之旨。①

由此，在具体解经中，便贯穿了这种摒除汉宋门户、阐发己见的思想。仅以“孔子曰：‘不知命，无以为君子也。’”（《论语·尧曰》）为例。首先，在“考异”条目，程树德引用了《释文》《宋石经》《汉书》《韩诗外传》《后汉书冯衍传注》《文选王命论注》《文苑英华白居易试进士策问》以及《韩李笔解》对此章进行了考证。其次，在“考证”条目，程树德又引用《论语补疏》《论语稽求篇》等对此章理解的不同观点。然后在“按语”条目下引用《论语旁证》阐明自己的看法。最后，围绕对此章的注解，在“集解”条目引用了孔颖达的注，“唐以前古注”条目引用了皇侃的《论语义疏》、韩愈与李翱的《论语笔解》，“集注”条目引用了程子的注解，“余论”引用了《朱子语类》《此木轩四书说》以及张尔岐《嵩庵闲话》和《养一斋札记》，“发明”条目引用了《反身录》等。由此可以看出，在“考异”“考证”“集解”“唐以前古注”“集注”“余论”“发明”所引资料融合了汉学的训诂考据、宋学的微言大义，并根据需要阐发个人的看法，真正做到了“是书意在诂经，惟求其是，不分宗派，苟有心得，概与采录”②。

---

① 程树德：《论语集释·凡例》，载《论语集释》，中华书局2013年版，第4—5页。
② 程树德：《论语集释·凡例》，载《论语集释》，中华书局2013年版，第5—6页。

诚然，《论语集释》也有不足之处。比如，为了达到“集释”之目的，广征博引，“每一节下的集释皆多至数千字”①，这在一定程度上难免文字浩繁、有杂乱之感。任铭善在《评程树德〈论语集释〉》一文中认为《论语集释》有“体例不善”“裁断不明”“引证不确”“辨析不精”“议论不当”等诸多不足②，乃至对该著全盘否定。他说：

> 昔刘楚桢作《论语正义》，先依焦氏《孟子正义》例，作长编数十巨册，次乃荟萃而折中之，自谓不为专己之学，亦不分汉宋门户之见，期于实事求是（刘恭冕跋语）。程氏之《集释》，其分别钞撮，而混杂经注，直是长编之体耳，然去取折中之际，有时则意在存人，不论其是非，如蔡谟孙绰是，有时则存之乃所以备驳责，盖与刘氏异其旨趣。故谓今日而治《论语》，欲以之为行己修身之准则者，于熟玩朱氏《集注》后，更取刘氏《正义》以辅之，已可受用不穷。若夫去清人之枝叶，因宋儒之心得，以复汉师之旧体，论说其义，则有待焉尔。③

对此，也有学者认为任铭善的批评有失公允、过于苛责。“对《论语集释》，任先生的评论无疑是严苛的。迄今为止，我们还没有

---

① 程俊英：《程树德教授及其〈论语集释〉》，《古籍整理研究学刊》1988 年第 4 期。
② 参见任铭善：《无受室文存》，浙江大学出版社 2005 年版。
③ 任铭善：《无受室文存》，浙江大学出版社 2005 年版，第 187 页。

一部著作可以彻底取代程书；而血气方刚的青年对于老人的苦心孤诣也可能缺乏足够的体察。”① 客观而言，《论语集释》“搜罗繁富，训诂详明”，无愧于《论语》注释的集大成之作②，迄今无作品能出其右。

第三节 马一浮的《论语大义》

马一浮（1883—1967），幼名福田，后改名浮，字一佛，后字一浮，号湛翁，别署蠲翁、蠲叟、蠲戏老人，浙江会稽（今浙江绍兴）人，现代新儒家的早期代表人物之一，与梁漱溟、熊十力被称为“新儒家三圣”，其著被后人辑为《马一浮集》。马一浮对《论语》的诠释主要包括两个部分：《论语大义》和《论语首末二章义》。如果从《论语》学之视角来审视，马一浮诠释《论语》主要有两个鲜明的特色：其一，以“六艺”统摄《论语》；其二，儒佛会通释《论语》；其三，指出“六艺”与《论语》中的核心思想——人性自有。

一、以“六艺”统摄《论语》

“六艺论”是马一浮最为重要的思想，也是其学术观的集中体现，主张以“六艺”统摄会通其他一切学术。“今先楷定国学名

① 傅杰：《书林扬尘》，海豚出版社2016年版，第108页。

② 蒋见元：《论语集释·整理后记》，载程树德《论语集释》，中华书局2013年版，第1页。

义。举此一名，该摄诸学，唯六艺足以当之。六艺者，即是《诗》《书》《礼》《乐》《易》《春秋》也。此是孔子之教，吾国二千余年普遍承认一切学术之原皆出于此，其余都是六艺之支流。故六艺可以该摄诸学，诸学不能该摄六艺。”① 对“六艺”的主旨，马一浮引用《经解》和庄子的《天下篇》相关篇章作了阐述：

> 《经解》引孔子曰：“入其国，其教可知也。其为人一也，温柔敦厚，《诗》教也；疏通知远，《书》教也；广博易良，《乐》教也；絜静精微，《易》教也；恭俭庄敬，《礼》教也；属辞比事，《春秋》教也。”《庄子·天下篇》曰：“《诗》以道志，《书》以道事，《礼》以道行，《乐》以道和，《易》以道阴阳，《春秋》以道名分。”自来说六艺，大旨莫简于此。有六艺之教，斯有六艺之人。故孔子之言是以人说，庄子之言是以道说。《论语》曰：“人能弘道，非道弘人。”道即六艺之道，人即六艺之人。②

《论语》所谈乃为人处世之道。如程颐云，“学者须将《论语》中诸弟子问处便作自己问，圣人答处便作今日耳闻，自然有得。虽孔、孟复生，不过以此教人”③，“今人不会读书。如读《论语》，

---

① 《马一浮全集》(第一册)，浙江古籍出版社2013年版，第15页。

② 《马一浮全集》(第一册)，浙江古籍出版社2013年版，第9页。

③ 朱熹:《四书章句集注》，中华书局2011年版，第47页。

未读时是此等人，读了后又只是此等人，便是不曾读”①。程颐认为《论语》是教人之学，读《论语》便是学做人。马一浮认为“六艺”之道，亦是人道，《诗》《书》《礼》《乐》《易》《春秋》与《论语》具有根本的一致性。“今当略举《论语》大义，无往而非六艺之要，若夫举一反三，是在善学。如闻《诗》而知《礼》，闻《礼》而知《乐》，是谓告往知来，闻一知二。”②

第一，《论语大义》结构安排彰显“六艺”释《论语》的明显特点。《论语大义》由《诗教》《书教》《礼乐教上》《礼乐教中》《礼乐教下》《易教上》《易教下》《春秋教上》《春秋教中》《春秋教下》等十部分组成。很显然，这十大部分便是以“六艺”中每一部著作作为篇名来安排的。

第二，从理论论证上，确立《论语》与“六艺”具有根本的一致性。在《论语首末二章义》中马一浮说：“《论语》记孔子及诸弟子之言，随举一章，皆可见六艺之旨。然有总义，有别义，别义易见，总义难知。果能身通六艺，则于别中见总，总中见别，交参互入，无不贯通。”③ 在《论语大义》里，马一浮开宗明义，直接阐述了《论语》与“六艺”的关系。他说：

《论语》有三大问目：一问仁，一问政，一问孝。凡答问仁者，皆《诗》教义也；答问政者，皆《书》教义

① 朱熹：《四书章句集注》，中华书局2011年版，第46页。
② 《马一浮全集》（第一册），浙江古籍出版社2013年版，第134页。
③ 《马一浮全集》（第一册），浙江古籍出版社2013年版，第23页。

> 也；答问孝者，皆《礼》《乐》义也。故曰："子所雅言，《诗》《书》、执礼，皆雅言也。""兴于《诗》，立于《礼》，成于乐。"言执礼不及乐者，礼主于行，重在执守，行而乐之即乐，以礼统乐。言与《诗》不及《书》者，《书》以道事，即指政事，《诗》通于政，以《诗》统《书》也。《易》为礼乐之原，言礼乐，则《易》在其中，故曰"明则有礼乐，幽则有鬼神也。"《春秋》为《诗》《书》之用，言《诗》《书》，则《春秋》在其中，故曰"《诗》亡然后《春秋》作"也。①

在此，马一浮把《论语》中所体现的主要问题"仁""政""孝"与《诗经》《尚书》《礼记》《乐经》直接勾连，并对《易经》与《礼记》《乐经》、《传奇》与《诗经》《尚书》的关系作了阐明，确立了《论语》与"六艺"的密切关系，为下文论证奠定了理论基础。

第三，从具体内容上，充分阐述《论语》与"六艺"意蕴的关联性。比如，对《论语》中的第一章"学而时习之"，马一浮比较详细地阐述了该章与《礼》《乐》《易》之关联性。他说：

> 悦、乐都是自心的受用。时习是功夫，朋来是效验。悦是自受用，乐是他受用，自他一体，善与人同。故悦意

---

① 《马一浮全集》(第一册)，浙江古籍出版社2013年版，第134—135页。

深微而乐意宽广，此即兼有《礼》《乐》二教义也。“人不知而不愠”，地位尽高。孔子自己说：“不怨天，不尤人。”“知我者其天乎?”《乾·文言》“遁世无闷，不见是无闷”，《中庸》“遁世不见知而不悔”，皆与此同意。学至于此，可谓安且成矣，故名为君子。此是《易》教义也。何以言之?孔子系《易》大象，明法天用《易》之道，皆以君子表之。例如《乾》象曰：“天行健，君子以自强不息。”《坤》象曰：“地势坤，君子以厚德载物。”六十四卦中，称君子凡五十五卦，称先王者七卦，称后者二卦。《易乾凿度》曰：“《易》有君子五号：帝者，天称也。王者，美行也。天子者，爵号也。大君者，与上（言民与之，欲使为于大君也）行异也。大人者，圣明德备也。变文以著名，题德以别操。”郑注云：“虽有隐显，应迹不同，其致一也。”其义甚当。五号虽皆题德之称，然以应迹而著，故见于爻辞以各当其位时，大象则不用五号而多言君子，此明君子但为德称，不必其迹应帝王也。《系传》曰：“君子之道，或出或处，或默或语。”非专指在位明矣。《礼运》曰：“禹、汤、文、武、成王、周公，由此其选也。此六君子者，未有不谨于礼者也。”此见先王亦称君子。孔子曰：“文，莫吾犹人也。躬行君子，则吾未之有得。”孔子德盛言谦，犹不敢以君子自居。又曰：“圣人，吾不得而见之矣，得见君子者，斯可矣。”此如佛氏判果位名号，圣人是妙觉，君子则是等觉也……君子与小人之辨，即是义与利之辨，亦即是仁与不仁之辨。以佛氏之理言之，即是圣凡、迷悟之辨。程子曰："小人只不合小了。"阳明所谓从躯壳起见，他只认形气之私为我。佛氏谓之萨迦耶见，即是末那识。转此识为平等性智，即是"克己复礼"，乃是君子之道矣。一切胜心客气皆由此生，故尽有小人而有才智者。彼之人法二执。人执是他自我观念，法执是他的主张。更为坚强难拔，此为不治之证。"人不知而不愠"，非己私已尽不能到此地步。僧人之词缓，故下个"不亦"字，下个"乎"字。《易》是圣人最后之教，六艺之原，非深通天人之故者不能与《易》道相应。故知此言君子者，是《易》教义也。凡言君子者，通六艺言之，然有通有别，此于六艺为别，故说为《易》教之君子。学者读此章，第一须认明"学而时习之"，学是学个什么；第二须知如何方是时习工夫；第三须自己体验，自心有无悦怿之意，此便是合下用力的方法。末了须认明君子是何等人格，自己立志要做君子，不要做小人，如何才够得上做君子，如何才可免于为小人。其间大有事在，如此方不是泛泛读过。①

又如，在《为政》篇，马一浮认为"为政以德"与《尚书》联系密切。他说：

① 《马一浮全集》(第一册)，浙江古籍出版社 2013 年版，第 24—26 页。

《论语》“为政以德”一章，是《书》教要义。德是政之本，政是德之迹。“大哉，尧之为君！惟天为大，惟尧则之。”“无为而治者其舜也与？”此皆略迹而言本。①

再如，在《论语大义》的《春秋教》篇，马一浮认为《论语·子路》中的“必也正名”实为《春秋》要义。“约而言之，《春秋》之大用在于夷夏、进退、文质、损益、刑德、贵贱、经权、予夺，而其要则正名而已矣。‘必也正名’一语，实《春秋》之要义。”②

二、儒佛会通释《论语》

马一浮学贯中西，会通儒释道。宋志明说：“马先生兼有中国正统儒者所应具备之诗教、礼教、理学三种学养，可谓为代表传统中国文化的仅存的硕果。”③ 在谈到治学经历时，马一浮说：“余初治考据，继专攻西学，用力既久，然后知其弊，又转治佛典，最后始归于六经。”④“转治佛典”“归于六经”在《论语大义》中得以彰显。“以佛解儒，运用佛学思想资源来深入阐发儒家六艺要旨。”⑤

首先，从核心观念入手阐述儒释具有一致性。在论《易》教时，马一浮说：

---

① 《马一浮全集》(第一册)，浙江古籍出版社2013年版，第139页。

② 《马一浮全集》(第一册)，浙江古籍出版社2013年版，第165页。

③ 宋志明：《儒家思想的新开展——贺麟新儒学论著辑要》，中国广播电视出版社1995年版，第181页。

④ 《马一浮集》(第三册)，浙江古籍出版社1996年版，第1191页。

⑤ 许宁：《马一浮对〈论语〉的现代诠释》，《浙江社会科学》2017年第10期。

> 《乾凿度》云："易者，其德也；变易者，其气也；不易者，其位也。""位"字若改作"理"字，其义尤显。自佛氏言之，则曰：变易者，其相也；不易者，其性也。故《易》教实摄佛氏圆顿教义。三易之义，亦即体、相、用三大：不易是体大，变易是相大，简易是用大也。①

马一浮把儒家哲学中的"气""位"与佛学中的"相""性"相类比，认为"《易》教实摄佛氏圆顿教义"，两者在根本上是一致的。又如，在对"天下同归而殊途，一致而百虑"（《易经·系辞传》）进行论述时，马一浮说："'一致而百虑'，非匹不行也；'殊途而同归'，非主不止也。又法从缘起为出，一入一切也；法界一性为至，一切入一也。此义当求之《华严》而实具于《论语》。"②

其次，运用佛家核心理念来阐述《论语》中的核心思想。在《论语大义》里，马一浮借用"始终""四悉檀""空假中"（三谛）等佛家核心思想来解释儒家理念。其中，运用最多的是"四悉檀"。比如，在解释"仁"之内涵时，马一浮说：

> 学者第一事便要识仁，故孔门问"仁"者最多。孔子一一随机而答，咸具四种悉檀，此是《诗》教妙义。③

---

① 《马一浮全集》(第一册)，浙江古籍出版社 2013 年版，第 158—159 页。
② 《马一浮全集》(第一册)，浙江古籍出版社 2013 年版，第 176 页。
③ 《马一浮全集》(第一册)，浙江古籍出版社 2013 年版，第 136—137 页。

何谓“四悉檀”？马一浮随后便进行了解释：

四悉檀者出于天台教义，悉言遍，檀言施。华、梵兼举也。一世界悉檀，世界为隔别分限之义，人之根器各有所限，随宜分别，次第为说，名世界悉檀。二为人悉檀，即因材施教，专为此一类机说，令其得人，名为人悉檀。三对治悉檀，谓应病与药，对治其人病痛而说。四第一义悉檀，即称理而说也。①

紧接着，马一浮便对《论语》中有关仁的章句与“四悉檀”作了对比分析：

如樊迟问仁，子曰“爱人”；问知，子曰“知人”：世界悉檀也。答子贡曰“已欲立而立人，已欲达而达人，能近取譬，可谓仁之方也”：为人悉檀也。答司马牛曰“仁者，其言也讱”，答樊迟曰“仁者先难而后获”：对治悉檀也。答颜渊曰“一日克己复礼，天下归仁焉”：第一义悉檀也。其实前三不离后一，圣人元无二语，彻上彻下，彻始彻终，只是一贯，皆是第一义也。②

① 《马一浮全集》(第一册)，浙江古籍出版社2013年版，第137页。
② 《马一浮全集》(第一册)，浙江古籍出版社2013年版，第137页。

在马一浮看来，儒家的“仁”具有佛家的“四悉檀”之内涵。除了“仁”之外，“为政”亦与“四悉檀”有相通之处。马一浮说：

> 曰：“既庶矣，富之；既富矣，教之。”“足食足兵，民信之矣。”“谨权量，审法度，修废官。”“兴灭国，继绝世，举逸民。”“所重：民、食、丧、祭。”“不患寡而患不均，不患贫而患不安。均无贫，和无寡，安无倾。”世界悉檀也。答叶公问政曰：“近者悦，远者来。”答子夏为莒父宰问政曰：“无欲速，无见小利。”答仲弓为季氏宰问政曰：“先有司，赦小过，举贤才。”为人悉檀也。答哀公、季康子诸问及定公问一言“兴邦”“丧邦”，答齐景公问政曰：“君君、臣臣、父父、子。”对治悉檀也。……“自古皆有死，民无信不立。”“修己以敬”。皆第一义悉檀也。①

在论述《礼》《乐》时，马一浮依然以“四悉檀”配之：

> 答孟懿子曰：“无违。”世界悉檀也。答孟武伯曰：“父母唯其疾之忧。”为人悉檀也。答子游曰：“不敬，何以别乎？”答子夏曰：“色难。”对治悉檀也。答或问禘之说曰：“知其说者之于天下也，其如示诸斯乎！”指其掌。

---

① 《马一浮全集》（第一册），浙江古籍出版社 2013 年版，第 140 页。

第一义悉檀也。又一一悉檀皆归第一义，推之可知。①

需要注意的是，在运用“四悉檀”作比儒家思想时，马一浮对“四悉檀”并未同等视之，而是把“世界悉檀”“为人悉檀”“对治悉檀”最终都归结为“第一义悉檀”。比如，在《书教》篇中，他说：“以《论语》准之，莫非《书》教义。又一一悉檀，皆归第一义悉檀，学者当知。”②

简言之，马一浮在对《论语》诠释的过程中，不仅本儒家经典以立言，又融入了佛教之思想，凸显了中国传统学术之一贯性与包容性。③

三、人性自有

在论述“六艺”与《论语》中所体现的核心理念相通互摄的基础上，马一浮指出“六艺”与《论语》中的核心思想都是人性自有，并非圣人所强加。他说：

> 学者须知六艺本是吾人性分内所具的事，不是圣人旋安排出来。吾人性量本来广大，性德本来具足，故六艺之道即是此性德中自然流出的，性外无道也。从来说性德者，举一全该则曰仁，开而为二则为仁知、为仁义，开而

① 《马一浮全集》(第一册)，浙江古籍出版社2013年版，第146页。
② 《马一浮全集》(第一册)，浙江古籍出版社2013年版，第140页。
③ 张刚:《六艺之旨，散在〈论语〉——马一浮〈论语大义〉概述》，《乐山师范学院学报》2014年第1期。

为三则为知、仁、勇，开而为四则为仁、义、礼、知，开而为五则加信而为五常，开而为六则并知、仁、圣、义、中、和而为六德。就其真实无妄言之，则曰“至诚”；就其理之至极言之，则曰“至善”。故一德可备万行，万行不离一德。知是仁中之有分别者，勇是仁中之有果决者，义是仁中之有断制者，礼是仁中之有节文者，信即实在之谓，圣则通达之称，中则不偏之体，和则顺应之用，皆是吾人自心本具的。①

马一浮认为，“六艺”是人性分内所具之事，“六艺之道”是性德的自然流出，性外无道，道在人性之自然开出。以《论语》为代表的儒家经典所呈现的“五常”（仁、义、礼、智、信）、“六德”（知、仁、圣、义、忠、和）以及“至诚”“至善”无不都是“心本具有”。这就把儒家核心理念统摄于“六艺”，而“六艺”则统摄于“一心”。他说：“教相多门，各有分齐，语其宗极，唯是一心。”② 从这个角度而言，《论语大义》也彰显了儒家的心性之学。

第四节　杨树达的《论语疏证》

杨树达（1885—1956），字遇夫，号积微，湖南长沙人，我国

① 《马一浮全集》(第一册)，浙江古籍出版社2013年版，第8页。

② 《马一浮全集》(第一册)，浙江古籍出版社2013年版，第424页。

著名语言文字学家和史学家，在语法学、训诂学、修辞学、语源学、文献学、文字学、考古学、甲骨金文学等方面成绩斐然。其著作收在《杨树达文集》。《论语疏证》是在《论语古义》的基础上扩充加工而成，1955 年由科学出版社出版发行。① 从《论语》学视角来审视，“疏证”是其鲜明的特色。1948 年，陈寅恪在为该书作序言时说：

先生治经之法，殆与宋贤治史之法冥会，而与天竺诂经法形似而实不同也。夫圣人之言必有为而发，若不取事实以证之，则成无的之矢矣。圣言简奥，若不采意旨相同之语以著之，则为不解之谜矣。既广搜群籍，以参证圣言，其文之矛盾疑滞者，若不考订解释，折中一是，则圣人之言行终不可明矣。今先生汇集古籍中事实语言之与《论语》有关者，并间下己意，考订是非，解释疑滞，此司马君实、李仁甫《长编考异》之法，乃自来诂释论语者所未有，诚可为治经者辟一新途径，树一新楷模也。②

陈寅恪认为，在《论语》诠释领域，《论语疏证》开辟了一条新路径，契合宋代史学家之法，广搜群籍，参证圣言，即运用史学的眼光和方法来研究《论语》，做到“以古释古”“经史互参”。

① 尽管该书是 1955 年由科学出版社出版，但由于《论语古义》是 1933 年写成，影响较大。因此，学界多将《论语疏证》归到民国时期。

② 杨树达：《论语疏证・陈序》，载《论语疏证》，上海古籍出版社 1986 年版，第 1 页。

1982年，杨树达的弟子廖海廷对《论语疏证》也作了进一步说明。他说：

> 《论语》一书，注释者众，或主故训，或主义理，类皆得其一偏，未由窥其全豹。而主故训者，往往不审词气，于义未安；主义理者，难免以意为之，无征不信。然则孔子真意，奚能大白于世乎？先师之书异是，以经证，以史证，以子证，如有未融，便下按语以索其隐。知人论世，务求事理之安，而孔氏心传，跃然纸上，贤于诸家远矣。①

尽管该评价有过誉之处，但“以经证，以史证，以子证，如有未融，便下按语以索其隐”却颇为中肯。“疏证”的重点在于“疏解”和“佐证”，即广引书证以疏通《论语》，阐明圣人之意，通过资料分析还原孔子思想。“本书宗旨在疏通孔子学说，首取《论语》本书之文前后互证，次取群经诸子及四史为证，无证者则阙之。老庄韩墨说与儒家违异，然亦时有可以发明孔子之意者，赋诗断章，余窃取斯义尔。”②

一、经史互证，经学史学化

无论是汉学还是宋学，在解经上都有失偏颇。或重训诂考据，

---

① 杨树达：《论语疏证》，上海古籍出版社2013年版，第519页。

② 杨树达：《论语疏证·凡例》，载《论语疏证》，上海古籍出版社2013年版，第1页。

或重微言大义，都难免顾此失彼。因此，在解经过程中，多数注家都尽可能地扬长避短、汉宋兼顾。尽管杨树达在《论语疏证》中指出“本书训说大致以朱子《集注》为主”[①]，但仍然注意“其有后儒胜义长于朱说者，则取后儒之说”[②]。不仅跳出了非汉即宋的传统解经之窠臼，而且注重发挥朴学之长，运用史料学的方法来诠释《论语》，“以古证古”“经史互证”，经学史学化的特色非常鲜明。

（一）引用《论语》里前后篇章互证

“首取《论语》本书之文前后互证”[③]，即在解经过程中，首先运用《论语》中的前后篇章相互印证。比如，“为人谋而不忠乎”（《论语·学而》），《疏证》引后面《子路》篇中“樊迟问仁，子曰：居处恭，执事敬，与人忠，虽之夷狄，不可弃也”来印证[④]；“贤贤易色”（《论语·学而》）引后面《子罕》篇中“子曰：吾未见好德如好色者也”以及《卫灵公》篇中“子曰：已矣乎！吾未见好德如好色者也”来印证[⑤]。“即之也温；听其言也厉”（《论语·子张》）引前面《述而》篇中的“子温而厉；威而不猛；恭而安”来印证[⑥]。“不知礼，无以立也”（《论语·尧曰》）引前面《泰伯》中的“立于礼”以及《季氏》篇中的“不学礼，无以立”

① 杨树达:《论语疏证·凡例》,载《论语疏证》,上海古籍出版社 2013 年版,第 2 页。
② 杨树达:《论语疏证·凡例》,载《论语疏证》,上海古籍出版社 2013 年版,第 2 页。
③ 杨树达:《论语疏证·凡例》,载《论语疏证》,上海古籍出版社 2013 年版,第 1 页。
④ 杨树达:《论语疏证》,上海古籍出版社 2013 年版,第 6 页。
⑤ 杨树达:《论语疏证》,上海古籍出版社 2013 年版,第 17 页。
⑥ 杨树达:《论语疏证》,上海古籍出版社 2013 年版,第 492 页。

来印证。[①] 前后篇章相互印证，涵盖《论语》的大部分篇章。这样做能够使前后篇章互证融会，让读者更加深刻地理解文本思想。

（二）运用历史事实及相关资料印证

除了引用《论语》里面章句前后互证外，《论语集释》还引用“群经诸子及四史”[②] 里面的历史事实以及相关资料对《论语》中的相关内容进行印证。如“故曰：与其奢也，宁俭。”（《论语·八佾》），《论语集释》便引用了《汉书》《礼记》《春秋》《左传》相关记载：

> 《汉书·五行志上》曰：古者天子诸侯宫庙大小高卑有制；后夫人媵妾多少进退有度；九族亲疏长幼有序。孔子曰：礼，与其奢也，宁俭。故禹卑宫室，文王刑于寡妻，此圣人之所以昭教化也。
>
> 《礼记·檀弓上》篇曰：子游曰：昔者夫子居于宋，见桓司马自为石椁，三年而不成。夫子曰：若是其靡也，死不如速朽之愈也。
>
> 《春秋·成公二年》曰：八月壬午，宋公鲍卒。《左氏传》曰：宋文公卒，始厚葬，用蜃炭，益车马。始用殉，重器备，椁有四阿，棺有翰桧。君子谓华元乐举于是乎不臣。臣，治烦去惑者也。今二子者，君生则纵其惑，

---

① 杨树达：《论语疏证》，上海古籍出版社 2013 年版，第 517 页。

② 杨树达：《论语疏证·凡例》，载《论语疏证》，上海古籍出版社 2013 年版，第 1 页。

死又益其侈，是弃君于恶也，何臣之为？[①]

杨树达引用上述资料，既证明“与其奢也，宁俭”的合理性，也达到了经学内容与史学资料相互印证的目的。有学者作了统计，《论语集释》引用各类书籍共110种，引用文献2195次。其中，直接引用书目共有93种，如《诗经》《管子》《国语》《春秋》《老子》《庄子》《孟子》《荀子》《吕氏春秋》《孝经》《淮南子》《礼记》《大戴礼记》《史记》《春秋繁露》《五经异义》《理惑论》《世要论》《文选》《中说》《通典》《太平御览》《文献通考》等等；间接引用的书目共16种，如《傅子》《论释》《留青日札》《乐动声仪》等等。[②] 从上可以看出，《论语疏证》经史子集无所不包，所引文献相当丰富。这样做的效果是“经学史学化”的韵味愈加浓厚。

二、六经与我互参，解经客观理性

“六经注我”是以“我”为主，阐发己意，以宋学为代表；“我注六经”则以“六经”为主，注重疏解文本思想，以汉学为代表。杨树达在解经的过程中便把这两者结合起来，“六经”与“我”互参，既不完全依赖资料，也不强为己言，而是客观理性，有根有据。

（一）保留存疑，不妄下结论

杨树达在“凡例”中云：“古人于同一事有见仁见智之殊，如

① 杨树达:《论语疏证》,上海古籍出版社2013年版,第63页。

② 参见马瑞霞:《杨树达〈论语疏证〉研究(一)》,兰州大学硕士学位论文,2010年。

《春秋》僖公二十二年泓之战，《公羊传》极赞宋襄公，以为虽文王之战不过，而《穀梁传》则讥其不教而战，彼此违异，义得并存，所谓言岂一端，义各有当也。本编于此类并存不废，读者不以矛盾为讥，则幸矣。”① “并存不废”，让读者自己判断，不盲目下结论，这正是客观理性的体现。

（二）理性判断，阐发己意

除了“并存不废”、客观存疑外，对能够依据文献记载下结论的问题，杨树达也不畏权威，表述自己的看法。“本书训说大致以朱子《集注》为主，其有后儒胜义长于朱说者，则取后儒之说。心有未安，乃下己意焉。”② 比如“子罕言利，与命，与仁”（《论语·子罕》），朱熹注曰“罕，少也”，并引程子曰：“计利则害义，命之理微，仁之道大，皆夫子所罕言也。”③ 显然，朱熹对此章的理解是：孔子很少谈利、命和仁。对此，杨树达认为这种解释并非孔子原意。首先，引用《论语》中的相关篇章以及《礼记·儒行》的记载作证明：

《公冶长》篇曰：或曰：“雍也仁而不佞。”子曰：“焉用佞，御人以口给，屡憎于人。不知其仁，焉用佞！”

又曰：孟武伯问：“子路仁乎？”子曰：“不知也。”

① 杨树达：《论语疏证·凡例》，载《论语疏证》，上海古籍出版社 2013 年版，第 1—2 页。

② 杨树达：《论语疏证·凡例》，载《论语疏证》，上海古籍出版社 2013 年版，第 2 页。

③ 朱熹：《四书章句集注》，中华书局 2011 年版，第 104 页。

又问，子曰："由也，千乘之国，可使治其赋也，不知其仁也。""求也何如?"子曰："求也，千室之邑，百乘之家，可使为之宰也。不知其仁也。""赤也何如?"子曰："赤也，束带立于朝，可使与宾客言也。不知其仁也。"

又曰："子张问曰：令尹子文三仕为令尹，无喜色；三已之，无愠色。旧令尹之政，必以告新令尹。何如?"子曰："忠矣。"曰："仁矣乎?"曰："未知，焉得仁!""崔子弑齐君，陈文子有马十乘，弃而违之，至于他邦，则曰：犹吾大夫崔子也。违之，之一邦，则又曰：犹吾大夫崔子也。违之。何如?"子曰："清矣。"曰："仁矣乎?"曰："未知，焉得仁!"

《宪问》篇曰："克伐怨欲不行焉，可以为仁矣。"子曰："可以为难矣。仁则吾不知也。"

《礼记·儒行》篇曰：温良者，仁之本也；敬慎者，仁之地也；宽裕者，仁之作也；孙接者，仁之能也；礼节者，仁之貌也；言谈者，仁之文也；歌乐者，仁之和也；分散者，仁之施也；儒皆兼此而有之，犹且不敢言仁也。

《述而》篇曰：子曰：若圣与仁，则吾岂敢。①

然后，杨树达以"树达按"形式谈了自己的看法：

---

① 杨树达:《论语疏证》，上海古籍出版社2013年版，第210—211页。

> 《论语》一书言仁者不一而足，夫子言仁非罕也。所谓罕言仁者，乃不轻许人以仁之意，与罕言利命之义似不同。试观圣人评论仲弓，子路，冉有，公西华，令尹子文，陈文子之为人，及克伐怨欲不行之德，皆云不知其仁，更参之以《儒行》之说，可以证明矣。抑孔子不敢以仁自居，虽曰谦逊之辞，其重视仁亦可见也。①

由此可以看出，杨树达并不赞同程朱的看法，认为在“仁”的问题上，孔子非常重视，并不是不谈仁，而是不轻易许他人为“仁”。

总之，《论语集释》运用史学来诠释经学，“经史互证”，并成功地克服了“六经注我”与“我注六经”的弊端，在《论语》学研究领域创出了“新途径”②。

---

① 杨树达:《论语疏证》,上海古籍出版社2013年版,第211页。

② 杨树达:《论语疏证·陈序》,载《论语疏证》,上海古籍出版社2013年版,第1页。

第三章 新中国成立至改革开放的《论语》学

改革开放之前的《论语》学研究，时间上是从新中国成立至1978年十一届三中全会召开。从宏观上来看，其间的《论语》学研究主要围绕《论语》总论、《论语》源流、历代《论语》注释文本、《论语》章句、《论语》思想、《论语》传播与海外流传、《论语》学的形成与发展等展开探讨。具体可分为两个阶段：新中国成立初期（1949—1966）的《论语》学研究和“文革”期间（1966—1976）的《论语》学研究。

第一节　新中国成立初期的《论语》学研究

新中国成立初期，主要是指1949年—1976年。在这一历史时期，大陆（内地）出版的有代表性的著作主要有3部：杨伯峻的

《论语译注》（古籍出版社1953年版）、杨树达的《论语疏证》（科学出版社1955年版）和赵纪彬的《论语新探》（人民出版社1959年第1版、1962年第2版）①。《论语译注》② 和《论语疏证》③ 侧重于《论语》的考据、训诂以及义理探究，主旨是通过注解、疏证让读者更加清晰准确地理解文本，体悟圣人思想。赵纪彬的《论语新探》则侧重于义理，重点从哲学、政治、历史等多种角度选取某个具体问题进行辨析、阐发，主旨则是以批判孔子思想为主，为当时政治服务的色彩非常鲜明。

除了著作之外，在这一时期，也出现了一些学术论文。大致上分为三类：第一类，对《论语》中某一字词的解读。如赵纪彬的《〈论语〉〈墨子〉“物”字简释》（《哲学研究》1961年第6期）、任铭善的《〈论语〉“束修”义》（《杭州大学学报》1962年第2期）等等。第二类，对《论语》中某一篇章的解读。如赵贞信的《〈论语·尧曰章〉来源的推测》（《北京师范大学学报》1962年第3期）、商承祚的《“色斯举矣……”新论》（《中山大学学报》1963年第3期）等等。第三类，从文本编纂、经济、文学、思想以

---

① 赵纪彬的《论语新探》先后有三个版本，即1959年第1版、1962年第2版和1976年第3版，跨度十余年。

② 杨伯峻在《论语译注·例言》中说：“著者的企图是帮助一般读者比较容易而正确地读懂《论语》，并给有志深入研究的人提供若干线索。同时，有许多读者想借自学的方式提高阅读古书的能力，本书也能起一些阶梯作用。”（杨伯峻译注：《论语译注》，中华书局1980年版）显然，《论语译注》的主体无疑是译文和注释，着眼于《论语》内容的普及。另外，从诠释学的角度审视，《论语译注》都难以超越《论语疏证》，故本章不再把《论语译注》纳入讨论范围。

③ 《论语疏证》是在1933年出版的《论语古义》的基础上完成，学界多将《论语疏证》归到民国时期，已在上一章探讨，本章不再纳入。

及人物关系等层面进行分析。如王仲荦的《试论〈论语〉〈孟子〉两书中所反映的当时社会经济制度》(《山东大学学报》1960 年第 S3 期)、赵贞信的《〈论语〉究竟是谁编纂的》(《北京师范大学学报》1961 年第 4 期)、江浦的《从〈论语〉看孔子的教学活动和孔门的师生关系》(《江汉学报》1962 年第 7 期)、顾树森的《〈论语〉一书的来历》(《中国古代教育家语录类编》上海教育出版社 1961 年版)、胡念贻的《从人物形象论〈论语〉的文学价值》(《文史哲》1962 年第 3 期)、卢南乔的《〈论语〉中的仁和人》(《文史哲》1962 年第 5 期)等等。值得注意的是，围绕某一具体问题展开学术探讨，成为学术研究为数不多的亮点。如围绕“孔子与季氏”的关系，郭克煜、安作璋、关锋等相继发表了一系列论文，引发学界关注。总的来看，在这一历史时期，无论是研究成果的数量，还是研究成果的学术水平，单就中国大陆（内地）而言，对《论语》的研究还只是处于起步阶段。研究的视野相对比较狭窄，都还只是粗线条勾勒，除了《论语译注》《论语疏证》《论语新探》这三部著作外，尚无有学术分量的作品，较深入的学术探究尚未形成规模。

第二节　“文革”时期的《论语》学研究

“文革”时期，主要是指 1966 年—1976 年。限于当时的国内形势，对《论语》的研究主要围绕“批孔”政治运动展开。根据当时形势要求，或以《论语》为基础从总体上对孔子进行批判，或从《论语》中选取某些篇章对孔子的某些思想、观点乃至行为等进行批驳，其出发点不是为了学术研究，而是为当时的政治形势进行所谓的“学术论证”“学术服务”，颇有“欲加之罪，何患无辞”之意味，根本在于迎合“文化大革命”，为当时的政治形势服务。客观上来说，这在一定程度上对“文化大革命”起到了推波助澜的作用。

一、基本概况

相对新中国成立初期，无论是出版的著作还是发表的论文，在这一时期数量均明显增多。这方面的著作，有代表性的主要有：北京大学哲学系一九七〇级工农兵学员的《〈论语〉批注》（中华书局1974年版）、赵纪斌的《论语新探》（人民出版社1976年第3版）等等。除了著作之外，这一时期的论文数量相对新中国成立初期突飞猛涨，有数千篇之多。① 其中，多数论文发表在《人民日报》《光明日报》《解放日报》《文汇报》《红旗》等政治性很强的报刊上，少部分发表在《文史哲》《考古》以及部分高校的学报上。这些论文都带有强烈的政治导向，目的是为当时的政治斗争服务，与正常的学术研究有很大差距。无论是著作还是论文，绝大部分内容都充满阶级性、斗争性和批判性，以当时的指导思想为主线，对孔子以及《论语》从不同层面进行批判，突出政治

---

① 参见中国社会科学院哲学研究所资料室：《孔子研究论文著作目录（1949—1986）·凡例》，载《孔子研究论文著作目录（1949—1986）》，齐鲁书社1987年版。

性，弱化甚至根本没有学术性。以《〈论语〉批注》为例，总体基调是迎合当时政治形势，对孔子及《论语》坚持彻底否定和批判。该著“前言”云：

> 孔学的创始人——孔老二是我国春秋末期腐朽没落的奴隶主阶级的代言人，他逆历史潮流而动，坚持倒退，反对前进，坚持复辟，反对变革，是一个臭名昭著的复辟狂、政治骗子、大恶霸。《论语》是他的徒子徒孙们根据他的一生反革命言行编纂的，其中记载了他复辟奴隶制的反动纲领，以及为复辟奴隶制服务的政治、伦理、哲学思想。《论语》是反动没落阶级的复辟经，唯心论和形而上学的大杂烩，毒害人民的大毒草。作为腐朽反动阶级意识形态的代表作，《论语》黑话连篇，毒汁四溅，荒谬绝伦，反动透顶，完全是糟粕，哪里有什么“合理因素?”对于这种东西，就是要彻底批判，根本推翻！

在对具体内容的诠释上，该书完全贯穿这种基调。如对“有德者必有言，有言者不必有德。仁者必有勇，勇者不必有仁”（《论语·宪问》）的解释，该著在“批判”条目中云：

> 在孔老二的眼中，新兴地主阶级革新派有“言”无“德”、有“勇”无“仁”，只有顽固坚持奴隶主立场的

人，才能做到“德”“言”兼备，只有死心塌地地为奴隶主贵族卖命的人，才算是“仁”“勇”双全。但“仁”是他政治伦理思想的核心，因此，他认为“德”与“言”比较，“德”是主要的；“仁”与“勇”比较，“仁”又是主要的。可见，孔老二所讲的德行、言论、勇敢等等，都要服从于实行仁，即复辟奴隶制这个“头等大事”。①

由此可知，“文革”中数千篇批孔文章基本上没有学术内容。②需要说明的是，对孔子的批判，往往离不开《论语》，多是依据《论语》中的篇章而展开。从宏观上来看，这方面的论文大致上分为两类：

第一类，发表在新闻报纸上，完全迎合政治需要，篇幅不长，批判性十足，基本没有学术韵味。如南胜虎的《从“学而优则仕”到“读书做官论”》（《文汇报》1969 年 8 月 5 日）、复旦大学红卫兵伍坚等的《“己所不欲，勿施于人”的反动实质》（《文汇报》1969 年 11 月 1 日）、杨国荣的《孔子——顽固地维护奴隶制的思想家》（《人民日报》1973 年 8 月 7 日）、史一兵的《戳穿孔子“克己复礼”思想的反动本质》（《南方日报》1973 年 9 月 20 日）、翁俊雄的《是“圣人”还是伪君子？》（《人民日报》1973 年 10 月 31

① 北京大学哲学系一九七〇级工农兵学员：《〈论语〉批注》，中华书局 1974 年版，第 304 页。

② 参见中国社会科学院哲学研究所资料室：《孔子研究论文著作目录（1949—1986）·凡例》，载《孔子研究论文著作目录（1949—1986）》，齐鲁书社 1987 年版。

日)、蔡尚思的《论孔子反动思想的核心——“仁”》(《解放日报》1973 年 12 月 7 日)、史鉴的《孔子捧伯夷与林彪请亡灵》(《天津日报》1974 年 1 月 24 日)、谭喜春的《“正名”与复辟》(《成都日报》1974 年 2 月 9 日)、常方的《“复礼”是反革命的旗号》(《人民日报》1974 年 2 月 13 日)、齐任的《“中庸之道”是反革命的思想武器》(《光明日报》1974 年 2 月 25 日)、王伯熙的《孔老二是反对汉字变革的祖师爷》(《光明日报》1974 年 2 月 25 日)、雷英魁的《批判反革命复辟的理论纲领——孔丘的“生而知之”说和林彪的“天才论”是什么货色》(《人民日报》1974 年 3 月 10 日)、吉林师范大学历史系大批判组的《林彪“复礼”的政治纲领和孔丘的“正名”》(《人民日报》1974 年 3 月 22 日)、康作藩的《批判“克己复礼”，改革汉字》(《光明日报》1974 年 4 月 25 日)、柏青的《“学而优则仕”析》(《光明日报》1974 年 5 月 6 日)、董城的《在“智、仁、勇”的背后》(《北京日报》1974 年 6 月 9 日)、红宣的《批“三畏”》(《人民日报》1974 年 7 月 8 日)、晓兵的《赞“反中庸”》(《人民日报》1974 年 7 月 8 日)、梁效的《“克己复礼”再批判》(《光明日报》1976 年 3 月 6 日)、金哲文的《翻案复辟与“克己复礼”》(《人民日报》1976 年 3 月 22 日)、梁效的《“论总纲”与“克己复礼”》(《人民日报》1976 年 10 月 7 日）等等。

第二类，发表在学术期刊上，虽然政治色彩很明显，积极附和形势，但在某种程度上也具有一定的学术韵味。虽然这方面的论文主旨是迎合政治，不是为了学术，但在客观上却起到了一定的学术研究作用。比如，有些文章为了论证自己的观点，对历史资料作了比较详细的爬梳，这在客观上对学术研究有一定促进作用。这方面的论文主要有：徐喜辰的《孔子的“仁”及其反动实质》(《东北师大学报》1973 年第 1 期)、高亨的《孔子是怎样维护奴隶主统治的》(《文史哲》1973 年第 1 期)、柳植的《为什么要颠倒秦始皇和孔老二的历史地位？——兼论由反儒尊法到尊儒反法的社会基础》(《陕西师范大学学报》1974 年第 1 期)、田凯的《历史上劳动人民的反孔斗争》(《红旗》1974 年第 1 期)、牛致功的《孔子是怎样利用编纂历史维护奴隶制度的?》(《红旗》1974 年第 1 期)、顾详的《从曲阜孔庙看封建统治阶级尊孔的反动实质和农民的反孔斗争》(《考古》1974 年第 1 期)、钟达的《迷魂汤和复辟梦——批判孔孟的人性论》(《中山大学学报》1974 年第 3 期)、康立的《孔子和林彪都是政治骗子》(《红旗》1974 年第 3 期)、梁施的《“克己复礼”罪行的历史见证——从曲阜“三孔”有关资料看“克己复礼”的反动本质》(《破与立》1974 年第 7 期)、梁效的《再论孔丘其人》(《北京大学学报》1976 年第 1 期) 等等。

二、主要特点

总的来看，这一时期的《论语》学研究主要有以下三个突出的特点：

第一，紧跟形势，为政治斗争服务。从题目就可以知道作者的思想和立场，无须再看具体内容。如《“中庸之道”是反革命的思想武器》《孔丘思想是一切反动阶级的精神支柱》等等，从“批林批孔”到批“四人帮”，都可以与孔子或《论语》挂起钩来，从中选取所谓的“证据”对孔子进行批评，根本目的是迎合当时政治需要。

第二，全盘否定或全盘肯定，一边倒，没有辩证的态度，火药味十足。对孔子和《论语》的批判，态度是鲜明的，语言是激烈的，全盘否定，没有可取之处；反之，对当时的政治形势完全是赞同的，全盘肯定，没有任何质疑。

第三，作者多为集体，署名多为假名或笔名。比如，上镜率比较高的“梁效”① 就是一个写作班子，由多人组成。除了少部分学者如卿希泰、蔡尚思、高亨等署真名外，其他多数为政治意味比较浓厚的笔名。如“红宣”（红色宣传）、晓兵（红小兵）、史鉴（以史为鉴）等。这类文章是一人所写还是多人创作，很难分清。

总之，这一时期的《论语》学研究从宏观上来审视，除了少部分著作如杨伯峻的《论语译注》、杨树达的《论语疏证》、赵纪彬的《论语新探》以及高亨、卿希泰等在学术期刊上发表的少数论文外，其他探讨基本上都是政治的附庸品，缺乏学术研究的基本立场。

第三节　赵纪彬的《论语新探》

新中国成立至改革开放，赵纪彬的《论语新探》集中体现了学

① 梁效，即“两校”的谐音，是“文革”时期批林批孔运动中北京大学、清华大学大批判组所使用的笔名，1973 年 9 月 4 日第一次公开亮相，1976 年 10 月“四人帮”倒台后，梁效也随即退出历史舞台。

术与政治的关系，在“政治决定一切”的时代背景下，学术研究沦落为“为政治解读和辩护”的附庸品。

赵纪彬（1905—1982），原名赵济焱，又名赵化南，字象离，笔名向林冰、纪玄冰，河南内黄人，我国现代著名的哲学家、教育家和政治活动家。著有《中国哲学史纲要》《论语新探》《困知录》《中国思想通史》（与侯外庐等人合著）等，发表论文 120 余篇，出版专著 15 种，凡 300 余万言。1962 年出版的《论语新探》采摭博富，立意宏远，是其生前投入精力最多也最珍视的一部作品，先后在美、日等国翻译出版。

《论语新探》最早的书名是《古代儒家哲学批判》，1948 年由中华书局出版。新中国成立之后，更名为《论语新探》，分别在 1959 年、1962 年和 1976 年出版。可以说，《论语新探》应该是赵纪彬投入精力最多的著作。“我这一辈子，就这一本书!”[①]《古代儒家哲学批判》定稿八篇，分为上下两部。对其中的主要内容，赵纪彬在该书序言中作了说明：上部名“历史证件”。此所谓“证件”，与“论据”不同；乃自《论语》所记“孔子应答时人弟子，及弟子相与言”中，搜求其无意透露关于当时社会性质之资料，借以确定春秋时代之历史阶段。上部共三篇：其一，《释人民》篇，分析春秋末叶社会之阶级构成，指明“人”与“民”是当时社会之主要两大阶级；其二，《君子小人辨》篇，分析“人”之阶级内

① 王廷信、崔大华主编:《盛世儒学与中原文化:河南省儒学文化促进会一届一次学术研讨会文选》,大象出版社 2010 年版,第 220 页。

部之派别分裂，指明“君子”与“小人”是“人”之阶级内部，维新与革命两大对立派别；其三，《原贫富》篇，指明所谓春秋时代乃财产制度由公有向私有转化之起点，并在此转化中，指明“人”“民”阶级构成，及“君子”“小人”派别对立之经济基础。此三篇的主要论点是《论语新探》各版的基本观点，也是在学术领域引起争议的核心部分。如果从学术研究与时代的关系来审视，赵纪彬的《论语新探》无疑是与时代联系比较密切的代表，也是政治与学术紧密结合的产物。

一、作品定位：内容紧跟时代，政治性强于学术性

《论语新探》之所以备受争议，最主要的原因就在于著作本身迎合了政治需要，1976 版本尤为突出。1965 年 10 月17 日，毛泽东同志致函康生：“此书有暇可以一阅，有些新的见解。本年九月号《哲学研究》，有他的一篇文章，也可以一看。”“此书”即指 1962 年重版的《论语新探》。“一篇文章”指赵纪彬发表在《哲学研究》1965 年第四期上的《孔子“和而不同”的思想来源及其矛盾调和论的逻辑归宿》，毛泽东同志曾在此文下批点七个字：“孔门充满矛盾论。”在此前后，毛泽东同志又曾在一次会议上提及此书：“赵纪彬的《论语新探》写得很好，里面很有点辩证法。”后在康生、江青等人的推动下，赵纪彬按照当时“批林批孔”形势需要对相关内容作了修改，并于 1976 年出版。① 由此可以看出，1976 年版的

① 参见李存山：《赵纪彬与〈论语新探〉》，2007-07-28，http://blog.sina.com.cn/s/blog_4a0899010100097w.html。

《论语新探》政治意图非常明显，在此书第三版“序言”中可窥见一斑。

“此次三版，对二版各篇均有修订；并在《上部·历史证件》中，增入《人仁古义辨证》《有教无类解》两篇，借补《释人民》篇所未备。又另开《下部·孔门异同》，内收《先进异同考》《后进异同考》两篇，阐述儒家内部的路线性分歧或学派性对立，借以窥见‘儒墨訾应’的雏形；对先秦儒法斗争的发端（即孔丘诛少正卯史实的证件），亦试行剔抉……此次三版，欣逢批林批孔运动蓬勃开展，深受教育和启发，遂能重加修改。”① 由此可以看出，此版修改的力度非常大，对“二版各篇均有修订”，不仅如此，还增加了旨在“阐述儒家内部的路线性分歧或学派性对立”的两篇文章，彰显作者是为了迎合“批林批孔运动”的需要。

这一点，作者在此版的“后记”中说得非常清楚：“由于缺乏儒法斗争的路线观点，长期将孔丘思想看成为两面性体系，以为既有可供继承的遗产，又有必须批判的糟粕……上述一系列错误看法，在本书的一九四八年版（书名《古代儒家哲学批判》）和一九五八年版中，都有反映；而在一九六二年版中，由于我的觉悟低，对当时刘少奇一伙掀起的‘尊孔’逆流没有识别能力，遂致原有的看法又有新的发展。这是我长期以来，在孔丘思想批判中，非惟极不彻底，而且时常夹杂一些错误观点的由来。此次在‘无产阶级文化大革命’‘批林批孔’运动的教育和启发下进行修改，使我逐步

① 赵纪彬:《论语新探·三版自序》,载《论语新探》,人民出版社1976年版,第3页。

认识到:《论语》全书，只有妄图恢复西周奴隶制盛世的明文，绝无主张向封建制过渡的章句，举凡我多年指为'维新'的证据，例如'举贤''德治''因礼损益'以及'和而不同'等范畴和观点，几经分析，确定其全是'复礼'的组成部分或主要内容。于是，遂将我三十年来一贯沿用的'维新'一词，修改成为'复礼'。此一修改，为路线性的根本修改，因而所谓'两面性''二元论''改良办法''发现矛盾律'以及'和平过渡到封建社会'等等派生性错误观点，亦随之尽予改削。经此修改，庶可使孔丘的反动思想，暴露其本来面貌。"

简言之，作者为了迎合当时的"批林批孔"政治运动，不惜把多年坚持的"维新"一律修正为"复礼"。这显然是刻意为之。"从《论语》中'探'出了'儒法斗争'来，这倒确是赵纪彬的'新'发现。不过这是奉旨'探'出的。一九七四年六月十四日，当着赵纪彬的面，江青提出要抓'当代大儒'，表示了'对立面有统一才斗，法家要早一些'的愿望，下令要赵纪彬之流为'儒法斗争贯彻始终，一直继续到现在'的谬论，为反对周总理提供'历史的证件'。赵纪彬心领神会，在所谓的'天津之行'中，他当着江青的面，无耻吹捧'四人帮'鼓噪的儒法斗争'是开天辟地第一回'，随后就在《论语》中'探'出了'证件'。"① 除此之外，这种"紧跟时代"的做法也可以从赵纪彬写的三个版本的序言中窥探

---

① 傅云龙、孙乃源:《赵纪彬一九七六年的〈新探〉究竟"新"在哪里?》,《哲学研究》1978 年第 7 期。

一二。在1958年第一版“自序”中，他说：“本书在新中国成立前（一九四八年夏）曾由中华书局出版，当时书局顾虑书名太冷，有碍销路，因改题《古代儒家哲学批判》。实则本书意在透过《论语》对于春秋社会性质及孔门哲学思想有所探索，属于古籍研讨，非只批判哲学；今特恢复原名，仍题《论语新探》。著者对上述两大问题，持论固有异于时贤。然根据限于《论语》资料之内，探索囿乎章句字义之间，只有人弃我取之意，初无较量得失之心。至希读者，进而教之。此次交人民出版社出版，因限于时间及水平，内容方面修改不大。”① 这段话透露出三个信息：第一，本书的主要内容属于古籍研讨，不只是批判哲学；第二，作者写作的主旨是根据资料进行研究，得一家之言，并非标新立异；第三，此版的内容是《古代儒学哲学批判》的翻版，改动很小。由此可以看出，赵纪彬在《新探》第一版仍然坚持了学术研究的方向，在《古代儒学哲学批判》的基础上作了小部分修改。

在20世纪50年代谈对“百家争鸣”方针的看法时，他说：“‘百家争鸣’的方针，必须通过学术上的自由讨论来贯彻；在自由讨论中，切忌专断粗暴、压制民主的坏作风，而教条主义恰是这种坏作风的思想基础……正确地开展学术上的自由讨论，必须以创造性的理论研究为前提；否则，就会使讨论不能深入，持论不足以服人，非惟不能达到批判错误、阐明真理、相互教育、共同提高的目的，甚至往往流于游谈无根、庸俗化、简单化，愈讨论愈分歧，

① 赵纪彬:《论语新探·自序》，载《论语新探》，人民出版社1976年版，第1页。

各趋极端，破坏团结。”① 从中可以看出，在这一时期，赵纪彬赞同学术上发扬民主、自由讨论，以坚持创造性的理论研究为前提。这种思想也影响了《论语新探》第一版的修改。

然而，随着时代发展，一切为政治服务的氛围愈来愈浓厚。在这种背景下，1962 年版的《论语新探》序言中，这种坚持学术研究的立场有了明显变化，尽管改动的内容不是很大，但作者的出发点与前段时期有了明显不同，从学术研究逐渐向为政治服务靠拢。他说：“从一九五九年本书出版以来，我对于中国奴隶制下限及其向封建制过渡问题的看法，有较大的改变，故对原收八篇的主要内容，例如关于春秋时期社会性质与阶级关系问题的论断，关于孔门阶级基础与哲学体系及孔墨显学对峙实践意义问题的分析，遂亦普遍有所修改。”② 值得注意的是，作者的阶级分析法以及阶级斗争的观点被有意识地得到张扬。在此之前，即 1960 年，赵纪彬就有了坚持用阶级分析法指导学术研究的想法。“阶级和阶级斗争观点，阶级分析方法，对于社会科学来说，是唯一的科学方法，不论何时何地，我们必须坚持贯彻这个观点和方法，保卫它，发展它。在和现代修正主义的斗争中，这也是最根本、最核心的问题。毛主席对马克思列宁主义的重大发展的基本点也在于此。”③ 由此审视，作

① 赵纪彬:《我对于“百家争鸣”方针的几点初步体会及意见》,《哲学研究》1956 年第 3 期。

② 赵纪彬:《论语新探·再版自序》,载《论语新探》,人民出版社 1976 年版,第 2 页。

③ 赵纪彬:《关于在教学和科研中贯彻阶级分析方法的问题》,《开封师范学院学报》1960 年第 6 期。

者在研究《论语》过程中，迎合当时政治环境的意识非常明显，学术研究充满政治意蕴，修改是为了政治而不是为了学术，政治性强于学术性。

二、思想内容：在政治氤氲中仍彰显学术价值

除了鲜明的政治性以外，从学术角度来看，《论语新探》整体上还是有比较强的学术性，当然，这种学术性受到当时政治形势的影响和制约，具有明显的历史局限性。尽管如此，但瑕不掩瑜，赵纪彬采用的研究方法以及《论语新探》彰显的学术价值仍然得到了国内外部分学者的认同。1978 年挪威汉学家奥尔·隆金发表了《评一位马克思主义者〈论语〉研究》一文，全面评价了《论语新探》的价值。该文云："赵的读者不论是否接受其以《论语》中'人'为奴隶主阶级，'民'为奴隶阶级的论据，但都无法忽视他所发现人与民之间的系统性的差别。……对《论语》中许多章，赵提出了新颖而坚实的解语。"① 总体上来看，《论语新探》的学术价值主要体现在：一是从马克思主义的理论视角并采用阶级分析的方法研究《论语》，发前人之未有。对此，任继愈作了比较高的评价："赵文讲到'和'与'同'的问题，胜过前人的地方，就是运用了马克思列宁主义、毛泽东思想这一武器，运用了阶级分析方法。在古代社会所谓司空见惯的一些事件、现象，有了观察社会、历史的望远镜和显微镜，就会看得远，看得清楚。本文所指的赵文有'新见'，就是指的赵文从阶级分析的观点来看待孔子学说的结果。它

---

① 汪玢玲:《赵纪彬先生六年祭》,《社会科学战线》1988 年第 3 期。

对于促进孔子哲学的研究有好处。”① “赵文运用了不少文字、训诂知识，而且运用得较好，好在有马克思列宁主义作为统帅，所以既便于说明问题，又不致游骑无归……应着重指出的是，赵文讲解古书的方向是对头的。今天如果谁要光从‘字面上讲’，就事论事，不联系当时历史实际，必然开口便错。”② 二是马克思主义历史观与扎实文献功夫有机结合也是一大亮点。“赵在每一步都是细心底依据文献资料作出他的结论。他的马克思主义历史观，卓越地与哲学洞识相结合，以及他对前代特别是清代中国学者的运用，使得以置身于一个悠久的博学传统之中，他批判地运用一些好的，而摒弃一切坏的。”③

总之，《论语新探》既有鲜明的政治性，也有较强的学术性，瑕瑜并存。其根本原因在于作者受到时代背景影响，刻意而为之。客观上来说，学术研究尤其是社会科学研究不能完全是书斋里的学问、不受时代环境的制约。作者毕竟在现实世界生活，思想自然会潜移默化地受到所处环境的熏陶。实事求是地说，赵纪彬在特定的历史时代背景下，写了一部带有鲜明时代烙印的、政治因素比较强的学术著作。这部著作既是特定时代作品，也是作者应对和处理政治与学术关系的最终“产品”。正如有学者所说：“盖棺论定，赵

---

① 任继愈:《旧经新见——读赵纪彬同志一篇论文的感想》,《哲学研究》1966 年第 1 期。

② 任继愈:《旧经新见——读赵纪彬同志一篇论文的感想》,《哲学研究》1966 年第 1 期。

③ 汪玢玲:《赵纪彬先生六年祭》,《社会科学战线》1988 年第 3 期。

纪彬并不是一个纯粹的学者。与那个时代的许多学者相似，在'宏大叙事'的革命年代，他们两栖于现实政治斗争和理论研究的广阔大舞台，生动、紧张的前者势必影响至'灰色'的后者，并给后者带来些许不易窥察到的底色。"①

① 散木:《哲学家赵纪彬的人生故事》,《党史博览》2007 年第 1 期。

第四章 改革开放至20世纪末期的《论语》学

第一节 时代背景

从十一届三中全会召开至21世纪初期，传统文化逐渐从“文化大革命”时期被彻底批判否定的阴影中走了出来，重新回归人们的视野。在这期间，大致又可以分为两个阶段：第一个阶段，从改革开放至20世纪80年代末，传统文化逐渐走出被彻底否定的历史阴影，但依然处于边缘地带。第二个阶段，20世纪90年代，传统文化逐渐摆脱政治化束缚，出现空前繁荣，得到社会普遍关注。

一、从改革开放至20世纪80年代末：传统文化逐渐走出被彻底否定的历史阴影，但依然处于边缘地带

“文化大革命”结束后，中国共产党开始全面总结新中国成立以来正反两个方面的经验，批判“两个凡是”，确立“实践是检验真理的唯一标准”的思想路线。在文化建设方面，开始纠正“文

革”时期“文艺从属于政治、沦为政治斗争工具”的错误倾向。[①] 1979 年 10 月，邓小平同志在中国文学艺术工作者第四次代表大会上阐述了文艺与政治、文艺与生活等方面的关系，“要继续坚持毛泽东同志提出的文艺为最广大的人民群众、首先为工农兵服务的方向，坚持百花齐放、推陈出新、洋为中用、古为今用的方针”，文艺要“满足人民精神生活多方面的需要”。[②] 1980 年 7 月 26 日，《人民日报》发表了题为《文艺为人民服务、为社会主义服务》的社论，正式提出了文艺工作的“二为”方向，成为改革开放新时期国家文化方针政策的重要组成部分。在此历史背景下，传统文化重新回归人们的视野。孔子是儒家学派的创始人和理论原型的奠基人，儒家文化是中国传统文化的主体，从这个角度来看，对孔子的评价直接关系到学术界对儒家文化乃至整个中国传统文化的评价。

“文革”结束之后，学界改变“文革”期间彻底否定孔子、否定儒学的态度，开始重新评价孔子。1978 年，庞朴在《历史研究》上发表了《孔子思想再评价》一文。文章开门见山，明确指出过去批孔的弊端。他说：“五四新文化运动号召‘打倒孔家店’，揭开了现代批孔的序幕，立下过不朽功勋。但由于那时的许多领导人物，没有历史唯物主义的批判精神，所谓坏就是绝对的坏，所谓好就是绝对的好，对于现实和历史，缺乏分析的态度；因而，批孔的

---

① 参见《邓小平文选》(第 2 卷)，人民出版社 1994 年版。

② 《邓小平文选》(第 2 卷)，人民出版社 1994 年版，第 209—210 页。

任务未能真正完成。”[①] 由此，他认为：“孔子能以提出‘爱人’的口号，把它作为‘仁’的一个定义，用以补充过去那个‘克己复礼’，这在思想发展史上说，应该算作一个进步。因为它在一定程度上反映了劳动者身份变化的事实。比起‘克己复礼’来，‘爱人’的定义着眼于‘人’，而不是着眼于‘礼’，着眼于人的共同性，而不是着眼于人的社会差异性。”[②] 这一改“文革”期间对孔子彻底否定的立场，开始比较客观理性地评价孔子，这在当时无疑是一股新风。这篇文章“虽说仍未能超越60年代对孔子思想的定性研究，虽说仍带有某种历史的惯性，仍然认为研究孔子思想是为了制服孔子思想，但他肯定孔子思想的复杂性，肯定孔子思想中有合理因素”[③]。从这个角度来说，这便揭开了客观理性评价孔子乃至儒学以及传统文化的序幕。此后，张岱年的《孔子哲学解析》、李泽厚的《孔子再评价》等论文相继发表，在学术界引起较大反响。

1985年3月，齐鲁书社出版了匡亚明主持完成的《孔子评传》[④]，在当时而言，该著可以说是新中国成立以来孔子研究中最为系统的学术专著。该书提出了三分法：“凡是孔子思想中直接为维护封建社会统治阶级特殊利益服务的东西，必须加以彻底批判，

---

① 庞朴：《孔子思想的再评价》，《历史研究》1978年第8期。

② 庞朴：《孔子思想的再评价》，《历史研究》1978年第8期。

③ 颜炳罡：《五十年来孔子研究的回顾与展望》，《山东大学学报（哲学社会科学版）》1993年第3期。

④ 匡亚明：《孔子评传》，齐鲁书社1985年版。

并彻底和它决裂"① "凡孔子思想中在一定程度上带有远见的智慧或这种智慧的萌芽的东西，都必须加以认真的批判和清理，做到'古为今用'"② "凡孔子思想中至今仍保有生命力而具有现实意义的东西，都应予以继承和发展"③。"三分法"既是对孔子研究所持的态度，同时也是对传统文化研究所持的态度。此后，对孔子的评价逐步走出"文革"时期彻底否定的历史阴影，转向客观理性的评价轨道。正如张岱年 1985 年在中华孔子研究所（即中华孔子学会的前身）成立大会开幕词中指出："尊孔的时代已经过去了，盲目反孔的时代也已经过去了。时代在前进，我们的任务是对孔子和儒学进行科学的考察，进行历史的、辩证的分析。"④ "纵观这一阶段的孔子研究，我们认为它基本上摆脱了教条化、公式化、政治化的倾向，走向理性化、科学化和客观化，把孔子作为科学研究对象对其进行实事求是的研究，还历史本来面目是这一阶段孔子研究的总特征。"⑤

不过，需要注意的是，这一时期对以孔子为代表的儒家思想的评价尽管趋向于科学、客观，但仍然没有彻底摆脱意识形态的影响。"客观而言，虽然 20 世纪 70 年代末，学界即开始有客观地研

---

① 匡亚明:《孔子评传》,齐鲁书社 1985 年版,第 11 页。

② 匡亚明:《孔子评传》,齐鲁书社 1985 年版,第 16 页。

③ 匡亚明:《孔子评传》,齐鲁书社 1985 年版,第 20 页。

④ 张慕岑:《中华孔子研究所成立大会暨第一届孔子思想学术讨论会综述》,《历史教学》1985 年第 10 期。

⑤ 颜炳罡:《五十年来孔子研究的回顾与展望》,《山东大学学报(哲学社会科学版)》1993 年第 3 期。

究和评价儒家思想的呼声，但真正说来，直至20世纪80年代中后期，对儒家思想的意识形态化的处理，仍很流行。”[①] 除此之外，对儒学的评价还暗含着“传统与现代”之争的问题。对此，楼宇烈一针见血地指出，“有一些人总是把传统文化与现代化截然对立起来，认为不斩断与传统的联系，就无法实现现代化。我认为，这种说法在理论上是没有说服力的，而在实际上则不仅是行不通，而且很可能是有害的”，“我们应当从‘五四’以来七十年的历史经验中认识到，正确地对待传统文化遗产，做传统文化的转化工作，是新文化建设中不可或缺的一个关键部分”。[②] 总的来看，这一阶段以儒学为核心的传统文化从被全面彻底否定到客观理性肯定，基本上从“文革”时期的历史阴影中走了出来。

二、20世纪90年代，传统文化彻底摆脱政治化束缚，出现空前繁荣

20世纪90年代，传统文化彻底摆脱政治化束缚，出现空前繁荣，逐步掀起了以儒学回归为标志的传统文化复兴热潮。“相较于20世纪80年代，90年代的儒学在不同层面均取得了空前的繁荣。”[③] 1990年11月22日，原国家教委社会科学发展研究中心组织召开了“如何正确对待中国传统文化”学术座谈会，季羡林、张岱年、戴逸、张岂之等著名学者出席会议。这次会议针对20世纪80年代民族文化虚无主义泛滥所带来的问题，着重就如何正确对待

---

① 郭齐勇、廖晓炜：《改革开放四十年儒学研究》，《孔学堂》2018年第3期。
② 楼宇烈：《论传统文化》，《北京大学学报（哲学社会科学版）》1989年第3期。
③ 郭齐勇、廖晓炜：《改革开放四十年儒学研究》，《孔学堂》2018年第3期。

民族文化、如何处理传统文化与现代化的关系以及如何建设社会主义新文化等问题展开讨论。在传统文化方面，会议认为，“毛泽东同志在《新民主主义论》中关于‘清理古代文化的发展过程，剔除其封建性的糟粕，吸收其民主性的精华’的论述，仍然是我们对待传统文化遗产的正确方针和原则”，“对待传统文化，我们应防止两个极端：一是防止从“左”的和右的两方面全盘否定传统，要对封建时代的文化与封建性的文化加以区别；二是要防止走复古主义和国粹主义的老路”。①

针对历史虚无主义和民族虚无主义全盘否定传统文化的问题，有学者认为这在理论上存在误区：缺乏反思传统的全面性与客观性；逃避对现实问题的深入研究，把一切不尽如人意的现实存在都归罪于传统文化；把传统文化与现代化完全对立起来，对两者作“非此即彼”的思考；把现代化简单划一地归结为“西化”。② 这切中了民族虚无主义尤其是文化虚无主义的要害，把传统文化与现代化切割、现代化等同于“西化”是20世纪80年代的思想倾向。在少数西化派眼里，传统文化仍然是封建落后的代名词，与现代社会格格不入。随着改革开放进程的逐渐深入，西方文化所带来的弊端开始显现，如民族精神迷失、传统价值体系解体等等，彻底西化越来越受到质疑。汤一介指出，“自从第二次世界大战结束后，殖民体系逐渐瓦解，因而‘欧洲中心论’（西方中心论）也随之消解

---

① 任菁:《“如何正确对待中国传统文化”学术座谈会述要》,《教学与研究》1991年第1期。

② 参见李振纲:《民族虚无主义及其理论误区》,《东岳论丛》1992年第2期。

了”，“全世界文化的发展必将是‘多元的’，而不再是以‘西方文化为中心’的一元的，它将呈现为一种多元互补的格局”，“在我们民族文化发展的过程中，我们不仅要把握人类文化发展的时代性（共性），而且要充分发展我们民族文化的特性（个性），以贡献于人类社会”。① 因此，在彻底反思西方化思潮的背景下，传统文化强势回归并出现了空前的繁荣。主要体现在以下几个方面。

（一）“国学热”出现

所谓“国学”，实质是对传统文化的笼统称谓，与西学相对应。20世纪90年代的“国学热”肇始于北京大学。1992年初，北京大学成立了中国传统文化研究中心（北京大学国学研究院的前身），致力于中国传统文化研究。1993年5月，《国学研究》第一卷出版。以此为发端，北京大学等单位举行了一系列与国学相关的活动，在社会上引起较大反响。1993年8月16日，《人民日报》以《国学，在燕园又悄然兴起》为题用整版篇幅报道了北京大学学者对中国传统文化的研究现状和成果。在编者按中有一段话：“在社会上商品经济大潮的拍击声中，北京大学一批学者在孜孜不倦地研究中国传统文化，即‘国学’。他们认为研究国学、弘扬中华民族优秀传统文化，是社会主义精神文明建设的一项基础性工作。北大学者以马克思主义为指导，继承北大的好传统，使国学研究进入了一个新阶段，开辟了不少新的研究领域。国学的再次兴起，是新时

---

① 汤一介:《在全球意识观照下发展中国文化寻求民族精神和时代精神的融合》,《北京大学学报(哲学社会科学版)》1994年第4期。

期文化繁荣的一个标志，并呼唤着新一代国学大师的产生。”在 20 世纪 80 年代，传统文化虽然得到学界客观理性批判，但由于历史原因，在社会生活领域，提起传统文化，人们往往以封建糟粕视之，认为传统文化已经过时，不适应当今社会。这次《人民日报》报道“国学”，是改革开放之后主流媒体第一次以正面肯定的形式向大众推介传统文化。这在社会上引起了较大反响，社会公众也开始以积极客观的心态对传统文化重新审视。通过《人民日报》《光明日报》等媒体的集中持续报道，这一阶段以传统文化为主旨的活动被外界自然地视为一个正在中国兴起的“国学热”。[①] 这一波“国学热”是对 20 世纪 80 年代过度西化、轻视传统文化的积极回应，“反映了一个发展中的社会在历经曲折之后开始步入经济增长背景下民族自信的增强。这种自信乃是现代化工程和中华文化伟大复兴的必要条件，其意义决非政治性思维所能理解和所能消解”[②]。

（二）传统文化研究出现新转向

如果说 20 世纪 80 年代，传统文化研究只是作客观理性分析，目的是改变人们的认识误区，重点解决“如何认识传统文化”的问题，那么，20 世纪 90 年代学术研究则出现新的转向，注重传统文化的当代价值研究，重点解决“传统文化如何适应现代社会”的问题。由于儒学是传统文化的主体，探讨传统文化的现代价值和意义无疑都是围绕儒学而展开。从宏观来看，“儒学与现代化”“儒学

---

① 陈来:《“国学热”与传统文化研究的问题》,《孔子研究》1995 年第 2 期。
② 陈来:《“国学热”与传统文化研究的问题》,《孔子研究》1995 年第 2 期。

的现代意义”成为20世纪90年代儒学讨论的热门话题。无论是论文、著作，还是学术会议，数量都远远超过了20世纪80年代。比如在学术会议方面，主要有1991年的“孔子、儒学与当代社会文明学术讨论会”（山东曲阜），1992年的“儒学与当代社会国际研讨会”（陕西西安）、“儒学及其现代意义国际学术研讨会”（四川德阳），1994年的“儒学与当代世界——孔子诞辰2545周年纪念与国际学术研讨会”（北京），1995年的“儒学与现代化国际学术研讨会”（河南郑州）、“儒家思想与市场经济国际学术研讨会”（北京）、“儒家伦理与公民道德国际学术研讨会”（北京），1996年的“儒学与中国文化现代化学术研讨会”（北京）等等。

具体来说，围绕儒学当代价值的探讨主要涉及儒学思想的现代意义、儒学与市场经济、儒学与现代道德和法治、儒学与现代民主、儒学与自由、儒学与人权、儒学与企业伦理及企业管理等方面。总的基调是，立足时代，重新肯定传统文化的正当性和正面性，寻找传统文化与当今时代的契合点。如楼宇烈认为，“即将到来的21世纪，应当是人类认真自我检讨，并切实施行欲求自我节制的时代”，“我们今天很有必要大力宣传一下儒家丰富的‘节欲’‘导欲’‘养欲’理论，用它来认真地合理地规范一下现实中的人类生活的欲求，让人类从那无尽欲求的桎梏中摆脱出来，把当今人类生活的格调和情趣升华到一个新的境界”。[①] 方立天认为，儒家

① 楼宇烈:《儒家“节欲”观的现代意义》,《北京大学学报(哲学社会科学版)》1991年第1期。

对人格价值内涵的阐发主要包括“独立意志”“认知潜能”和“道德意识”，尚志、求知、修德是塑造人格的基本要求；重视人的独立人格价值、肯定人的独立意志、强调道德修养等在现代社会生活中仍然具有积极意义。① 汤一介指出儒家的“普遍和谐”思想包含四个层面：自然的和谐、人和自然的和谐、人与人的和谐、自我身心内外的和谐，这在当今社会仍然具有较强的现实性和针对性。② 这些探讨有一个预设的前提，即“民族化与现代化”，这也是“传统与现代”的延续。如郭齐勇所说：“任何民族成功的现代化，必然是而且主要是在本民族的思想资源的滋养下成功的。这样的现代化才不致是无本无根的现代化。”③

（三）儒学的普遍性和现代性引发激烈争论

在新的历史条件下，儒学的普适性和现代性再次碰撞交锋，学界展开激烈争论，争论的焦点在于儒学能否适应现代社会，或者说儒学在现代社会是否还有存在的价值。《华中师范大学学报（哲学社会科学版）》1996年第5期，以“怎样弘扬和建构新的文化精神，以什么样的价值取向作为其精神基点”为主题编发了周晓明、昌切、王又平、邓晓芒等的文章，被称为“关于‘新保守主义’的讨论”，由此引发了支持传统文化与反对传统文化的激烈争论。

反对传统文化的学者认为，以儒学为代表的传统文化是具体历

---

① 参见方立天：《早期儒家人格建构及其现代意义》，《南京社会科学》1991年第2期。

② 参见汤一介：《儒学的现代意义》，《百科知识》1994年第3期。

③ 郭齐勇：《从孔学的“人论”看儒学的现代价值》，《开放时代》1995年第2期。

史时空下的产物，随着特定社会历史情境的逝去，儒学也必然会失去其意义和价值，回到传统是“新保守主义”的表现。昌切明确把20世纪90年代的文化思潮界定为“新保守主义”，认为新保守主义阵营由海外新儒家的呼应者、国学派、后现代论者组成，共同特点是否认“现在”，拒绝“西化”，非议“现代性”，主张以本民族文化为本，开采传统文化资源，兼容西方“新知”，发扬光大中国文化，以反抗西方文化霸权，把中国文化推向全球。① 周晓明认为，“尚和”“非今”“从古”是“新保守主义”的共同性，其要害还不仅仅在于它“尚和”的思维模式和方法、“非今”的现实立场和态度、“从古”的价值取向和文化选择，而更在于它所扮演的历史文化角色，以及由这种历史文化角色所代表或预示的思想文化和历史走向。② 邓晓芒认为“文化保守主义”对“五四”的批评纯粹是技术上和策略上的，方向没有任何“创造性”，体现了传统本身固有的惰性。这种惰性被称之为“文化恋母情结”，即总是要到文化母体中去寻求现实生活的“资粮”，谈起“道德境界”来好比在做白日梦。③ 王又平认为新保守主义是对当前文化的反讽：“说得偏激一点，新保守主义在当下的文化语境中确实构成了最大的文化反讽，正如同温饱问题尚未解决就推广减肥一样。且不说新保守主义

---

① 参见昌切:《新保守主义泛起的背景》,《华中师范大学学报(哲学社会科学版)》1996年第5期。

② 参见周晓明:《一种值得注意的思想文化倾向:新保守主义》,《华中师范大学学报(哲学社会科学版)》1996年第5期。

③ 参见邓晓芒:《鲁迅精神与新批判主义》,《华中师范大学学报(哲学社会科学版)》1996年第5期。

自身的正误得失，起码在当下的‘语境’压力下它变得相当滑稽可笑，给人一种‘有没有搞错哇’的感觉。”① 很显然，这四篇论文都是站在反对传统文化的立场上，担心“文化保守主义”会成为当今中国社会改革开放和发展科学民主的“绊脚石”。②

对此，支持传统文化的学者给予了激烈回应。高华平一针见血地指出，“新保守主义”的批判者们批判的出发点或预设的理论坐标是“西学中心论”的，是以一种文化的独断论取代文化的自由民主，想以某种唯我（即“西学”）独尊的架势，剥夺掉中国传统文化的话语权。③ 阮忠认为传统与现代并非截然对立，“在‘新保守主义’和非新保守主义之间，被人为划出来的界线是很分明的：一走向传统，一走向现代。毋庸置疑，传统和现代存在着对立的因素，然而同时也存在着相互吻合的因素，关键是应该立足现实，放眼古今中外，探讨对立之所以对立，吻合之所以吻合的内在规律，而不是简单地视传统为保守，而非保守就等同于变革或现代。社会永恒地前行，传统与现代之间存在的承续性是人们公认的事实”。④ 赵林认为：“新保守主义兴起的一个重要启示恰恰在于，它以一种貌似保守的形式向非西方世界的人们揭示了一个不容忽略的事实：

---

① 王又平：《新保守主义：当下的文化反讽》，《华中师范大学学报（哲学社会科学版）》1996 年第 5 期。

② 参见高华平：《传统文化热已走向新保守主义了吗》，《华中师范大学学报（哲学社会科学版）》1997 年第 2 期。

③ 参见高华平：《传统文化热已走向新保守主义了吗》，《华中师范大学学报（哲学社会科学版）》1997 年第 2 期。

④ 阮忠：《传统与现代》，《华中师范大学学报（哲学社会科学版）》1997 年第 2 期。

在未来世纪，现代化不再等同于西方化。”①郭齐勇认为，要克服视域的平面化和单维化，应该打破单线进化论的思维框架，打破对西方现代化模式的迷信，超越前进后退、古今、中西、进步保守的二元对峙，肯定古今之别不等于中西之异，允许不同价值系统的共存互尊。“释古助今”“守先待后”是当务之急。②针对郭齐勇的文章，邓晓芒又撰文进行了反驳，认为“郭先生所极力推崇的‘万物并育而不相害’的‘中庸’思想实在贻害不浅，它要么剥夺了郭先生的辩论权，要么使郭先生在辩论中自相矛盾，还是不要‘迷信’的为好”③。

总的来看，这场争论虽然集中于以儒学为代表的传统文化在当今社会是否具有普遍性和现代性的问题，但从深层次来看这是传统文化复归过程中的必然反映，也是思想界分化的集中体现。④

第二节　基本概况与主要特点

众所周知，五四运动以来，传统文化一直处于弱势地位。虽然

---

① 赵林:《新保守主义产生的历史背景问题浅析》,《华中师范大学学报(哲学社会科学版)》1997年第2期。

② 参见郭齐勇:《评所谓“新批判主义”》,《华中师范大学学报(哲学社会科学版)》1997年第2期。

③ 邓晓芒:《再谈新保守主义的思想误区——与郭齐勇先生商榷》,《华中师范大学学报(哲学社会科学版)》1997年第6期。

④ 参见郭齐勇、廖晓炜:《改革开放四十年儒学研究》,《孔学堂》2018年第3期。

以维新运动代表人物康有为、梁启超、严复等为代表的“文化复古主义”者，宣扬中国传统文化的价值和作用，重新确立传统文化的主导地位，但在当时西方强势文化盛行的时代背景下，倡导传统文化显然违背历史潮流，遭到世人反对、退出历史舞台亦成必然。以此为发端，在以后的文化发展历程中，“西学”势头迅猛、如日中天，“中学”江河日下，渐趋衰微，“西风压倒了东风”，传统文化一直让位于西方文化。然而，时过境迁，随着生产力的提高、经济科技的日新月异，在衣食住行等物质条件大幅度改善和提高的同时，人们的精神生活尤其是道德水平却没有与时俱进，而是大幅度滑坡。于是，人们开始对中西文化进行反思，传统文化也从历史的幕后走到了台前。从 20 世纪末的“河东河西论”① 到 21 世纪初的国学热、儒学走向世界，我们不得不承认，传统文化又重新走进了人们的视野，并日益受到推崇，得益于大环境的变化，《论语》学研究也逐渐进入了一个新的历史时期。

一、基本概况

在这一时期，《论语》学研究呈现出摆脱羁绊、快速发展的态势。所谓“摆脱羁绊”，是指《论语》学作为特定的研究领域，逐渐成为儒学研究中的一个具体门类或分支，并得到学术界的认可。所谓“快速发展”，指这一时期《论语》学研究，无论是著作、期刊论文还是学位论文，数量之多、角度之全都是前所未有。根据不完全统计，直接以《论语》作为全部书名或者书名一部分的专著就

---

① 季羡林:《再谈东方文化》,《群言》1991 年第 5 期。

有500余种，期刊论文有近三百篇。一般而言，《论语》学方面的专著基本属于对《论语》的综合性研究，往往涉及诸多问题，如《论语》的版本研究、《论语》的思想阐发、《论语》注释文本研究、《论语》的传播与影响等等，很难从单一视角来分析。

比较有代表性的著作有：唐满先的《论语今译》（江西人民出版社1982年版）、钱逊的《论语浅解》（北京古籍出版社1988年版）、吴林伯的《论语发微》（文化艺术出版社1989年版）、金良年的《论语译注》（上海古籍出版社1995年版）、蔡尚思的《论语导读》（巴蜀书社1996年版）、邓球柏的《论语通解》（长征出版社1996年版）、来可泓的《论语直解》（复旦大学出版社1996年版）、杜豫的《论语读本》（中州古籍出版社1997年版）、李泽厚的《论语今读》（安徽文艺出版社1998年版）、阎韬和马智强的《论语全译》（江苏古籍出版社1998年版）、姚式川的《论语体认》（学林出版社1999年版）、蒋沛昌的《论语今释》（岳麓书社1999年版）等等。总的来看，这些著作纵横捭阖，臧否得失，体现出这一历史时期《论语》诠释的新变化、新特色。

与著作不同的是，期刊论文的主旨相对单一，多是从某一角度或者是侧重于某一角度来进行研究。总体上来看，这一时期的期刊论文和学位论文研究的问题主要涵盖以下几个方面：《论语》的命名、作者、篇章结构的研究，《论语》章句的研究，《论语》注释文本的研究，《论语》思想内涵的研究，《论语》文学方面的研究，《论语》文本的外译研究，《论语》出土文献的研究，《论语》传播的研究以及《论语》学方面的研究。其中，研究相对集中的是

《论语》注释文本的研究和《论语》章句的研究。《论语》注释文本的研究主要围绕比较著名的注释文本展开，主要集中在对郑玄的《论语注》、何晏的《论语集解》、王弼的《论语释疑》、皇侃的《论语义疏》、朱熹的《论语集注》、刘宝楠的《论语正义》、杨伯峻的《论语译注》、钱穆的《论语新解》、李泽厚的《论语今读》等注释本的探讨。宏观而言，探究的角度主要有两种：一种是单纯对注释文本进行分析阐释；另一种是与其他文本进行比较分析。《论语》章句的研究主要围绕《论语》里长期有争议的篇章、语句甚至字词进行分析探讨。其中，“侍坐”章成为关注的热点，从“曾点之志”、词句辨析、义理、文学等多种角度进行探讨。另外，围绕“民可使由之，不可使知之”“克己复礼”“唯女子小人难养也”“学而优则仕”等长期存在争议的章句也展开探讨。

另外，需要指出的是，学位论文对《论语》外译文本的检讨成为一大亮点。《论语》的外译文本主要指英译本，也包括少量的其他译本。此方面研究的重点集中在英译本上，主要围绕芬格莱特、史华慈、葛瑞汉、安乐哲、郝大维、理雅各、辜鸿铭、林语堂、刘殿爵等人的比较著名的英译本展开。除此之外，有些学位论文还从不同的视角出发，把《论语》与《圣经》《淮南子》《福乐智慧》《摩西五经》《世说新语》等经典文本作对比研究。

二、主要特点

总的来看，这一时期《论语》学研究主要有以下几个方面的特点：一是从研究主体来看，除了学者之外，有组织的团队、科研机构也正式加入研究队伍，使研究者呈现多样化的趋势。二是从研究主旨来看，学者研究的出发点多是从学术探讨、关注社会现实的视野出发，学术性、现实性都比较强，一改之前的突出政治、忽略学术的弊端。三是从研究内容来看，研究视角多样、方法多样，研究的深度和广度逐步增强，呈现“多角度”“深层次”“宽领域”的发展态势。

（一）研究主体：呈现多样化

从研究主体来看，多样化的趋势非常明显。既有分散的、自由的个人探索，也有有系统的、有组织的团队研究。从团体层面来说，除了曲阜师范大学孔子文化研究院（原曲阜师范学院孔子研究所）之外，一些科研机构、学术团体、民间组织逐渐加强对孔子及其儒家经典《论语》的研究。在社会组织方面，如中国孔子基金会①发端较早，影响也比较大。民间团体更是不胜枚举。当然，这些机构团体都是以孔子思想、儒学以及传统文化为研究对象，《论语》研究仅仅是其中的一个方面。但不可否认的是，对《论语》的研究越来越受到关注和重视。值得一提的是，扬州大学文学院整合学术力量，以省部级社科培育基地——“儒家经典诠释与传承创新研究中心”为平台，以教师、博士生、硕士生为主体，有计划、有系统地开展《论语》学史研究，成果颇丰。从某种程度上看，这也是地方院校开始重视《论语》学研究的一个缩影。

---

① 中国孔子基金会于1984年9月在国务院原副总理谷牧同志指导下经中共中央批准在山东曲阜市成立，后迁至北京。1996年8月经中央领导批准由北京转会济南，秘书处受中共山东省委领导。该基金会是由国家拨款作为启动资金支持的全国性乃至国际性的学术基金组织，旨在通过募集基金，组织或支持国内及海外儒学研究。

（二）研究主旨：政治意味淡出，学术理性彰显

随着改革开放的逐步深入，社会主义市场经济体制的建立，人们的思想也逐渐由单一、偏执走向多元、包容。《论语》研究也逐渐去政治化，趋向学术探讨。从这一时期出版的著作和发表的学术论文来看，这种趋势越来越明显。在 20 世纪 90 年代之前，有些学术成果还带有明显的政治色彩，但总体上都开始逐渐与政治剥离，理性地从学术角度进行探讨。尤其在 20 世纪 90 年代之后，这种趋势更为明显，带有政治挂帅、阶级斗争等改革开放之前的观点在学术研究中基本销声匿迹。当然，这并不是说《论语》学研究完全与政治无关，不关心政治、不关心时代，纯粹在书斋里进行研究。有些学术成果紧跟时代，与党的指导思想联系密切，紧跟时代潮流，与当代社会发展相结合，关注社会现实，关注人们的精神需求，以期使《论语》学研究更接地气，也更具有时代价值。这也是这一时期《论语》学研究的一大亮点。

（三）研究内容：多角度、深层次、宽领域

在研究内容方面，《论语》学研究呈现多角度、深层次和宽领域的发展趋势。

第一，“多角度”。所谓“多角度”，是就研究视野而言，即研究方法的多样性，导致研究视角的多样。除了义理、考据、辞章等普通方法之外，学者开始借鉴西方学科分类，采用历史学、政治学、语言学、传播学、阐释学、文献学、社会学、统计学、哲学、宗教学等不同学科的方法对《论语》进行研究，或采用一种方法，或以一种方法为主、多种方法综合使用。一般以后者居多。研究方

法的多样性，不仅是方法的不同，而且也体现出学术视角的差异。可以说，古老的文本在新诠释系统下正不断展示着学术的时代价值。

第二，“深层次”。所谓“深层次”，是就研究的深度而言。传统的研究一般以义理或训诂为主，对《论语》中的字词章句进行辨析、考证、阐释、解读，“六经注我”的风格比较明显。在这一时期，传统的诠释方法有了新的变化，诠释与时代特征、现代社会紧密结合，不仅仅是以字解字、以文训文，又把经典的内涵与大众的日常生活之道相联系，以彰显经典的时代价值。尽管这种诠释有时难免会有削足适履、牵强附会之嫌，但毕竟使经典诠释摆脱了“文字层面”再阐释的“窠臼”，从而使经典在现代视域下更具有深度和力度。

第三，“宽领域”。所谓“宽领域”，是就研究的广度而言。这一时期的《论语》学研究的内容比较广泛，可以说不仅涉及到《论语》本身的诸多层面，还对《论语》诠释史有所涉猎。从宏观层面来看，“宽领域”主要体现在四个方面：

一是对《论语》文本及注释文本的诠释。既包括《论语》文本本身，也包括对《论语》诠释的经典文本，主要集中在比较有代表性的著作上，如：郑玄的《论语注》、何晏的《论语集解》、皇侃的《论语义疏》、邢昺的《论语注疏》、朱熹的《论语集注》、刘宝楠的《论语正义》、程树德的《论语集释》、杨树达的《论语疏证》、杨伯峻的《论语译注》、钱穆的《论语新解》、李泽厚的《论语今读》等等。除了比较经典的文本之外，对过去被忽略或者鲜有涉及的《论语》诠释文本，也有学者进行研究。比如，金代王若虚的《论语辨惑》、元代陈天祥的《论语辨疑》、当代学者方骥龄的《论语新诠》。尽管这方面的研究目前仅限于学位论文层面，但这也透露了一个信息，即原来被忽略的经典文本开始进入了学者的视野。

二是对《论语》外译文本的诠释。19 世纪末，伴随着西方思想和文化的大规模进入，中西文化碰撞、交流的逐步加强，被誉为中国人的《圣经》——《论语》逐渐被学者译成英语、法语、日语、俄语等多种语言走出国门，日益受到世界的关注，也涌现出了一批比较著名的外译本。这方面的研究主要集中在英译本。比较有代表性的《论语》英译本主要有：芬格莱特、史华慈、葛瑞汉、安乐哲、郝大维、理雅各、辜鸿铭、林语堂、刘殿爵等的英译本，他们的《论语》英译本得到学界的认可，成为外国人研究《论语》的权威译本。围绕上述译本的诠释，成为这一时期学者关注的热点，这主要体现在学位论文上。

三是对《论语》出土文献的研究。这方面的研究主要集中于敦煌及吐鲁番市出土的《论语》注本（如唐写本《论语郑氏注》《论语集解》《论语义疏》《论语音义》等）和定州汉墓出土的《论语》竹简本。敦煌及吐鲁番市出土的文献在清末，出土时间相对后者较早，学者关注的时间比较长，相关成果也比较多。而定州汉墓出土的《论语》竹简则是在 1973 年，也是迄今唯一能看到的《论语》的西汉抄本原件，堪称《论语》出土文献的代表。对此方面的研究，成为学者关注的热点。由于出土文献的特殊性，决定了此方面的研究具有开拓性、创新性和时代性。

四是对《论语》学方面的研究。从学术史的角度对研究《论语》的各种学术成果进行梳理、概括、归纳、总结，重点对《论语》学在不同历史时期呈现的内容、特点等方面进行梳理分析，这主要集中在对传统社会《论语》学的关注，出现了一些学术含量高、有价值的成果。

第三节　李泽厚的《论语今读》

学术研究不是仅待在书屋里，与社会没有关联。恰恰相反，学术研究与社会环境，即与政治、经济等直接或者间接地发生联系，相互影响、相互作用，并不能截然分开、泾渭分明。《论语》研究亦是如此。从改革开放至20世纪末期，整个中国经历了社会改革过程中的阵痛与巨变，思想领域也经历了从单一僵化、泾渭分明到开放多元、碰撞激变，逐步呈现为你中有我、我中有你的复杂多变的局面。在这种情况下，李泽厚的《论语今读》坚持学术研究并透视社会问题，无疑是这一时期的力作，也体现了这一时代的特点。

李泽厚（1930—2021），湖南长沙人，著名哲学家，“第四期儒学”的倡导者，主要从事中国近代思想史、哲学和美学研究。李泽厚成名于20世纪50年代，以重实践、尚“人化”的“客观性与社会性相统一”的美学观卓然成家。2010年2月，美国最权威的世界性古今文艺理论选集《诺顿理论与批评文选》，收录了李泽厚

《美学四讲》“艺术”篇中的第二章“形式层与原始积淀”。这套文集由柏拉图的论著选起，一直选到当代，李泽厚是进入这套一直由西方理论家统治的文论选的第一位中国学人。《论语今读》由香港天地图书公司1998年初版，同年10月，安徽文艺出版社在大陆（内地）出版。2008年，李泽厚对部分内容进行了校正，增加了《情本体、两种道德和“立命”》《谈“恻隐之心”》，由三联书店出版（本文以三联书店的版本为依据，以下简称《今读》）。针对儒家经典《论语》，在《今读》中李泽厚提出了个人看法，形成了比较鲜明的诠释特色。总体上来说，主要体现在三个方面：在对《论语》思想的定位上，坚持“双半”（半宗教、半哲学）并举，以“情”为本；在诠释方法上，坚持“六经注我”，破立结合；在解读风格上，坚持针砭时弊，切中肯綮。

一、思想定位：双半并举，以情为本

所谓“双半”，是指《论语》具有“半宗教、半哲学”的特征；所谓“以情为本”，是指整部《论语》的诠释主线，都是以李氏提出的“情本体”为主线。李泽厚认为，“半宗教、半哲学”是整部《论语》乃至儒学的主要特征，是研究《论语》的关键。他说：“儒学、孔子和《论语》这种既非宗教又非哲学或者说是‘半宗教半哲学’的特征，我认为是真正的关键和研究的起点所在，但在今日中国学术界却很少被注意或强调。”① 对此，杜维明也持相同的看法。“作为一种有着如此深远且广泛影响的生活方式，儒学

---

① 李泽厚:《论语今读》,生活·读书·新知三联书店2008年版,第4页。

既被视为是一种哲学，也被视为是一种宗教。"① 从"半宗教、半哲学"的视角来对《论语》进行解读，是学界在《论语》研究方面的薄弱点，但却是《今读》的创新点。

（一）半宗教：《论语》具有宗教的社会功能

"半宗教"是说《论语》带有宗教性，具有宗教典型的特质。李泽厚认为，这种"半宗教"的特质主要体现在三个方面：塑造群体心理、规范群体行为、满足终极需求。

"尽管我远非钟爱此书，但它偏偏是有关中国文化的某种'心魂'所在。我至今以为，儒学（当然首先是孔子和《论语》一书）在塑建、构造汉民族文化心理结构的历史过程中，大概起了无可替代、首屈一指的严重作用。不但自汉至清的两千年的专制王朝以它作为做官求仕的入学初阶或必修课本，成了士大夫知识分子的言行思想的根本基础，而且通过各种层次的士大夫知识分子以及他们撰写编纂的《孝经》《急就篇》（少数词句）一直到《三字经》《千字文》《增广贤文》以及各种'功过格'等等，当然更包括各种'家规''族训''乡约''里范'等等法规、条例，使儒学（又首先是孔子和《论语》一书）的好些基本观念在不同层次的理解和解释下，成了整个社会言行、公私生活、思想意识的指引规范。不管识字不识字，不管是皇帝宰相还是平民百姓，不管是自觉或不自觉，意识到或没有意识到，《论语》这本书所宣讲、所传布、所论证的那些'道理''规则'主张，思想，已代代相传，长久地渗透

① 杜维明：《儒教》，陈静译，上海古籍出版社2008年版，第17页。

在中国两千年来的政教体制、社会习俗、心理习惯和人们的行为、思想、言语、活动中了。所以，它不仅是'精英文化''大传统'，同时也与'民俗文化''小传统'紧密相连，并造成中国文化传统的一个重要特点：精英文化与民俗文化、大传统与小传统，通过儒学教义，经常相互渗透、联系。尽管其间有差异、距离甚至对立，但并不是巨大鸿沟。这样，儒学和孔子的《论语》倒有些像西方基督教的《圣经》一书了。"[①] 这段话包括两个层面的含义：第一，《论语》乃至儒学具有塑造群体心理方面的作用。李泽厚认为，《论语》是中国文化的"心魂"，也是塑造中国人心理的核心因素。换言之，《论语》的地位是其他儒家著作所不可替代的，也是不能替代的。第二，《论语》乃至儒学具有规范群体行为的作用。外在行为是心理的反映，中国人的行为便顺理成章地受到《论语》和儒学的影响，自觉或不自觉地按照《论语》等的要求去做。这种影响渗透到骨子里，融化到血脉中，并代代相传，永不磨灭。

除此之外，李泽厚还说："儒学不重奇迹、神秘，却并不排斥宗教信仰；在'三教合一'中，它不动声色地渗入其他宗教，化为它们的重要内容和实质成分。而儒学之所以能如此，其原因又在于它本身原来就远不止是'处世格言''普通常识'，而具有'终极关怀'的宗教品格。它执着地追求人生意义，有对超道德、伦理的'天地境界'的体认、追求和启悟。从而在现实生活中，儒学的这种品德和功能，可以成为人们（个体）安身立命、精神皈依的归

---

① 李泽厚:《论语今读》,生活·读书·新知三联书店 2008 年版,第 1—2 页。

宿。它是没有人格神、没有魔法奇迹的‘半宗教’。”① 在这里，李泽厚认为，以《论语》为元典的儒学具有“终极关怀”的功能，是中国人安身立命的场所、精神皈依的家园。其实，如果从宗教学的视角来省察，无论是塑造群体心理、规范群体行为，还是为人们提供“终极关怀”，这都是任何宗教都具有的社会功能。这种功能我将其归纳为“生之所依”与“死之所归”②，换言之，任何宗教在社会功能方面，都能在人活着的时候给予依靠、寄托，死去的时候让其灵魂有所归宿。而以《论语》为核心的儒学所具有的“塑造群体心理”“规范群体行为”“给人终极关怀”完全具备这方面的功能。如果从这个角度来审视，儒学显然具备宗教的特质。

“那么儒学是不是宗教？回答这个大家所熟知的问题，一定要修正宗教的定义。从一个宽泛的视角看，宗教会被看成一个连续统一体，从类似于终极性、有强烈情感特质的无神论信仰，到有终极价值、完全由超自然实体的象征和崇拜与组织模式来支撑的有神信仰。许多无神信仰的思想或行动体系具有宗教的特质，或扮演着某些与有神宗教类似的基本心理功能……以此观点来看，儒学就不被当作完全意义上的宗教了，但是作为一种社会政治教化，它具有宗教的特质。”③

（二）半哲学：《论语》具有哲学的理性特质

“半哲学”是说《论语》虽然不具有完整的哲学体系，但具有

---

① 李泽厚：《论语今读》，生活·读书·新知三联书店2008年版，第3页。

② 刘伟：《浅析“宗教”》，《世界宗教文化》2011年第4期。

③ [美]杨庆堃：《中国社会中的宗教》，范丽珠等译，上海人民出版社2007年版，第39页。

哲学的理性特质。“它又是‘半哲学’。儒学不重思辨体系和逻辑构造，孔子很少抽象思辨和‘纯粹’论理。孔子讲‘仁’讲‘礼’，都非常具体。这里很少有‘什么是’（what is）的问题，所问特别是所答（孔子的回答）总是‘如何做’（how to）。但这些似乎非常实用的问答和讲述，却仍然是一种深沉的理性思索，是对理性和理性范畴的探求、论证和发现。例如，‘汝安则为之’是对伦理行为和传统礼制的皈依论证；‘逝者如斯夫，不舍昼夜’，是对人生意义的执着和追求；‘吾非斯人之徒而谁与’，是对人类主体性的深刻肯定。而所有这些都并非柏拉图式的理式追求，也不是黑格尔式的逻辑建构，却同样充分具有哲学的理性品格，而且充满了诗意的情感内容。它是中国实用理性的哲学。”①

这种理性的特质可以解释为“一种生活方式”。正如杜维明所说：“儒教是一种世界观，一套社会伦理，一种政治的意识形态，一个学术传统，同时也是一种生活方式。”②

（三）情本体：《论语》的根本实质

李泽厚认为，“情本体”是《论语》思想的根本实质。他说：“孔学特别重视人性情感的培育，重视动物性（欲）与社会性（理）的交融统一。我以为这实际是以‘情’作为人性和人生的基础、实体和本源。它即是我所谓的‘文化心理结构’的核心：‘情理结构’。人以这种‘情理结构’区别于动物和机器。中国人的

---

① 李泽厚：《论语今读》，生活·读书·新知三联书店 2008 年版，第 4 页。

② 杜维明：《儒教》，陈静译，上海古籍出版社 2008 年版，第 13 页。

‘情理结构’又有其重要特征。这特征与孔子、《论语》、儒学直接有关。……孔子和儒学一直强调以‘亲子之情’（‘孝’），作为最后实在的伦常关系以建立‘人’——‘仁’的根本，并由亲子、君臣、兄弟、夫妇、朋友‘五伦’关系，辐射交织而组成和构建各种社会性—宗教性情感，作为‘本体’所在。”① 在李泽厚看来，“情”是中国人心理结构的核心，也是传统社会宗教性情感的根本源泉。无论是“实用理性”还是“乐感文化”都是以此为根基。“中国实用理性之所以强调韧性精神、艰苦奋斗，其故在此。中国乐感文化之所以并不浮浅庸俗，其故在此。其中许多哲理近乎常识，却仍然深沉，其故在此；世俗中有高远，平凡中见伟大，这就是以孔子为代表的中国文化精神。这种文化精神以‘即世间又超世间’的情感为根源、为基础、为实在、为‘本体’。”②

为了说明“情本体”是《论语》的实质，李泽厚还从“命”与“情”之关系的视角进行了分析。他认为，“命”不是传统上所解释的必然性，而是“偶然性”，对“偶然性”的掌握才是实现超然性的基础。“孔学强调‘知命’‘立命’，即个性的自我建立，亦即个人主体性的探索追求。所谓‘命’，我以为不应解释为‘必然性’‘命定性’，如许多传统的解说那样。恰恰相反，应释为偶然性，即每一个体要努力去了解和掌握专属自己的偶然性的生存和命运，从而建立自己，这就是‘知命’和‘立命’。这样才可能使自

① 李泽厚:《论语今读》,生活·读书·新知三联书店2008年版,第18页。
② 李泽厚:《论语今读》,生活·读书·新知三联书店2008年版,第31页。

己在这个偶然存在、生存的人生道路和生活境遇中，去实现自己的超然性的实存；使自己这个感性生命不再是动物性的生存，同时也不是那玄奥而实枯槁的道德理性，而是真正融理欲于一炉的情感本体：即在日常生活中，在道德义务中，以及在大自然中，在艺术中，所可把握、体认到的人生境界，也就是人生的价值、意义和归宿所在。”①

在阐释“周有八士：伯达、伯适、仲突、仲忽、叔夜、叔夏、季随、季騧”（《论语·微子》）时，李泽厚说：“其实，人之所以能‘参天地赞化育’者，正因为秩序未定，偶然性极大而才知命、立命，奋力以求，固不同于伏天安命以避世隐逸，此孔子之高出于诸隐者处。”② 简言之，李泽厚的逻辑思路可归结为：以“情”为本体，从偶然性出发，才能达到超然性，从而实现人生的最高价值。这既是孔子的高明之处，也是《论语》思想的实质。

二、诠释方法："六经注我"，破立结合

在诠释方法上，李泽厚的《论语今读》明显采用了“六经注我”的方式，即以《论语》为蓝本来阐释自己的观点。“笔者认为，《论语今读》最为突出的注释特点在于以《论语》为借镜的‘《六经》注我’式的诠释方式。”③ 不过，李泽厚在借《论语》阐述个人主张的过程中，并非人云亦云、拾人牙慧，而是具有非常精

---

① 李泽厚:《论语今读》,生活·读书·新知三联书店2008年版,第20—21页。

② 李泽厚:《论语今读》,生活·读书·新知三联书店2008年版,第540页。

③ 李健胜:《李泽厚对〈论语〉的文本定位与思想阐释》,《西北师大学报(社会科学版)》2011年第6期。

辟、独到的见解。与此同时，在对《论语》解构的基础上，他还提出了重建的基本路径。

（一）注释采用：遵循文意

在对前人注释的采用上，李泽厚明确表示，对以往的注释不能全盘接受，而是择佳选用。何者为佳？那就是有利于自己对文章含义的论述。“‘注’所采录的标准，在于有助于了解原文，或有利于自己的论记。对那些名物考证、史实讲疏、注家争辩等等，都一概不录。”① 同时，为了让读者更为清楚地了解其思想，在表达形式上，李泽厚把“注”与“记”分开，明确把自己对《论语》的理解与前人的注解区分开来。“各家注疏，大有异同，许多时候差异和对立很突出。《今读》当然只能断以己意，加以取舍。任何翻译、解释、阐述，必有先见或成见，现代解释学对此论之颇详，《今读》当然也不例外。但我自己也有一些可称为‘注’的东西，为不与人混淆，便都放在‘记’里。”②

（二）资料选择：客观理性

由于受“疑古派”思想的影响，在对历史资料的选择上，学者通常以正统的注疏为依据，而对被前人认定的所谓“伪书”往往有所忽视。对此，李泽厚认为这并不是客观理性的做法。他说：“孔子言行、思想当然远不限于《论语》一书。从《春秋》《左传》《礼记》《大戴礼记》到诸子到《韩诗外传》《说苑》《新序》，以

---

① 李泽厚:《论语今读》,生活·读书·新知三联书店2008年版,第15页。
② 李泽厚:《论语今读》,生活·读书·新知三联书店2008年版,第15页。

及好些所谓‘伪书’（其实许多并不‘伪’，现代考古资料将日益证实这一点）中还可找到许多记录和记载，包括《孔子集语》甚至《孔子家语》中所辑录，其中常谈政制，少讲心性，虽真伪参半或伪多真少，但去伪存真，仍有许多可以引录作为《论语》一书的补充、见证和说明、阐释。这个工作似乎比在历代注疏中去寻找，更有价值和意义。”① 李泽厚认为，所谓的“伪书”并不一定是伪书，或者全是伪书。这与“疑古派”的观点大相径庭。实际上，自从“疑古派”的观点流行以来，学界对古代文献的怀疑似乎过了头。

在《论语》研究方面，亦是如此。阐释《论语》一味以历代注疏为据，至于其他方面的文献常常斥之左道旁门，不加理睬。实践证明，“疑古派”既可圈可点，也有偏颇之处。因此，对《论语》的研究，不能仅局限于传统的注疏，而且应该关注“非正统”的或者说“伪书”中关于《论语》的注解。尽管在《论语今读》当中，李泽厚只是有选择地采用了“非正统”的资料，但这毕竟开了个好头。这种客观理性的做法，也能够使《论语》的研究更加客观、全面，接近本来面目。

（三）阐述依据：与时俱进

李泽厚认为，学术阐释始终处于解释学的状态，每个人都可以根据现实的需要和自身的理解对《论语》进行解读。孔子是不断变化的孔子，与现实世界紧密联系。《论语》中的孔子既是原

① 李泽厚：《论语今读》，生活·读书·新知三联书店 2008 年版，第 15—16 页。

典中的孔子，又是现实中的孔子、人们心中的孔子。他说："《论语》本就生存在解释学之中，只是人们未曾自觉罢了。所以，重要的已不在它与孔子的真实关系究竟如何，或孔子的'真实'面目究竟怎样，而在孔子就以这种面目在中国流传、影响着。所以，即使将来地下有新发现，证明今本《论语》及孔子形象不是本来面目，但也仍然不能夺去今本《论语》及孔子在中国人的文化心理结构中已延续两千多年的重要的'原型'地位。今本《论语》中的孔子就是现实的孔子，即落实在人们心目中的孔子，这是无可奈何的历史事实。也正因为此，在阐释评解中，就得注意如何尽可能弥补这一缺陷。使孔子的形象、思想基于《论语》，又不止于《论语》。"①

（四）实践借鉴：破立结合

李泽厚将《论语》定位为"半宗教、半哲学"，并没有就此而止，而是就如何重建以及如何为现实社会提供借鉴提出了自己的见解。他认为，首先要进行解构，最重要的就是区分个体的宗教私德与群体的社会公德。他说："因此解构方面首先应是，将伦理道德作为个体的内心信仰、修养和情感（宗教性私德）与作为社会的外在行为、准则和制度（社会性公德）区分开来。'自天子以至庶人，一是以修身为本'和'其身正，不令而行；其身不正，虽令不从'的伦理与政治的混同必须解构。情感信仰、理性思辨、制度设定等等各有不同的层面、位置和意义，应该从原典儒学（儒学第一

① 李泽厚：《论语今读》，生活·读书·新知三联书店2008年版，第16—17页。

期）开始定位和厘清，看看从孔子开始的儒学教义各个章句在哪个层面上具有或不具有价值。这样，对了解和消解传统以及今日中国的‘政教合一’或称‘政治宗教’，可能颇有好处。”① “今天应该把这两种因素、两个方面、两种道德从儒学中分解出来，把剪不断理还乱的宗教、政治、伦理三合一的这个传统尽可能分缕清楚，从而才可能在各种不同层面上来谈‘批判的继承’和‘转化性的创造’。宗教性道德（‘内圣’）可以经由转化性的创造，而成为个体对生活意义和对人生境界的追求，它可以是宗教、哲学、诗、艺术。社会性道德（‘外王’）可以经由转化性创造，而成为现代政治体系的中国形式：将重视人际和谐、群体关系、社会理想以及情理统一、教育感化、协商解决等特色，融入现代政治的民主体制建构中，而开辟某种独创性的未来途路。”② 很显然，李泽厚把个体内心的信仰、修养、情感等视为宗教性的私德，即“内圣”；而把外在的规则、行为等政治、伦理视为社会性的公德，即“外王”。对这两者之间的边界从传统的“混为一体”厘清到“泾渭分明”。这似乎与“恺撒的归恺撒，上帝的归上帝”异曲同工，让宗教与世俗各得其所。那么，具体的路径在哪里呢？对此，李泽厚提出了自己的见解。

首先，在宗教方面，回到“天地君亲师”的宗教传统，并进行创造性的转换。即运用“天地国亲师”代替“天地君亲师”。“在

---

① 李泽厚：《论语今读》，生活·读书·新知三联书店 2008 年版，第 6 页。
② 李泽厚：《论语今读》，生活·读书·新知三联书店 2008 年版，第 7 页。

‘教’的方面，当然不必模仿基督教或伊斯兰，再去塑建人格神的上帝。但是否可以考虑回到‘天地国亲师’——那松散而灵活、没有人格上帝的儒学的‘宗教’传统呢？这个‘宗教’所具有的含糊性和开放性，使它可以有一个广阔的自由的解释空间。‘君子以为文，而百姓以为神’（《荀子》）。‘天地国亲师’都不是‘神’，却可以是尊敬、崇拜、献身的对象。对老百姓，它可以包容对人格神（上帝、佛菩萨、各种民间宗教）的崇拜礼仪；对‘君子’们，它可以是某种心灵寄托、行为规范、生活归依。”① “‘天地君亲师’从内容和文字上可一直追溯到荀子，其根本精神当然来自孔子和《论语》。《论语》这种准宗教性则有如程颐所说：‘读《论语》，未读时是此等人，读了后又只是此等人，便是不曾读。’这就是说，读《论语》应使人‘变化气质’，不只是获得知识而已。钱穆强调《论语》是学习‘做人’，仍然是在遵循这个传统的说法。所有这些强调儒学宗教性功能，都可以成为今日重建儒学宗教性的很好资源。”②

其次，在哲学方面，确立“情”本体。“在‘学’的方面，则似乎不必再去重建各种‘气’本体、‘理’本体、‘心性’本体的哲学体系了。‘情本体’可以替代它们。因为‘情本体’恰恰是无本体，‘本体’即在真实的情感和情感的真实之中。它以把握、体认、领悟当下的和艺术中的真情和‘天人交会’为依归，而完全不

① 李泽厚：《论语今读》，生活·读书·新知三联书店2008年版，第8页。

② 李泽厚：《论语今读》，生活·读书·新知三联书店2008年版，第8—9页。

再去组建、构造某种‘超越’来统治人们。它所展望的只是普通、平凡的人的身心健康、充分发展和由自己决定命运的可能性和必要性。”① 李泽厚关于重建的提法虽然有待商榷，是否切实可行还有待时间证明，但是，这毕竟是很有见地的看法，尤其是在《论语》乃至儒学的研究方面，开辟了一条新的路径，却是不争的事实。

三、解读风格：针砭时弊，切中肯綮

在阐述自己观点的过程中，李泽厚对其他学者的观点进行了质疑，甚至提出了批评。这中间既有知名的学术大儒，如牟宗三、杜维明，也包括后起之秀。比如，在“前言”里，李泽厚就对牟宗三研究《论语》的做法提出了质疑：“令人难解的是，牟宗三抬孔子，认为高出一切，当然也远超康德。但只征引孔子一两句话而已，从未对《论语》一书作任何全面的阐释或研究，而宁肯花大气力去译康德，不知这是什么缘故。当然，我对此并无不满，这是个人的选择自由，只是颇感奇怪而已。”② 又如，在阐释“父在，观其志；父没，观其行；三年无改于父之道，可谓孝矣”（《论语·学而》）时，李泽厚指出：“伦理（父子）与政治（君臣）是一回事，再与祭祀、崇拜祖先相一致，斯是之谓‘伦理、政治、宗教三合一’，此即中国式的政教合一：思想观念、意识形态、社会体制的同一和合一。它在后世虽然具体形式多经变化，但这一传统却已根深蒂固。虽后有佛、道，各具组织、仪式、教义，但并未能取代

① 李泽厚:《论语今读》,生活·读书·新知三联书店 2008 年版,第 9 页。
② 李泽厚:《论语今读》,生活·读书·新知三联书店 2008 年版,第 5 页。

或消除儒学这‘三合一’的强大传统来统摄制度、法律、公私生活。牟宗三、杜维明强调儒学有道统政统之分，远非事实。”[①] 针对刘晓波的“孔子死了。李泽厚老了。中国传统文化早该后继无人”的批评，李泽厚回应道：“其斩钉截铁不容分说的风采确实惊人，但记得我当时看了，却高兴得跳了起来：居然把我和孔子直接拉在一起了，真是何幸如之。不过那时候丝毫没想到我会写这本《今读》。我当时想到的只是，刘的结论未免太匆忙和太狂妄了；来日方长，我虽然老了，中国传统文化的承继者必大有人在。”[②]

以后的发展确实如李泽厚的断言，尤其在进入21世纪之后，传统文化日益受到人们的重视。尽管在传播国学的过程中泥沙俱下、鱼龙混杂，却恰恰证明了一点，那就是以儒学为核心的中国传统文化不仅没有被边缘化甚至“后继无人”，反而是学习传统文化的人越来越多了。继习近平总书记在全国宣传思想工作会议上指出“中华优秀传统文化是中华民族的突出优势，是我们最深厚的文化软实力”[③] 之后，十八届三中全会《决定》又提出“要完善中华优秀传统文化教育”[④]，这无疑说明以儒学为核心的中华传统文化得到了新中国成立以来前所未有的重视，也证实了李氏的洞见。

除了对个人学术观点的批驳，也有对群体做法的质疑。“孔子、

---

① 李泽厚:《论语今读》,生活·读书·新知三联书店2008年版,第44—45页。

② 李泽厚:《论语今读》,生活·读书·新知三联书店2008年版,第23页。

③ 《习近平:意识形态工作是党的一项极端重要的工作》,新华网,2013年8月20日,http://news.xinhuanet.com/politics/2013-08/20/c_117021464.htm.

④ 《中共中央关于全面深化改革若干重大问题的决定》,新华网,2013年11月15日,http://news.xinhuanet.com/politics/2013-11/15/c_118164235.htm.

《论语》和儒学近一个世纪以来便成了哲学史专家们的游戏对象：排列、组合、分析、综合其概念、范畴、论断，写出一本又一本或赞赏、或批判、或‘批判地继承’的各种各样的大小著作，以为这样就处理好了孔子、《论语》和儒学。于此，我有些疑惑。”① 很显然，李泽厚对《论语》研究的传统方式持保留态度。再如，对《论语》的翻译，既有白话，也夹杂着“之乎者也”，李泽厚认为这是对当时风行的青年理论家们推崇的艰涩难懂文体的批评。“除了由于行文惰性，文言比白话毕竟可以少写许多字之外，一个很大的可能是，自己在下意识地反抗时下某些青年理论家们那种弯弯曲曲、模模糊糊、拗口难懂、似通非通的流行文体。我称之为堆新词，如鸟语，构造语言迷宫以自迷迷人，可谓教授话语的通货膨胀。我以为如其那样，就不如干脆‘恢复固有文化’，即使‘之乎也者’，也比那些弯曲文句明白痛快，更接近日常语言。这当然有点冒天下之大不韪的味道。风头正健的青年理论家们或将群起而攻之？”②

诚然，瑜不掩瑕，《论语今读》还有一些不足之处。正如李泽厚在《论语今读》前言中所说，《今读》仅仅是初稿，自己并不满意，并希望读者提出批评建议。③ 个人认为，这种不足之处主要体现在翻译的时候有些语句欠妥帖，口语化太重，有些地方政治语言较多。比如，在翻译“吾与回言终日，不违，如愚。退而省其私，

---

① 李泽厚：《论语今读》，生活·读书·新知三联书店 2008 年版，第 5 页。
② 李泽厚：《论语今读》，生活·读书·新知三联书店 2008 年版，第 22 页。
③ 参见李泽厚：《论语今读》，生活·读书·新知三联书店 2008 年版。

亦足以发，回也不愚”（《论语·为政》）时，李泽厚将“愚”字译为“笨蛋”①，虽然意思不错，但毕竟有些粗俗。又如，在翻译“年四十而见恶焉，其终也已”（《论语·阳货》）时，李泽厚译为“到四十岁还被人厌恶，这也就完了”②，将“终”直译为“完了”，口语化比较严重。再如，在翻译“君子尊贤而容众，嘉善而矜不能。我之大贤与，于人何所不容？我之不贤与”（《论语·子张》）时，李泽厚说：“君子尊敬贤德的人而包容群众；称赞好人而怜悯不行的人。我是很好的人吗？那么对人有什么不能容纳呢？我是坏人吗？”③在这里，李泽厚把“众”译为“群众”，“不贤”译为“坏人”，明显不是很妥当。因为“群众”与“干部”相对应，属于中国特定的时代词语，放在这里明显不合适。钱穆将“众”译为“众人”④，杨伯峻则把“众”译为“普通人”⑤，都要比“群众”好得多。在对“不贤”的翻译上，李泽厚虽然与杨伯峻的翻译一致，将“不贤”译为“坏人”⑥，但也不是很恰当。因为“贤”是指道德修养高尚的人，“不贤”则指道德修养不高尚的人，不高尚的人并不一定是坏人。之所以译作“坏人”，大概受到了二元观的影响，即非好即坏。事实上，芸芸众生，普通人居多，译为“众人”或“普通人”更为妥帖。

---

① 李泽厚:《论语今读》,生活·读书·新知三联书店2008年版,第66页。
② 李泽厚:《论语今读》,生活·读书·新知三联书店2008年版,第528页。
③ 李泽厚:《论语今读》,生活·读书·新知三联书店2008年版,第543页。
④ 钱穆:《论语新解》,生活·读书·新知三联书店2002年版,第483页。
⑤ 杨伯峻:《论语译注》,中华书局2006年版,第225页。
⑥ 杨伯峻:《论语译注》,中华书局2006年版,第225页。

针对翻译不是很妥当的问题，尽管李泽厚在“前言”里解释说“有时也有意识地采用了近几十年来流行的词汇，如‘政策’‘干部’‘反映情况’等等，这是为了尽量接近现代语言”①，但个人愚见，作为一部学术著作，语言应该谨慎、专业些为好。否则，便冲淡了学术意蕴。

总之，李泽厚的《论语今读》为《论语》研究提供了新的视角：第一，在研究资料的选择上，除了选用传统的注疏之外，还选取了其他“非正统”的资料。这样，会使《论语》乃至儒学的研究更为客观，也更为全面。第二，区分“宗教性私德”与“社会性公德”，为《论语》和儒学的研究开辟了新的思路，也具有比较强的现实意义。因为只有把“社会公德”与“个体私德”区分开来，边界界定清楚，才能最终各行其道，并行不悖，从而使社会运行得更为稳定有序，这必然对当下推进生态文明建设、构建社会主义和谐社会有所裨益。

① 李泽厚:《论语今读》,生活·读书·新知三联书店 2008 年版,第 14 页。

第五章　港台地区《论语》学鸟瞰

港台地区《论语》学研究主要包括香港和台湾地区的研究，从1949年至20世纪末，无论是公开出版的著作还是学术论文，都以台湾地区居多。鉴于对港台地区文献资料搜集有限，本部分内容仅对港台地区的《论语》学作粗线条的爬梳。同时，对钱穆的《论语新解》进行探讨。

第一节　概　论

一、著作情况

从出版的著作来看，虽然研究的内容多具有综合性，但如果从《论语》研究的视角来审视，主要包括从义理、考据、辞章等层面进行切入的作品。这方面代表性的著作主要有：陈铁凡的《敦煌本论语异文汇考》（台湾师范大学 1961 年版）、刘义生的《论语表解》（中华丛书编审委员会 1963 年版）、严灵峰的《论语讲义》（无求备斋 1963 年版）、南怀瑾的《论语别裁》（老古文化事业公司 1965 年版）、方骥龄的《论语新诠》（台湾环球书局 1971 年版）、许世瑛的《论语二十篇句法研究》（台湾开明书店 1973 年版）、钱穆的《孔子与论语》（台北联经出版事业公司 1974 年版）、毛子水的《论语今注今译》（台湾商务印书馆 1975 年版）、邱镇京的《论语思想体系》（文津出版社 1981 年版）、胡志奎的《论语辨证（二编）》（台北联经出版事业公司 1983 年版）、殷豫川的《论语今诠》（黎明文化事业公司 1978 年版）、王书林的《论语译注及异文校勘》（台湾商务印书馆 1982 年版）、陈冠学的《论语新注》（东大图书股份有限公司 1995 年版）、林安梧的《论语——走向生活世界的儒学》（明文书局 1995 年版）、傅佩荣的《傅佩荣解读论语》（立绪文化事业有限公司 1999 年版）等等。其中，从对大陆（内地）的影响来看，钱穆的《论语新解》堪称代表。该书 1952 年完成，1963 年出版，1987 年又进行了修订再版。①

二、学术论文情况

从公开发表的学术论文来看，以《论语》为核心，进行多角度、全方位、多层次的探讨，成果颇丰，集中体现在以下五个方面。

---

① 参见钱穆:《论语新解·序》《论语新解·再版序》，载《论语新解》，生活·读书·新知三联书店 2002 年版；钱穆:《漫谈〈论语新解〉》，《孔子研究》1986 年第 3 期。关于《论语新解》诠释特点另见下文。

（一）围绕“孔学”“孔子本人”“孔门弟子”“道统”等从“总论”方面进行探究

这方面的论文主要有：钱穆的《依〈论语〉论孔学》（《新亚学报》1956年第1期）、罗香林的《〈论语〉中的孔子学说体系》（《中国学术史论集》1956年第1集）、罗士凯的《由〈论语〉看孔子》（《新境界》1968年第3期）、禚梦庵的《从论语中看孔子的风貌》（《中华国学》1977年第1期）、姚振黎的《从论语看孔子幽默的一面》（《孔孟月刊》1986年第10期）、杨玉燕的《论语的孔门四科十哲观》（《台南师专学刊》1979年第1期）、杨祖汉的《孔子、论语、道统》（《鹅湖月刊》1981年第1期）、关国康的《从〈论语〉看孔子的情感世界》（《鹅湖月刊》1997年第12期）等等。关国康认为孔子本着对人的同情心，提倡仁学思想，由近而远，由亲及疏，关怀人们的生活和痛苦。在平时的生活中，他有常人的喜、怒、哀、乐、好、恶、欲；与弟子相处时，情感又极其自然和真挚，当颜渊和子路相继去世，孔子悲痛之情表露无遗。然而，孔子亦了解情感的表达要有节制，否则对个人和社会也有害处；故此，他以礼乐来制约、调和情感，使情感表达合于中和之道，这便是孔子用情的最高境界。①

（二）围绕“仁”“命”“礼”等核心思想进行探究

这方面的论文较多，主要有：徐复观的《释论语中的“仁”——孔子新论》（《民主评论》1955年第6卷第6期）、何沛

---

① 关国康:《从〈论语〉看孔子的情感世界》,《鹅湖月刊》1997年第12期。

雄的《从论语中看孔子论仁》(《现代学苑》1967 年第 3 期)、王邦雄的《由论语“天”“天命”与“命”之观念论生命之有限与无限》(《鹅湖月刊》1975 年第 5 期)、曾春海的《论语中礼义与仁的关系》(《哲学论集》1975 年第 5 期)和《由论语、孟子看“仁”的自觉》(《鹅湖月刊》1976 年第 8 期)、蔡仁厚的《论语中“仁”的含义与实践》(《孔孟月刊》1977 年第 11 期)、原方颖娴的《论语之“仁”义》(《东方文化》1979 年第 1 期和第 2 期)、王更生的《从论语蠡测孔子的天道思想》(《孔孟月刊》1980 年第 1 期)、黎建球的《从论语中看孔子的天道思想》(《哲学与文化》1981 年第 9 期)、李植全的《从两个角度来看论语中的道》(《新亚学术集刊》1982 年第 3 期)、王宜文的《论语论“仁”》(《孔孟月刊》1982 年第 5 期)、罗光的《论语的“道”》(《哲学论集》1984 年第 18 期)、郑力为的《试论〈论语〉里的利、命、仁》(《鹅湖月刊》1984 年第 7 期)、谢启武的《论语所见仁的十字义》(《哲学与文化》1989 年第 12 期)、戴朝富的《〈论语〉论礼及其精神方向》(《哲学与文化》1991 年第 6 期)、王浩仁的《论儒家价值观中“情义”“礼法”之标准及此标准间之关系》(《哲学与文化》1997 年第 10 期)、张佳方的《〈论语〉论礼之管窥》(《辅大中研所学刊》1999 年第 9 期)等等。

由于“仁”是孔子思想的核心，对“仁”之看法自古以来见仁见智、众说纷纭。如何沛雄认为“仁”具有三种属性：绝对性、主观性和客观性。“中国哲学思想，以儒家为主流，而孔孟说道，则以仁为依归。仁者，天地之大德也，有体有用之别；其体也，以感通为性；其用也，以润物为主。仁，万善之源，众德之本也，致仁之至，则能通天地之大道，化万物为一体，盹盹然可以为圣人矣；认为‘仁’具有绝对性（感通天地万物为一体）、主观性（发现真我，表现本体）和客观性（大用，表现于具体生活中）。”①

王邦雄认为“仁”为“天命之性”：“孔子哲学之第一义，不在于天人之两端，而在于天人之间，故人性论即为儒家之形上学。天人相接，由天言之，谓之天命，由人言之，谓之人性，故天人可相通，物我可交感。而天人之相接在德，故儒学之进路，是主体性的进路，是道德实践的进路。此天命之性，即是吾心内在之仁，故仁为孔子‘一以贯之’。知天命，乃言人之道德生命之无限；知命，则言人之形躯生命之不免有限。而生命的意义，即在本此‘命’有限之身，去实现‘天命’无限之德；故‘天命’与‘命’之指涉意涵实有其层次之异，不可混同不分。”②

曾春海认为“仁”与“义”“礼”密不可分：“孔子把握人性的精华处，立人道之极，树立理想的完美人格——‘仁’的最终目标。欲达此完美的目标，则有赖于自我努力于道德的修养，而德之所以为德的依据，在于言行是否合乎‘义’，是否合乎‘礼’，而礼出乎理；理出乎义，义因乎宜。因此，礼与义是相表里的，为德之所以为德的要素，吾人以礼、义为依据，而透过诸般德性的修养，方能达到完美的理想人格——仁的境界。是故‘礼’‘义’与

---

① 何沛雄：《从论语中看孔子论仁》，《现代学苑》1967 年第 3 期。

② 王邦雄：《由论语“天”“天命”与“命”之观念论生命之有限与无限》，《鹅湖月刊》1975 年第 5 期，第 33 页。

仁有密切的体用关系。”① 同时，曾春海还从《论语》与《孟子》相结合的视角提出“仁”的自觉：“内在于自家生命的‘仁体’是论、孟二书整个伦理思想的根基所在。人若要真真实实地发挥做人的价值，实现人类生命的意义，便必须面对此内在于一己的仁体，自觉此仁心的宝贵，而审慎地予以体认和存养，努力地由践仁而扩充之，才能使仁体光明展现，而人之生命亦不断地成熟，丰实而有光辉，层层提升至大而化之的‘圣’者境界。所以‘仁’之自觉遂成为道德实践的关键工夫。”②

郑力为还探讨了利、命、仁之关系：“儒家并非罕言命，孔子也绝不是命定论、宿命论者。孔子所论“仁”有内在义、本质义和根源义。内在义是说仁内在于我、不远离于我，欲仁则仁至，人人皆能为仁。孔子仁学方向标示了儒家精神方向，儒学的人性论、政治论以至于人伦教化等都奠基于此。”③

另外，谢启武另辟蹊径，提出“驱、基、阶、功、人、境、颂、程、格、事”等为仁的“十字义”，并运用“十字义”对《论语》中含仁的章句进行了分析解读。④

除了对“仁”之思想进行检讨外，还有学者对“礼”的内涵进行了探究。戴朝富认为，“论语是人学的圣书，所谓人学，即是求如何一方内在地提振人之良知善性，一方外在地润物及物，以表

① 曾春海:《论语中礼义与仁的关系》,《哲学论集》1975 年第 5 期。
② 曾春海:《由论语、孟子看“仁”的自觉》,《鹅湖月刊》1976 年第 8 期。
③ 郑力为:《试论〈论语〉里的利、命、仁》,《鹅湖月刊》1984 年第 7 期。
④ 谢启武:《论语所见仁的十字义》,《哲学与文化》1989 年第 12 期。

现人文的学问”①，“人在现实存在面中生活，必有所表现，而一切外在的客观表现统称为‘文’，唯此‘文’能彰显‘人’的道德精神，凸显‘人’的人格价值与意义，始可称为‘人文’；而礼即人之对人、对天地社稷与其他鬼神之宗教道德精神的表现，人之对人之生命之始终之尊敬的精神，人与人种种伦理关系中之人义的表现，乃至人之对物之敬爱的表现，故人文实即涵摄在礼之精神氛围中；人依礼而生活，则一切衣食住行等等自然活动、一切人之处世接物的表现，便都富有充实的精神内涵，人之能化自然本能、化人之对事物之交接为一具有充实精神的内涵，此之谓点化，此之谓道德创造，一切世间之文仪、文物、文献、文制、文辞等等在此点化创造下，一一‘人文化成’为文化的内容，一一展现有意义有价值的礼仪、礼物、礼献、礼制、礼辞，于是人神相感，人我相通，物我合一，自然秩序化为道德秩序，世界亦在此文化生命之无限成长历程中逐步逼近为一圆成的世界”②。

张佳方提出，《论语》中的“礼”具有典章制度、仪节仪文及规范法度等内涵，重在以礼为规范，强调以礼而行。仪节仪文具有时代性，并非一成不变，但仁义作为礼的本质却不因任何人、任何事物而变动。促使人成为文质彬彬的君子是礼的终极性目的。③

王浩仁以《论语》文本为基础，探讨了儒家价值观中“情义”“礼法”之标准及此标准间之关系。在“正当性”方面，“人性”

① 戴朝富:《〈论语〉论礼及其精神方向》,《哲学与文化》1991 年第 6 期。
② 戴朝富:《〈论语〉论礼及其精神方向》,《哲学与文化》1991 年第 6 期。
③ 张佳方:《〈论语〉论礼之管窥》,《辅大中研所学刊》1999 年第 9 期。

对“至善”与“满全关系”的向往，通过“情义”，达于“礼法”，形成有层次的价值次序；在“可行性”方面，“人性”可由自觉与沟通而不断成长、达成共识，将理想的价值次序在社会中落实。于是，“人性”与“价值”的互动，成为“正常”与“可行”的共同基础。“礼法”的标准在“情义之适当表达”，而情义的社会意义亦是“适当之表达”，落在实践中，“表达”的共同目的在于“和”，而不在于“同”。关键乃是，“人性”希求“至善”，“至善”要求“诚”，“诚”则不可强求“同”，却可为“和”打开通路。①

（三）从“政治、伦理、教育、文艺、音乐、历史、经济、科学、宗教”等方面进行探究

这方面的论文主要有：陈宝敏的《从论语看孔子的历史观》（《孔孟月刊》1963年第5期）、方骥龄的《论语尧曰章之民生史观》（《大陆杂志》1966年第12期）、吴颐平的《论语中之财富观》（《辅仁学志——文学院之部》1982年第11期）、方坤邕的《由论语窥探孔子之科学思想》（《孔孟月刊》1979年第5期）、张知本的《论语所记的“孝”与“仁”》（《孔孟月刊》1965年第2期）、沈英桂的《论语的人生观与教育观》（《台南师专学刊》1979年第1期）、王更生的《从论语看孔子的交友论》（《孔孟月刊》1979年第1期）、吴少生的《释君子——并述论语中孔子论君子的品德修

---

① 王浩仁：《论儒家价值观中“情义”“礼法”之标准及此标准间之关系》，《哲学与文化》1997年第10期。

养》(《中华国学》1977年第10期)、江举谦的《从论语体认孔子伟大教育》(《中国国学》1978年第6期)、潘琦君的《由论语一书看孔子的文学观》(《孔孟月刊》1976年第2期)、杨一峰的《孔门言“学”言“乐”浅释》(《孔孟月刊》1963年第7期)、梅贻宝等的《由“丘之祷也久矣”窥测孔子的宗教观》(《孔孟月刊》1965年第10期)、沈刚伯的《从〈论语〉中试探孔子的宗教态度》(《孔孟月刊》1965年第12期)、柳岳生的《由“丘之祷也久矣”窥测孔子的宗教观》(《孔孟月刊》1965年第11期)、戴朝福的《〈论语〉中的鬼神观》(《孔孟月刊》1985年第1期)、戴晋新的《孔子历史思想的〈论语〉观》(《辅仁历史学报》1990年第8期)、戴朝福的《论语的政治理念与从政情操》(《鹅湖月刊》1993年第11期)、傅佩荣的《解析孔子的修养理论：以〈论语〉“难”“必”二字为探讨焦点》(《文史哲学报》1998年第49期)等等。

戴晋新认为孔子的历史观包含以下内容：解说历史非常注重征信，最重视人为因素，排斥鬼神作用；对人类历史发展愿景持乐观态度；历史是变迁的，基于经验的归纳可以作某种程度的预测；西周是最理想的时代，其精神内涵合乎人类前途的需要。在《论语》中既没有看到孔子谈论《春秋》，也看不出后人说他作、修《春秋》的动机。①

戴朝福对孔子的政治理念和从政情操进行了比较深入的分析，

① 戴晋新:《孔子历史思想的〈论语〉观》,《辅仁历史学报》1990年第8期。

认为："论语所持的政治理念，即在求仁政之得以实施，从而展现一'王道的社会'，在此氛围中，政治资源无固定化，有德者皆可有机会得位，此深具民主精神之'开放领袖'的主张，自与柏拉图'闭锁领袖'的主张迥异。而'王道社会'亦与'多元社会'不同，今日由民主制度所产生的所谓'多元社会'，乃是多个利益集团依于各自不同的价值和目标，在一种公平合理的竞赛规则中争取各自不同的利益，在此社会中，不分什么君子小人，只是讲好事坏事、正义邪恶都有公平竞争的机会，如是的'多元社会'，未必真能让人有机会成其为具有'精神生命'的人，故未必即是一种有价值的多元，而'王道社会'不只肯定了人人皆有仁心，肯定了人之人格皆具有无上的价值尊严，更予人以向上奋发的激励，由是而创发了自由社会的生机，此'王道社会'保住了'人统之正'，保住了仁心仁性的大本原，树立了人性的尊严，使整个社会'到并行而不相悖，万物并育而不相害'，此正可补救今日多元社会之'把人互视为抽象人、概念人'，而不知相互欣赏对方所具有之人的'主体精神'的流弊。"①

傅佩荣以《论语》"难""必"二字为例分析了孔子的修养理论："基于剖析'难'字的相关语句，我们得知修养次序由'克己以自处'着手，进而'好学以处世'，再提升至'立人以成德'。然后，基于剖析'必'字的相关语句，修养为'建立生活规范'，进而'磨炼处世智慧'，而最高目标是'界定人生理想'，三个次

① 戴朝福:《论语的政治理念与从政情操》,《鹅湖月刊》1993 年第 11 期。

序与三步规划不仅互相对应，而且互相发明。”①

（四）从“论语文本解读”方面进行探究

这方面的论文主要分为两个层面：

第一，从宏观层面对《论语》文本进行检讨。如：钱穆的《论语读法》（《新亚生活》1961 年第 5 期）、王叔岷的《论语斠理》（《孔孟学报》1962 年第 3 期）、［日］武者小路实笃的《论语杂感》（陈淑女译，《国民日报》1966 年 12 月 31 日）、刘象山的《谈论语札记》（《孔孟月刊》1967 年第 9 期）、李绍户的《论语读法与研究法》（《建设》1981 年第 8 期）、王邦雄的《〈论语〉儒学的人文理想》（《鹅湖月刊》1982 年第 2 期）、杨钟基的《陶集引〈论语〉考——兼论陶潜之儒学思想》（《中国文化研究所学报》1988 年第 1 期）、陈德和的《忠恕的实践与人间大爱的实现——〈论语〉与〈新约〉的一个共同关怀》（《鹅湖学志》1998 年第 21 期）、林安梧的《道的错置（一）：先秦儒家政治思想的困结——以〈论语〉及〈孟子〉为核心的展开》（《鹅湖月刊》1989 年第 2 期）、《走向生活世界的儒学——儒学、〈论语〉与交谈》（《通识教育季刊》1997 年第 3 期）和《“后新儒学”义下的〈论语〉》（《鹅湖月刊》1999 年第 3 期）等等。

王邦雄认为“论语是孔子与弟子的对话，用心不在建立一套思想系统或伦理教条，仅是师生道德实践体验的真切实录”。②

① 傅佩荣：《解析孔子的修养理论：以〈论语〉“难”“必”二字为探讨焦点》，《文史哲学报》1998 年第 49 期。

② 王邦雄：《〈论语〉儒学的人文理想》，《鹅湖》1982 年第 2 期。

林安梧指出，“儒家所谓的内圣外王，原只是此血缘性的自然总体与人格性的道德总体通极为一的理想境界而已。如此一来，却忽略了血缘性的自然总体及人格性的道德总体之外，应该还有一独立的社会总体之可能”。[①] 林安梧又指出，《论语》作为一部经典，不是天启式的经典，而是人间交谈式所编纂成的经典，这样的经典，自也就有其人间性，而且人间性与其交谈性是不可分的。有人间，有交谈，故有生活世界，在生活世界中的人间交谈并不是一般所以为的杂谈，是即于当下，而上及于“道”的交谈。这么说来，这里便隐含着“人间”与“存有”（亦可以说是“人”与“道”）的关系。这也就是说《论语》一书中的“人间交谈”是有本有源的交谈，或者说是道的彰显，而不是平面的交涉而已，它更是立体的透入。[②]

针对朱自清《陶诗的深度——评古直〈陶靖节诗笺定本〉》一文得出的“陶诗里主要思想实在还是道家”的结论，杨钟基从陶渊明诗集引用《论语》切入，探讨陶渊明与孔子以及儒学之关系，认为陶渊明的思想仍然是以儒家思想为主，“归本于儒者也”[③]。“陶公于孔氏之道，有笃信焉，有笃行焉，有疑惑焉，有转益焉。笃信者何？仁义是也。笃行者何？固穷是也。疑惑者何？天道幽远，积

---

① 林安梧：《道的错置（一）：先秦儒家政治思想的困结——以〈论语〉及〈孟子〉为核心的展开》，《鹅湖月刊》1989年第2期。

② 林安梧：《走向生活世界的儒学——儒学、〈论语〉与交谈》，《通识教育季刊》1997年第3期。

③ 杨钟基：《陶集引〈论语〉考——兼论陶潜之儒学思想》，《中国文化研究所学报》1988年第1期。

善无报是也。转益者何？并参儒道，絜己躬耕是也。”①

陈德和从“忠恕的实践与人间大爱的实现”之角度对《论语》与《新约》进行了比较，以“非希腊化”的立场，用“圣经神学”的方式直扣原典、重新解读《新约》，认为基督宗教之超绝一神论固然迥异于儒者天人合德的主张，以致彼此在道德哲学上产生神律和自律的不同，但是二者在肯定人间、肯定伦常、肯定恕道和肯定爱的态度上却是一致的。换言之，它们都相信忠恕的力行乃是实现人间大爱的保证。②

另外，林安梧提出了“后新儒学”的观点，并以此为基础对《论语》进行了宏观上的审视，认为“后新儒学”强调的是以“气”为中心的“历史人性论”，这为的是让道德实践不只停留在内在的主体修养里，而是走入生活世界、历史社会总体的场域之中。长久以来，儒学的“道德实践”被转变成“心性修养”“心性修养”，再被转变成“境界的追求”，终落到“精神胜利法”。③《论语》是在呈现人与天地人事物间最真实的生命交谈，是生活化、交谈式、场所性的经典。《论语》强调的是从家庭伦常的“孝悌”说起。“孝”，是对于我们那个生命根源的崇敬、追溯、以及往下延续，这是个“纵线的逻辑”。而“悌”，是依循着那个共同生命根

---

① 杨钟基：《陶集引〈论语〉考——兼论陶潜之儒学思想》，《中国文化研究所学报》1988 年第 1 期。

② 陈德和：《忠恕的实践与人间大爱的实现——〈论语〉与〈新约〉的一个共同关怀》，《鹅湖学志》1998 年第 21 期。

③ 张佳方：《〈论语〉论礼之管窥》，《辅大中研所学刊》1999 年第 9 期。

源而继续把它开展出来，落在人世间里头把它实践出来，这是个“横面的逻辑”。因此，这一纵一横就构成了一个坐标系，而开启了我们存在的整个生活世界之场域。①

第二，从“篇章字句”方面进行检讨。主要有：曹先辊的《“民可使由之不可使知之”的句读及释义》（《建设》1968年第11期）、徐复观的《有关中国思想史中一个基题的考察——释〈论语〉“五十而知天命”》（《民主评论》1956年第16期）、阎民生的《“五十以学易”，“五十”两字之解》（《学园》1967年第5期）、黄金鋐的《论语“性相近也习相远也”》（《孔孟月刊》1975年第11期）、林义正的《〈论语〉“夫子之文章”章之研究》（《文史哲学报》1984年第42期）、郑力为的《论语“如其仁！如其仁！”意义的检辨》（《鹅湖月刊》1980年第4期）、张瑜的《释“君子不忧不惧”》（《孔孟月刊》1985年第2期）、曾昭旭的《论知命、安命与改过之道——论语选章疏解》（《鹅湖月刊》1993年第5期）、林明照的《〈论语〉中“知者”的地位与意义试探》（《哲学与文化》1999年第8期）等等。

如，郑力为从“如其仁”入手，认为此章并非如传统上认为的是孔子赞许管仲具有“仁”的品质。“‘如其仁’的意思是说管仲的功业，宛若出于他的仁，这就意涵着管仲并非仁人，只不过他们所成就的事功亦就是仁者所希望‘有之’的事功罢了……孔子根本

① 张佳方：《〈论语〉论礼之管窥》，《辅大中研所学刊》1999年第9期。

就没有许管仲以仁；因为管仲的人格价值并没有达到‘仁’的层境也。”[①] 林义正对“夫子之文章”进行了分析，认为此章应作如下句读，子贡曰：“夫子之文章，可得而闻也；夫子之言性，与天道，不可得而闻也已矣。”并将其译为，子贡说：“有关老师文德昭著（的传闻），大家一听都能明白；但是有关老师参合天道说性方面的话，大家并不是一听都能明白的啊！”作者推断孔子晚年的确有谈及人性如何由天道而来，以及人性如何参合天道的言论，而这正是后来《易传》《中庸》《孟子》《荀子》等“与天地参”思想的根源。[②] 曾昭旭从“命限之认取”“安命的态度”“改过之必要”等角度，对“伯牛有疾”（《论语·雍也》）、“人皆有兄弟，我独亡”（《论语·颜渊》）、“凤鸟不至，河不出图”（《论语·子罕》）、“颜渊死”（《论语·先进》）、“求仁而得仁”（《论语·述而》）、“富而可求也”（《论语·述而》）、“子疾病，子路请祷”（《论语·述而》）、“贫而无怨难，富而无骄易”（《论语·宪问》）、“陈思败问昭公知礼乎”（《论语·述而》）、“君子之过也，如日月之食焉”（《论语·子张》）、“小人之过也必文”（《论语·子张》）等章句进行阐释。[③]

林明照认为，孔子所强调人必须确知的内容，“知人”“知言”以及“知礼”正关联到“知者”在政治举措方面的能力。而对于

---

① 郑力为：《论语“如其仁！如其仁！”意义的检辨》，《鹅湖》1980 年第 10 期。

② 林义正：《〈论语〉“夫子之文章”章之研究》，《文史哲学报》1984 年第 42 期。

③ 曾昭旭：《论知命、安命与改过之道——论语选章疏解》，《鹅湖月刊》1993 年第 5 期。

“生”与“命”的确知，表达了“知者”必须重视人世价值，并要在人生中就人力所能掌握的范围作无止境的努力。而对于德的认知，正是人生价值内涵的体认。①

（五）从“《论语》学”方面进行探究

这方面的论文主要有：谢幼伟的《孝经与论语中孝道思想的比较》（《哲学论集》1972年第12期）、杜松柏的《论语学之形成》（《孔孟月刊》1983年第9期）、陶希圣的《论语的版本与注释续编》（《食货月刊》1984年第1期）、毛子水的《论语朱注补正》（《辅仁学志——文学院之部》1985年第14期）、董季堂的《评论语皇侃义疏之得失》（《孔孟学报》1974年第28期）、金培懿的《伊藤仁斋〈论语古义〉在日本〈论语〉注释史上的地位》（《书目季刊》1997年第3期）等等。

如金培懿对伊藤仁斋的《论语古义》的学术特点及其地位进行了分析：“在仁斋看来，通过汉、唐、宋明的注解所得来的，也称不上是纯粹的圣人之意，故不得不排除一切古注，直接与孔子接触，才可得知真正的古义。也因此，对经文自有熟读玩味的必要，由这种观点出发所成就的论语注释书，即为《论语古义》。”②“《论语古义》可以视为是一个分界点，它既代表着对前一时代研究成果的继承与研究方法的终结，同时也开启了《论语》

① 林明照：《〈论语〉中“知者”的地位与意义试探》，《哲学与文化》1999年第8期。

② 金培懿：《伊藤仁斋〈论语古义〉在日本〈论语〉注释史上的地位》，《书目季刊》1997年第3期。

研究的另一个新时代。而显然其开创之功，要远超过其所承继的部分。”①

谢幼伟通过对比《孝经》与《论语》中的孝道思想，认为《孝经》与《论语》在思想上一脉相承，同时认为《孝经》与《论语》一样也应是孔门弟子所作。“尽管我们可承认它不是孔子所作，然它必是根据孔子的思想而作，且必是孔门弟子所作，这是可无疑问的。”②

三、主要特点

纵观港台地区《论语》学的研究，有其鲜明的特点，主要体现在：研究过程的一贯性、研究主体的多样性和学术研究的主导性。

（一）研究过程的一贯性

从1949年以来，无论政治局势如何跌宕起伏、风云多变，台湾地区在《论语》学研究方面一直坚持下去，始终没有中断。尽管在研究过程中，都是以探讨儒学、研究孔子为核心，没有明确的《论语》学概念，但却在客观上促进了《论语》学的研究与发展。比如，无论是出版的著作还是公开发表的学术论文，一直都保持了学术研究的连续性。从公开出版的著作情况来看，从陈铁凡的《敦煌本论语异文汇考》（1961年版）、钱穆的《孔子与论语》（1975年版）、王书林的《论语译注及异文校勘》（1981年版），到南怀瑾

① 金培懿：《伊藤仁斋〈论语古义〉在日本〈论语〉注释史上的地位》，《书目季刊》1997年第3期。

② 谢幼伟：《孝经与论语中孝道思想的比较》，《哲学论集》1972年第12期。

的《论语别裁》(1992年版)、傅佩荣的《论语的智慧》(1993年版)、林安梧的《论语——走向生活世界的儒学》(1995年版),可以说,每一个时代都有研究《论语》的力作出现,无论是从义理、考据、辞章层面入手,还是从《论语》学之视角着眼,都是当时《论语》学研究情况的集中反映。可以说,研究过程一以贯之,始终没有中断。

(二)研究主体的多样性

研究主体的多样性,主要有三点:

第一,研究载体多样。既有学术性很强的期刊、学术论文、书籍,也有学术性较弱的报纸杂志。比较有代表性的,如《新亚学报》《哲学与文化》《新境界》《中华文化复兴月刊》《孔孟月刊》《孔孟学刊》《台南师专学刊》《鹅湖月刊》《圣诞特刊》《学粹》《新亚学术集刊》《哲学论集》《民主评论》《现代学苑》《新潮》《东方文化》《大陆杂志》《自由青年》《辅仁学志》《建设》《人生》《台北工专学报》《东方杂志》《中华文化月刊》《新亚生活》《孔道季刊》《学宗》《教与学》《香港浸会学院学报》《文史学报》《教学与研究》《学园》《食货月刊》《中国学术史论集》《联合报》《国民日报》等等。

第二,集中研究儒学的学术期刊优势凸显。主要有两种期刊:《孔孟学报》和《孔孟月刊》。期刊的主旨是研究儒学,包括儒家思想、流派、代表人物、《论语》学等。期刊自创办以来,无论是发表论文的数量还是学术水平,都在学术领域产生了广泛影响,逐步占据学术研究的制高点,成为研究儒学的核心期刊。

第三，出现了以研究儒学为主旨的学术团体。比较有代表性的是“鹅湖学派”。自20世纪后半叶开始，以《鹅湖月刊》《鹅湖学志》主笔群即牟宗三弟子为主体，在台湾形成当代版的“鹅湖学派”。这个学派继承宋代“鹅湖学派”的学术精神，接过牟宗三哲学的“香火”，将现代新儒学继续向前推进。“鹅湖学派”已经形成了跨越二代甚至三代人的学术梯队。蔡仁厚、载琏璋、王邦雄等为第一代，奠定了“鹅湖学派”的学术方向和理论格局，从而成为这个学派的先驱。李瑞全、王财贵、高柏园、岑溢成、杨祖汉、李明辉、林安梧等为第二代，他们因卓越的理论创新而成为这个学派的中坚力量。此外，周博裕、邱黄海、潘朝阳、林日盛、林月惠、霍晋明、魏美瑗、黄汉忠等后来者为第三代。比较有代表性的人物有蔡仁厚、王邦雄、杨祖汉、李明辉、林安梧等。[①] 诚然，“鹅湖学派”以研究儒学、诠释新儒学，从而推进儒学向前发展为主旨，但在研究过程中不可避免对《论语》学的内容进行研究。比如，蔡仁厚的《论语人物论》（台湾商务印书馆1996年版）、林安梧的《论语——走向生活世界的儒学》（明文书局1995年版）等等。

（三）学术研究的主导性

从公开发表的学术成果来看，无论是形式还是具体内容，总体上都是围绕学术展开，研究成果的主旋律是发掘弘扬孔子及其儒学

---

① 参见程志华：《台湾“鹅湖学派”的理论渊源、代表人物及义理走向》，《东岳论丛》2013年第6期。

的思想，坚持学术，为政治服务的意识并不明显。具体到《论语》学来说，无论是从宏观出发还是从微观着眼，无论是从哲学、历史、文献等学术角度探讨，还是从政治、教育、为人处世等与社会密切相关的角度切入，客观上说，研究者的出发点和落脚点基本上都是为了学术研究，文本内容彰显的是学术价值。从某种意义上说，正是这种学术研究的主导性，才使港台地区儒学研究（当然包括《论语》学研究）保持了学术传统的一贯性，更能体现学术价值，从而在东亚儒学研究圈乃至在世界儒学研究领域占据了举足轻重的地位。

第二节 钱穆的《论语新解》

钱穆（1895—1990），江苏无锡人，字宾四，后改名为“穆”，笔名公沙、梁隐、与忘、孤云，晚号素书老人、七房桥人，著名历史学家、思想家、教育家，被称为“我国最后一位国学大师”①。《论语新解》既是钱穆一生讲学的心得，也是用功较多的上乘之作。1918年，钱穆根据讲授《论语》的心得体会，仿照《马氏文通》撰写了《论语文解》。后经多次修改，于1963年以《论语新解》为名出版，1987年又进行了修订再版。②“《论语新解》是钱先生的一

① 陈勇:《国学宗师钱穆》,北京大学出版社2007年版,第4页。

② 参见钱穆:《论语新解·序》《论语新解·再版序》,载《论语新解》,生活·读书·新知三联书店2002年版;钱穆:《漫谈〈论语新解〉》,《孔子研究》1986年第3期。

部重要著作，也是他本人比较重视的一部著作。在这书写成出版前后，钱先生在香港新亚书院就曾多次写文章，做讲演谈到这书的写作计划、过程、进度以及这书的价值、意义、读法等等。”① 从宏观而言，《论语新解》的诠释特色主要体现在：突出义理，兼顾考据和辞章；摒弃门户，融会汉学和宋学。

一、突出义理，兼顾考据和辞章

“义理”注重阐发经典中的微言大义，“训诂”注重解释经典中的疑难字词，“辞章”（章句）注重对经典分出章节、标出句读。三者是古人治学的基本方法，学者或者偏重其一，或者三者兼顾。姚鼐在《述庵文钞序》中指出应将三者有机结合：“余尝谓学问之事，有三端焉，曰：义理也，考证也，文章也。是三者，苟善用之，则皆足以相济；苟不善用之，则或至于相害。”② 对此，钱穆比较认同。他说：“任何一项学问中，定涵有义理、考据、辞章三个主要的成分。此三者，合则成美，偏则成病。如治文学，不能没有义理。诗文写得尽好，不合义理总不成。同时也不能无考据，一字字都该有来历，这亦即是考据。如讲史学，当然要考据，讲历史上每一事，都该有考有据，但亦不能讲来无义理。又该讲得清楚明白，有条理，有分寸，这即是辞章之学。所以任何一项学问，只要成其为学问，则必包括此三成分。”③

---

① 钱行：《思亲补读录——走进父亲钱穆》，九州出版社 2011 年版，第 26 页。

② 姚鼐：《惜抱轩文集》，中国书店 1991 年版，第 46 页。

③ 钱穆：《中国史学发微》，载《钱宾四先生全集》（第三十二册），台北联经出版事业公司 1998 年版，第 43—44 页。

不过，在强调三者相互兼顾的同时，钱穆认为最重要的仍然是“义理”。“照理讲，义理之学似乎所占地位最高……中国人讲义理之学，主要都推尊孔孟。”[①]“固然义理必出于思想，但思想亦必归宿到义理。义理有一目标，必须归宿到实际人生上。孔孟思想之可贵正在此。”[②] 这种突出义理，兼顾考据、辞章的特点在《论语新解》中得以充分体现。“我写《新解》，虽然说是义理、考据、辞章三方兼顾，主要自以解释义理为重……我为《论语》作《新解》，只重在解释《论语》原文之本义。”[③]

首先，《论语新解》几乎对每一章都从义理层面作了阐发，目的是让读者掌握该章主旨。如对《学而》篇第一章，钱穆在对“子曰”“学”“时习”等注解之后，便谈了自己的看法：“本章乃叙述一理想学者之毕生经历，实亦孔子毕生为学之自述。学而时习，乃初学事，孔子十五志学以后当之。有朋远来，则中年成学后事，孔子三十而立后当之。苟非学邃行尊，达于最高境界，不宜轻言人不我知，孔子五十知命后当之。学者惟当牢守学而时习之一境，斯可有远方朋来之乐。最后一境，本非学者所望。学求深造日进，至于人不能知，乃属无可奈何。圣人深造之已极，自知弥深，

① 钱穆:《中国史学发微》,载《钱宾四先生全集》(第三十二册),台北联经出版事业公司 1998 年版,第 44 页。

② 钱穆:《中国史学发微》,载《钱宾四先生全集》(第三十二册),台北联经出版事业公司 1998 年版,第 48 页。

③ 钱穆:《孔子与论语》,载《钱宾四先生全集》(第四册),台北联经出版事业公司 1998 年版,第 100 页。

自信弥笃，乃曰：‘知我者其天乎’，然非浅学所当骤企也。”① 钱穆认为此章蕴含着三种境界：学而时习、有朋自远方来、人不知而不愠。前两种境界学者只要尽力便可以做到，最后一境则“本非学者所望”。这就为学者读《论语》奠定了基调，即强调“时习”、实践，“孔子之学，皆由真修实践来。无此真修实践，即无由明其意蕴”②。

同时，钱穆还指出这三种意境具有永恒的价值。“孔子距今已逾两千五百年，今之为学，自不能尽同于孔子之时。然即在今日，仍有时习，仍有朋来，仍有人不能知之一境。学者内心，仍亦有悦、有乐、有愠、不愠之辨。即再逾两千五百年，亦当如是。故知孔子之所启示，乃属一种通义，不受时限，通于古今，而义无不然，故为可贵。读者不可不知。”③ 又如，在对《为政》篇首章“为政以德，譬如北辰，居其所而众星共之”注解时，钱穆说：“孔门论学，最重人道。政治，人道中之大者。人以有群而相生相养相安，故《论语》编者以为政次学而篇。”④ 开宗明义，直接向读者说明了本篇的宗旨以及排在《学而》篇之后的依据。

在突出义理的同时，钱穆也非常注重考据、辞章与义理的兼顾乃至融合。“训诂乃讲古今语之意义分别，实为考据之一部分。考据本意，原在发挥义理……《论语》中任何一字一句，自古迄今，

---

① 钱穆:《论语新解》,生活·读书·新知三联书店 2002 年版,第 4 页。
② 钱穆:《论语新解》,生活·读书·新知三联书店 2002 年版,第 5 页。
③ 钱穆:《论语新解》,生活·读书·新知三联书店 2002 年版,第 5 页。
④ 钱穆:《论语新解》,生活·读书·新知三联书店 2002 年版,第 23 页。

均有甚多异义、异说、异解。在此许多异解中，我们不当批评其孰是孰非、孰好孰不好，而只当看其孰者与《论语》原文本义相合。此处却不论义理，只论考据。我在《新解》中，亦有甚多考据，但都把此种考据来考定《论语》原本之本义。这是以考据定义理，与辞章定义理同样，只是考定《论语》原文之本义。此与专一讨论义理而忘却先考究《论语》原文之本义者不同。"[①] "我的《论语新解》，逐章、逐句、逐字都要解，任何一字一句一章都不敢轻易放过。"[②] "再说到辞章之学，亦与训诂之学有不同。训诂、校勘皆是考据，但有若干字可有几个义可讲，此等处须从辞章来作抉择；所谓'文从字顺各识职'，此乃辞章之学。讲训诂者认为积字成句，一字一字识得其义训，便可通得此一句。不知从辞章讲，却须通得此一句，乃始识得其一字之义训。"[③] 为此，对《论语》每一章的诠释，钱穆基本上都做到了义理、考据与辞章的有机融合。仅举一例：

> 子曰："道不行，乘桴浮于海，从我者，其由与？"子路闻之喜。子曰："由也，好勇过我，无所取材。"（《论语·公冶长》）

---

① 钱穆:《孔子与论语》,载《钱宾四先生全集》(第四册),台北联经出版事业公司 1998 年版,第 120—121 页。

② 钱穆:《孔子与论语》,载《钱宾四先生全集》(第四册),台北联经出版事业公司 1998 年版,第 111 页。

③ 钱穆:《孔子与论语》,载《钱宾四先生全集》(第四册),台北联经出版事业公司 1998 年版,第 120 页。

首先，钱穆对“桴”进行了解释：“编竹木，浮行于水面，大者曰筏，小者曰桴。今俗称排。”① 对“由也，好勇过我，无所取材”一句，自古多有争议。朱熹注曰：“材，与裁同，古字借用”，并引程子曰：“浮海之叹，伤天下之无贤君也。子路勇于义，故谓其能从己，皆假设之言耳。子路以为实然，而喜夫子之与己，故夫子美其勇，而讥其不能裁度于事理，以适于义也。”② 对此，钱穆则阐释了不同看法，并对朱熹与程颐的看法予以批驳。“孔子转其辞锋，谓由之好勇，过于我矣，其奈无所取材以为桴何？材，谓为桴之竹木。此乃孔子更深一层之慨叹。既无心于逃世，而其无所凭借以行道之感，则曲折而更显矣。或曰：材与裁同。子路以孔子之言为实然，孔子美其勇于义，而讥其不能裁度于事理。惟乘桴浮海，本为托词，何忽正言以讥子路？就本文理趣言，当从前解为胜。”③ 此外，钱穆还从辞章之视角对此章作了洋洋洒洒的论述。

此章辞旨深隐，寄慨甚遥。戏笑婉转，极文章之妙趣。两千五百年前圣门师弟子之心胸音貌，如在人耳目前，至情至文，在《论语》中别成一格调，读者当视作一首散文诗玩味之。或说：子罕篇有子欲居九夷章，此章浮海，亦指渡海去九夷。孔子自叹不能行道于中国，犹当行之于蛮夷，故此章之浮海，决非高蹈出尘，绝俗辞世之

① 钱穆：《论语新解》，生活·读书·新知三联书店2002年版，第113—114页。
② 朱熹：《四书章句集注》，中华书局2011年版，第76页。
③ 钱穆：《论语新解》，生活·读书·新知三联书店2002年版，第114页。

意。然此章记者则仅言浮海，不言居夷，亦见其修辞之精妙。读者当取此章与居夷章参读，既知因文考事，明其实际，亦当就文论文，玩其神旨。如此读书，乃有深悟。若专以居夷释此章之浮海，转成呆板。义理、考据、辞章，得其一，丧其二，不得谓能读书。[①]

从上可知，钱穆在以义理为主的基础上，兼顾考据、辞章，并做到了有机融合。这种情况在整部《论语新解》中俯拾皆是。

二、摒弃门户，融会汉学和宋学

戴震曾言："圣人之道在六经。汉儒得其制数，失其义理；宋儒得其义理，失其制数。"[②] 戴震一针见血地指出了汉学与宋学的优劣得失，亦是汉宋之别。乾嘉以来，朴学兴起，由此引发汉宋门户之争。对此，钱穆持比较公允的态度。一方面，他对承袭汉学的乾嘉之学作了评析，认为"清儒以训诂考据治古籍，厥功伟矣……清儒考据，其失在于个别求之，而不务于会通"[③]，"盖清儒治学，始终未脱一门户之见"[④]，既肯定了训诂考据之学所取得的成绩，也指出了存在的弊端。同时，其也明确指出宋儒优点与不足。"然

① 钱穆:《论语新解》,生活·读书·新知三联书店 2002 年版,第 114 页。

② 戴震:《戴震全书》(第六册),黄山书社 1994 年版,第 375 页。

③ 钱穆:《庄老通辨》自序,载《钱宾四先生全集》(第七册),台北联经出版事业公司 1998 年版,第 5—6 页。

④ 钱穆:《两汉经学今古文平议》自序,载《钱宾四先生全集》(第八册),台北联经出版事业公司 1998 年版,第 6 页。

善言义理，仍推朱《注》，断非清儒所及”①，“我之作《新解》，乃是要冲淡宋代理学气息来直白作解，好让不研究宋代理学的人也能直白了解《论语》”②。由此可知，对于汉学和宋学，钱穆没有选择站队，支持一方反对另一方，而是指出各自存在的优点以及不足，力图打破门户，将二者融会贯通。这在《论语新解》中体现得比较明显。“钱宾四先生《论语新解》一书，充分扬弃了宋明义理之学与乾嘉考据之学，以朴学为基阐发义理为归，对《论语》的阐释达到了质实而圆融的境界。”③

在谈《论语新解》创作的主旨及体例时，钱穆说：

普通读《论语》，总是读朱注。但朱子集注成书，距今已过七百年，有些我们应该用现时代的语言和观念来为《论语》作新解，好使人读了亲切有味，易于体会，此其一。清代汉学盛兴，校勘训诂考据各方面，超越前代甚远，朱注误处经改正的也不少，我们不应仍墨守朱注，此其二。各家改订朱注，亦复异说纷歧，我们应折中调和以归一是，此其三。我立意作新解，主要用心，不外此三点。我刻意想写一通俗本，用最浅近的白话来写，好使初

---

① 钱穆:《孔子与论语》,载《钱宾四先生全集》(第四册),台北联经出版事业公司 1998 年版,第 66 页。

② 钱穆:《孔子与论语》,载《钱宾四先生全集》(第四册),台北联经出版事业公司 1998 年版,第 112 页。

③ 周海平:《深情的体悟,卓然的阐释——〈论语新解〉的学术情怀与境界》,《孔子研究》2002 年第 6 期。

中以上学生人人能读。为求简要，把汉学家繁称博引的旧格套摆脱了——虽亦博综诸家，兼采群说，但只把结论写出，没有枝叶烦琐。我又模仿西方人翻译《新旧约》，把《论语》各章全用白话翻出，好使读者看了一目了然，再无疑义。①

从上可知，《论语新解》之“新”有以下四点：一是紧跟时代，对朱熹的《论语集注》作现代转换；二是删繁就简，删减训诂考据烦琐枝叶，保留主干和结论，让人一目了然；三是对莫衷一是、难下结论的争议，调和折中，兼采己意；四是面向普通大众，将原典直接翻译成白话文，直截了当、浅显易懂，让人不再产生歧义。按照“先列《论语》原文，其次逐字逐句分释，又其次总述一章大义，最后是《论语》本文的白话翻译”② 这一体例，钱穆对章句的诠释基本上都贯彻了上述理念。仅举一例：

曾子曰：“堂堂乎张也，难与并为仁矣。”（《论语·子张》）

郑玄曰：“言子张容仪盛，而于仁道薄也。”③ 范祖禹曰：“子

① 钱穆：《漫谈〈论语新解〉》，《孔子研究》1986年第3期。
② 钱穆：《漫谈〈论语新解〉》，《孔子研究》1986年第3期。
③ 皇侃：《论语义疏》，高尚榘校点，中华书局2013年版，第506页。

张外有余而内不足，故门人皆不与其为仁。”① 对此，钱穆提出了质疑，他说：“然本章当与上章合参，上章之难能，犹此章之堂堂，子游、曾子乃评子张为人，决不仅言其容仪。容仪之训虽出汉儒，不可从……或又说：子游言吾之与子张友，仅希其难能，尚未敢及于其仁，此益不通。宋儒说《论语》，有过于贬抑孔门诸贤处，固是一病。清儒强作回护，仍失《论语》之本义。姑拈此例，庶学者能超越汉、宋，平心求之，斯《论语》之真，亦不难得。”② 钱穆认为，无论是郑玄代表的汉儒，还是范祖禹代表的宋儒，其观点都有失偏颇，应当平心对待，方能求得《论语》真意。

需要注意的是，由于朱熹的《集注》影响深远，为了满足时代需要，钱穆对《集注》进行了改造与创新。“钱穆《论语新解》在现代学者的《论语》注解中独具特色，这体现在它与朱子《集注》的深层次的继承与损益关系。概括起来，钱穆在三个方面对《集注》‘仁’的解释采取损益：以人生的朴实情感来代替朱子的‘爱之理’；以人生的好学实践代替朱子的‘心之全德’；以历史文化的感恩心代替朱子的客观化‘仁者之功’观念。这反映出钱穆本着人生道德实践和人类历史文化生存命运的立场，对朱子‘性理’学思维方式的回应、对《论语》自身思想世界回归的努力。”③

---

① 朱熹:《四书章句集注》,中华书局2011年版,第178页。

② 钱穆:《论语新解》,生活·读书·新知三联书店2002年版,第492页。

③ 张洪义:《钱穆〈论语新解〉对朱子〈集注〉的继承与损益——以“仁”的解释为中心》,《平顶山学院学报》2018年第6期。

《论语新解》是钱穆“刻意”写的一部《论语》的“通俗本”[1]，根本主旨在于让天下人读懂《论语》，发扬圣人之道，从根本上传承中华传统文化。“钱穆20世纪60年代初出版的著作《论语新解》，旨取通俗，以务明《论语》本义为主，求其为一部人人可读之注，指出了一条有别于学术探讨的读书道路。他的经典普及工作不仅是对《论语》的毕力钻研，也流露出对文化传承和民族复兴的殷殷期待。”[2] 由此，“学为人之道”也是《论语新解》的应有之义。

为了保证这一目的的实现，钱穆在对朱熹《集注》的改造上，便摒弃理学的“性”“天”“理”等形上之追问，过分注重学而成人的形下之实践。对这一点，有学者进行了质疑：“钱穆反对从‘性’上立基，将‘学为人之道’所以可能的根据溯及先验层面，‘学为人之道’便充其量只能是一种倡导，终究无法成为一种有着普遍效力的道德要求；由否定程朱对‘性’‘天’‘理’等范畴的探求而否定对一切形而上者的探求，所带来的其实同时也是对形而下者所当有的价值取向的忽略；钱穆将‘为仁’看作只是完人或成人的‘起码条件’，主张当以‘为政’成就之大小衡量‘为仁’境界之高下，这其实是忽略了‘为仁’的独立价值……从拒绝将‘学为人之道’何以可能的根据追溯到人与生俱来之‘性’，再到反复强调博文约礼的重要性，强调不可离开人伦日用，以免堕入某

① 钱穆:《漫谈〈论语新解〉》,《孔子研究》1986年第3期。

② 林韵:《通于古今,无物不然——从〈论语新解〉看钱穆的学术期待》,《许昌学院学报》2012年第4期。

种玄虚的不可思议之境，这表明先验的维度并不在钱先生的视野之内。由于缺少一种在每个人的天性里皆可找到其根芽的根据，‘学为人之道’作为一种道德律令，便失去可施之于每个人乃至一切人的普遍效力。”① 究其原因，这是受到清代朴学以及近代西学等当时学术背景的影响。

① 陈洪杏:《钱穆先生〈论语新解〉探微——以“学为人之道”为致思线索》,《理论与现代化》2018 年第 2 期。

第六章 《论语》文本编纂讨论

《论语》成书一直存在争议。大致有两种看法：一种看法认为，《论语》的作者是孔子弟子及其再传弟子。班固《汉书·艺文志》云：“孔子应答弟子、时人及弟子相与言而接闻于夫子之语也。当时弟子各有所记，夫子既卒，门人相与辑而论纂，故谓之《论语》。”此种说法只是笼统指出《论语》是孔子弟子及其门人所编纂，具体是谁没有明确提及。在此思路下，学界对具体编纂者进行了探究。如，郑玄认为是“仲弓、子游、子夏等撰”，傅玄《傅子》云“仲弓之徒”，柳宗元《论语辩》认为“出于曾子弟子乐正子春和子思之徒”，程颐、朱熹认为“出于有子、曾子之门人”等。另一种看法认为，《论语》最终编定与孔门弟子及再传弟子关联不大，主要是后人所为，如赵贞信的“文景博士编定说”[①]，单承彬的“邹鲁之士编定说”[②] 等。

尽管这两种看法不同，但都承认孔子弟子及其再传弟子在《论语》编纂过程中的作用。尤其是先秦时期《论语》文本的形成，与孔子弟子有很大关系。“孔子以诗书礼乐教，弟子盖三千焉，身通六艺者七十有二人”（《史记·孔子世家》），孔子弟子众多，究竟哪些弟子参加了编纂，学界尚未完全定论。正如郭沂所说：“先秦时期存在的若干种《论语》的编撰者是孔门弟子们，至于哪些弟子编撰了哪些《论语》，已无法考证。”[③] 另外，具体到每一篇来看，里面所构成的章与章之间也有清晰的内在逻辑，并非随意编排。因此，本部分重点探讨两个方面的问题：一是围绕孔子弟子与《论语》编纂展开讨论，明晰孔子部分弟子参加《论语》编纂的可能性及其所起的作用。二是以《学而》《尧曰》篇为例，探讨所属章之间的内在逻辑关联。

第一节 孔子弟子与《论语》编纂[*]

根据李启谦的《孔子弟子资料汇编》，有姓名的孔子弟子有

---

① 赵贞信:《〈论语〉究竟是谁编纂的》,《北京师范大学学报(社会科学版)》1961年第4期。

② 单承彬:《论语源流考述》,吉林人民出版社2002年版,第49页。

③ 郭沂:《〈论语〉源流再考察》,《孔子研究》1990年第4期。

* 本文原名为《孔子弟子与先秦时期〈论语〉编纂探微》,发表于《云梦学刊》2018年第6期,在此基础上又作了部分修改调整。

100 人，且并不完全确定。孔子弟子虽多，但与孔子交往密切的弟子只是少数。《论语》中提到的弟子只有 35 人。即颜回、闵子骞、冉伯牛、冉雍、冉有、子路、宰我、子贡、子游、子夏、子张、曾参、澹台灭明、宓子贱、原宪、公冶长、南宫括、曾点、颜路、高柴、漆雕开、公伯寮、司马耕、樊迟、有若、公西华、巫马施、申枨、琴牢、陈亢、孟懿子、孺悲、林放、子服景伯、左丘明。[①]“提到”主要分三种情况：（1）与孔子或他人互动，有问有答；（2）自说自话；（3）被提到名字。如果每一章作为一次，亦即章数，那么，不同弟子被“提到”的次数也有很大差别。最多的是子路，达 40 次；其他依次为：子贡 38 次；颜回 21 次；子夏 20 次；子张 20 次；冉有 16 次；曾参 15 次；子游 8 次；冉雍 7 次；樊迟 6 次；闵子骞 5 次；宰我 5 次；公西华 5 次；有若 4 次；南宫括 3 次；司马耕 3 次；陈亢 3 次；冉伯牛 2 次；原宪 2 次；高柴 2 次；子服景伯 2 次；其他 14 人各 1 次。

从今本《论语》来看，《论语》的内容主要由四部分构成：一是孔子与弟子、时人的答问及其对他人的评价；二是孔子的举止形象；三是少数孔子弟子的言行举止；四是其他相关内容。按照常理推测，《论语》编纂人员如果是孔子弟子的话，那么这些弟子应该在《论语》里被提及。没有提及的弟子，无论是品德、才干还是地位、影响，应该都不及被提到的弟子。比如“孔门十哲”，从曝光率比较高的子路、子贡，到出镜只有两次的冉伯牛，《论语》里都

① 参见李启谦、王式伦：《孔子弟子资料汇编》，山东友谊书社 1991 年版。

有记载。由此可以推知：《论语》编纂人员应该在被提及的35人之中，其他弟子没有参加编撰。这35人①又分为两种情况：一是不可能参加编纂的；二是虽然参加但所起的作用不同的。

一、不可能参加编纂的孔子弟子辨析

陆德明《经典释文·序录》云："夫子既终，微言已绝，弟子恐离居已后，各生异见，而圣言永灭，故相与论撰。"编纂《论语》的目的是传承孔子思想，避免"圣言永灭"。据此，可以推测不可能参加《论语》编纂的共27人，大致有以下六种情况。

（一）先于孔子去世

《论语》成书于孔子去世之后，先于孔子去世的弟子不可能参加编纂。这种情况有5人，即颜回（前521—前481）、子路（前542—前480）、司马耕（？—前481）、孟懿子（前531—前481）和冉伯牛。前四人有明确记载，都早于孔子去世。冉伯牛生于公元前544年，比孔子小7岁，去世的时间不详。伯牛有疾，子问之，自牖执其手，曰："亡之，命矣夫！斯人也而有斯疾也！斯人也而有斯疾也！"（《论语·雍也》）日本学者物双松认为："冉子有恶疾，不可复用于世，如失之然，故孔子云尔。"（《论语征》）此章所载应是冉伯牛临终的事情，由此可以推知冉伯牛极有可能先孔子而逝。

① 这35名弟子，多数生卒年代不详。为便于分析，除了有明确记载的之外，其他弟子假定在孔子去世之后仍然健在。

（二）孔子弟子身份不明

这部分弟子多为《史记》或《孔子家语》[①] 不能确定，虽被作为孔子弟子对待，且在《论语》里也有记载，但不可能参加编纂。符合这种情况的有3人，即左丘明、林放和琴牢。

1. 左丘明。根据历史文献，先秦时期的“左丘明”有两个，一个是春秋末期的鲁国人，早于孔子的贤者，不是孔子的学生；另一个是《左传》《国语》的作者。朱彝尊《孔子弟子考》将其作为孔子弟子。《论语》提到左丘明只有一处：

> 子曰：“巧言、令色、足恭，左丘明耻之，丘亦耻之。匿怨而友其人，左丘明耻之，丘亦耻之。”（《论语·公冶长》）

“孔子这段言语把左丘明放在自己之前，而且引以自重。”[②] 此处的左丘明应是早期的贤者，不是孔子的弟子。

2. 林放。《论语》提到林放有两处，都是关于“礼”的问题。

> 林放问礼之本。子曰：“大哉问！礼，与其奢也，宁俭；丧，与其易也，宁戚。”（《论语·八佾》）

---

① 长期以来，受疑古思潮的影响，《孔子家语》系“后人伪造”之作为学界公认。结合出土文献等相关资料，杨朝明专门撰文《代前言：〈孔子家语〉的成书与可靠性研究》进行了驳证，认为并非“伪书”，本文赞同此观点。参见杨朝明、宋立林主编：《孔子家语通解》，齐鲁书社2013年版。

② 杨伯峻：《论语译注》，中华书局1980年版，第52页。

季氏旅于泰山。子谓冉有曰:"女弗能救与?"对曰:"不能!"子曰:"呜呼!曾谓泰山不如林放乎?"(《论语·八佾》)

林放是否是孔子弟子存在争议。《史记·仲尼弟子列传》《孔子家语·七十二弟子解》都无记载,李启谦依据"汉代文翁《礼殿图》有他的名字和画像"[①] 将其列为孔子弟子,这种说法有待商榷。唐代司马贞在为《史记·仲尼弟子列传》所作的《索隐》中云:如《文翁图》所记,又有林放、蘧伯玉、申枨、申堂,俱是后人以所见增益,于今殆不可考。据此,笔者认为林放不是孔子弟子。有学者指出元人费著的《成都周公礼殿圣贤图考》中也没有林放。[②]《汉书·循吏传》载:"文翁,庐江舒人也。少好学,通《春秋》,以郡县吏察举。景帝末,为蜀郡守,仁爱好教化。见蜀地辟陋有蛮夷风,文翁欲诱进之……文翁终于蜀,吏民为立祠堂,岁时祭祀不绝。至今巴蜀好文雅,文翁之化也。"文翁是汉景帝时期的人,也是"最早在蜀地倡导教化的地方官员,从他开始,蜀地逐渐成为与齐鲁相媲美的文化中心"[③]。"礼"是推行教化的重要内容,"不学礼,无以立"(《论语·季氏》),而林放问礼被孔子称为"大哉问",文翁在《礼殿图》中增设林放画像也在情理之中。由此推知,林放应该不是孔子弟子。

---

① 李启谦、王式伦:《孔子弟子资料汇编》,山东友谊书社 1991 年版,第 939 页。
② 参见胡兰江:《文翁礼殿图小考》,《中国典籍与文化》2002 年第 3 期。
③ 胡兰江:《文翁礼殿图小考》,《中国典籍与文化》2002 年第 3 期。

3. 琴牢。琴牢是春秋末期卫国人,《史记·仲尼弟子列传》无此人,《孔子家语·七十二弟子解》中有其名。琴牢、琴张是否为同一人，根据现有资料并不能确定。若假定为一人，是否是孔子弟子仍存在争议。《左传·昭公二十年》载：琴张闻宗鲁死，将往吊之。仲尼曰："齐豹之盗，而孟絷之贼，女何吊焉？君子不食奸，不受乱，不为利疚于回，不以回待人，不盖不义，不犯非礼。"由此，琴张"似是孔子弟子"[①]。杨伯峻则持否定意见："王肃伪撰之《孔子家语》说'琴张，一名牢，字子开，亦字子张，卫人也'，尤其不可信。"[②]《论语》提到琴牢只有一处，牢曰："子云：'吾不试，故艺。'"(《论语·子罕》)此章是琴牢对孔子的回忆，作为引言人物出现。既无孔子的评价，也无与他人的互动，其即便是孔子弟子，也不会有较高的地位，故其参加编纂的可能性不大。

（三）难解圣人之意

编纂《论语》是为了避免"圣言永灭"，也是孔门大事，担此重任的应是弟子中的重要人物，且能够理解孔子的思想。反之，如果不能体察孔子思想，甚至与孔子思想相左，就不可能参加编纂。符合这种情况的有 6 人，即孺悲、子服景伯、公伯寮、申枨、巫马施、颜路。

1. 孺悲。《论语》提到孺悲只有一处：孺悲欲见孔子，孔子辞以疾。将命者出户，取瑟而歌，使之闻之。(《论语·阳货》)《礼

---

① 李启谦、王式伦:《孔子弟子资料汇编》,山东友谊书社 1991 年版,第 884 页。

② 杨伯峻:《论语译注》,中华书局 1980 年版,第 89 页。

记·杂记》云："恤由之丧，哀公使孺悲之孔子，学士丧礼。《士丧礼》于是乎书。"鲁哀公时期是从公元前494年到公元前468年，鲁哀公派孺悲向孔子学礼，孺悲应是孔子的晚期弟子。有学者认为孔子这样对待孺悲是一种教育方式："《孟子·告子下》说：'教亦多术矣。予不屑之教诲也者，是亦教诲之而已矣。'孔子故意不接见孺悲，并且使他知道，是不是也是如此的呢?"① 此种说法有待商榷。孺悲是奉国君之命前来学"士丧礼"，这与其他弟子自愿来学不同；而且，孔子自认为"自行束修以上，吾未尝无诲焉"(《论语·述而》)，应该尽心而教，"《士丧礼》于是乎书"也间接证明了孔子的教学效果。"这是告诉孺悲并没生病，只是不愿意接见他，也是一种'教育方式'。真是这样吗？岂不是故意说谎？我想恐另有具体的情况和原因，不可知也矣。"② 不管具体原因如何，孔子不见孺悲只是表达对孺悲的不满，而不是一种教育方式。再则，孺悲是奉命而学，所学内容单一，时间有限，学成之后必然向国君答复。据此，孺悲不可能参加编纂。

2. 子服景伯与公伯寮。子服景伯是春秋末期的鲁国贵族，《史记·仲尼弟子列传》和《孔子家语·七十二弟子解》均无记载，朱彝尊《孔子弟子考》依据西汉鲁峻石壁画七十二子像中有其画像而将其作为孔子弟子。公伯寮是孔子的重要弟子，与子路同为季氏家臣。《论语》有两处记载：

① 杨伯峻:《论语译注》,中华书局1980年版,第188页。

② 李泽厚:《论语今读》,生活·读书·新知三联书店2008年版,第522页。

公伯寮愬子路于季孙。子服景伯以告，曰："夫子固有惑志，于公伯寮，吾力犹能肆诸市朝。"子曰："道之将行也与，命也。道之将废也与，命也。公伯寮其如命何！"（《论语·宪问》）

叔孙武叔语大夫于朝，曰："子贡贤于仲尼。"子服景伯以告子贡。子贡曰："譬之宫墙，赐之墙也及肩，窥见室家之好。夫子之墙数仞，不得其门而入，不见宗庙之美、百官之富。得其门者或寡矣。夫子之云，不亦宜乎！"（《论语·子张》）

第一处，子服景伯把公伯寮诽谤子路的行为告诉孔子，并想把公伯寮斩首示众，但被孔子拒绝。第二处，叔孙武叔公开宣称"子贡贤于仲尼"，子服景伯据实告子贡。由此可见，子服景伯没有真正体察孔子思想，被孔子拒绝、被子贡教诲也在情理之中。公伯寮虽为孔子重要弟子，但与孔子、子路反目，以至于子服景伯想将其杀死。由此可推定，子服景伯和公伯寮不可能参加编纂。

3. 申枨。申枨是春秋末期鲁国人。《论语》只提到一处，子曰："吾未见刚者！"或对曰："申枨。"子曰："枨也欲，焉得刚？"（《论语·公冶长》）一般人认为申枨符合"刚"的标准，而孔子不赞成，认为申枨欲望太多。朱熹引谢氏曰："刚与欲正相反。能胜物之谓刚，故常伸于万物之上；为物掩之谓欲，故常屈于万物之下。自古有志者少，无志者多，宜夫子之未见也。枨之欲不可知，其为人得非悻悻自好者乎？故或者疑以为刚，然不知此其所以为欲尔。”① 孔子从内心并不赞同申枨，况且，其在孔子弟子中地位并不高。据此，申枨参加编纂的可能性极小。

4. 巫马施。巫马施生于公元前521年，小孔子30岁，《孔子家语》作巫马期。《韩诗外传》载：“子贱治单父，弹琴鸣，身不下堂，而单父治。巫马期以星出，以星入，日夜不处，以身亲之，而单父亦治。巫马期问于子贱，子贱曰：‘我任人，子任力。任人者佚，任力者劳。’人谓子贱，则君子矣，佚四肢，全耳目，平心气，而百官理，任其数而已。巫马期则不然乎，然事惟劳力教诏，虽治，犹未至也。《诗》曰：‘子有衣裳，弗曳弗搂；子有车马，弗驰弗驱。’”《论语》提到巫马施只有一处：

> 陈司败问：“昭公知礼乎?”孔子曰：“知礼。”孔子退，揖巫马期而进之，曰：“吾闻君子不党，君子亦党乎？君取于吴，为同姓，谓之吴孟子。君而知礼，孰不知礼?”巫马期以告。子曰：“丘也幸，苟有过，人必知之。”（《论语·述而》）

从上可知，在为官方面，巫马施与宓子贱不同。巫马施为官事必躬亲，很有成效，为人比较诚实，对不利于孔子的话依然据实相告。孔子对鲁昭公的非礼行为不是不知，而是“臣不可言君亲之

① 朱熹:《四书章句集注》,中华书局1983年版,第77页。

恶”不愿意说明，最后只有归过于自己。巫马施不理解孔子的“难言之隐”，可见其不够聪明、悟道不深。如果是子贡，就很有可能直接向陈司败解释，替孔子辩解，而不是向孔子转述。而且，巫马施事必躬亲，且多从事行政事务。据此，巫马施参加编纂的可能性极小。

5. 颜路。颜回之父，生于公元前545年，小孔子6岁。《孔子家语·七十二弟子解》云：“孔子始教学于阙里，而受学。”其属于孔子早期弟子。《论语》提到颜路只有一处：

> 颜渊死，颜路请子之车以为之椁。子曰：“才不才，亦各言其子也。鲤也死，有棺而无椁。吾不徒行以为之椁，以吾从大夫之后，不可徒行也。”（《论语·先进》）

颜路受业虽早，却并不理解孔子。《论衡·自纪》云：“颜路庸固。”假如其深得孔子之意，必然不会请“子之车以为之椁”。因为孔鲤去世在前，贵为孔子长子尚无“椁”，作为弟子的颜回无椁也在情理之中。如此浅显道理，颜路尚不能理解，足见其“庸固”。再则，孔子去世时颜路已六十七岁，精力明显不足。据此，可断定颜路不可能参加编纂。

（四）质疑或冒犯孔子

编纂《论语》目的是传承弘扬孔子的思想，质疑孔子思想或冒犯孔子的弟子只是作为“引言”或“反衬”在《论语》里被提到，他们不可能参加编纂。符合这种情况的有3人，即陈亢、宰予和冉有。

1. 陈亢。陈亢生于公元前511年，比孔子小40岁，《孔子家语·七十二弟子解》中有其名。《论语》提到陈亢有三处：

子禽问于子贡曰："夫子至于是邦也，必闻其政。求之与？抑与之与？"子贡曰："夫子温、良、恭、俭、让以得之。夫子之求之也，其诸异乎人之求之与！"（《论语·学而》）

陈亢问于伯鱼曰："子亦有异闻乎？"对曰："未也。尝独立，鲤趋而过庭。曰：'学诗乎？'对曰：'未也。''不学《诗》，无以言。'鲤退而学《诗》。他日，又独立，鲤趋而过庭。曰：'学礼乎？'对曰：'未也。''不学礼，无以立！'鲤退而学礼。闻斯二者。"陈亢退而喜曰："问一得三，闻《诗》，闻礼，又闻君子之远其子也。"（《论语·季氏》）

陈子禽谓子贡曰："子为恭也，仲尼岂贤于子乎？"子贡曰："君子一言以为知，一言以为不知，言不可不慎也。夫子之不可及也，犹天之不可阶而升也。夫子之得邦家者，所谓立之斯立，道之斯行，绥之斯来，动之斯和。其生也荣，其死也哀。如之何其可及也！"（《论语·子张》）

从上可知，陈亢的行为不符合弟子身份。一是私揣孔子品行。林希元认为："夫子固不私其子，亦未尝远其子。陈亢始以私子疑，终又谓远其子，始终以私意窥圣人，陋哉，陈亢之见也。”（《四书存疑》）二是妄言子贡贤于孔子。杨伯峻据此认为，陈亢恐怕不是孔子的学生。① 在杨伯峻看来，作为学生不应该这样说老师。由此，陈亢不可能参加编纂。

2. 宰予。宰予生卒年不详，《孔子家语·七十二弟子解》云：“有口才著名。”《史记·仲尼弟子列传》云：“利口辩辞。”《论语》提到宰予有五处：

> 哀公问社于宰我。宰我对曰：“夏后氏以松，殷人以柏，周人以栗，曰使民战栗。”子闻之曰：“成事不说，遂事不谏，既往不咎。”（《论语·八佾》）
>
> 宰予昼寝。子曰：“朽木不可雕也，粪土之墙不可杇也，于予与何诛？”子曰：“始吾于人也，听其言而信其行；今吾于人也，听其言而观其行。于予与改是。”（《论语·公冶长》）
>
> 宰我问曰：“仁者，虽告之曰：‘井有仁焉。’其从之也？”子曰：“何为其然也？君子可逝也，不可陷也；可欺也，不可罔也。”（《论语·雍也》）
>
> 言语：宰我，子贡。（《论语·先进》）
>
> 宰我问：“三年之丧，期已久矣。君子三年不为礼，礼必坏；三年不为乐，乐必崩。旧谷既没，新谷既升，钻

① 参见杨伯峻:《论语译注》,中华书局1980年版。

燧改火，期可已矣。”子曰：“食夫稻，衣夫锦，于女安乎？”曰：“安。”“女安，则为之！夫君子之居丧，食旨不甘，闻乐不乐，居处不安，故不为也。今女安，则为之！”宰我出。子曰：“予之不仁也！子生三年，然后免于父母之怀。夫三年之丧，天下之通丧也，予也有三年之爱于其父母乎！”（《论语·阳货》）

上述五处，第二处是孔子对宰我的批评，第四处是客观叙述，其余三处是宰我与孔子的辩论。很明显，无论是“问社”还是“三年之丧”，孔子都不赞成宰我的观点，尤其是“井里有仁”之问，有尖刻刁钻、愚弄之嫌，令孔子非常生气。“本章宰我以仁者听说井中有‘仁’设喻，问孔子仁者是否应该求‘仁’而到井中。很明显，此说具有明显的愚弄口气，因此孔子有‘何为其然也？君子可逝也，不可陷也；可欺也，不可罔也’的回答。”① 有学者甚至认为，此问有同室操戈之嫌。“此章宰我之问，巧设驳难，已非尖刻问题或王充所谓‘极问’之属，明有入室操戈于孔子仁说之预含，孔子之答亦非答其所问，而为斥其所以问。”② 司马迁评价宰予“利口辩辞”可谓一针见血，与孔子辩论竟如此愚弄、尖刻，与其他弟子辩论更是有过之而无不及。假如宰予参加编纂，看到上述四处所记肯定不会同意。故此，宰予不可能参加编纂。

---

① 杨朝明主编：《论语诠解》，山东友谊出版社2013年版，第104—105页。
② 牛泽群：《论语札记》，北京燕山出版社2003年版，第175页。

3. 冉有。冉有位列“政事科”第一名，有很强的政务能力，长期担任季氏的家臣。《孔子家语·七十二弟子解》云：“有才艺，以政事著名。”虽然《论语》有16处提到冉有，但都无关仁德之根本问题，多是孔子对冉有的不满甚至批评。如，冉有多给公西华之母粮食，孔子说“君子周急不继富”（《论语·雍也》）。“季氏将伐颛臾”，孔子责问冉有和季路：“无乃尔是过与？”（《论语·季氏》）最严厉的一次是：“季氏富于周公，而求也为之聚敛而附益之。子曰：‘非吾徒也，小子鸣鼓而攻之，可也！’”（《论语·先进》）冉有的兴趣和精力在于政务，对孔子的仁德思想、授业传道不感兴趣，更不能从深处理解圣人之意。故此，冉有不可能参加编纂。

（五）需要回避

编纂成员如果与孔子有特殊关系，或者成员之间有亲情，一旦意见不一，就会影响编纂的客观公正。为避免这种事情发生，有些弟子应予回避。符合这种情况的有3人，即公冶长、南宫括和曾点。

1. 公冶长。公冶长是孔子的女婿，也是孔子的弟子。《孔子家语·七十二弟子解》云：“为人能忍耻。”《论语》提到公冶长只有一处，子谓公冶长：“可妻也。虽在缧绁之中，非其罪也。”以其子妻之。（《论语·公冶长》）为女选婿是非常重要的事情，对其品行、才干乃至家族等都要综合考量。孔子只是说出了公冶长最大的特点，即“能忍辱负重”①，其他特点没有提及，但并不能说没有

---

① 李启谦、王式伦:《孔子弟子资料汇编》，山东友谊书社1991年版，第718页。

考虑。公冶长在其他方面应有过人之处。如果公冶长参加，鉴于这种特殊身份，一旦与其他成员发生争执，就很难得到公正的评断，因此需要回避。

2. 南宫括。南宫括是孔子的侄女婿。《孔子家语·七十二弟子解》云："以智自将，世清不废，世浊不污。"《论语》提到南宫括有三处：

> 子谓南容："邦有道，不废；邦无道，免于刑戮。"以其兄之子妻之。(《论语·公冶长》)
>
> 南容三复白圭，孔子以其兄之子妻之。(《论语·先进》)
>
> 南宫适问于孔子曰："羿善射，奡荡舟，俱不得其死然。禹、稷躬稼，而有天下。"夫子不答。南宫适出，子曰："君子哉若人！尚德哉若人！"(《论语·宪问》)

从上可知，南宫括是尚德不尚武力、明哲保身之人。无论是处于乱世还是盛世，他都能够保全自己。鉴于孔子侄女婿的特殊身份及其性格，南宫括参加编纂的可能性极小。

3. 曾点。曾参之父，孔子早期弟子。《论语》提到曾点只有一处：《先进》篇中最后一章"子路、曾皙、冉有、公西华侍坐"。"吾与点也"，说明孔子当时的想法与曾点相同。《孔子家语·七十二弟子解》云："疾时礼教不行，欲修之。孔子善焉。"作为早期弟子，其受业非常深，且深谙孔子之道。孔子去世时，曾参27岁，此时的曾点应在40岁以上。《论语》编纂是劳力费神之事，父子二人同为孔子弟子，所知大同小异，曾子至孝，不可能再让曾点参加此项工作。再则，如果二人同时参加，一旦发生争执，曾点重礼，曾参也不会强父所难，难免会误解圣意。据此，曾点参加编纂的可能性极小。

（六）其他原因

除了上述情况，由于性格、职业等原因，有些弟子不可能参加编纂。符合这种情况的有7人，即漆雕开、宓子贱、澹台灭明、高柴、公西华、原宪和樊迟。

1. 漆雕开。漆雕开生于公元前540年，小孔子11岁。《孔子家语·七十二弟子解》云："习《尚书》，不乐仕。孔子曰：'子之齿可以仕矣，时将过。'子若报其书曰：'吾斯之未能信。'孔子悦焉。"《论语》提到漆雕开只有一处：

> 子使漆雕开仕。对曰："吾斯之未能信。"子说。（《论语·公冶长》）

刘宝楠认为"夫子使开仕，当在为鲁司寇时"。[①] 孔子在鲁定公十年至十二年（前500—前498）任司寇等职，此时漆雕开应在40—42岁，已到不惑之年。结合《孔子家语》，孔子让漆雕开出去做官，除了人品、才干之外，考虑更多的是年龄。而漆雕开"自谦

① 刘宝楠:《论语正义》,高流水点校,中华书局1990年版,第169页。

尚不能析理至明，不敢为仕。所答得体，故孔子悦之”①。孔子去世时，漆雕开已六十多岁，按常理推测，此时漆雕开应该为官，忙于政务，不可能参加编纂。

2. 宓子贱。对于宓子贱的年龄有两种说法：《孔子家语》《史记索隐》认为小孔子49岁；《史记》载小孔子30岁。《孔子家语·七十二弟子解》云：“仕为单父宰。有才智，仁爱，百姓不忍欺。孔子大之。”《论语》提到宓子贱只有一处，子谓子贱：“君子哉若人！鲁无君子者，斯焉取斯？”（《论语·公冶长》）宓子贱有为政之才，有仁爱之心，深得孔子赞许。虽然其与巫马施同为孔子弟子，同样把单父治理得很好②，只因方式不同，巫马施没有得到孔子的任何评价。可见，宓子贱在孔子心目中的地位。如果宓子贱小孔子49岁，那么孔子去世时他才24岁。正常情况下，治理单父三年才能见成效。要得到孔子的认可，还应该在三年之上。换言之，宓子贱不到二十岁就应该任单父宰。再则，从治理的方式来看，宓子贱采用的是“任人”，善于让他人干活，不像巫马施那样事必躬亲。这种类似“无为”的做法，不太像年轻人。由此可推测，宓子贱比孔子小30岁的说法更符合常理。另外，宓子贱知人善用，善于谋略，不愿意亲力亲为。而《论语》编纂是一项系统、烦琐的工程，宓子贱并非“孔门十哲”，在孔子弟子中，无论是才干还是社会地位都不足以担当谋划全局的重任。据此推

① 方骥龄：《论语新诠》，台湾中华书局1977年版，第115页。
② 见上文“巫马施”部分。

知，宓子贱不可能参加编纂。

3. 澹台灭明。澹台灭明生于公元前 512 年，小孔子 39 岁。《孔子家语·七十二弟子解》云：“有君子之姿，孔子尝以容貌望其才。其才不允孔子之望，然其为人公正无私，以取与去就以诺为名，仕鲁为大夫也。”《史记》有两处记载：“状貌甚恶。欲事孔子，孔子以为材薄。既已受业，退而修行，行不由径，非公事不见卿大夫。南游至江，从弟子三百人，设取予去就，名施乎诸侯。孔子闻之，曰：“吾以言取人，失之宰予；以貌取人，失之子羽。”（《仲尼弟子列传》）“自孔子卒后，七十子之徒散游诸侯，大者为师傅卿相，小者友教士大夫，或隐而不见。故子路居卫，子张居陈，澹台子羽居楚。”（《儒林列传》）《论语》只有一处提到澹台灭明：

> 子游为武城宰。子曰：“女得人焉耳乎?”曰：“有澹台灭明者，行不由径，非公事，未尝至于偃之室也。”（《论语·雍也》）

澹台灭明比子游大六岁，子游初任武城宰，澹台灭明还没入孔门。“从这里子游的答话语气来看，说这话时还没有向孔子受业。因为‘有……者’的提法，是表示这人是听者以前所不知道的。”①澹台灭明入孔门应在子游为武城宰期间或之后，其应是孔子晚期弟

---

① 杨伯峻:《论语译注》，中华书局 1980 年版，第 60 页。

子。这是其一。其二，澹台灭明相貌丑陋，不讨孔子喜欢。孔子去世之前，他就离开孔子到南方传道授徒，效果显著，让孔子刮目相看。孔子去世时子游28岁，假定子游20岁左右担任武城宰，澹台灭明入孔门，至孔子去世才八年；况且，在孔子去世之前他就到南方传道授徒，“从弟子三百人，名施乎诸侯”，这至少需要三至五年的时间。由此，澹台灭明向孔子学习的时间不超过五年。其三，从“孔子闻之”，可知澹台灭明到南方教学后并未与孔子联系。原因可能是师徒感情一般，再加上路途遥远、来往不方便。据此推知，孔子去世时，澹台灭明很有可能没有得到消息，也不可能守“三年之丧”。因此，澹台灭明不会参加编纂。

4. 高柴。高柴生于公元前521年，小孔子30岁。《孔子家语·七十二弟子解》云：“长不过六尺，状貌甚恶。为人笃孝而有法正。少居鲁，见知名于孔子之门。仕为武城宰。”《论语》提到高柴有两处：

> 柴也愚，参也鲁，师也辟，由也喭。（《论语·先进》）
>
> 子路使子羔为费宰。子曰：“贼夫人之子。”子路曰：“有民人焉，有社稷焉。何必读书，然后为学？”子曰：“是故恶夫佞者。”（《论语·先进》）

高柴相貌丑陋，非常孝顺，遵守法度。之所以说高柴愚笨，主要是指不善于读书。他在政事方面能力很强，孔子弟子中担任的官职最多。① 子路非常了解高柴，没有听从孔子的意见，而是让其担任费宰。根据《史记》记载，子路罹难之际，高柴曾劝阻子路不要莽撞行事：

仲由将入，遇子羔将出，曰："门已闭矣。"子路曰："吾姑至矣。"子羔曰："不及，莫践其难。"子路曰："食焉不辟其难。"子羔遂出……孔子闻卫乱，曰："嗟乎！柴也其来乎？由也其死矣。"(《史记·卫康叔世家》)

由此可以看出，高柴非常务实，关键时刻能够认清形势、权衡利弊、保全自己。这一点孔子看得非常清楚，故发出"柴也其来乎"的感叹。高柴有政事之才，文学能力不足，且不处于"十哲"地位，而又有政务在身。故此，高柴不可能参加编纂。

5. 公西华。公西华生于公元前509年，小孔子42岁。《孔子家语·七十二弟子解》云："束带立朝，闲宾主之仪。"《论语》提到公西华有五处，其中三处是关于公西华长于祭祀、外交的佐证：

子华使于齐……子曰："赤之适齐也，乘肥马，衣轻裘吾闻之也，君子周急不继富。"(《论语·雍也》)

子曰："赤也，束带立于朝，可使与宾客言也。不知其仁也。"(《论语·公冶长》)

① 参见李启谦、王式伦:《孔子弟子资料汇编》,山东友谊书社1991年版。

子路、曾皙、冉有、公西华侍坐……“赤，尔何如?”对曰：“非曰能之，愿学焉！宗庙之事，如会同，端章甫，愿为小相焉。”……“唯赤则非邦也与?”“宗庙会同，非诸侯而何？赤也为之小，孰能为之大?”(《论语·先进》)

在当时，公西华的祭祀、外交才能得到公认，“乘肥马、衣轻裘”非一般人所能及。另外两处，是公西华与孔子的问答：

子曰：“若圣与仁，则吾岂敢！抑为之不厌，诲人不倦，则可谓云尔已矣。”公西华曰：“正唯弟子不能学也!”(《论语·述而》)

子路问：“闻斯行诸?”子曰：“有父兄在，如之何其闻斯行之?”冉有问：“闻斯行诸?”子曰：“闻斯行之!”公西华曰：“由也问：‘闻斯行诸?’子曰：‘有父兄在。’求也问：‘闻斯行诸?’子曰：‘闻斯行之。’赤也惑，敢问。”子曰：“求也退，故进之；由也兼人，故退之。”(《论语·先进》)

这两处是公西华向孔子请教，“正唯弟子不能学也”，说明公西华对“学之不厌、诲人不倦”不感兴趣，也不能从深处体悟孔子的思想，事实也证明了这一点：“赤也惑。”孔子去世时公西华 31 岁，时值壮年，正是仕途的黄金时期；况且，其在孔子弟子中并不处在前列。故此，公西华不可能参加编纂。

6. 原宪。原宪生于公元前515年，小孔子36岁。《孔子家语·七十二弟子解》云："清净守节，贫而乐道。孔子为鲁司寇，原宪尝为孔子宰。孔子卒后，原宪退隐，居于卫。"《论语》提到原宪有两处：

原思为之宰，与之粟九百，辞。子曰："毋！以与尔邻里乡党乎！"(《论语·雍也》)

宪问耻。子曰："邦有道，谷；邦无道，谷，耻也。""克、伐、怨、欲不行焉，可以为仁矣?"子曰："可以为难矣，仁则吾不知也。"(《论语·宪问》)

孔子去世后，原宪退隐乡野。《史记·仲尼弟子列传》云：

孔子卒，原宪遂亡在草泽中。子贡相卫，而结驷连骑，排藜藿入穷阎，过谢原宪。宪摄敝衣冠见子贡。子贡耻之，曰："夫子岂病乎?"原宪曰："吾闻之，无财者谓之贫，学道而不能行者谓之病。若宪，贫也，非病也。"子贡惭，不怿而去，终身耻其言之过也。

从上可知，原宪关注仁德这一根本问题，注重品行修养；与子贡观点不合，也不愿与其合作共事，而子贡在《论语》编纂工作中担任重要角色。据此，原宪不会参加编纂。

7. 樊迟。樊迟是孔子晚期弟子。《史记·仲尼弟子列传》云：

"樊须字子迟，少孔子三十六岁。"《孔子家语·七十二弟子解》云："少孔子四十六岁。弱仕于季氏。"樊迟求知心切，上进心强，有勇力，二十多岁就仕于季氏。《左传·鲁哀公十一年》载，季孙曰："须也弱。"此年为公元前484年，他如果小孔子46岁，此时应为21岁，符合"弱"的条件；如果小孔子36岁，此时应为31岁，处在而立之年，不属于"弱"。由此推知，樊迟应小孔子46岁，《史记》的说法不妥。杨伯峻认为《史记》中的"三"系古四字之误。①《论语》提到樊迟有6处：

孟懿子问孝。子曰："无违。"樊迟御，子告之曰："孟孙问孝于我，我对曰，'无违'。"樊迟曰："何谓也？"子曰："生，事之以礼；死，葬之以礼，祭之以礼。"（《论语·为政》）

樊迟问知。子曰："务民之义，敬鬼神而远之，可谓知矣。"问仁。曰："仁者先难而后获，可谓仁矣。"（《论语·雍也》）

樊迟从游于舞雩之下，曰："敢问崇德、修慝、辨惑。"子曰："善哉问！先事后得，非崇德与？攻其恶，无攻人之恶，非修慝与？一朝之忿，忘其身以及其亲，非惑与？"（《论语·颜渊》）

樊迟问仁。子曰："爱人。"问知。子曰："知人。"

---

① 参见杨伯峻:《论语译注》,中华书局1980年版。

樊迟未达，子曰：“举直错诸枉，能使枉者直。”樊迟退，见子夏，曰：“乡也吾见于夫子而问知，子曰：‘举直错诸枉，能使枉者直’，何谓也?”子夏曰：“富哉言乎！舜有天下，选于众，举皋陶，不仁者远矣。汤有天下，选于众，举伊尹，不仁者远矣。”（《论语·颜渊》）

樊迟请学稼。子曰：“吾不如老农。”请学为圃。曰：“吾不如老圃。”樊迟出。子曰：“小人哉，樊须也！上好礼，则民莫敢不敬；上好义，则民莫敢不服；上好信，则民莫敢不用情。夫如是，则四方之民襁负其子而至矣，焉用稼?”（《论语·子路》）

樊迟问仁。子曰：“居处恭，执事敬，与人忠；虽之夷狄，不可弃也。”（《论语·子路》）

从上可以看出，樊迟勇力出众，与孔子交往密切，经常跟随出行，有机会向孔子发问，提出的问题也是诸如“仁”“祭”等大问题。《尚书·无逸篇》：“知稼穑艰难，则知小人之依。”《孟子·滕文公上》曰：“有大人之事，有小人之事。”“小人”指劳力者。孔子说樊迟是“小人”，旨在批评樊迟理想不高，不愿意做弘道之士，没有任何贬义。这也说明，樊迟在理解孔子思想方面与他人相比还有很大差距。比如，在“仁”的问题上请教孔子之后他还去问子夏。而且孔子去世时樊迟 27 岁，年轻力壮，深得季氏重用，忙于政务；且其才也不适合编纂。故此，樊迟不可能参加编纂。

二、可能参加《论语》编纂的孔子弟子辨析

除了上述27人外，35名弟子中还剩下8人，其中“孔门十哲”占5人。按照年龄依次为：闵子骞[①]（小孔子15岁）、冉雍（小孔子29岁）、子贡（小孔子31岁）、有若（小孔子33岁）、子夏（小孔子44岁）、子游（小孔子45岁）、曾参（小孔子46岁）、子张（小孔子48岁）。按照《论语》提到的次数依次为：子贡（38次）、子夏和子张（同为20次）、曾参（15次）、子游（8次）、冉雍（7次）、闵子骞（5次）和有若（4次）。从现有资料可以推定，这8人都参加了《论语》编纂，但在编纂过程中所担任的角色不同。

20世纪，顾颉刚从神话传说与历史传承的关系入手，提出了“层累地造成的中国古史”观点[②]，亦即“层累”理论。该理论的价值不仅体现在古史研究方面，对经典文本的形成也具有启发意义，即任何经典的形成都是一个“层累叠加”的过程，《佛经》《圣经》《可兰经》莫不如此[③]。那么，《论语》成典也经历了“层累叠加”的过程。杨义认为《论语》早期的编纂至少有三次：最初编纂在“夫子既卒”，众弟子按殷礼庐墓守心孝之时；第二

---

① 闵子骞的生卒年一直存在争议，一般认为闵子骞生于公元前536年。去世的时间有两种说法：一种是先于孔子去世，即公元前487年；另一种说法是后于孔子去世，有学者考证应为鲁悼公十九年，即公元前438年。参见杨洪彬的《闵子骞系列考》，载《春秋》2009年第4期。笔者赞同第二种说法。

② 顾颉刚：《古史辨》，上海古籍出版社1982年版，第60页。

③ 参见顾銮斋：《从比较中认识“层累”理论的学术价值》，《齐鲁学刊》2005年第1期。

次编纂在庐墓守心孝期满后，由有若主持；第三次编纂在曾子去世后，由曾门重修。[①] 其认为《论语》成书于战国：“《论语》于战国已经成书，当属无可怀疑。”[②] 梁涛认为《论语》成书的下限应断定在公元前402年，即子思去世之前。[③] 基于此，《论语》编纂的时间范围应在公元前479年至公元前402年。大致分为四个阶段：

第一个阶段：初稿集结。从公元前479年（孔子去世）至公元前477年（三年之丧[④]结束）。此次是《论语》第一次集结。参加编纂的应为上述八名弟子，由闵子骞主导，冉雍、子贡、有若辅助，子夏、子游、曾参和子张参与。理由如下：

第一，《论语》编纂是一项费时、费力、费钱的庞大工程，必须由德高望重的人主持。闵子骞和冉雍均为“德行科”弟子，比其他人年龄大，更适合担此重任。闵子骞最为年长，当为这次集结的主持人。第二，自汉儒以仲弓、子夏之徒为《论语》的编撰者以来，后世多因袭此说，对子贡的作用忽视不提。此种说法欠公允，也不符合事实。子贡属于“言语科”弟子，当时已闻名诸侯。《史记·仲尼弟子列传》云：“故子贡一出，存鲁乱齐，破吴，强晋而霸越。子贡一使，使势相破，十年之中，五国各有变……常相鲁、

① 杨义：《论语还原》，中华书局2015年版，第10页。

② 杨义：《论语还原》，中华书局2015年版，第67页。

③ 参见梁涛：《定县竹简〈论语〉与〈论语〉的成书问题》，《管子学刊》2005年第1期。

④ 按照殷礼，三年之丧的期限应为二十五个月，孔子自称“殷人”，弟子应当按照殷礼守丧。

卫，家累千金。”无论是社会地位、个人财富还是在诸侯国之间的影响，都居孔子弟子之首，《论语》编纂又是孔门大事，子贡不可能不参加。“子贡以其资历、声望、才智、财力、与夫师弟情谊，并受孔子遗命，操办丧事，倡议编纂纪念文集，统一师说，光大师门，自是情理中事。”① 第三，有若“为人强识，好古道也”（《孔子家语·七十二弟子解》），“似孔子，孔子死，弟子思慕，共坐有若孔子之座，弟子知有若非孔子也，犹共坐而尊事之”（《论衡·乱龙》），“勤奋好学，通悟师说”②，应和闵子骞、冉雍、子贡一起领导组织编纂工作。第四，子夏、子游、曾参和子张在孔子去世时都不到三十岁，属于少壮派，无论地位还是资历都难以与前面四人相比，处于被领导的地位，主要负责孔门弟子追忆孔子之言的记录、整理工作。由于子夏、子游属于“文学科”弟子，在这四人中间应处于主导地位。此次集结，主要是由参加丧事的孔门弟子根据各自所记、回忆孔子，再由编纂成员加工整理。这一阶段形成了《论语》的初稿。主要包括：（1）孔子自述部分，以“子曰”开头；（2）孔子和弟子、时人的答问以及对他人的评价；（3）孔子的日常行为，如《乡党》篇。部分争议的篇章，如《尧曰》篇和《子张》篇中的“孔子曰”以及其他弟子称“子”的章，如“曾子曰”“有子曰”等，应该不是此时的成果。

第二个阶段：首次整理。时间应在子贡庐墓三年期间，大约

① 李建国:《〈论语〉成书揭秘》,《宁波大学学报(人文科学版)》2012 年第 4 期。
② 李启谦、王式伦:《孔子弟子资料汇编》,山东友谊书社 1991 年版,第 785 页。

从公元前 477 年到公元前 475 年。这个阶段是对《论语》初稿的第一次加工整理。这次整理以子贡、有若为主，子夏、子游、曾参和子张为辅助，这些人的部分弟子也很有可能作为抄录人员参加了编纂。理由有三：其一，此次编纂主要是对第一稿的加工整理，校正、核对篇章、语句。闵子骞和冉雍德高望重，组织协调的重任已经在第一阶段完成，参加此次整理没有必要；此时闵子骞已六十多岁，年龄偏大，精力也不允许。其二，子贡在三年之丧之后又守墓三年，无论是精力还是财力都有充分保证。有若因"似孔子"，被弟子以师尊之，此时年龄与子贡相仿，而且参加了第一次编纂，此次也应参加。其三，子夏、子游、曾参和子张作为《论语》初稿的主要记录整理人员，此次必然参加。而且，这些人的弟子作为辅助人员参加此次编辑整理也在情理之中。此次整理的结果，最突出的变化是：增加了追忆孔子的内容。比如，以"子贡曰""子游曰""子夏曰""子张曰"开始的章，多数是此次所增。因为第一次集结主要是记录众弟子的回忆，重点不在他们；此次不同，除了对众弟子追忆的部分修改校正外，编纂组成员有充裕的时间回顾过去与孔子的交往，并据此添加个人的感悟。比如，《学而》篇"第十章子禽问子贡"、《里仁》篇最后一章"子游曰"以及《子张》篇中子贡、子夏、子游、子张之言等，应是此次整理的结果。

第三个阶段：再次整理。从子贡庐墓三年结束，至曾参去世之前。参加这次整理的是曾参、子张以及子思等曾门弟子。理由有二：其一，子贡、有若年龄较大，已经参加过两次，不需要再参加此次整理；其二，根据《礼记·檀弓》记载，子游与曾参在礼制方面观点相左；子夏长期居住西河，离群索居，由于丧子而失明。由此，这两人也不可能参加此次整理。此次整理，曾参主持，子张和子思辅助，曾门弟子参加。鉴于子张先于曾参去世(《礼记·檀弓下》云："子张死，曾子有母之丧，齐衰而往哭之")，最后的审定由曾参负责。此次整理最大的变化是：《论语》主体结构基本确定，始于《学而》，终于《尧曰》，有明显的价值取向，即人人都能够通过学习，在道德水平上达到尧的境界。至于是否是二十篇仍然存疑，我个人认为此时没有《季氏》篇，疑似在下一阶段增补。

第四个阶段：最终确定。从曾参去世之后到子思去世，即公元前434年至公元前402年。这一阶段由子思担纲，其弟子参加。"孔子的孙子子思肩负起了这个历史重任。他以孔子嫡孙的身份，召集孔子的再传弟子，以残缺的孔子文集为底本，通过汇集孔子的再传弟子记录的孔子弟子的口传亲授，经过选择、分类、校勘、加工、整理，最后裁定而成《论语》《孔子家语》等文献。"①此次编纂最大的变化有三点：（1）增补曾参的言论，以"曾子"称之。(2）鉴于有若"似孔子"，曾被孔子弟子当孔子待之，故将有若以"有子"称之。（3）在整理过程中，又间接了解到孔子的言论，增补时以"孔子曰"记载，以《季氏》篇最为明显，试分析之。

---

① 唐明贵、刘伟:《论语研探》,中国社会科学出版社2014年版,第44页。

《季氏》篇共计14章，其中“孔子曰”开头的占10章，之所以称“孔子曰”可能是由于此时编纂的作者是曾子的门人，记述曾参的话为“曾子曰”，那么对孔子所说的话（这是编纂者从其他渠道得知）只能以“孔子曰”称之。本篇第一章“季氏将伐颛臾”对孔子及其弟子都是以全名称之，可以作为佐证。另外三章列于本篇最后。

齐景公有马千驷，死之日，民无德而称焉。伯夷叔齐饿于首阳之下，民到于今称之。其斯之谓与？（第十二章）

陈亢问于伯鱼曰：“子亦有异闻乎？”对曰：“未也。尝独立，鲤趋而过庭。曰：‘学《诗》乎？’对曰：‘未也。’‘不学诗，无以言。’鲤退而学《诗》。他日，又独立，鲤趋而过庭。曰：‘学礼乎？’对曰：‘未也。’‘不学礼，无以立！’鲤退而学礼。闻斯二者。”陈亢退而喜曰：“问一得三：闻《诗》，闻礼，又闻君子之远其子也。”（第十三章）

邦君之妻，君称之曰夫人，夫人自称曰小童；邦人称之曰君夫人；称诸异邦曰寡小君；异邦人称之，亦曰君夫人。（第十四章）

第十二章明显是接着第十一章所讲，是对十一章的解释。第十三章是陈亢问孔鲤，显然与孔子之教有关，也是著名的“过庭之训”。第十四章是讲“国君之妻”不同的称谓。此章事关礼制，应是孔子所讲。“这章可能也是孔子所言，却遗落了‘子曰’两字……而且这一章既见于《古论》，又见于《鲁论》（《鲁论》作“国君之妻”），尤其可见各种古本都有之，决非后人所掺入。”① 此章并不是遗落了“子曰”，而是遗落了“孔子曰”。“称‘孔子’云者，必当在距孔子较远之时代，始可有之；如出于直接之记言，固不必特冠以‘孔’字之类，以示区别。今考诸孟子一书，其所记有关孔子之言行，例皆称‘孔子’乃至‘孔子曰’；然则下论概亦与孟子一书相近，而约略可推辨当成于其时代之先后；至其中《季氏》一篇，尤为其显例也。”② 由此可以推定，《季氏》篇是此阶段的增补。另外，《尧曰》篇最后一章“孔子曰”也是在此阶段增补。

综上，《论语》编纂大致经历了四个阶段，闵子骞、冉雍、子贡、有若、子夏、子游、曾参、子张在不同阶段所起的作用不同，部分再传弟子作为辅助人员也参加了编纂，最终由子思主持定稿。总之，先秦时期的《论语》编纂是一个“层累叠加”的过程，经历了“初稿集结”“首次整理”“再次整理”和“最终确定”四个阶段，是以闵子骞、子贡、曾参、子思等为代表的孔子弟子及其再传弟子集体加工整理的结晶，为《论语》后期传播直至最终成为儒家经典奠定了坚实的基础。

---

① 杨伯峻:《论语译注》,中华书局 1980 年版,第 179 页。

② 胡志奎:《论语辨证》,台北联经出版事业公司 1978 年版,第 20 页。

第二节　《学而》篇的结构与意蕴*

《学而》作为《论语》的首篇，学界认为这是编撰者有意为之，目的是告诉人们必须通过学习才能立足于世、成为真正的人。皇侃《义疏》云："自《学而》至《尧曰》凡二十篇，首末相次无别科重。而以《学而》最先者，言降圣以下皆须学成，故《学记》云：'玉不琢不成器，人不学不知道。'是明人必须学乃成。此书既遍该众典，以教一切，故以《学而》为先也。"① 邢昺《注疏》亦曰："既以'学'为章首，遂以名篇，言人必须学也。"② 至于《学而》篇中的十六章是否都与该篇的主旨相关，学界目前尚无定论，一般认为只有一部分与主旨联系密切。如胡志奎认为《学而》篇中有六处与"学"有关。③ 黄怀信认为"此篇虽以劝学为宗旨，但多有与学无关之章"，随后举出了第二章（有子曰）、第三章（巧言令色）、第五章（道千乘之国）、第九章（慎终追远）、第十一章（父在观其志），"说明内容与主旨不完全一致。"④ 不过，也有学者

---

* 本节内容原名《〈学而〉篇意蕴探微》，发表于《孔子研究》2017年第6期，在此基础上又作了部分修改调整。

① 皇侃：《论语义疏》，高尚榘校点，中华书局2013年版，第1页。

② 《十三经注疏》整理委员会整理、李学勤主编：《论语注疏》，北京大学出版社1999年版，第1页。

③ 参见胡志奎：《论语辨证》，台北联经出版事业公司1978年版。

④ 黄怀信主撰：《论语汇校集释·前言》，载《论语汇校集释》，上海古籍出版社2008年版，第14—15页。

认为该篇编排有内在逻辑，是编撰者根据儒家“与四时合其序”的哲学主张，遵从春夏秋冬的时间顺序编排的。① 我认为，既然《学而》篇为编撰者所重视，处在诸篇之首的重要地位，那么，构成本篇的十六章应该为编撰者精心挑选，以彰显“学”之精义。如果深加揣摩，本篇主要探讨了两个基本问题：“学什么”和“怎么学”。具体而言，是从学“为人”与学“修己”两个维度探讨。学“为人”，主要体现在家族与社会层面上，告诫初学者要学会处理好父子、兄弟、夫妇、君臣、朋友五种关系。学“修己”，主要体现在个体层面，告诫初学者要学习多种知识，掌握方法，培养多种能力，提高综合素质。

一、家族与社会层面：学会“为人”，处理好五种关系

此篇中的“学”，不仅包括学习各种知识，还包括向生活实践学习，最终指向是学“为人”，即如何把“人”做好。“‘学’者，学为人也。”② 要做好“人”，就必须学会处理好人与人之间的关系。《学而》篇提出了五种人际关系，即父子、兄弟、夫妇、君臣、朋友。这五种关系分属两个层面：“父子”“兄弟”和“夫妇”属于“家族”层面，“君臣”“朋友”属于社会层面。在“家族”层面上，“父母”“兄弟”属于血统关系，“夫妇”属于姻亲关系。在“社会”层面上，“君臣”属于个体与政权之间的关系，“朋友”则属于个体之间的关系。在古代社会，这五种关系一经确立，就不会

① 参见戴大明、何志魁:《〈论语·学而篇〉的内在逻辑》,《大理学院学报》2010年第3期。

② 李泽厚:《论语今读》,生活·读书·新知三联书店2008年版,第31页。

轻易改变。比如，“父母”“兄弟”是自然血统关系，个体只能被动接受，无法选择，也不能选择。“夫妇”是姻亲关系，与个体和家族密切相关。恋爱虽然是个人的事，但婚姻却是家族的事。《诗经·齐风·南山》云：“娶妻如之何？必告父母。”缔结婚姻要经过双方父母同意。而且，要“门当户对”，需经双方家族的认可。社会人类学家费孝通说：“结婚不是私事。”① 姻亲关系无论是缔结还是解除，需经父母以及所在家族同意，而非完全由个体决定。“君臣”关系与时代相关，个体对所处时代的政权很难选择。“事父母，能竭其力；事君，能致其身。”（《论语·学而》）“迩之事父，远之事君。”（《论语·阳货》）居家尽力侍奉双亲，在外尽责侍奉君主，这是古代社会对男子的常规要求。对个体而言，在君臣关系确立之前，个体可以选择是否侍奉君主、为国效力，而且这种选择是在既定政权的范围之内。君臣关系一经确立，解除这种关系的决定权完全掌握在君主手里，除非个体敢于冒“乱臣贼子”的风险，推翻政权、改朝换代。

与前四种关系相比，“朋友”关系则相对松散，但在选择朋友方面也并非完全自由。古代社会的“朋友”与今天所理解的“朋友”有很大差异。在先秦文献中，“朋”“友”“朋友”多次出现，且含义不同。《广雅·释诂三》云：“朋，类也。”② 虞翻注《周易》“君子以朋友讲习”句云：“同类为朋。”（《周易集解》）“朋”可

① 费孝通：《生育制度》，天津人民出版社1981年版，第33页。

② 王念孙：《广雅疏证》，中华书局1983年版，第81页。

释为“同类伙伴”。《说文解字·又部》云：“同志为友，从二又相交（友）也。”① “二又”指两只手放在一起，意即互相帮助。《国语·晋国四》云：“同姓则同德，同德则同心，同心则同志。”② “友”可释为“同族同姓的人”。在孔子之前，“朋”“友”以血缘为基础，指同族同姓之人。孔子时期，“朋”“友”则以志同道合为基础，包含不同家族、不同阶层的人。③ 皇侃《义疏》云：“同处师门曰朋，同执一志为友。”④ “朋友切切偲偲，兄弟怡怡。”（《论语·子路》）“朋友”指“志同道合之人”⑤，超出了血缘、家族的范围。从这个角度来说，朋友关系的确立是以双方意愿为前提，只有相互认同才能成为朋友。“‘友’是自愿选择关系，但仍是以家庭意识为理解，而且它有潜力，可为个人提供经常超出正式亲属纽带的成长意义与复杂性。”⑥ 由此可见，这五种关系无论是确立还是解除，个体自由选择程度要受到家族、社会、时代等诸多因素的制约。作为个体只能正视，学会处理好这五种关系。

（一）家族层面：以“孝”“悌”“德”为本

1. 处理“血统”关系：重在“孝”“悌”。有子曰：“其为人也

---

① 许慎：《说文解字》，中华书局1963年版，第65页。

② 上海师范大学古籍整理研究所校点：《国语》，上海古籍出版社1998年版，第356页。

③ 参见何元国：《孔子与亚里士多德的朋友观之比较》，《伦理学研究》2006年第1期。

④ 皇侃：《论语义疏》，高尚榘校点，中华书局2013年版，第3页。

⑤ 杨伯峻：《论语译注》，中华书局1980年版，第2页。

⑥ [美]安乐哲：《儒家角色伦理学——一套特色伦理学词汇》，[美]孟巍隆译，山东人民出版社2017年版，第132页。

孝弟，而好犯上者，鲜矣！不好犯上，而好作乱者，未之有也。君子务本，本立而道生。孝弟也者，其为仁之本与！”（《论语·学而》）皇侃《义疏》曰：“善事父母曰孝，善事兄曰悌也。”① 孝顺父母、尊敬兄长，是做人的根本。父母是自己生命的来源，兄长与自己血脉相通，他们都是自己在这个世界上最亲的人，也是最终的依靠。孝顺父母、善事兄长，既是个体的应然行为，也是血统延续的必然要求。因为前人之行，后人当然效仿。“孝”“悌”相传，才能保持整个家族的繁衍相继。“孝弟是维系以血缘为纽带的父系家长制嫡长子继承的封建宗法关系的基本品德。”②

怎样才能做到孝悌呢？《学而》篇指出了两点：首先，要落实到日常行为当中。“入则孝，出则弟。”（《论语·学而》）“事父母能竭其力。”（《论语·学而》）在家孝顺父母，尽心竭力；面对兄长，保持敬重。把对父母的孝顺、对兄长的敬重融入平凡生活，化为可见的日常行为，这是最基本的要求。其次，要遵循和继承父之道。“父在，观其志；父没，观其行；三年无改于父之道，可谓孝矣。”（《论语·学而》）何晏《集解》引孔安国曰：“父在，子不得自专，故观其志而已。父没乃观其行。孝子在丧，哀慕犹若父存，无所改于父之道。”③ 在古代社会，父亲作为一家之主，对家庭的生存与发展起着非常重要的作用。作为儿子，父亲活着的时候，要有志向。志向是什

---

① 皇侃：《论语义疏》，高尚榘校点，中华书局 2013 年版，第 5 页。

② 孙钦善：《论语本解》，生活·读书·新知三联书店 2009 年版，第 2 页。

③ 《十三经注疏》整理委员会整理、李学勤主编：《论语注疏》，北京大学出版社 1999 年版，第 10 页。

么呢？孔子没有言明。但从此句来推测，应是以父亲为榜样，学习父亲的志向。假如其志与其父的志向背道而驰的话，那也就谈不上“三年无改于父之道”了。父亲去世，作为儿子，要子承父业，按照“父之道”处理家庭事宜。“他父亲死了，要考察他的行为；若是他对他父亲的合理部分，长期地不加改变，可以说做到孝了。”① 对“父之道”，杨伯峻强调的是合理部分，但具体到每个家庭而言就会有分歧。因为“合理”是相对的，在此方是“合理”的，在彼方并不见得“合理”。尤其在当时社会，民族不同，风俗各异，“合理”也会因族群、地域不同而有所差异。即便在现代社会，也有“百里不同俗”的说法。父亲去世，儿子按照父亲的志向和做法管理家庭乃至家族事务在当时是主流。至于“父之道”是否“合理”，也只能仁者见仁、智者见智。“所谓‘不改’，是承继父业，不轻易改动，这是氏族传统的要求；即使改作，也得慢慢来，所以要‘三年’即多年之后才动……保持本氏族的生存经验的重要性，才是‘三年无改于父之道’这一传统的真正原因，这才是关键所在。”②

虽然李泽厚指的是氏族社会，而实际上，在整个古代社会都基本秉承了这一氏族传统。针对家族而言，“道”就是符合家族生存与发展并且得到整个族群普遍认可的价值或规则。“无改于父之道”的实质在于维护这种价值或规则，以确保家族的繁衍相续。

2. 处理“姻亲”关系：重在“德”。在家族里，除了血统关

① 杨伯峻：《论语译注》，北京：中华书局 1980 年版，第 7 页。

② 李泽厚：《论语今读》，生活·读书·新知三联书店 2008 年版，第 44 页。

系，就是姻亲关系。姻亲与血统密切相连，而姻亲关系的核心是夫妇。在古代社会，男主外、女主内，妻子承担着相夫教子的重要职责，是家庭里非常重要的角色。对男子而言，选择妻子不只是个人的事情，而且事关家庭乃至整个家族的长远发展，必须慎重对待。

如何选择妻子呢？《学而》篇提出了标准："贤贤易色。"（《论语·学而》）此句多有争议。皇侃《义疏》云："凡人之情，莫不好色而不好贤。今若有人能改易好色之心以好于贤，则此人便是贤于贤者，故云'贤贤易色'也。"① 意即以好色之心好贤。宋氏翔凤《朴学斋札记》则提出：三代之学，皆明人伦。贤贤易色，明夫妇之伦也；夫妇为人伦之始，故此文叙于事父母事君之前。杨伯峻认为，"事父母、事君、交朋友，各指一定的人事关系；那么，'贤贤易色'也应该是指某一种人事关系而言，不能是一般的泛指。奴隶社会和封建社会把夫妻间关系看得极重，认为是'人伦之始'和'王化之基'，这里开始便谈到它，是不足为奇的。"② 由此，他把"贤贤易色"译为："对妻子，重品德，不重容貌。"也有学者提出了其他的观点，如，认为"贤贤易色"是"尊尚贤人，改易颜色"③；贤贤易色针对事父母而言，并非与下三句平行④；"尊重贤德之人，应改易平常之容色为尊重之容色"⑤。

---

① 皇侃：《论语义疏》，高尚榘校点，中华书局 2013 年版，第 12 页。

② 杨伯峻：《论语译注》，中华书局 1980 年版，第 5—6 页。

③ 牛鹏涛：《简帛〈五行〉与〈论语〉"贤贤易色"新释》，《孔子研究》2013 年第 5 期。

④ 参见牛泽群：《论语札记》，北京燕山出版社 2003 年版。

⑤ 高尚榘主编：《论语歧解辑录》，中华书局 2011 年版，第 17 页。

我认为，对男子而言，妻子的品德对家庭的影响至关重要。尤其是随着岁月流逝，妻子年老色衰，作为丈夫应该从当初容貌、品德并重逐步改变为更加看重妻子的品德。本篇突出“学”，应该将如何处理夫妻关系作为主要内容。因此，“贤贤易色”可理解为：对待妻子，应该从最初的品德与容貌并重逐步改变为重视品德、看轻容貌。除了明确“孝”“悌”“德”之外，《学而》篇还提出了总的原则，即个体应以家族为根基，不要疏远甚至离开家族。“因不失其亲，亦可宗也。”（《论语·学而》）朱子《集注》曰：“因，犹依也。宗，犹主也……所依者不失其可亲之人，则亦可以宗而主之矣。”① 杨伯峻把“亲”解释为“关系深的人”②，含义并不明确，既可以理解为血缘或姻亲层面上的“亲人”，也可以理解为与自己关系非常密切的其他人。我认为，此处的“亲”应是“血亲”“姻亲”之意。儒家认为“爱”有差等之分、亲疏之别，当个体遇到困难，最先想到求助的是自己的亲人。此章所强调的就是个体要学会与家族其他人员相处，把家族作为自己立足和发展的根基。

（二）社会层面：以“敬”“忠”“信”为本

1. 处理君臣关系：重在“敬”“忠”。“敬”，意即“谦恭，尊敬”，既要符合礼制，又要保持距离。“恭近于礼，远耻辱也。”（《论语·学而》）“恭是逊从，礼是体别。若逊从不当于体，则为耻辱；若逊从近礼，则远于耻辱。逊从不合礼者何？犹如逊在床下

---

① 朱熹：《四书章句集注》，中华书局1983年版，第52页。

② 杨伯峻：《论语译注》，中华书局1980年版，第8页。

及不应拜而拜之属也。”[①] 由此可知，“恭”的对象多指君主。孔子一生倡导礼，行为要符合礼制，对待君主亦如此。“恭而无礼则劳”（《论语·泰伯》），不遵循礼制，对君主一味谦恭，既不符合孔子的思想，也不能保证不会招致耻辱。另外，对君主的“敬”还体现在要保持适当的距离。“事君数，斯辱矣”（《论语·里仁》），“所谓大臣者，以道事君，不可则止”（《论语·先进》），都强调对待君主在符合礼制的情况下掌握尺度，适可而止。“忠”，意即“忠贞”，对待君主要身心合一，平时尽其职责，诚心事主，关键时刻能够为君主牺牲生命。“事君，能致其身。”（《论语·学而》）此句一般有两种解释：“服事君上，能豁出生命”[②]；“事君上能奉身尽职”[③]。我认为把这两种观点综合起来比较妥当。作为臣属，在其位谋其政，平时工作尽职尽责；一旦处在国家危难、社稷存亡之关键时刻，能够舍生取义、献出生命。

2. 处理朋友关系：重在“信”。“与朋友交，言而有信。”（《论语·学而》）如何做到“信”呢？

首先，要按“义”而行。“信近于义，言可复也。”（《论语·学而》）“信”的标准在于“义”，与朋友交往要符合当时社会的行为准则或规范，符合整个社会的价值趋向。“言必信，行必果，硁硁然小人哉!”（《论语·子路》）孟子曰：“大人者，言不必信，行不必果，惟义所在。”（《孟子·离娄下》）无论孔子还是孟子，都强调守信要

---

① 皇侃:《论语义疏》,高尚榘校点,中华书局 2013 年版,第 18 页。
② 杨伯峻:《论语译注》,中华书局 1980 年版,第 5 页。
③ 钱穆:《论语新解》,生活·读书·新知三联书店 2002 年版,第 11—12 页。

从宏观着眼，符合社群大义，而不应拘泥于细枝末节。“‘信’有大信小信之分，符合道义礼节，符合社会群体利益的是大信；反之是小信，若是小人之信，则言不必实行，也无法履行，言不可复也。”①

其次，要比朋友做得更好。“无友不如己者。”（《论语·学而》）此句争议颇多，主要有三种看法：第一种看法认为，在忠信方面，不与不如自己的人交朋友。邢昺《注疏》云：“言无得以忠信不如己者为友也。”② 第二种看法认为，在仁爱方面不与不如自己的人交朋友。“《曾子制言中》：‘吾不仁其人，虽独也，吾弗亲也。’故周公曰：‘不如我者吾不与处，损我者也。与吾等者，吾不与处，无益我者也。吾所与处者，必贤于我。’由曾子及周公言观之，则不如己者即不仁之人。夫子不欲深斥，故只言不如己而已。”③ 第三种看法认为，此句为劝勉之词，教育人要善于学习他人的长处。“窃谓此章决非教人计量所友之高下优劣，而定择交之条件。孔子之教，多直指人心。苟我心常能见人之胜己而友之，即易得友，又能获友道之益。人有喜与不如己者为友之心，此则大可戒。”④

我认为应该从全章来理解这句话。此章是孔子对君子的要求，作为君子要做到三点，庄重、忠信和知错必改。可细分为三个层次：第一个层次，要求君子做到“重”并解释理由，“不重，则不

---

① 安德义：《论语解读》，中华书局2010年版，第18页。

② 《十三经注疏》整理委员会整理、李学勤主编：《论语注疏》，北京大学出版社1999年版，第8页。

③ 刘宝楠：《论语正义》，高流水点校，上海书店1990年版，第13页。

④ 钱穆：《论语新解》，生活·读书·新知三联书店2002年版，第12—13页。

威；学则不固。”第二个层次，要求君子做到“忠”“信”，即“主忠信”。第三个层次，要求君子知错必改，即“过，则勿惮改。”“无友不如己者”放在“过，则勿惮改”之前，应与前两个层次联系密切。这句话可译为：“（在庄重、忠信方面），没有朋友超过自己。”如果与后面的“过，则勿惮改”联系起来，这一章正好从正反两个方面对君子提出了要求：正面，要做到庄重、忠信，比朋友做得好；反面，知道过错，要及时改正。如果这样理解，“无友不如己者”也就不会有歧义了，在逻辑上也讲得通，在某方面做得比朋友好，并不是说不与朋友交往。

二、个体层面：学会“修己”，学习多种知识，掌握学习方法

在个体层面，学会“修己”。要学习文献、理政、礼制、祭祀等多种知识，学会约束自己，掌握学习方法，培养多种能力，提高综合素质。

（一）学习多种知识

1. 学习文献。“行有余力，则以学文。”（《论语·学而》）朱子《集注》引洪氏曰：“未有余力而学文，则文灭其质；有余力而不学文，则质胜而野”，并认为“力行而不学文，则无以考圣贤之成法，识事理之当然，而所行或出于私意，非但失之于野而已。”①在儒家看来，一个人尽管本质好，但仍需要学习文献，提高文化修养，做到明事理，把人做好。这与“质胜文则野，文胜质则史。文质彬彬，然后君子”（《论语·雍也》）异曲同工。“盖孝弟谨信仁

① 朱熹：《四书章句集注》，中华书局 1983 年版，第 49 页。

爱，皆人之本质，本质既佳，更应注意威仪礼文，如此，斯可文质彬彬而为君子矣。”①

2. 学习理政。子曰：“道千乘之国，敬事而信，节用而爱人，使民以时。”（《论语·学而》）孔子认为，治理大的国家应该做到：对待工作，要严肃认真；与人交往，信实无欺；对待公务消费，要节省简约；对待官吏，要爱护尊重；役使百姓，要利用农闲，合理适当。孔子以大国之君作比，告诫初学者要从宏观上理解和掌握治国理政之道，树立执政理念，为将来步入仕途奠定基础。

3. 学习礼制。有子曰：“礼之用，和为贵。先王之道，斯为美，小大由之。有所不行，知和而和，不以礼节之，亦不可行也。”（《论语·学而》）“礼”是个体立足社会所必须遵循的行为准则和规范，学习礼，遵守礼，是社会对个体的必然要求。如何做到“礼”？此章提出了“和”的原则，即在遵守“礼”方面，要做到合适、有度、恰到好处。“和今言适合，言恰当，言恰到好处。”②

4. 学习祭祀。“国之大事，在祀与戎。”（《左传·成公十三年》）在古代社会，“祭祀”与“军事”是国家的头等大事。“孔子为儿嬉戏，常陈俎豆，设礼容。”（《史记·孔子世家》）作为老师，把学习“祭祀”以及相关的知识作为初学者学习的主要内容亦在情理之中。曾子曰：“慎终，追远，民德归厚矣。”（《论语·学而》）《礼记·檀弓》引子思曰：“丧三日而殡，凡附于身者，必诚必信，

① 方骥龄：《论语新诠》，台湾中华书局1977年版，第7页。
② 杨树达：《论语疏证》，科学出版社1955年版，第21页。

勿之有悔焉耳矣。三月而葬，凡附于棺者，必诚必信，勿之有悔焉耳矣。”面对去世的父母，装殓（附身）、埋葬（附棺）都要抱着真诚和相信的态度去做，不要有任何疏漏，以免将来后悔。“追远”，即不忘却先祖。“追，逐也。远，犹久也。言凡父祖已殁，虽久远，当时追祭之也。”① “慎终追远”指慎重办理丧事、深切长久地缅怀先人。办理丧事是外在的形式，缅怀先人是内在的精神，两者相辅相成。这样做，一方面，能够体现对父母以及祖先的感恩之心。“万物本乎天，人本乎祖。”（《礼记·郊特牲》）从生存与发展来讲，活着的人应该对逝去的父母以及祖先心存感激，永久缅怀。“儒家不提倡宗教信仰，亦不主张死后有灵魂之存在，然极重葬祭之礼，因此乃生死之间一种纯真情之表现，即孔子所谓之仁心与仁道。”② 这种“纯真情”就是后人对先人的感恩之情。另一方面，有利于良好社会风气的形成。上层的“慎终追远”能使下层追随团结。③《礼记·坊记》云：“修宗庙，敬祀事，教民追孝也。”“孝”意识的培养不仅有利于家族的繁衍相继，也有利于良好社会风气的形成，便于社会治理，维护社会稳定。

5. 学习律己。“律己”意即严格要求自己，规范自身行为，提高自身修养。《学而》篇对初学者提出了四点要求：一是注意培养五种美德。子禽问于子贡曰：“夫子至于是邦也，必闻其政。求之与？抑与之与？”子贡曰：“夫子温、良、恭、俭、让以得之。夫子

① 刘宝楠：《论语正义》，高流水点校，中华书局 1990 年版，第 24 页。
② 钱穆：《论语新解》，生活·读书·新知三联书 2002 年版，第 13—14 页。
③ 参见李泽厚：《论语今读》，生活·读书·新知三联书店 2008 年版。

之求之也，其诸异乎人之求之与！”（《论语·学而》）此章明为赞美孔子，同时也告诫初学者，要以孔子为榜样，注意规范和约束自身行为，培养这五种美德。二是不要“巧言令色”。子曰：“巧言令色，鲜矣仁！”（《论语·学而》）在孔子看来，为了达到个人目的而察言观色、刻意取悦他人，既不符合礼制要求，也缺少仁爱之心。李泽厚认为：“这章从消极、否定的方面规定‘仁’，即强调‘仁’不是某种外在的华丽，指出外在的容色和语言都应该服从于内在心灵的塑造。过分的外在雕琢和装饰不但无益，而且有害于这种塑造。”① 三是能够有错必改。“过则勿惮改。”（《论语·学而》）人不怕有过错，就怕知错不改、执迷不悟。此章告诫初学者，要正确面对过错，知道过错要及时改正，不要逃避。四是学会换位思考。子曰：“不患人之不己知，患不知人也。”（《论语·学而》）杨树达《疏证》说：“患其不能，求为可知，此孔子教人以责己也。患不知人，此孔子教人以广己也。责己者初学者所有事，广己则进德君子之事矣。因人之不知己，反而自省我之不知人，此仁恕之极功也。”② 这实质上是告诫初学者要学会换位思考，想让别人理解自己，必先做到理解别人。

（二）掌握学习方法：以学道、弘道为主，兼顾其他

在学习方法上，《学而》篇认为，要以学道、弘道为主，兼顾琢磨领悟、实践练习、总结反思等其他方法。

---

① 李泽厚：《论语今读》，生活·读书·新知三联书店2008年版，第34页。
② 杨树达：《论语疏证》，科学出版社1955年版，第25页。

1. 以学道、弘道为主。子曰:“君子食无求饱，居无求安，敏于事而慎于言，就有道而正焉，可谓好学也已。”(《论语·学而》)子贡曰:“贫而无谄，富而无骄，何如?”子曰:“可也。未若贫而乐，富而好礼者也。”(《论语·学而》)这两章指出了学习的宗旨，即学“道”、弘“道”，与“君子谋道不谋食”(《论语·卫灵公》)相呼应。具体要做到三点:一是处理好现实与理想的关系，重视理想追求。食无求饱，居无求安，不把物质追求放在第一位，而是立足现实世界，怀有远大理想，把学“道”弘“道”、承担社会责任放在第一位。李泽厚注解说，“吃饭是为了活，活却不是为了吃饭。吃好饭、居处安逸，并非‘君子’活的目的。在儒学看来，人生是艰难而无可休息的。这就是‘尽伦’或‘尽人事’……只有‘死’才可以有休息。这种崇高的人生责任感，便也是‘生的意义’所在，这也就是孔门的所谓‘学’”。① 二是处理好言与行的关系，慎言敏行。焦循《论语补疏》说:“敏，审也。谓审当于事也。圣人教人，固不专以疾速为重。”② 处事，注意及时弥补不足;论事，注意审慎，留有余地。“于事当勉其所不足，于言当不敢尽其所有余。”③ 孔子主张“行”重于“言”，“君子欲讷于言，而敏于行”(《论语·里仁》)，扎扎实实去做，比只说不做或边说边做要好得多。在儒学首先是行为、活动，《论语》全书贯串着的正是行为优于语言的观点，

① 李泽厚:《论语今读》，生活·读书·新知三联书店2008年版，第49页。
② 黄怀信主撰:《论语汇校集释》，上海古籍出版社2008年版，第84页。
③ 钱穆:《论语新解》，生活·读书·新知三联书2002年版，第19页。

这便是儒学的基本精神。[①] 三是处理好贫富与乐道、好礼的关系，做到贫能乐道、富能好礼。处于贫困，人们往往会忽视礼节；生活富裕，有些人会骄横无礼。郑玄曰："乐谓志于道，不以贫贱为忧苦之也。"[②] 孔子以此告诫初学者，贫能乐道，不因生计而忘记弘道；富能好礼，不因富裕而忽略礼制。

2. 注重琢磨领悟。子贡曰："《诗》云：'如切如磋，如琢如磨'，其斯之谓与?"子曰："赐也，始可与言《诗》已矣！告诸往而知来者。"(《论语·学而》) 孔子认为子贡能够引用《诗经》中的语言来理解"贫乐富礼"，是反复琢磨、切磋领悟的结果，能够举一反三、以古鉴今，具备了以《诗》论事的基本素质。孔子以子贡为例，告诫初学者要掌握切磋琢磨的学习方法，培养察"故"知"新"的能力。

3. 注重实践练习。《论语》开篇就说："学而时习之，不亦说乎？有朋自远方来，不亦乐乎？人不知而不愠，不亦君子乎?"(《论语·学而》) 此章点出了三种实践练习的方法：一是学过的知识要反复练习。通过练习，可以巩固知识，温故知新。二是向志同道合的人学习。《礼记·学记》云："独学而无友，则孤陋而寡闻。"无论是同门弟子，还是远方友人，远道而来，切磋交流，沟通有无，相互促进，共同提高，岂不是人生乐事? 三是做到求学为己，不知不愠。学习的目的是完善自己，弘扬道义，承担责任，回报社会。能够坚守自己的志向，不断提高自身素质，对他人的不理解不抱怨、愤恨，这也是一

① 参见李泽厚:《论语今读》，生活·读书·新知三联书店2008年版。

② 皇侃:《论语义疏》，高尚榘校点，中华书局2013年版，第20页。

种实践学习。“而其他既非同门、又非同道之人，与自己没有共同语言，对自己的言行作为不了解，可能还有非议，又应该如何对待他们呢？正确的态度是：做好你自己的事，而不要去抱怨他人。”①

4. 注重总结反思。曾子曰：“吾日三省吾身：为人谋而不忠乎？与朋友交而不信乎？传不习乎？”（《论语·学而》）朱子《集注》曰：“曾子以此三者日省其身，有则改之，无则加勉。其自治诚切如此，可谓得为学之本矣。”② 此章告诫初学者要学会“反思总结”的学习方法，只有通过总结反思，才能发现不足，弥补不足，从而使自身素质得到不断完善和提高。

总之，《学而》篇中的十六章并非随意而为，内在有着非常清晰的逻辑关系。从个体、家族和社会不同层面，明确告诉初学者“学什么”以及“怎么学”。只有学会“为人”“修己”，掌握基本的学习方法，才能真正做到“学之为己”，从而为践行“修齐治平”的入世理念打好基础。这也是《论语》把《学而》列为首篇的根本原因之所在。

第三节 《尧曰》篇的结构与意蕴*

现行《论语·尧曰》篇共由三章组成，即《尧曰》《子张问》

---

① 黎红雷：《孔子“君子学”的三种境界——〈论语〉首章集译》，《孔子研究》2014 年第 3 期。

② 朱熹：《四书章句集注》，中华书局 1983 年版，第 48 页。

* 本文原名《〈论语·尧曰〉结构与意蕴探微》，发表于《山东社会科学》2021 年第 2 期，在此基础上又作了部分修改调整。

和《不知命》。无论是所讲内容还是行文风格，都与前面诸篇不太相符。本篇是否为《论语》文本原始内容，从古至今，歧见纷呈，难以定论。学界普遍采用柳宗元的“圣人讽道”“体现圣人之大志”的说法，如程颢曰：“自‘尧曰咨尔舜’至‘公则说’，二帝三王之道，后世无以加焉。孔子之所常言，故弟子序而记之。夫子得邦家，亦犹是也。”也有学者持不同看法，如钱穆认为此篇与伪《尚书》混杂，“章节之间，多留罅缝”①。因此，有必要对《尧曰》篇的章节结构及其所含意蕴作进一步探讨。

一、《尧曰》篇结构主要观点述评

《尧曰》篇为《论语》末篇，由于内容及行文风格与前面诸篇多有不同，是《论语》文本原始内容还是为后人所加，一直存在争议。从宏观来看，主要有两种代表性的看法：“一体说”和“后人附加说”。前者认为《尧曰》篇是《论语》文本原始内容，与其他诸篇合为一体；后者则认为《尧曰》篇并不是《论语》原始文本内容，而是由后人附加或者掺杂其他典籍所形成。

（一）一体说

“一体说”认为《尧曰》篇为《论语》文本的原始部分，在内容上与其他诸篇存在必然的逻辑关系，浑然天成，不可分割。这种观点以柳宗元的“圣人讽道大志说”为代表，认为此篇是孔子“讽道之辞”，能够体现“圣人之大志”。当有人问“《论语》书，记问对之辞耳；今卒篇之首章，然有是，何也?”时，柳宗元则回

① 钱穆:《论语新解》，生活·读书·新知三联书店 2002 年版，第 508 页。

答说："《论语》之大，莫大乎是也。是乃孔子常常讽道之辞云尔。彼孔子者，履生人之器也。上之尧、舜之不遭，而禅不及己；下之无汤之势，而己不得为天吏。生人无以泽其德，日视闻其劳死怨呼，而己之德，涸然无所依而施，故于常常讽道云尔而止也。此圣人之大志也，无容问对于其间。弟子或知之，或疑之，不能明，相与传之；故于其为书也，卒篇之首，严而立之。"（《柳河东文集·论语辨下》）柳宗元以孔子的讽道志向立论，从弘道的角度来说明《尧曰》篇作为卒篇的重要地位。

此种说法提出后，有的完全附和赞同。《论语精义》引程颢曰："自'尧曰咨尔舜'至'公则说'，二帝三王之道，后世无以加焉。孔子所常言，故弟子序而记之。夫子之得邦家者亦犹是也。"又引张栻曰："此所载帝王之事，孔子所常言。门人列于末篇，所以见前圣后圣之心若合符节。其不得时位而在下则夫子之道，其得时位而在上则帝王之业也。"有的则在此基础上作进一步发挥。朱熹《四书章句集注》引杨氏曰："《论语》之书，皆圣人微言，而其徒守之，以明斯道者也。故于终篇，具载尧、舜咨命之言，汤武誓师之意，与夫施诸政事者。以明圣学之所传者，一于是而已。所以著明二十篇之大旨也。"宋翔凤在《论语说义》中亦阐述道："文武既远，斯理绝续，五德之运将归素王……故《尧曰》一篇，叙尧舜禹汤及周，而继之以子张问从政，言尊五美，屏四恶，皆本执中之义而用之。复继之曰：'不知命，无以为君子。'命者，天命，知天命之所与，而受之，见素王之成功，遂发之于此，则孔子受命之事显然可知矣。"

对柳宗元的说法，现代有些学者也予以认同。日本学者狩野直喜认为，《论语》首篇论学，“表明应从学问入手进入圣人之教”，末篇以《尧曰》作结，“昭示此为继承尧、舜、禹、汤、文、武之书”，并以《孟子》《荀子》作为例证，“《孟子》亦不例外。首篇《梁惠王》揭示孟子仁义学说的本质要领，终篇《尽心》显彰孔子传尧、舜之学于孟子，孟子复传于后人之意。《荀子》有《劝学》篇，有《尧问》篇，其编纂体例与《论语》相似”。[①] 刘华民认为，“《论语》编者将孔子与尧舜禹汤文武相提并论，意在尊孔也。这样，从第十七‘阳货’篇起，孔子之道不行于当时，光大于后世，孔子并列于帝王，这样的安排顺序，是合乎逻辑的”。[②]

赞同附和之说都是柳宗元“讽道大志”说的承袭或阐发，多以圣人的“微言大义”立论。不过，这种说法只是推测，从情理上可以理解，但缺乏有力证据，没有从根本上解决《尧曰》篇与前面诸篇风格迥异的问题。“其实柳宗元的说法不过是一种无根揣测之辞。从什么地方看出是孔子‘常常讽道’的话？又从什么地方看出是孔子的大志所存呢？这不过是因为向来有孔子‘生非其时，有德无位’之说，而《尧曰章》适在末篇之首，遂有这种设想。”[③]

（二）后人附加说

与“一体说”相反，“后人附加说”认为《尧曰》篇并不是

---

① ［日］狩野直喜：《中国学文数》，周先民译，中华书局2011年版，第112页。

② 刘华民：《试论〈论语〉篇章结构的逻辑性》，《常熟理工学院学报（哲学社会科学）》2011年第5期。

③ 参见赵贞信：《〈论语·尧曰章〉来源的推测》，《北京师范大学学报（社会科学）》1962年第3期。

《论语》原始文本内容，而是由后人附加或者掺杂其他典籍所形成。这种说法主要有“后序说”“简编绝乱说”“夹杂附后说”和“《墨子》引文说”。

1. 后序说。此种说法由翟灏提出，他认为《尧曰》篇是《论语》后序。“《古论·尧曰篇》仅此一章。此盖是《论语》后序，故专为篇”，其依据是：“《周易·序卦》与《诗》《书》之序，旧俱列篇第数中而退居于策尾。今《诗》《书》序分题于各篇章，传注家所移置耳……由是类观，则此章暨《孟子》之为一书后序，夫何疑耶！”（《四书考异》卷二十三）这种观点发前人之未发，但依据颇为勉强，既然《诗》《书》有“传注家所移置”，那么《论语》的传注家为何没有移置呢？对此，刘恭冕反驳说：“翟氏灏《考异》以《尧曰》云云为《论语》后序……此说尤误。《论语》之作，非出一人，此序果谁所作？且《泰伯篇》末，当论尧、舜、文、武、禹矣，亦将谓为后序耶？必不然矣。”（《论语正义》卷二十三）翁方纲也认为：“《尧曰篇》，《集注》杨氏说具其大旨矣，不必若翟氏《考异》目为《论语》后序也。”（《论语附记》卷下）赵贞信认为，《论语》结成既出偶然，总结全书的后序当然不可能存在。[①] 由此，此种说法只是翟灏一家之言，学界多不采信。

2. 简编绝乱说。此种说法由苏轼提出，他认为《尧曰》篇为竹简错乱、不全而成。“此章杂取《大禹谟》《汤诰》《泰誓》《武

---

① 参见赵贞信：《〈论语·尧曰章〉来源的推测》，《北京师范大学学报（社会科学）》1962 年第 3 期。

成》之文，而颠倒失次，不可复考。由此推之，《论语》盖孔子之遗书，简编绝乱，有不可知者。如周八士，周公语鲁公，邦君夫人之称，非独载孔子与弟子之言行也。”（《论语或问》卷二十）苏轼以与孔子言行无关的章为由，认为《尧曰》篇应是竹简在编排过程中错乱的结果。这一说法也得到后人的支持。王若虚曰：“予谓东坡之说为近人情，故从之。”（《滹南集》卷七）陈天祥亦附和道：“通看一章经文，自‘尧曰’至‘公则说’，语皆零杂无伦序，又无主名，不知果谁所言。古今解者不少矣，终不见有皎然明白可通之说，亦不见有公心肯言不可通释者。惟东坡谓‘此章杂取《禹谟》《汤诰》《泰誓》《武成》之文，而颠倒失次，不可复考’，王滹南谓‘此说为近人情’，予与滹南意同。”（《四书辨疑》卷八）对苏轼的看法，朱熹也没有断然否定：“苏氏疑此章有颠倒失次者，恐或有之。”（《论语或问》卷二十）

客观上来看，《论语》由于是用竹简写成，且为多人合作，存在简编错乱的可能。但如果略加审视，这种可能性极小。因为孔门编定《论语》具有特殊的目的，皇侃《论语义疏·自序》曰：“于是弟子佥陈往训，各记旧闻，撰为此书，成而实录，上以尊仰圣师，下则垂轨万代”。陆德明《经典释文·序录》亦云：“夫子既终，微言已绝，弟子恐离居已后各生异见，而圣言永灭，故相与论撰、因辑时贤及古明王之语，合成一法，谓之《论语》。”对孔门弟子而言，编纂《论语》无疑是“尊仰圣师、垂轨万代”，恐“圣言永灭”的伟大工程，《论语》最终的编定者应该非常清楚这项工程的重大意义，在语言整理、结构编排等方面理应谨小慎微、慎之又慎，绝不能敷衍了事。这是其一。其二，《尧曰》篇幅较长，按照现行本统计为370字，占用竹简也应在几十支之多。如果少量的竹简错乱编排倒有可能，如此多的竹简全部为错乱编排则不可能，除非编者不负责任。由此，我认为简编错乱之说难以成立。

3. 夹杂附后说。此种说法认为《论语》中的《尧曰》篇部分章节是夹杂或附在后面的部分，不属于正文的内容。崔述《洙泗考信录》云："至《尧曰篇》，《古论语》本两篇。篇或一章，或二章，其文尤不类。盖皆断简无所属，附之于书末者。""附之于末者"应指附在正文后面的部分，显然是把《尧曰》篇与前面诸篇区分开来。梁启超承袭了崔述的看法，并作了进一步发挥："《论语》有许多不是孔子或孔门的话和记事，杂在里面很没有道理。如《尧曰篇》共三章，三百六十九字。尧训舜舜训禹一章，占了一百五十二字。既不是孔子或孔门的话，又不和孔子或孔门有关系的事，记上去干吗！这类在后数篇的最末，差不多篇篇都有。"① 按照崔述的说法，本篇中前两章"文尤不类"，而最后一章则与前面诸篇合拍，为何不把"文尤不类"的前两章放在本篇第三章之后呢？因为只有这样，才能与"附之于书末者"相符。梁启超以"不是孔子或孔门的话和记事"为据，便认定这些与孔子或孔门无关的篇章都为后人夹杂，未免太武断，多疑有余而证据不足。正如

① 周传儒、姚名达、吴其昌笔记：《古书真伪及其年代：梁启超演讲》，中华书局1955年版，第144页。

他自己所说："我们要想精察求真，与其轻信不如多疑。"①

此外，还有学者认为此篇与《尚书》相互掺杂。钱穆认为，"独此最后《尧曰》一篇，章节之间，多留罅缝。又后有伪造古文《尚书》者，复剽窃尧曰章语以散入其所造《大禹谟》《汤誓》《泰誓》《武成》等篇，后儒又转据伪尚书以说《论语》此章，于是疑辨遂滋，定论难求，实为此书一大缺点，亦千古一大憾事"。② 南怀瑾亦持相同的看法："至于《尧曰》这一篇，孔子的话仅在最后一点点，而其余完全是讲中国历史文化的精神。应该说这一篇是历史的书，或者归附到五经之一的《尚书》中去，这是讲尧舜之间的历史。至于是不是孔子当时口说的，或者有这种旧资料，孔子当时用来教学生的，这暂不去考虑它，不过其中所讲的，是尧、舜、禹三代禅位，'公天下'时候让位的事情。"③ 这种观点值得商榷。

从目前来看，"伪尚书"这一说法越来越受到学界的质疑，"《尚书》大约在先秦就已经有了定本"④。陈梦家在《尚书通论·先秦引书篇》中认为，《论语》《孟子》《左传》《国语》《墨子》《礼记》《荀子》《韩非子》《吕氏春秋》九种书引《尚书》就有一百六十八条。还有学者明确提出，"从文献资料和《郭店楚墓竹简》的研究中，本文作者认为《古文尚书》不伪于两汉之际的刘

---

① 周传儒、姚名达、吴其昌笔记:《古书真伪及其年代:梁启超演讲》,中华书局1955年版,第146页。

② 钱穆:《论语新解》,生活·读书·新知三联书店2002年版,第508页。

③ 南怀瑾:《论语别裁》,复旦大学出版社2003年版,第764页。

④ 钱宗武:《〈尚书〉述略》,《益阳师专学报》1989年第3期。

歆，也不伪东晋的梅赜，其文本在战国中期以前应该已经产生”[①]。据此，《论语》和《尚书》的成书年代都在战国时期，《论语》有引用《尚书》的可能，但引用《尚书》部分文献并不足以证明《尧曰》篇就是《尚书》文本的掺杂。如《论语》里引用《诗经》里的诗句，就不能据此推断其是《诗经》文本的掺杂。况且，《尧曰》篇中的最后一章《孔子曰》显然不是《尚书》内容。由此，此种说法仍不足以让人信服。

4.《墨子》引文说。赵贞信认为，《尧曰》章前数节是《墨子·兼爱篇》的引文。其依据是：兼爱是墨子最中心的思想，先圣六王都是兼爱主义的君主。通过《兼爱下》中的部分章节与《尧曰》章对比分析，认为“这三节都像是《墨子·兼爱篇》的残文”。其主要原因是儒墨两家之书可以互相羼入。“《墨子》中羼有儒家言，为什么《论语》中不可羼有合于墨家言的引文呢？而且学术流变，如川之海，愈趋下游，即混杂愈甚。《淮南子·要略训》说：‘墨者学儒者之业，受孔子之术。’可见墨家初起时即受儒家的影响。到战国时，《孟子》中已载有遵从儒俗的墨者夷之……这足证儒墨在战国时的互相染杂之风。儒墨是战国时的显学……秦汉之际，一方面儒墨各有自己独立的系统，另一方面也更有混合儒墨的学者，儒家言可以羼入墨家的书中，墨家言也可以混进儒家的书中。”[②]

---

① 王世舜:《略论〈尚书〉的整理与研究》,《聊城师范学院学报(哲学社会科学版)》2000 年第 1 期。

② 赵贞信:《〈论语·尧曰章〉来源的推测》,《北京师范大学学报(社会科学)》1962 年第 3 期。

简言之，赵贞信以《墨子》书中的章节和《尧曰》章的内容、风格极其相似，战国时期儒墨两家相互影响，作品之中互相羼入为据，便推断《尧曰》章是《墨子》一书的引文。此种说法虽然新颖但比较勉强，也难以令人信服。

其一，从最终成书年代来看，《论语》引用《墨子》难以成立。《论语》成书是一个过程，不是一蹴而就，也不是一人所为，而是由集体创作。崔述认为，《论语》成书主要由七十子之门人所记然后由后儒所编定；张心澂则认为，“孔子既没数十年后，七十子之门人追记其师所述以成篇，而后儒辑之以成书，非孔子之门人弟子之所记而辑焉者也”（《伪书通考》），至于后儒是谁没有指出。杨朝明通过对定州八角廊汉墓竹简《论语》、郭店楚墓竹简、上博竹简等出土文献分析，认为《论语》编定的时期大概在公元前428年至公元前400年。[①] 冯友兰认为，墨子“大概生活在公元前479年—381年之间。研究墨翟思想的主要资料是《墨子》一书，其中有53章，是墨翟及其后学的著作汇编”[②]。《墨子》最终成书的时间虽有争议，但应在墨子去世之后应无争议。

由上可知，《论语》成书应早于《墨子》，晚出的《墨子》中的章节绝不可能被引用到早出的《论语》一书中去。

其二，《论语》作为记载圣人之言的元典，其地位自然要高于其他典籍，成书之后后学应奉为圭臬，不能随意删改。战国时期，

---

① 参见杨朝明：《新出竹书与〈论语〉成书问题再认识》，《中国哲学史》2003年第3期。

② 冯友兰：《中国哲学简史》，新世界出版社2004年版，第45页。

儒墨成为显学，儒墨互相染杂之风虽然盛行，但由于《论语》文本的特殊性，引用《墨子》中的章节修改《论语》的可能性极小。赵贞信用大幅篇章证明《尧曰》章与《墨子》中相关章节的相似性，与其说是《论语》引用了《墨子》，倒不如说是《墨子》引用《论语》。因此，“《墨子》引文说”不能成立。综上，无论是“一体说”还是“后人附加说”，都多以《尧曰》篇中《尧曰》章为中心进行探讨，而对《子张问》《不知命》涉及较少。《尧曰》篇中的三章是一个整体，应综合加以考究，才能真正理解本篇的主旨。

二、《尧曰》篇主旨：修齐治平

《尧曰》篇由《尧曰》《子张问》和《不知命》组成，此篇主旨是明圣王之道，“此篇记二帝三王及孔子之语，明天命政化之美，皆是圣人之道，可以垂训将来，故殿诸篇，非所次也”[①]。如果从这一主旨审视，可以看出这三章是从不同的层面和角度来阐述儒家提倡的“修齐治平”的处世理念，并与《学而》首篇相呼应，构成“下学上达、学以致尧”的教化体系。

（一）《尧曰》章：明确帝王之道“允执其中”，指向“天下太平”

本章开篇便以尧之名，指出了帝王之道，即“允执其中”，否则，便会“四海困穷，天禄永终”。“舜亦以命禹”，说明“帝王之道”从尧至禹三代圣王都秉承这一传统，没有改变。宋蔡节编《论

---

① 《十三经注疏》整理委员会整理、李学勤主编：《论语注疏》，北京大学出版社1999年版，第265页。

语集说》引游酢云："尧、舜、禹三圣人之授受所守者，一道而已。"这个"道"就是"允执其中"。对"允执其中"的理解，"中"字最为关键。

何谓"中"呢？一种观点以朱熹为代表，认为"中者，无过不及之名"（《四书章句集注》），"盖圣贤所言中有二义，大本云者，喜怒哀乐未发之时之理，其气象如此也；中庸云者，理之在事而无过不及之地也。此曰'允执其中'，盖以其在事者而言，若天下之大本，则不可得而执矣。且圣人之道，时止时行，夫岂专以块然不动者为是而守之哉？"（《四书或问》）在朱熹看来，"中"既有本体论的"大本"之义，又有实践论的"无过不及"，而"大本""不可得而执"，此句中的"中"便是从"事用"出发的"无过不及"。元儒刘因《四书集义精要》云："理之在事，而无过不及之地也。"元儒陈天祥《四书辨疑》亦云："中者，不偏不倚，无过不及之名。"康有为在《论语注》中也说："中者，无过不及。"另一种观点则把"中"解释为"中道"。皇侃在《论语义疏》中云："中，谓中正之道也。"刘宝楠在《论语正义》中亦云："执中者，谓执中道而用之。"钱穆在《论语新解》中也说："中，谓中正之道。"① "此言尧以帝位禅舜而命其为政，信执中道，无所偏颇。"②

这两种观点各有道理。不过，我以为把"中"译为"中道"更为合适。因为"允执其中"是本章的核心论点，下文的说法都是

① 钱穆：《论语新解》，生活·读书·新知三联书店2002年版，第503页。
② 吴林伯：《论语发微》，文化艺术出版社1989年版，第209页。

围绕如何做到“允执其中”而展开，具体的做法都是“中道”的体现。

作为帝王，要如何做到“允执其中”呢？本章指出，作为帝王要处理好四种关系：

第一，处理好与天帝的关系，王权服从于神权。“予小子履，敢用玄牡，敢昭告于皇皇后帝：有罪不敢赦。帝臣不蔽，简在帝心。”（《论语·尧曰》）“帝”指具有人格特征的上天，代表着神权。世俗的王权在至上的神权面前，要心存敬畏，绝对服从。无论是处理有罪之人还是日常言行，作为帝王都应该坦诚地对待上天，不能有丝毫隐瞒。“只要有罪的人，我从不敢轻易擅赦。那些贤人都是服从上帝之臣，我也不敢障蔽着他们。这都由上帝自心简择吧!”①

第二，处理好与家族的关系，以仁德为本。“周有大赉，善人是富。虽有周亲，不如仁人。”（《论语·尧曰》）朱熹《四书章句集注》引孔氏曰：“周，至也。言纣至亲虽多，不如周家之多仁人。”②“周朝大封诸侯，使善人都富贵起来。我虽然有至亲，却不如有仁德之人。”③ 帝王是所在族群和家族的代表，其显赫的地位必然会影响家族的发展。如果帝王任人唯亲，偏向家族，必然会因私废公。只有以仁德来衡量，功则赏，罪则罚，才能治理好天下。皇侃《论语义疏》引孔安国曰：“亲而不贤不忠则诛之，管、蔡是

---

① 钱穆:《论语新解》,生活·读书·新知三联书店2002年版,第508页。

② 朱熹:《四书章句集注》,中华书局2011年版,第180页。

③ 杨伯峻:《论语译注》,中华书局2006年版,第234页。

也。仁人，谓箕子、微子，来则用之。”

第三，处理好与被灭王朝后裔的关系，以有利天下治理为本。朝代更替以能否给天下带来福祉为依据，“四海困穷，天禄永终”。“天之历数在尔躬。”（《论语·尧曰》）帝王的德行对政权的兴亡至关重要。对前朝，新的帝王应该有博大的胸怀，以方便天下治理为本，做到“兴灭国，继绝世，举逸民”，只有这样，才能使“天下之民归心焉”。“所谓‘兴灭继绝’则是因为一大批原有的家族、氏族、部落、部族的政权，在春秋时被灭亡，孔子希望恢复它们。总之希望恢复远古礼制，强调爱护人民（氏族成员），要求责任和错误由首领来承担，这就是儒家孔学的‘民主’：‘为民作主’的‘人治’。”① 这种说法值得商榷。“兴灭国”并非恢复原始的部落政权，从尧舜时代至春秋，不知有多少个部落被灭亡或者消失在历史进程中，即便是圣王，也难以全部复建。刘宝楠《论语正义》认为“兴灭国”为无罪之国，若有罪当灭者，亦不兴之也。这种解释比较合理。“兴灭国”“继绝世”“举逸民”，能够缓和与逸民的关系，从长远来看，也有利于天下治理。

第四，处理好与民众的关系，以公道宽厚为本。一是帝王要敢于担当负责。“朕躬有罪，无以万方；万方有罪，罪在朕躬。”“百姓有过，在予一人。”（《论语·尧曰》）朱熹《集注》云：“君有罪非民所致，民有罪实君所为，见其厚于责己薄于责人之意。”二是要建章立规，健全行政机构。“谨权量，审法度，修废官，四方之

---

① 李泽厚：《论语今读》，生活·读书·新知三联书店2008年版，第566页。

政行焉。”（《论语·尧曰》）“谨慎制定度量衡，检查各种法规制度，恢复被废掉的官职，天下的政治就会搞好。”① 有制度可循，有机构可诉，这也是公道的体现。三是要重视生养死葬。“所重：民、食、丧、祭。”（《论语·尧曰》）关于此节有两种解读：一种说法是“民”与“食”“丧”“祭”并列，作为四件事。“所重视的：人民、粮食、丧礼、祭祀。”② 另一种说法则是把“民食”相连，与“丧”“祭”并列，作为三件事。“或说：民食连文，是一事，与丧、祭为三事，当从之。”③ 我认为“三事”说法较为合适。因为此章是告诫帝王与民众的关系，对民众而言，粮食、丧礼和祭祀都是重要的大事，也是贯穿生死过程的重要节点。皇侃《论语义疏》云：“民以食为活，故次重食也。有生必有死，故次重于丧也。丧毕为之宗庙，以鬼享之，故次重祭也。”重视粮食，在于让百姓吃饱穿暖，得以生存发展，实现“生之所依”；重视丧祭，在于让逝者的灵魂找到安身之所，实现“死之所归”。“重食，重在生民。重丧、祭，则由生及死，由今溯往，民生于是见悠久。”④ 从宗教的视角来审视，这就打通了生死界限，让民众身心都有所依托和归宿。四是要实行仁政。“宽则得众，信则民任焉，敏则有功，公则说。”（《论语·尧曰》）杨伯峻认为“信则民任焉”是衍文，因为《汉石经》无此五字，《天文本校勘记》云：“皇本、唐本、津藩

① 李泽厚：《论语今读》，生活·读书·新知三联书店2008年版，第565页。
② 杨伯峻：《论语译注》，中华书局2006年版，第236页。
③ 钱穆：《论语新解》，生活·读书·新知三联书店2002年版，第505页。
④ 钱穆：《论语新解》，生活·读书·新知三联书店2002年版，第505页。

本、正平本均无此句。”① 如果从本句总体意思来看，“信则民任焉”即便是衍文，也能够讲得通。仁政的具体体现就是在治理天下的过程中秉承“宽厚、诚信、敏达、公平”，这样做就会得到百姓的拥戴。皇侃《论语义疏》云：“为君上若能宽，则众所共归，故云‘得众’也。君行事若仪用敏疾，则功大易成，故云‘有功’也。君若为世公平，则百姓皆欢悦也。”简言之，本章指出“允执其中”是帝王之道，根本指向是实现“天下太平”。《诗经》云：“溥天之下，莫非王土；率土之滨，莫非王臣。”作为帝王应以实现天下太平为己任，秉承“允执其中”的理念，处理好与天帝、家族、前朝、民众的关系，推行仁政，从而使天下得到有效治理，这是《尧曰》章对帝王的告诫。

（二）《子张问》章：明确为臣之道“尊五美、屏四恶”，指向“国治政清”

本章宗旨非常清晰，就是告诫臣属在从政的过程中必须坚持的基本原则，即“尊五美、屏四恶”。朱熹《集注》引尹氏曰：“告问政者多矣，未有如此之备者也。故记之以继帝王之治，则夫子之为政可知也。”这也是孔子施政方针的具体体现。“五美”是从正的方面来讲，是积极主动、肯定性的行为；“四恶”是从反的方面来说，是否定性的行为。其从正反两个方面指出了为臣之道，也体现了“执两用中”的精神。“这是《论语》记载孔子各次政治言论中的一次内容最完备的谈话。全篇充满仁，又充满用中之法，是仁

---

① 参见杨伯峻：《论语译注》，中华书局2006年版。

与中庸的统一。”①

“尊五美、屏四恶”与政务活动密切相关，也是儒家实现外王的具体路径。“子张所问的确均有关政治，与曾子等不同。所以应分出孔门这两种倾向。《论语》也似可分为‘问仁’与‘问政’两大项目，前者多讲个体修养；后者多讲政务体制。由于两者在当时交织一片（即本读强调的氏族遗迹），修齐治平混然未分，影响后世也至深且巨。至今仍崇奉‘由内圣开外王’，即其一。”② 实行“尊五美、屏四恶”，指向国家治理、政务清廉、百姓安居乐业，这也是《子张问》告诫臣属的目的所在。

（三）《不知命》章：明确为人之道“三知”，指向“安身立命”

孔子曰：“不知命，无以为君子也。不知礼，无以立也。不知言，无以知人也。”（《论语·尧曰》）朱熹《四书章句集注》引尹氏曰：“知斯三者，则君子之事备矣。”李塨《论语传注》云：“赫赫在上者，天命也。知之而兢兢业业矣。不然，何以有九德六德三德而为君子修己治人之准礼也？知也而约我以礼，为国以礼矣。不然，而于何立？人之邪正长短不能掩者，言也。知之而人才入吾洞照矣。不然，而何以知之，而取之用之？此圣圣相传之要道也。”《论语》中的“君子”一般有两种含义：道德修养较高的人和身居高位的人，两者具有根本的一致性。身居高位的人指官员，官员必

① 张秉楠：《礼—仁—中庸——孔子思想的演进》，《中国社会科学》1990年第4期。

② 李泽厚：《论语今读》，生活·读书·新知三联书店2008年版，第569页。

须在德行上甘当表率、起模范带头作用。

如果说《子张问》主要强调官员的为政之道，那么本章则主要强调个体修养。既包括官员，也涵盖普通人。如果从儒家根本精神来说，强调官员会更多一些。“不知命，无以为君子也”，强调的是人与命的关系。皇侃《论语义疏》云：“命，谓穷通夭寿也。人生而有命，受之由天，故不可不知也。若不知而强求，则不成为君子之德。”此处的“命”，有天命之意，天命亦即规律，作为君子，应知道规律、把握规律，按照规律做事，尽人事以顺天命，尽力而为，顺其自然。每个人都有其规定性，亦即局限性，由于受到客观环境和条件的限制，有些事情往往不会随心所愿，这也是天命使然。“谋事在人，成事在天”，在天命面前，人只有尽力而为。只有懂得天命，遵循规律，才能真正做到“穷则独善其身，达则兼济天下”。“不知礼，无以立也”，强调的是人与社会的关系。皇侃《论语义疏》云：“礼主恭俭庄敬，为立身之本。人若不知礼者，无以得立其身于世也。”礼乃社会规则，是人与人交往的基本依据，不懂得礼，就无法与他人正常交往，从而也无法在社会立足。“不知言，无以知人也”（《论语·尧曰》），强调的是人与人深入交往的基础。“不患人之不己知，患不知人也。”（《论语·学而》）可见知人不是很容易的事情，通过“知言”可以达到“知人”。“言谈者，情动而言发，欲知人者，据言以入情，沿波以讨源，虽幽深而必显露，观言而知人知心。”① 言为心声，通过与他人深入交谈，可以

① 安德义：《论语解读》，中华书局2010年版，第659页。

了解对方的志向、品行、素养等，从而为今后是否继续交往埋下伏笔。“知人”的目的有二，成为朋友或为国家举贤，两者也可以合为一体。

简言之，“知命”可以认识规律，顺其自然；“知礼”可以立足于世；“知言”可以交友或为国举贤。“命”与“礼”“言”有机融合，共同构成了个体“安身立命”的根基。总之，《尧曰》篇按照“帝王之道指向天下太平”“为臣之道指向国治政清”“个体之道指向安身立命”的逻辑思路展开，是一个有机的整体，彰显了儒家“修身、齐家、治国、平天下”的处世理念。

三、《尧曰》与《学而》首尾呼应：学以致尧

20 世纪，顾颉刚从神话传说与历史传承的关系入手提出了“层累地造成的中国古史”[①] 的观点，即“层累”理论。该理论的价值不仅体现在古史研究方面，而且对经典文本的形成也具有启发意义，即任何经典的形成都是一个“层累叠加”的过程，《论语》的编纂亦是如此。[②] 文本编纂的“层累叠加”不是随意而为，而是有明确的主旨。既然编纂《论语》是为了防止“圣言永灭”（陆德明《经典释文·序录》），那么构成《论语》的二十篇文本应是精挑细选的，“每篇都有一约略可寻之大旨或牵系诸章的主导线

---

① 顾颉刚：《古史辨》，上海古籍出版社 1982 年版，第 60 页。

② 先秦时期《论语》成书是一个“层累叠加”的过程，从公元前 479 年至公元前 402 年，经历了“初稿集结”“首次整理”“再次整理”和“最终确定”阶段。参见刘伟：《孔子弟子与先秦时期〈论语〉编纂探微》，《云梦学刊》2018 年第 6 期。

索”①。古人重视“善始善终”，作为首篇的《学而》与作为末篇的《尧曰》应经编纂者慎重考虑、精心挑选，以便做到前后呼应、“首尾相顾”②。《学而》篇从个体、家族和社会等不同层面，明确告诉初学者“学什么”以及“怎么学”③，提出修身之本，为学以成人、“修齐治平”打下基础；《尧曰》篇则以治国理政为核心，明确提出帝王、臣属、个体之道。这就形成了“下学而上达”“学以致尧”的逻辑关联，从而为实现“内圣外王”“修齐治平”的儒家理想做了预先的设计。“从整个文本结构来看，《论语》文本以《学而》为第一篇，以《尧曰》为最后一篇，这一文本建构的逻辑旨在体现孔子由‘学以成人’至‘学以成圣’的儒学宗旨。”④

综上所述，可以得出这样一个结论：《尧曰》篇既不是附加掺杂，也非后人引文，而是《论语》文本的原始内容和有机组成部分。

---

① 黄克剑：《〈论语〉的义理旨归、篇章结构及与“六经”的关系——我之〈论语〉观》，《哲学动态》2011年第6期。

② 黄克剑：《〈论语〉的义理旨归、篇章结构及与“六经”的关系——我之〈论语〉观》，《哲学动态》2011年第6期。

③ 参见刘伟：《〈学而〉篇意蕴探微》，《孔子研究》2017年第6期。

④ 陈科华：《〈论语〉文本研究的几个问题》，《云梦学刊》2020年第2期。

第七章 孔门『四科』意蕴探析

第一节 “德行”科

在孔门弟子中，孔子把颜回、闵子骞、冉伯牛、仲弓归为“德行科”。（《论语·先进》）如果结合这四名弟子的品行事迹来分析，“德行”不仅仅是指表面上的道德行为，而是具有比较丰富的内涵，主要包括“乐道”“志学”“孝悌”“仁政”四个维度。这四个维度是按照“个体”—“家族”—“群体”的逻辑顺序展开的。具体来说，“乐道”“志学”属于“个体”层面，首推颜回；“孝悌”属于“家族”层面，当推闵子骞；“仁政”则属于“群体”层面，应推冉伯牛和仲弓。这三个层面、四个维度构成了孔子“德行”思想的主要内容。

一、个体层面：“乐道”和“志学”

“个体”层面，就是指“己”，即单独的个人。“古之学者为己，今之学者为人。”（《论语·宪问》）孔子所提倡的就是“为己之学”，通过学习来提高自身的道德品质，而不是装点门面、炫耀于人。因此，在个体层面上，孔子认为最重要的德行就是“乐道”和“志学”。“乐道”亦即乐于弘道，一生以弘扬道义为己任，坚定不移，持之以恒。“志学”就是善于学习，孜孜以求，终生不倦。两者联系密切，且相辅相成。“乐道”是“志学”的根本目的，“志学”则是“乐道”的基础。从《论语》开篇的“学而时习之，不亦说乎”（《论语·学而》），到“吾十有五而志于学”（《论语·为政》），再到“十室之邑，必有忠信如丘者焉，不如丘之好学也”（《论语·公冶长》），我们可以看出孔子重视学习的程度。“夫子生知而未尝不好学，故言此以勉人。言美质易得，至道难闻，学之至则可以为圣人，不学则不免为乡人而已。”（《论语集注》卷三）在“乐道”和“志学”方面，比较突出的就是颜回。

首先，颜回是“乐道”的典范。“仁”是孔子提倡的核心思想，按照“仁”的要求去做，是颜回“乐道”的主要体现。子曰：“回也，其心三月不违仁；其余则日月至焉而已矣。”（《论语·雍也》）在孔子看来，颜回每时每刻都心存仁德，并身体力行。朱熹对此赞誉道：“三月，言其久。仁者，心之德。心不违仁者，无私欲而有其德也。”（《论语集注》卷三）除此之外，我们也可以从颜回关注的问题中看出其具有仁德之心。在《论语》里，颜回请教孔子主要有两处。一处是问“仁”。颜渊问仁。子曰：“克己复礼为仁。一日克己复礼，天下归仁焉。为仁由己，而由人乎哉？”颜渊曰：“请问其目。”子曰：“非礼勿视，非礼勿听，非礼勿言，非礼勿动。”颜渊曰：“回虽不敏，请事斯语矣。”（《论语·颜渊》）另外一处是问“为邦”。颜渊问为邦。子曰：“行夏之时，乘殷之辂，服周之冕，乐则《韶》舞。放郑声，远佞人，郑声淫，佞人殆。”（《论语·卫灵公》）由此可知，“求仁”与“为邦”是颜回最为看重的两件事情。“求仁”是“为己”，“为邦”是“为人”，这也是孔子之道的实质。颜回请教不问其他事，只求两者，可见其深谙孔子之心。另外，在对“道”的体悟上，颜回也是孔门弟子中的佼佼者。子谓子贡曰：“女与回也孰愈？”对曰：“赐也何敢望回？回也闻一以知十，赐也闻一以知二。”子曰：“弗如也！吾与女弗如也。”（《论语·公冶长》）从子贡与孔子的对话中可以看出颜回确实聪慧，尤其在对大道的理解上比其他弟子更胜一筹。子贡以“闻一知二”与“闻一知十”来比喻两人之间的差距，孔子认为比较客观。

其次，颜回是“志学”的楷模。哀公问：“弟子孰为好学？”孔子对曰：“有颜回者好学，不迁怒，不二过。不幸短命死矣，今也则亡，未闻好学者也。”（《论语·雍也》）季康子问：“弟子孰为好学？”孔子对曰：“有颜回者好学，不幸短命死矣！今也则亡。”（《论语·先进》）在好学这一点上，孔子除了自称好学之外，便把这一荣耀给了颜回。在孔子看来，众多弟子中最好学的莫过于颜回。在这里，孔子所说的“好学”不仅仅是学习知识，而是看重品德的学习。因此，孔子说颜回“不迁怒”“不贰过”。魏何晏在《论语集解》中说：“凡人任情，喜怒违理，颜渊任道，怒不过分。”清刘宝楠在《论语正义》中解释道：“迁者，移也。怒当其理，不易移也。不贰过者，有不善未尝复行。”这说明颜回与一般人不同，遇到喜怒按理行事，反求诸已，不迁怒他人，闻过则改，不犯同样性质的错误。正如钱穆所说：“本章孔子称颜渊为好学，而特举不迁怒不贰过二事。可见孔门之学，主要在何以修心，何以为人，此为学的。”① 因此，我们可以说，颜回“志学”不仅限于一般知识，更注重个人品德的修养。颜回“志学”的另一个体现就是坚持不懈，持之以恒。子曰：“语之而不惰者，其回也与!”子谓颜回，曰：“惜乎，吾见其进也，未见其止也!”（《论语·子罕》）魏何晏在《论语集解》中认为：“颜渊则解，故语之不惰。余人不解，故有惰语之时也。”梁皇侃在《论语义疏》中也说：“惰，谓懈怠也。言余人不能尽解，故有懈怠于夫子之语时，其语之而不懈怠者，其惟颜渊也与，颜回解故也。”元胡炳文在《四书通》亦有相同的观点：“大致上章‘语之而不惰’是颜子之心，如川流不舍昼夜。此章‘见其进，未见其止’是颜子之用力；不肯如为山之未成一篑而止也。”颜回深得孔子之道，因此在学习的过程中自觉按照孔子所要求的去做，永不懈怠，也不知疲倦，不愧为学习的典范。因此，颜回列“德行科”之首当不为过。

二、家族层面：孝悌

在家族层面上，孔子认为最重要的德行就是孝悌。“君子务本，本立而道生。孝弟也者，其为仁之本与!”（《论语·学而》）“孝悌”是仁心的发端，也是与人相处的根本。“发于仁心，乃有仁道。

① 钱穆:《论语新解》，生活·读书·新知三联书店2002年版，第141页。

而此心实为人性所固有。其先发而可见者为孝弟，故培养仁心当自孝弟始。孝弟之道，则贵能推广而成为通行于人群之大道。有子此章，所指浅近，而实为孔门教学之要义。”①“孝悌”的实质在于保持家族秩序乃至整个社会秩序的稳定。《孝经》说：“事父孝，故事天明；事母孝，故事地察；长幼顺，故上下治。”“孔学儒家教义的特征之一，从所谓‘三年之丧’，到孟子和王船山所说‘人禽之别’，首先强调的正是这样一种‘家庭’中子女对于父母的感情的自觉培育，以此作为‘人性’的本根、秩序的来源和社会的基础。”②

在孝悌方面，闵子骞可谓是孔子众多弟子的代表。据《韩诗外传》载：“子骞早丧母，父娶后妻，生二子，疾恶子骞，以芦花衣之，父察之，欲逐后母。子骞曰：‘母在一子寒，母去三子单。’父善之而止，母悔改之，遂成慈母。”闵子骞的孝感化了父母，成为千古美谈。对此，孔子评价道：“孝哉闵子骞！人不间于其父母昆弟之言。”（《论语·先进》）对于这句话，有两种理解。一种认为闵子骞的父母兄弟都称他孝顺，别人没有任何异议。朱熹引胡氏曰：“父母兄弟称其孝友，人皆信之无异辞者。”（《论语集注》卷六）另一种理解则是闵子骞以实际行动感化了他的父母兄弟，使人们对他的父母兄弟没有任何非议。《后汉书·范升传》中说：“间，非也。言闵子骞之孝，化其父母兄弟，言人无非者。”钱穆认为，

---

① 钱穆:《论语新解》,生活·读书·新知三联书店 2002 年版,第 7 页。
② 李泽厚:《论语今读》,生活·读书·新知三联书店 2008 年版,第 33 页。

如果按照第二种理解，那么“不”字当“无”解，这句话就变成了“人无间于其父母昆弟”，“之言”二字就显得多余，这也就成了病句。因此，钱穆认为第一种理解比较合理。①

三、群体层面：仁政

“仁”是孔子思想的核心，推行仁政、造福百姓是孔子一生积极推崇的政治主张。因此，在群体层面上，孔子认为最重要的德行就是“仁政”。在这方面，“德行科”四名弟子中，除了颜回，闵子骞、冉伯牛和仲弓都具有推行仁政的品德和才能。

（一）闵子骞守义不仕，公正为民

“闵子侍侧，訚訚如也。”（《论语·先进》）这是描述闵子骞在日常生活中的样子，即正直恭敬。“闵子在德行科，如不屈于季氏，是断断守正之貌。”② 这种正直的品德，在从政方面的体现就是坚守道义。“季氏使闵子骞为费宰。闵子骞曰：‘善为我辞焉。如有复我者，则吾必在汶上矣。’”（《论语·雍也》）闵子骞不到费县做官的缘由，一般有两种看法：一种看法认为闵子骞品德高尚，不愿意依附季氏，做不义之官。朱熹引谢氏曰：“学者能少知内外之分，皆可以乐道而忘人之势。况闵子得圣人为之依归，彼其视季氏不义之富贵，不啻犬彘。又从而臣之，岂其心哉？在圣人则有不然者，盖居乱邦、见恶人，在圣人则可；自圣人以下，刚则必取祸，柔则必取辱。闵子岂不能早见而豫待之乎？”（《论语集注》卷三）另一

---

① 参见钱穆：《论语新解》，生活·读书·新知三联书店2002年版。

② 程树德：《论语集释》，程俊英、蒋见元点校，中华书局1990年版，第765页。

种看法则认为闵子骞能力不足，难以胜任。清毛奇龄在《论语改错》中说："夫子一门多仕季氏，即夫子已先为季氏史，为季氏司职吏，闵子只以费本岩邑，而其先又经叛臣窃据，实恐难任，故辞之颇坚。"这种看法也有一定道理。不过，我认为前者较为合理。因为闵子骞一生忠孝守义，并不是没有能力，而是从心里不赞成季氏的做法，故不屈从季氏。另外，在具体政务问题上，闵子骞能够从老百姓的角度出发，替百姓着想。"鲁人为长府。闵子骞曰：'仍旧贯，如之何？何必改作？'子曰：'夫人不言，言必有中。'"（《论语·先进》）《论语集解》引王肃曰："言必有中，善其不欲劳民更改作也。"朱熹也认为："言不妄发，发必当理，惟有德者能之。"（《论语集注》卷六）在孔子看来，闵子骞能够找准问题的关键，以修建代替重建，爱惜民力，能够为民考虑，这也是仁德的体现。

（二）冉伯牛具体而微，推行仁政

"伯牛有疾，子问之，自牖执其手，曰：'亡之，命矣夫！斯人也而有斯疾也！斯人也而有斯疾也！'"（《论语·雍也》）这是冉伯牛病危的时候，孔子去看望他的记载。从中可以看出，孔子对冉伯牛患上重病感到非常痛惜。一般认为，这是孔子与冉伯牛的最后告别。"孔子此来，盖与伯牛为永诀。伯牛无得此病之道，而病又不可治，故孔子叹之为命。"① 关于冉伯牛的记载，历史资料很少。根据《孔子家语》记载，孔子在担任鲁国司寇的时候，冉伯牛在孔

① 钱穆:《论语新解》,生活·读书·新知三联书店 2002 年版,第 148—149 页。

子的提携下担任中都宰。孟子对冉伯牛的德行比较赞赏，将他排在闵子骞和颜渊之前，认为他们三人的德行是“具体而微”。（《孟子·公孙丑上》）从以上这些信息我们可以作如下推断：冉伯牛深得孔子赞赏，是因为他具有为政之德。这种为政之德的表现就是能够实行孔子一生所推崇的“仁政”。理由有二：其一，冉伯牛在孔子担任鲁国司寇期间做过中都宰，其能力应深得孔子赞赏。否则，孔子不会有“亡之，命矣夫！斯人也而有斯疾也！斯人也而有斯疾也”的感叹。对此，朱熹引侯氏曰：“伯牛以德行称，亚于颜、闵。故其将死也，孔子尤痛惜之。”（《论语集注》卷三）其二，孟子认为颜渊、闵子骞和冉伯牛的德行是“具体而微”，简言之，就是说这三名弟子都有孔子的德行，只是没有发扬光大而已。朱熹对此注释道：“具体而微，谓有其全体，但未广大耳。”（《孟子集注》卷三）

我们知道，孔子看重颜回，主要是因为其志学弘道，看重闵子骞，主要是因为其孝悌。对二人的评价在《论语》中都能找到。唯独对冉伯牛，在《论语》里没有孔子对他的具体评价，只是表达了对他命运不幸的叹息。“德行科”有四名弟子，按照一般的分类，这四名弟子在德行方面应该有具体的差别，如颜回重学、闵子骞重孝。那么，孟子认为这三人都具有孔子的德行，除了学、孝之外，所剩下的就是推行仁政。结合冉伯牛担任过中都宰，我们可以断定，孔子之所以把冉伯牛放在“德行科”里面，主要是因为他有推行仁政的德行。

（三）仲弓既有从政之德，又有执政之才

首先，其有从政之德。“子曰：‘雍也可使南面。’”（《论语·

雍也》）在孔子看来，仲弓有仁君的品德，能够治理国家。此句中的“南面”有两种解释：一种是指天子或者诸侯。汉刘向在《说苑·修文篇》中说：“当孔子之时，上无明天子也。故言雍可使南面。南面者，天子也。”朱熹认为：“南面者，人君听治之位。言仲弓宽洪简重，有人君之度也。”（《论语集注》卷三）另一种是指卿大夫。《文选·思玄赋》注引《论语摘辅象》说：“仲弓淑明清理，可以为卿。”程颐也持相同的观点：“仲弓才德，可使为政也。”（《二程集》）对“南面”的解释，无论是指天子、诸侯，还是指卿大夫，都说明仲弓具有从政之“德”。

儒家提倡为政者首先应具备高尚的品德。“子曰：‘为政以德，譬如北辰，居其所而众星共之。’”（《论语·为政》）《孟子·万章上》中说：“匹夫而有天下者，德必若舜、禹，而又有天子荐之者，故仲尼不有天下。”《荀子·非十二子篇》中也说：“圣人之得势者，舜、禹是也。”“圣人之不得势者也，仲尼、子弓是也。”（子弓即仲弓①）在孟子和荀子看来，孔子和仲弓都具有舜、禹那样的品德，只是由于运气不好，没有得到天子的推荐。从中我们可以看到，仲弓的“从政之德”不仅在当时有名气，而且在后世也有很大的影响。

其次，有执政之才。仲弓除了有高尚的品德之外，还具有比较

---

① 关于“子弓”是否是“仲弓”的问题，学界多有争议。清朱彝尊在《孔子门人考》中说：“要之，孔子尝称冉雍可使南面，且在德行之科。雍字仲弓，盖与子弓同一人。如季路又称子路然也。”郭沫若则认为子弓与仲弓不是一个人，具体见其著作《十批判书·儒家八派的批判》。对郭沫若的观点，学者也多有质疑。本文采用前者观点。

突出的从政能力。第一，看问题准。“仲弓问子桑伯子。子曰：‘可也，简。’仲弓曰：‘居敬而行简，以临其民，不亦可乎？居简而行简，无乃大简乎？’子曰：‘雍之言然。’”（《论语·雍也》）这是关于子桑伯子执政能力的谈话。孔子认为，子桑伯子办事能力还可以，处理政务力求简约而不扰民。对此，仲弓则认为这样做还不到位。他认为办事简约的前提是要有一个比较严肃的态度，否则，就会过于草率。孔子对这种看法表示认可。朱熹对此评价道：“言自处以敬，则中有主而自治严，如是而行简以临民，则事不烦而民不扰，所以为可。若先自处以简，则中无主而自治疏矣，而所行又简，岂不失之太简，而无法度之可守乎？”（《论语集注》卷三）由此可见，仲弓看问题比较深刻，能够一针见血，通过现象抓住问题的实质。

第二，重行慎言。“或曰：‘雍也仁而不佞。’子曰：‘焉用佞？御人以口给，屡憎于人。不知其仁，焉用佞？’”（《论语·公冶长》）有人认为仲弓虽然有德但口才不好，不善辩驳。孔子则认为不善辩驳没有什么不好，因为善于辩驳往往会被人憎恨。言外之意，孔子比较赞成仲弓有德而不善言辞的做法。清刘宝楠说：“仲弓德行中人，行必先人，言必后人，或者以为仁而不佞者。当时尚佞，见雍不佞，故深惜之。”（《论语正义·公冶长第五》）在当时的背景下，能言善辩是一种风尚，也倍受推崇。而仲弓“行必先人、言必后人”，先做后说，这在当时并不多见，因此孔子认为这是有德的体现。这也从侧面看出仲弓是重行动轻言辞的人。

第三，品行高洁。《史记·仲尼弟子列传》中说：“仲弓父，贱人。”这是说仲弓出身不好，且其父行为不善。尽管如此，仲弓并没有受到家庭的影响，而是出淤泥而不染，注重德行修养，深得孔子认可。“子谓仲弓曰：‘犁牛之子骍且角，虽欲勿用，山川其舍诸?’”（《论语·雍也》）孔子用“犁牛之子”来比喻仲弓，肯定仲弓的德行与为政的潜质。魏何晏在《论语集解》中说：“犁，杂文也。骍，赤色也。角者，角周正，中牺牲也。虽欲以其所生犁而不用，山川宁肯舍之乎？言父虽不善，不害于子之美也。”朱熹也持相同的观点：“仲弓父贱而行恶，故夫子以此譬之。言父之恶，不能废其子之善。”（《论语集注》卷三）

第四，从善如流。“仲弓问仁。子曰：‘出门如见大宾，使民如承大祭。己所不欲，勿施于人。在邦无怨，在家无怨。’仲弓曰：‘雍虽不敏，请事斯语矣!’”（《论语·颜渊》）这是孔子告诉仲弓在具体实践中要如何才能做到“仁”，即保持谨慎恭敬的态度、推己及人的心胸和宠辱不惊的心态。对此，仲弓颇为赞同，并表示按照孔子的教诲积极去做。荀子在《儒效》中说：“通则一天下，穷则独立贵名，天不能死，地不能埋，桀跖之世不能污，非大儒莫之能立，仲尼、子弓（即仲弓）是也。”可见，在荀子眼里，仲弓与孔子一样，都符合大儒的标准。这也间接证明仲弓听从了孔子的教诲，实践了自己的承诺。

总之，从个体层面看重“乐道”“志学”，到家族层面看重“孝悌”，再到群体层面看重“仁政”，我们可以清晰地看到孔子在筛选“德行科”弟子时所坚持的标准与原则。其实，无论是“乐道”“志学”，还是“孝悌”“仁政”，都是孔子所坚守和推崇的，从孔子一生的实践中都能够找到它们的影子。因为“乐道”“志学”“孝悌”“仁政”这四个维度，反映了“个体”“家族”和“群体”三个层面的关系，而这三种关系构成了当时整个社会运行的基础，这也正是主张积极入世的孔子看重德行的根本原因。

第二节　“言语”科

在孔门“四科”中，“言语”是指能言善辩，口才优秀。在孔子弟子中，孔子认为宰我与子贡这方面的能力比较突出，堪称代表。宰予（前522—前458），字子我，亦称宰我，比孔子小二十九岁，春秋末期鲁国人，能言善辩，被孔子许为“言语科”的高才生，排在子贡前面。曾跟随孔子周游列国，游历期间常受孔子派遣从事外交工作。关于宰我的去世，《史记·仲尼弟子列传》中载：“宰予为临淄大夫，与田常作乱，以夷其族，孔子耻之。”对此，后人多有质疑。唐代司马贞在《仲尼弟子列传》的《索引》中说：“左传无宰我与田常作乱之文，然有阙止字子我，而因争宠，遂为陈恒所杀。恐字与宰我相涉，因误云然。”现代学者赞同此观点，认为是司马迁有所误解，将被陈恒所杀的“子我”误以为“宰我”。“死于田常之乱并不是宰我，而是阚止。”[1] 唐开元二十七年

① 参见李启谦：《孔门弟子研究》，齐鲁书社1987年版。

(739 年)，宰我被追封为“齐侯”，宋大中祥符二年（1009 年），被加封为“临淄公”，后又改封为“齐公”。子贡（前 520—前 456)，姓端木，名赐，字子贡，比孔子小三十一岁，春秋末期卫国人。子贡能言善辩，善于外交与经商，官至鲁、卫两国之相，也是儒商之鼻祖。《论语》中对其言行记录较多，其与孔子师生感情深厚，孔子去世后守墓六年。唐开元二十七年（739 年)，子贡被追封为“黎侯”，宋大中祥符二年（1009 年)，被加封为“黎阳公”，后又改封为“黎公”。结合二人的行为举止，可以看出，“言语”具有三个方面的内涵：善于发现问题，敢于质疑权威；善于发问，长于逻辑；善于沟通，长于社交。

一、善于发现问题，敢于质疑权威

善于发现问题，敢于质疑权威，是指能够与社会现实相结合，面对约定俗成的制度，能够在实际生活中发现问题，提出个人的见解。这一点，集中体现在二人对“三年之丧”和“告朔饩羊”的质疑。

宰我问：“三年之丧，期已久矣。君子三年不为礼，礼必坏；三年不为乐，乐必崩。旧谷既没，新谷既升，钻燧改火，期可已矣。”子曰：“食夫稻，衣夫锦，于女安乎?”曰：“安。”“女安，则为之！夫君子之居丧，食旨不甘，闻乐不乐，居处不安，故不为也。今女安，则为之!”宰我出。子曰：“予之不仁也！子生三年，然后免于父母之怀。夫三年之丧，天下之通丧也。予也有三年之爱

于其父母乎？”（《论语·阳货》）

子贡欲去告朔之饩羊。子曰：“赐也，尔爱其羊，我爱其礼。”（《论语·八佾》）

众所周知，礼制是当时社会运行的基础，也是社会成员共同遵守的行为规范。对上古遗留下来的、对社会有重要影响的制度，一般都因循旧制，不作改变。即便制度滞后于社会发展，一般也不会立即改变。对此，宰我与子贡表现出了强烈的现实关怀和质疑精神。“三年之丧”“告朔饩羊”均为古制，孔子主张保留不作改变，自然有其深层原因①。但从社会现实而言，这两项古制已经滞后于时代，不能适应现实需要。比如，“告朔饩羊”虽然没有被废除，但已经失去了其主旨，基本上形同虚设，在现实生活中很难落实。对此，宰我与子贡看得非常清楚。尽管他们都知道孔子重礼，肯定不会同意变更或者废除，但仍然提出来，表现出很强的质疑精神。同时，从中也能看出，孔子对两人这种关注现实、敢于质疑的精神是持赞许态度的，仍将他们列入“言语”科。

二、善于发问，长于逻辑

思维敏捷、善于辩论是“言语”所具备的素质，这在子贡、宰我身上体现得非常明显。比如，《史记·仲尼弟子列传》中说：“子贡利口巧辞，孔子常黜其辩。”《说苑·杂言》中载：“赐之敏

① 见前文相关篇章分析。

贤于丘也。”《论衡·定贤》中亦云：“‘子贡何人也?’曰：‘辩人也，丘弗如也。’”从这些记载可以看出，子贡思维敏捷、能言善辩是不争的事实。

(一) 善于发问

善于发问，是指提问能够切中要害，直指儒家关注的核心问题。这一点在子贡身上表现得尤为突出。

> 子贡曰：“贫而无谄，富而无骄。何如?”子曰：“可也。未若贫而乐，富而好礼者也。”子贡曰：“《诗》云：‘如切如磋，如琢如磨’，其斯之谓与?”子曰：“赐也，始可与言《诗》已矣！告诸往而知来者。”(《论语·学而》)

《吕氏春秋·慎人》中说：“古之得道者，穷亦乐，达亦乐。所乐非穷达也，道得于此，则穷达一也，为寒暑风雨之序矣。”孔子的回答显然比子贡更高一层。不过，子贡告一知二、举一反三的求知态度也得到了孔子的赞许。

> 子贡问君子。子曰：“先行其言，而后从之。”(《论语·为政》)

《礼记·缁衣》云：“言从而行之，则言不可饰也，行从而言之，则行不可饰也。故君子寡言而行，以成其信。”针对子贡“好言”的特点，孔子提出君子应该“行重于言”，言行一致。朱熹《集注》引范氏曰：“子贡之患，非言之艰而行之艰，故告之以此。”①

> 子贡问曰：“有一言而可以终身行之者乎？”子曰：“其‘恕’乎！己所不欲，勿施于人。”（《论语·卫灵公》）

朱熹注曰：“推己及物，其施不穷，故可以终身行之。”② 子贡之问，可谓切中要害。朱熹引尹氏曰：“学贵于知要。子贡之问，可谓知要矣。孔子告以求仁之方也。推而极之，虽圣人之无我，不出乎此。终身行之，不亦宜乎？”③ 这是儒家的金规则，也是宽恕之道，可以说放之四海而皆准。

> 子贡曰：“我不欲人之加诸我也，吾亦欲无加诸人。”子曰：“赐也，非尔所及也。”（《论语·公冶长》）

子贡的理想实质是儒家所提倡的“己所不欲，勿施于人”的恕道，说起来简单，做起来却不容易。因此，孔子直接告诫子贡难以做到。“孔子教人，主反求诸己，主尽其在我，本章所以教子贡者，学者能细阐之，则心日广，德日进矣。”④

---

① 朱熹：《四书章句集注》，中华书局 2011 年版，第 58 页。
② 朱熹：《四书章句集注》，中华书局 2011 年版，第 155 页。
③ 朱熹：《四书章句集注》，中华书局 2011 年版，第 155 页。
④ 钱穆：《论语新解》，生活·读书·新知三联书店 2002 年版，第 121 页。

子贡曰："如有博施于民而能济众，何如？可谓仁乎？"子曰："何事于仁，必也圣乎！尧、舜其犹病诸！夫仁者，己欲立而立人，己欲达而达人。能近取譬，可谓仁之方也已。"（《论语·雍也》）

这是子贡问"仁"。在孔子看来，"博施于民而能济众"圣人都很难做到，何况仁人呢？这一问，便引出了圣人与仁人的主要区别。孔安国《论语孔氏训解》："君能广施恩惠，济民于患难，尧、舜至圣，犹病其难。"阮元在《论语论仁论》中亦云："孔子论人，以圣为第一，仁即次之，仁固甚难能矣。'圣''仁'二字孔子皆谦不敢当。子贡视仁过高，误入圣域，故孔子分别'圣'字，将'仁'字降一等。"①

从上可以看出，无论是请教"做人之道"还是问"仁"，子贡所提出的问题也都是孔子所关心的问题，每一次发问，孔子都直接回答，阐述自己的观点。由此可见，子贡之问不是率性而发，而是深思熟虑、有的放矢，问得内行，也有含金量。尤其是"己所不欲，勿施于人""己欲立而立人，己欲达而达人"的精彩回答，更是成为儒家"恕道"之精髓。这恐怕也是《论语》中多次记载子贡问话的原因吧！

（二）长于逻辑

孔子的主要思想在于"仁"，而对"仁"的阐释，孔子则是视

---

① 阮元:《揅经室集》,邓经元点校,中华书局1993年版,第177—178页。

具体情况而定，没有统一的说法。对此，宰我从逻辑的角度对孔子之“仁”提出质疑。

> 宰我问曰：“仁者，虽告之曰：‘井有仁焉。’其从之也?”子曰：“何为其然也?君子可逝也，不可陷也；可欺也，不可罔也。”（《论语·雍也》）

在此章中，宰我设定了一个案例，假如有一位仁者掉进了井里，另一位仁者听到后是否跟着跳进井里?我们知道，孔门师生之间的对话都有深层次含义，不能仅从字面上来理解。宰我假设的这个案例也另有所指，那就是质疑孔子之“仁”是否切实可行。无论孔子回答是还是否，都不能令人信服。表面上看，这个问题比较平常，实质则比较刁钻，给孔子出了个大难题。“宰我总爱提奇怪而尖锐的问题，为难老师，甚为有趣，也显示确实聪明。”① 对此，孔子并没有直接回答，而是避其锋芒，另辟蹊径，只是告诉宰我仁者能够通晓应变，根据当时情况进行抉择。由此，可以看出宰我的语言逻辑能力，“善言辞”并非徒有虚名。

三、善于沟通，长于社交

“善于沟通”侧重于与他人在观点不一致的情况下，还能够保持良好的交流合作的能力。“长于外交”侧重于处理国际事务的能力。

---

① 李泽厚:《论语今读》,生活·读书·新知三联书店2008年版,第198页。

(一) 善于沟通

《论语》中有两处提到孔子对宰我的评价。第一处是针对宰我白天睡觉，孔子给予了比较严厉的批评。

> 宰予昼寝。子曰："朽木不可雕也，粪土之墙不可杇也，于予与何诛?"子曰："始吾于人也，听其言而信其行；今吾于人也，听其言而观其行。于予与改是。"(《论语·公冶长》)

孔安国注曰："诛，责也。今我当何责于汝乎？深责之辞也。"① 朱熹《集注》引胡氏曰："宰予不能以志帅气，居然而倦。是宴安之气胜，儆戒之志惰也。古之圣贤未尝不以懒惰荒宁为惧，勤励不息自强，此孔子所以深责宰予也。听言观行，圣人不待是而后能，亦非缘此而尽疑学者。特因此立教，以警群弟子，使谨于言而敏于行耳。"② 孔子并由此改变了自己原来对人的看法，由"听其言信其行"改为"听其言观其行"。另一处是孔子在宰我做事之后说的话，表面上看不出褒贬，但实有责备之意。

> 哀公问社于宰我。宰我对曰："夏后氏以松，殷人以柏，周人以栗，曰使民战栗。"子闻之曰："成事不说，遂

---

① 皇侃:《论语义疏》,高尚榘校点,中华书局2013年版,第108页。
② 朱熹:《四书章句集注》,中华书局2011年版,第77页。

事不谏，既往不咎。”（《论语·八佾》）

鲁哀公向宰我询问社主所用木质的问题。宰我回答说夏朝用松木、商朝用柏木、周朝用栗木。随后，又进一步解释说，周代之所以用栗木，目的是让老百姓感到害怕。宰我为何出此言，有多种说法，“或说此乃宰我欲劝哀公用严政，故率意牵搭为讽。或说古者杀人常在社，时三家专政，哀公意欲讨之，故借题问社，此乃隐语示意，宰我所答，隐表赞成”①。“三代之社不同者，古者立社，各树其土之所宜木以为主也。战栗，恐惧貌。宰我又言周所以用栗之意如此。岂以古者戮人于社，故附会其说与?”② 由此，孔子对宰我的回答不是很满意，于是就说了后面的话。包咸注曰：“事既往，不可复追非咎也。孔子非宰我，故历言三者，欲使慎其后也。”③

从以上两处记载可以看出，孔子对宰我的所作所为是不满意的，尤其是“昼寝”一事，更成为孔子不喜欢宰我的“证据”。针对宰我“使民战栗”一事，虽然表面上看不出孔子的批评，但实乃暗含责备。那么，这是否意味孔子对宰我不信任或者不欣赏了呢？针对这个问题，李启谦在《孔门弟子研究》中认为：孔子虽然批评宰我，但两人的关系却比较融洽。孔子对宰我虽然说了些比较严厉的话，但因那都是些爱护性的批评，所以宰我并没有因为这些问题而不尊重或疏远孔子。恰恰相反，他们师生之间，自始至终都保持

① 钱穆:《论语新解》,生活·读书·新知三联书店 2002 年版,第 76 页。
② 朱熹:《四书章句集注》,中华书局 2011 年版,第 66 页。
③ 皇侃:《论语义疏》,高尚榘校点,中华书局 2013 年版,第 72 页。

着密切的关系。不但宰我对孔子崇敬，而孔子对宰我也是满意和肯定的。在孔子批评责备或者不满意的情况下，能够与其保持良好的关系，这从另外一个角度可以看出宰我的沟通协调能力。虽具体方法不得而知，但效果比较明显。孔子虽然批评甚至非常严厉地责备宰我，但在重要时刻仍然发挥他的特长，重用他。比如在周游列国期间，孔子让宰我出使各国。如“宰我使于齐”（《孔丛子·嘉言》）、“孔子使宰予使于楚”（《孔丛子·记义》）等。如果孔子不信任宰我的话，那么决不会让他担当这个重任。而且，在和孔子交往的过程中，宰我也经历了从对孔子思想的不理解到理解再到完全接受的过程，最终完全服膺孔子。“以予观于夫子，贤于尧、舜远矣!”（《孟子·公孙丑上》）这也间接证明了宰我具有较强的沟通协调能力。

（二）长于社交

在这里，社交包含两个层面：经商与外交。善于与他人打交道是这两者必备的素质。

1. 经商有道。这方面子贡堪称代表。《尸子》中载：“子贡，卫之贾人也。”说明子贡出身于商人之家，有经商的家庭氛围。随着后期的发展，也确实证明子贡在经商方面才能突出。“子曰：‘回也其庶乎！屡空。赐不受命，而货殖焉，亿则屡中。’”（《论语·先进》）《史记·货殖列传》载：“子赣既学于仲尼，退而仕于卫，废著鬻财于曹、鲁之间，七十子之徒，赐最为饶益……子贡结驷连骑，束帛之币以聘享诸侯，所至，国君无不分庭与之抗礼。”“子贡善居积，意贵贱之期，数得其时，故货殖多，富比陶朱。”（《论衡·知实》）子贡之所以能够经商成功，与其杰出的社交能力密切相关。李启谦在《孔门弟子研究》中认为，他能言善辩反应敏捷，为他经商提供了好条件。子贡后期被誉为儒商的鼻祖也名副其实。

2. 外交有方。在外交方面，子贡与宰我都有非常杰出的表现，成就斐然。

子贡问曰：“赐也何如?”子曰：“女，器也。”曰：“何器也?”曰：“瑚琏也。”（《论语·公冶长》）

朱熹注曰：“器者，有用之成材。夏曰瑚，商曰琏，周曰簠簋，皆宗庙盛黍稷之器而饰以玉，器之贵重而华美者也。”① 孔子用宗庙祭祀用的贵重器皿来比喻子贡，可见子贡是国家的栋梁之才。子贡的志向就是成为出色的外交家，也符合本身所具有的“言语”之潜质。《左传·哀公十二年》记载了子贡以言辞说服吴国大宰嚭，使其释放卫国国君的史实。

秋，卫侯会吴于郧。公及卫侯、宋皇瑗盟，而卒辞吴盟。吴人藩卫侯之舍。子服景伯谓子贡曰：“夫诸侯之会，事既毕矣，侯伯致礼，地主归饩，以相辞也。今吴不行礼于卫，而藩其君舍以难之，子盍见大宰?”乃请束锦以行。语及卫故，大宰嚭曰：“寡君愿事卫君，

① 朱熹：《四书章句集注》，中华书局2011年版，第75页。

卫君之来也缓，寡君惧，故将止之。”子贡曰：“卫君之来，必谋于其众，其众或欲或否，是以缓来。其欲来者，子之党也；其不欲来者，子之仇也。若执卫君，是堕党而崇仇也。夫堕子者得其志矣。且合诸侯而执卫君，谁敢不惧？堕党、崇仇，而惧诸侯，或者难以霸乎！”大宰嚭说，乃舍卫侯。

子贡审时度势，晓之以理，让“大宰嚭说，乃舍卫侯”，可见其口才之高超。另外，《史记·仲尼弟子列传》中也记载了子贡在外交上的杰出成就：“故子贡一出，存鲁、乱齐、破吴、强晋，而霸越。子贡一使，使势相破，十年之中，五国各有变。”对此，李启谦在《孔门弟子研究》中认为：司马迁夸大了子贡的外交才能，是司马迁把纵横家借着子贡编造的故事当成实事写在《史记》里，不足为信。尽管如此，但这也从另外一个方面显示了子贡杰出的外交能力。

不仅子贡在外交上有出色表现，宰我也具有非凡的外交才能。李启谦在《孔门弟子研究》中认为：子贡是个杰出的外交人才，可是“言语”这一科里，孔子把宰我列在子贡之上，可见宰我在孔子的心目中是有好印象的。我认为，这不仅仅是有好印象的问题，而应该是宰我在“言语”（当然也包括外交）方面的才能要高于子贡。《孔丛子·记义》载：

孔子使宰予使于楚，楚昭王以安车象饰，因宰予以遗孔子焉。宰予曰：“夫子无以此为也。”王曰：“何故?”对曰：“臣以其用，思其所在，观之，有以知其然。”王曰：“言之”。宰予对曰：“自臣待从夫子以来，窃见其言不离道，动不违仁，贵义尚德，清素好俭。士而有禄，不以为积。不合则去，退无吝心。妻不服彩，妾不衣帛。车器不雕，马不食粟。道行则乐其治，不行则乐其身，此所以为夫子也。若夫观目之丽靡，窈窕之淫音，夫子过之弗之视，遇之弗之听也。故臣知夫子之无用此车也。”王曰：“然则夫子何欲而可?”对曰：“方今天下，道德寝息，其志欲兴而行之。天下诚有欲治之君，能行其道，则夫子虽徒步以朝，固犹为之，何必远辱君之重贶乎?”王曰：“乃今而后知孔子之德也大矣!”宰予归，以告孔子。孔子曰：“二三子以予之言何如?”子贡对曰：“未尽夫子之美也。夫子德高则配天，深则配海。若予之言，行事之实也”。子曰：“夫言贵实，使人信之，舍实何称乎?是赐之华，不若予之实也。”①

从上可知，宰我代表孔子出使楚国，楚昭王想把一辆豪华的车子作为礼物送给孔子，被宰我以“言不离道，动不离仁”等婉言谢绝，此举受到孔子称赞。而且，对子贡的评价，孔子认为“赐之华”，不若“予之实”。由此可以看出，宰我不仅具有出色的外交

---

① 傅亚庶:《孔丛子校释》,中华书局2011年版,第52—53页。

能力，而且也深得孔子认可。

第三节 “政事”科

“政事”意即政治事务，或者说是处理政治事务的能力。在孔子看来，“冉有”和“季路”在这方面的能力比较突出，堪称众弟子的代表。冉求（前 522—前 489），姓冉，名求，字子有，又称冉有，比孔子小二十九岁，春秋末期鲁国人。冉有一生主要在季氏家里从事行政管理工作，以行政能力著称，被孔子列为“政事科”第一名。唐开元二十七年（739 年），被追封为“徐侯”，宋大中祥符二年（1009 年），改封为“彭城公”，后又改封为“徐公”。仲由（前 542—前 480），字子路，又字季路，比孔子小九岁，春秋末期鲁国卞邑人。出身贫贱，刚强果敢，坦荡直爽，忠诚守信，善于政事，是孔子的得意门生，死于卫国内讧，终年六十二岁。子路的言行在《论语》中出现过四十多次，对后世影响较大。孟子曾称赞他有闻过则喜的态度，将其与禹、舜相提并论。唐开元二十七年（739 年）被追封“卫侯”；宋大中符二年（1009 年）加封“河内公”；南宋咸淳三年（1267 年）被封为“卫公”。

结合冉有和季路所做所为，可以看出，两人虽然都被孔子列入“政事科”，但处事风格却不完全相同。概而言之，“政事”大致包括三层意蕴：第一，审时度势，务实权变；第二，正视自己，扬长避短；第三，政绩突出，顺应时代。

一、审时度势，务实权变

“政事”乃公事，即代表公众处理社会事务。因社会事务千变万化，具有很强的不确定性，所以作为管理者必须审时度势、务实权变，能够相机行事，通权达变。在这一点上，冉有表现得比较明显。

（一）在其位，谋其政

在重大问题或者关键事情上，冉有能够审时度势，在其位谋其政，从自己所处的位置出发做出选择。比如，在孔子与季氏之间，冉有多是从政务考虑，并不顾忌师生之情。

季氏旅于泰山。子谓冉有曰：“女弗能救与？”对曰：“不能！”子曰：“呜呼！曾谓泰山不如林放乎？”（《论语·八佾》）

季氏将伐颛臾。冉有、季路见于孔子，曰：“季氏将有事于颛臾。”孔子曰：“求！无乃尔是过与？夫颛臾，昔者先王以为东蒙主，且在邦域之中矣，是社稷之臣也。何以伐为？”冉有曰：“夫子欲之，吾二臣者皆不欲也。”孔子曰：“求！周任有言曰：‘陈力就列，不能者止。’危而不持，颠而不扶，则将焉用彼相矣？且尔言过矣，虎兕出于柙，龟玉毁于椟中，是谁之过与？”冉有曰：“今夫颛臾，固而近于费。今不取，后世必为子孙忧。”孔子曰：“求！君子疾夫舍曰欲之而必为之辞。丘也闻有国有家者，不患贫而患不均，不患寡而患不安。盖均无贫，和无寡，安无倾。夫如是，故远人不服，则修文德以来之。既来之，则安之。今由与求也，相夫子，远人不服，而不能来也；邦分崩离析，而不能守也；而谋动干戈于邦内。吾恐季孙之忧，不在颛臾，而在萧墙之内也。”（《论语·季氏》）

季氏祭祀泰山属于越礼行为，冉有当时担任季氏家臣。孔子让冉有去劝阻，冉有则直接回绝。之所以这样做可能在于：季氏旅泰山，应是权衡利弊、慎重考虑的结果，作为家臣的冉有有可能参与了谋划，但最终由季氏作决定，冉有只是服从而已，因此孔子用了“救”字，含有事后补救之意。由此可以推知，孔子也应该清楚这样重大的事件冉有当不了季氏的家。冉有直接回绝，也在情理之中。另外，冉有明知道季氏旅泰山不合礼制，孔子让他“救其陷于僭窃之罪”①，但他直接拒绝，从中也可以看出冉有非常务实，即便季氏有错，但自己是其下属，只有遵从而已，不能去犯颜相谏。

与此不同，在“季氏将伐颛臾”这件事情上，冉有采取了比较委婉的方式，“从夫子欲之，吾二臣者皆不欲也”到“今夫颛臾，固而近于费。今不取，后世必为子孙忧”。显然，在这件事情上，冉有参与了谋划，但在孔子面前不便于直接承认。正如朱熹所说：“冉有实与谋，以孔子非之，故归咎于季氏。”② 在孔子面前，冉有

① 朱熹:《四书章句集注》,中华书局2011年版,第63页。
② 朱熹:《四书章句集注》,中华书局2011年版,第158页。

并不是直言相告，而是从自己所处的位置出发，站在季氏的立场上替其辩护。简言之，无论是直接回绝还是委婉拒绝，都体现了冉有“谋食不谋道”、比较务实的从政风格。

（二）灵活变通，因人而异

> 子华使于齐，冉子为其母请粟。子曰：“与之釜。”请益。曰：“与之庾。”冉子与之粟五秉。子曰：“赤之适齐也，乘肥马，衣轻裘。吾闻之也，君子周急不继富。”（《论语·雍也》）

孔子提倡“周急不继富”，公西赤“乘肥马”“衣轻裘”，并不属于救急行列。冉有对此应该心知肚明，在按照惯例请求孔子给公西赤的母亲发放安家小米的同时，他还违背孔子的意思擅自增加数量。这种做法属于锦上添花而不是雪中送炭。至于这样做的目的我们不得而知，但从中可以看出冉有在具体执行规则时擅长灵活变通、务实权变，针对不同的对象采取不同的策略。

二、正视自己，扬长补短

冉有与子路对自己都有正确的认知，能够发挥自己之长，也能够避免或根据需要及时弥补自己的短处。

（一）冉有：务实清醒，扬长避短

冉有擅长政务，精通管理。“求也，千室之邑，百乘之家，可使为之宰也。”（《论语·公冶长》）钱穆注曰：“千室之邑，于时为大邑，惟卿大夫家始有之。百乘之家，其时诸侯有车千乘，卿大夫家则百乘。”① 冉有可以胜任卿大夫家之宰。据已有的资料，冉求的一生，除了跟随孔子外，就是在鲁国当季氏的家臣和“为季氏宰”。冉有对自己的特长非常清楚，对短处也非常明了。

> 子路、曾皙、冉有、公西华侍坐……对曰：“方六七十，如五六十，求也为之，比及三年，可使足民。如其礼乐，以俟君子。”（《论语·先进》）

冉有认为，自己在地方干三年，就可以让百姓衣食得到满足，即“比及三年，可使足民”；对弘扬大道等礼乐教化的事情自己并不擅长，因此他说“如其礼乐，以俟君子”。

> 冉求曰：“非不说子之道，力不足也。”子曰：“力不足者，中道而废。今女画。”（《论语·雍也》）

朱熹注曰：“力不足者，欲进而不能。画者，能进而不欲。谓之画者，如画地以自限也。”② 这都在说明对孔子所讲的大道冉有不感兴趣，这也是自己的短处，其便以能力不足为由加以推脱了。

（二）子路：闻过则喜，及时补拙

与冉有扬长补短不同，子路则是闻过则喜、及时补拙。

---

① 钱穆：《论语新解》，生活·读书·新知三联书店 2002 年版，第 115 页。
② 朱熹：《四书章句集注》，中华书局 2011 年版，第 85 页。

子路有闻，未之能行，唯恐有闻。(《论语·公冶长》)

朱熹注曰：“前所闻者既未及行，故恐复有所闻而行之不给也。”又引范氏曰：“子路闻善，勇于必行，门人自以为弗及也，故著之。若子路，可谓能用其勇矣。”① 子路虽然前期是个“野人”，“子路，卞之野人也”（《尸子上·劝学》），但进入孔门之后，其对自己的不足有非常清醒的认知，能够及时弥补不足，无论学业还是品德都日益长进。

子曰：“衣敝缊袍，与衣狐貉者立，而不耻者，其由也与！‘不忮不求，何用不臧?’”子路终身诵之。子曰：“是道也，何足以臧?”(《论语·子罕》)

宦懋庸在《论语稽》中云：“缊袍之敝与狐貉之盛并立，富贵之念动则耻心生，子路平日与朋友共车马、衣裘，蔽之而无憾者也。故能不耻。”子路虽然对孔子多有疑问，但在理解孔子的话之后便尽力按照要求去做。李启谦在《孔门弟子研究》中认为，子路虽然给孔子提的意见最多，但是当孔子或是加以解释，或是对子路进行一些批评教育，子路每次都是听从指挥，从来没有进行过反驳。“子路，人告之以有过，则喜。”（《孟子·公孙丑上》）朱熹注曰：“喜其得闻而改之，其勇于自修如此。”又引周子曰：“仲由喜

---

① 朱熹:《四书章句集注》,中华书局2011年版,第78页。

闻过，令名无穷焉。今人有过，不喜人规，如讳疾而忌医，宁灭其身而无悟也。噫!”又引程子曰：“子路，人告之以有过则喜，亦可谓百世之师矣。”①“闻过则喜”一般人做不到，孟子将子路与禹、舜作比也不为过。这从中也体现了子路闻过则喜、不断弥补不足、提升自己的特点。

三、政绩突出，顺应时代

（一）着眼“足民”，有发展经济之才

在发展经济方面，冉有具有非凡的才能。

> 季氏富于周公，而求也为之聚敛而附益之。子曰：“非吾徒也，小子鸣鼓而攻之，可也。”（《论语·先进》）

对此，《左传·哀公十一年》有比较详细的记载：

> 季孙欲以田赋，使冉有访诸仲尼。仲尼曰：“丘不识也。”三发，卒曰：“子为国老，待子而行，若之何子之不言也?”仲尼不对。而私于冉有曰：“君子之行也，度于礼，施取其厚，事举其中，敛从其薄。如是则以丘亦足矣。若不度于礼，而贪冒无厌，则虽以田赋，将又不足。且子季孙若欲行而法，则周公之典在。若欲苟而行，又何访焉?”弗听。

---

① 朱熹:《四书章句集注》,中华书局 2011 年版,第 222 页。

冉有帮助季氏敛财，在客观上起到了解放生产力、促进经济发展的效果。“季氏不听，于鲁哀公十二年春王正月用田赋，即历史上著名的鲁国实行‘初税亩’。冉有替季氏具体执行收田赋的任务……然而孔子不理解实行初税亩，正是春秋时期生产力发展的结果，是新的生产关系适应新的生产力的表现，是历史发展的一个进步。”① 由此可以看出，冉有聚财的能力不是“小能”而是“大能”，其能够审时度势，顺应社会发展规律，在发展经济方面具有非凡的能力。

（二）勇敢善战，有军事之才

“国之大事，在祀与戎。”（《左传·成公十三年》）军事与祭祀并列为国家之大事，可见军事之重要。能够率兵御敌、驰骋疆场应是当时管理人员所必备的素质。从孔子所教的“六艺”（礼、乐、射、御、书、数）也可以看出“射御”是普遍要求，也是当时人们所应该具备的基本素质。在这方面，冉有与子路都有建树。《左传·哀公十一年》载：“冉有用矛于齐师，故能入其军。孔子曰：‘义也。’”对此，李启谦在《孔门弟子研究》中作了分析：鲁哀公十一年，齐伐鲁，季孙、叔孙、孟孙氏都不敢发兵抗齐，而冉求坚决主张出兵。在冉求的力争下，就派左、右两军同时出兵抵御。冉求率左军，另一人率右军，结果右军战败而回，冉求身先士卒，带头杀向齐军，结果齐军大败而回，冉求凯旋。由此可以看出，他是有勇武精神和军事才能的。与冉有相比，子路之勇更显得突出。不

① 来可泓:《论语直解》,复旦大学出版社 2000 年版,第 298 页。

过，子路之勇经历了从单纯勇猛到以道义贯通勇猛的过程，具有“崇义尚勇”的特点。子路天生勇猛。“子路，行行如也。”（《论语·先进》）钱穆注曰：“行行如：刚强貌。”① 子路早期粗俗鲁莽，入孔门之后在孔子教化下勇猛之中融入了道义的色彩。这主要经历了问勇、问士、问成人三个过程。

首先，子路问勇。

> 子路曰：“君子尚勇乎？”子曰：“君子义以为上。君子有勇而无义为乱，小人有勇而无义为盗。”（《论语·阳货》）

朱熹引尹氏曰：“义以为尚，则其勇也大矣。子路好勇，故夫子以此救其失也。”②“本章似子路初见孔子时问答。”③ 这应该是孔子与子路交往的初期，孔子看到子路勇猛鲁莽，便告诫他要按照道义来行事，如果失去了道义，勇猛也就沦为犯上作乱、祸害百姓的工具。言外之意，君子所崇尚的勇应该以义贯之。

其次，子路问士。

> 子路问曰：“何如斯可谓之士矣？”子曰：“切切偲偲、怡怡如也，可谓士矣。朋友切切偲偲，兄弟怡怡。”

---

① 钱穆:《论语新解》，生活·读书·新知三联书店2002年版，第286页。
② 朱熹:《四书章句集注》，中华书局2011年版，第169页。
③ 钱穆:《论语新解》，生活·读书·新知三联书店2002年版，第462页。

(《论语·子路》)

朱熹引胡氏曰：“切切，恳到也。偲偲，详勉也。怡怡，和悦也。皆子路所不足，故告之。又恐其混于所施，则兄弟有贼恩之祸，朋友有善柔之损，故又别而言之。”① 刘宝楠注曰：“朋友以义合，兄弟以恩合，处之各有所宜，此尽伦之事，非凡民不学者所能，故如此乃可称士也。”② 这是孔子指点子路如何与朋友、兄弟相处，再次提出了朋友之间要做到切切、偲偲，“以义合”，彰显“义”之重要。

最后，子路问成人。

> 子路问成人。子曰：“若臧武仲之知，公绰之不欲，卞庄子之勇，冉求之艺，文之以礼乐，亦可以为成人矣。”曰：“今之成人者何必然？见利思义，见危授命，久要不忘平生之言，亦可以为成人矣。”(《论语·宪问》)

在孔子看来，“成人”的层次有高低之分。最高层次涵盖了“知”“不欲”“勇”和“艺”，很显然，这对子路来讲要全部做到要求太高，因此孔子退而求其次，提出了低一点的标准，“子路礼乐不足、勇力有余，所以孔子勉励他向这方面努力。至于再次一等

① 朱熹：《四书章句集注》，中华书局2011年版，第139页。
② 刘宝楠：《论语正义》，高流水点校，中华书局1990年版，第548页。

的成人，便是见利思义，见危授命，讲忠信的人，不必及于礼乐了”[①]。其中，见利思义放在首位，依然指出义之重要。经历了问勇、问士、问成人，子路理解了孔子的一片苦心，以“义”统领勇，把义作为志向。

颜渊、季路侍。子曰：“盍各言尔志?”子路曰：“愿车马衣裘，与朋友共，敝之而无憾。”（《论语·公冶长》）

朱熹引程子曰：“子路勇于义者，观其志，岂可以势利拘之哉?”[②]“子路的回答再一次显示了那重然诺、讲义气、悲歌慷慨的侠勇气概。”[③] 总之，在孔子的指导教化下，子路从“鲁莽纯勇”到“崇义尚勇”，发生了质的飞跃。子路的勇敢是天生的，“尚义”是后学的。入孔门之后，其不懂就问，问道践行，逐渐形成了“崇义尚勇”的做事风格。《韩诗外传·卷二》载：

子路曰：“士不能勤苦，不能轻死亡，不能恬贫穷，而曰我行义，吾不信也。昔者申包胥立于秦廷，七日七夜，哭不绝声，是以存楚，不能勤苦，焉得行此！比干且死，而谏愈忠；伯夷叔齐饿于首阳，而志益彰；不轻死亡，焉能行此。曾子褐衣缊绪，未尝完也，粝米之食，未

① 来可泓:《论语直解》,复旦大学出版社 2000 年版,第 385 页。
② 朱熹:《四书章句集注》,中华书局 2011 年版,第 81 页。
③ 李泽厚:《论语今读》,生活·读书·新知三联书店 2008 年版,第 170 页。

尝饱也；义不合，则辞上卿，不恬贫穷，焉能行此！夫士欲立身行道，无顾难易，然后能行之；欲行义白名，无顾利害，然后能行之。”《诗》曰：“彼己之子，硕大且笃。”非良笃修身行之君子，其孰能与之哉！

在子路看来，“能勤苦”“轻死亡”“恬贫穷”是推行道义的前提，这体现了子路对“崇义尚勇”的理解。

（三）处事公正，让人信服

这主要体现在子路的“片言折狱”上。

子曰：“片言可以折狱者，其由也与！”（《论语·颜渊》）

关于“片言折狱”的理解通常有两种说法：一种观点认为，这是指子路能够听原被告中的一方的话就可以断案。孔安国对此注释说：“片，犹偏也。听讼必须两辞以定是非。偏信一言以折狱者，唯子路可也。”① 另外一种观点则认为“片言”为半言，即子路还没有说完，诉讼双方都已经信服。朱熹注曰：“片言，半言。折，断也。子路忠信明决，故言出而人信服之，不待其辞之毕也。”② 子路之所以能够片言折狱，是因为他的人品。这两种说法各有道理，不过，我认为子路能够“片言折狱”，既有能力的因素，也有

① 皇侃：《论语义疏》，高尚榘校点，中华书局2013年版，第311页。
② 朱熹：《四书章句集注》，中华书局2011年版，第129页。

人品的因素，是其综合素质的结果。人品的体现最重要的就是公正，尤其在审理案件方面公正更为重要。但是，如果仅有人品而没有能力或者仅有能力而没有人品，即便“片言折狱”也仅仅是一时，不会得到普遍的、长期的认可。况且，子路既有能力更有人品，处事比较公正，“片言折狱”也在情理之中。

（四）志政善学，成效明显

无论是冉有还是子路，都把从政作为第一志向。而且，在具体实践中，都非常注重向孔子请教如何从政。比如：

> 子适卫，冉有仆。子曰：“庶矣哉！”冉有曰：“既庶矣，又何加焉？”曰：“富之。”曰：“既富矣，又何加焉？”曰：“教之。”（《论语·子路》）

从“庶之”“富之”到“教之”，孔子主张先富后教，把生存放在第一位，与管子“凡治国之道必先富民”的思想相契合，这也是李泽厚所说的“吃饭哲学”[①]。冉有作为季氏家臣，帮助季氏聚财，重视经济发展，或与此思想有关。子路出身寒门，“家贫亲老者，不择禄而仕。昔者，由事二亲之时，常食藜藿之实，而为亲负米百里之外”（《说苑·建本》），加入孔门后，在孔子教化指点下，志向立足于从政。比如：

① 李泽厚:《论语今读》,生活·读书·新知三联书店2008年版,第383页。

“千乘之国，摄乎大国之间，加之以师旅，因之以饥馑，由也为之，比及三年，可使有勇，且知方也。”（《论语·先进》）

朱熹注曰：“方，向也，谓向义也。民向义，则能亲其上，死其长矣。”① 利用三年左右的时间，子路就有信心把一个在夹缝中生存、经常闹饥荒的国家治理得有模有样，让老百姓不仅勇敢而且崇尚仁义。可见，子路对自己的理政能力非常自信。为了提升自己，子路还围绕如何从政向孔子请教。

子路问政。子曰：“先之，劳之。”请益，曰：“无倦。”（《论语·子路》）

《礼记·月令》云：“以道教民，必躬亲之。”朱熹《四书章句集注》引苏氏云：“凡民之行，以身先之，则不令而行。凡民之事，以身劳之，则虽勤不怨。”又引吴氏曰：“勇者喜于有为而不能持久，故以此告之。”② 孔子结合子路好勇且不能持久的特点，告诫他要身先士卒、持之以恒。

子路曰：“卫君待子而为政，子将奚先？”子曰：“必

---

① 朱熹:《四书章句集注》,中华书局2011年版,第123页。
② 朱熹:《四书章句集注》,中华书局2011年版,第133页。

也正名乎！”子路曰：“有是哉，子之迂也！奚其正?”子曰：“野哉，由也！君子于其所不知，盖阙如也。名不正，则言不顺；言不顺，则事不成；事不成，则礼乐不兴；礼乐不兴，则刑罚不中；刑罚不中，则民无所错手足。故君子名之必可言也，言之必可行也。君子于其言，无所苟而已矣！”（《论语·子路》）

包咸注曰：“迂，犹远也。言孔子之言疏远于事也。”孔安国注曰：“野，犹不达也。”① 子路认为孔子以正名为先，是不务实际、好高骛远；孔子认为子路仅着眼于具体事务，没有理解“正名”的重要性。此外，子路还就如何“事君”向孔子请教：

子路问事君。子曰：“勿欺也，而犯之。”（《论语·宪问》）

朱熹注曰：“犯，谓犯颜谏争。”又引范氏曰：“犯非子路之所难也，而以不欺为难。故夫子教以先勿欺而后犯也。”② 孔子认为臣对君，首要的是不能有欺骗之心；然后则是犯颜直谏，敢于指出国君之失误。这两者都是“臣事君以忠”之体现。子路除了从理论上向孔子请教如何从政外，还学以致用，坚持去做。自认为正确的

---

① 皇侃:《论语义疏》，高尚榘校点，中华书局 2013 年版，第 326 页。
② 朱熹:《四书章句集注》，中华书局 2011 年版，第 146 页。

事情，即便孔子不赞成，他仍坚持到底。比如：

> 子路使子羔为费宰。子曰：“贼夫人之子。”子路曰：“有民人焉，有社稷焉。何必读书，然后为学？”子曰：“是故恶夫佞者。”（《论语·先进》）

钱穆注曰：“时子羔尚年少，故称夫人之子。贼，害义。学未成熟，使之从政，适以害之。”[①] 孔子认为，子羔年少没有学成（主要是指学习治民事神），不能去从事政务活动。但子路并不赞成，认为子羔已经具备了担任“费宰”的能力，况且，实践之学也是学。孔子则批评子路是强词夺理。因此，朱熹注曰：“治民事神，固学者事，然必学之已成，然后可仕以行其学。若初未尝学，而使之即仕以为学，其不至于慢神而虐民者几希矣。子路之言，非其本意，但理屈词穷，而取辨于口以御人耳。故夫子不斥其非，而特恶其佞也。”[②] 对此章，也有学者认为孔子之所以批评之路，可能另有所指。“其实，孔子并不反对子羔去做官，而是主张‘学而优则仕’，子羔学业未成，不宜出仕。更不愿子羔为季氏所用，故借责备子路强辩，反对季氏僭越。”[③] 不管孔子责子路的真正原因到底如何，从这件事情上可以看出，子路在从政方面有主见，并坚持自己的看法，让子羔担任了“费宰”。李启谦在《孔门弟子研究》中

---

① 钱穆：《论语新解》，生活·读书·新知三联书店2002年版，第297页。

② 朱熹：《四书章句集注》，中华书局2011年版，第122—123页。

③ 来可泓：《论语直解》，复旦大学出版社2000年版，第306页。

认为，子羔“有政治活动能力”，在孔子的学生中，虽然有不少学生当过官职，但是以子羔担任的官职为最多。可见，子路知人善任，也是其政务能力突出的体现。

另外，在具体实践中，子路从政，坚守道义，尽职尽责，政绩突出，得到了孔子的赞许。《韩诗外传·卷六》载：

> 子路治蒲三年，孔子过之。入境而善之，曰：“由恭敬以信矣。”入邑，曰：“善哉！由忠信以宽矣。”至庭，曰：“善哉！由明察以断矣。”子贡执辔而问曰：“夫子未见由，而三称善，可得闻乎？”孔子曰：“入其境，田畴草莱甚辟，此恭敬以信，故民尽力。入其邑，墉屋甚尊，树木甚茂，此忠信以宽，其民不偷。入其庭甚闲，此明察以断，故民不扰也。”诗曰：“夙兴夜寐，洒扫庭内。”

子路能够做到“恭敬以信”“忠信以宽”和“明察以断”，使蒲县大治，孔子三称其善，足以证明其具有较高的政务能力和水平，位列“政事科”名副其实。

第四节 “文学”科

在《论语》里，“文学——指古代文献，即孔子所传的《诗》

《书》《易》等”①。在孔门弟子中，这方面比较杰出的弟子是子游和子夏。“文学：子游，子夏。”（《论语·先进》）

子游（前506—?），姓言，名偃，字子游，比孔子小四十五岁，春秋末期吴国人。② 子游学成后授徒讲学，形成单独门派，即“子游氏之儒”（《荀子·非十二子》），扩大了孔子学说在南方地区的影响力。孔子曾云：“吾门有偃，吾道其南。”在当时，被公认为“有圣人之一体”（《孟子·公孙丑上》）。

卜商（前507—?），姓卜，名商，字子夏，比孔子小四十四岁，春秋末期卫国人③，曾为莒父宰，在孔门弟子中传世著作最多，相传子夏独撰或参与撰写了《论语》《毛诗》《诗序》等重要文献，对传承孔子之道起到了非常重要的作用。东汉徐防曾云：“《诗》《书》《礼》《乐》定自孔子，发明章句，始于子夏。”（《后汉书·邓张徐张胡列传》）与子游在南方传播圣人之道相似，子夏在西河（今陕西境内）发扬孔子思想，被称为“西河教授”。梁启超对此评价说：“当孔子之在世，其学未见重于时君也。及魏文侯，受经子夏，继以段干木、田子方，于是儒教始大行于西河。文侯初置博士官，实为以国力推行孔学之始，儒教第一功臣，舍斯人无属矣。”④

---

① 杨伯峻:《论语译注》,中华书局1980年版,第110页。

② 关于子游的籍贯有争议。《孔子家语·七十二弟子解》中说:“言偃,鲁人。”《吴郡志·古迹》中有子游故居的记载,认为子游是吴国人。学界多认为子游是吴国人。

③ 一种说法认为卜商是卫国人,如《孔子家语·七十二弟子解》中说:“卜商,卫人。”另一种说法认为卜商是晋国人。如《荀子简注》(上海人民出版社1974年版)中说:“子夏,卜氏,名商,春秋时晋国人。”

④ 梁启超:《论中国学术思想变迁之大势》,上海古籍出版社2006年版,第44页。

根据《论语》中相关记载，结合子游、子夏的言行，可以看出，“文学”具有三个方面的内涵：志向上，重在弘道；为学上，重在根本；社会治理上，倡导以德治国。

一、志向上：主张弘道

在立志方面，子夏主张弘道，“谋道”重于“谋食”。

> 子夏问曰：“‘巧笑倩兮，美目盼兮，素以为绚兮。’何谓也？”子曰：“绘事后素。”曰：“礼后乎？”子曰：“起予者商也，始可与言《诗》已矣！”（《论语·八佾》）

包咸注曰：“孔子言，子夏能发明我意，可与共言《诗》。”①李启谦在《孔门弟子研究》中认为，比孔子小四十多岁的子夏，竟能启发孔子，可见他对《诗》已经理解得很深刻了。孔子之所以赞赏子夏，是因为子夏强调人的内在本质与外在教化谁先谁后的问题，“子夏因此悟人有忠信之质，必有礼以成之。所谓忠信之人可以学礼，礼乃后起而加之以文饰，然必加于忠信之美质，犹以素色间于五采而益增五采之鲜明”②。从根本上来看，这也指明了孔子思想中最为核心的思想“仁”与“礼”的关系，即“仁内礼外”，“内心情感（仁）是外在体制（礼）的基础”③。从中也彰显了子

---

① 《十三经注疏》整理委员会整理、李学勤主编：《论语注疏》，北京大学出版社1999年版，第33页。

② 钱穆：《论语新解》，生活·读书·新知三联书店2002年版，第60页。

③ 李泽厚：《论语今读》，生活·读书·新知三联书店2008年版，第95页。

夏有弘道之功底。因此，孔子对子夏提出了要求：

“女为君子儒，无为小人儒。”（《论语·雍也》）

马融注曰：“君子为儒，将以明其道。小人为儒，则矜其名也。”[①] 显然，在孔子的心目中子夏能够担当君子儒之大任，故寄此希望。“孔子之诫子夏，盖逆知其所长，而预防其所短。推孔子之所谓小人儒者，不出两义：一则溺情典籍，而心忘世道。一则专务章句训诂，而忽于义理。子夏之学，或谨密有余，而宏大不足，然终可免于小人儒之讥。”[②] 后来的事实也证明，孔子确有眼光，子夏设教授徒，使孔子的学说不断发扬光大。《史记·儒林列传》云：“自孔子卒后，七十子之徒散游诸侯，大者为师傅卿相，小者友教士大夫，或隐而不见。故子路居卫，子张居陈，澹台子羽居楚，子夏居西河，子贡终于齐。如田子方、段干木、吴起、禽滑釐之属，皆受业于子夏之伦，为王者师。”[③] 在弘道方面，子夏提出以下几点看法。

第一，要明其大道。

子夏曰：“虽小道，必有可观者焉；致远恐泥，是以

---

① 皇侃：《论语义疏》，高尚榘校点，中华书局2013年版，第136页。

② 钱穆：《论语新解》，生活·读书·新知三联书店2002年版，第151—152页。

③ 《吕氏春秋·当然》则认为田子方学于子贡，段干木学于子夏，吴起学于曾子，禽滑厘学于墨子。

君子不为也。”（《论语·子张》）

朱熹注曰：“小道，如农圃医卜之属。泥，不通也。”又引杨氏曰：“百家众技，犹耳目鼻口，皆有所明而不能相通。非无可观也，致远则泥矣，故君子不为也。”① 子夏所谓的“小道”与孔子所说的“器”相似。“子曰：‘君子不器。’”（《论语·为政》）“器，各适其用而不能相通，今之所谓专家之学者近之。不器非谓无用，乃谓不专限于一材一艺之长。”② 在子夏看来，弘道必须突出大者，成为通才，而不是像器物那样只具有某一方面的特长，拘泥于小道，“窥于一隙，执于一偏”③。否则，便失去了弘道的根本，即外王之道，“此章亦证子夏颇重外王事业”④。

第二，要懂得权变，不拘小节。

子夏曰：“大德不逾闲，小德出入可也。”（《论语·子张》）

皇侃注曰：“大德，上贤以上也。闲，犹法也。上德之人，常不逾越于法则也。小德，中贤以下也。其立德不能恒全，有时暂

① 朱熹：《四书章句集注》，中华书局2011年版，第176页。
② 钱穆：《论语新解》，生活·读书·新知三联书店2002年版，第38页。
③ 钱穆：《论语新解》，生活·读书·新知三联书店2002年版，第484页。
④ 李泽厚：《论语今读》，生活·读书·新知三联书店2008年版，第545页。

至，有时不及，故曰出入也。不责其备，故曰可也。”① 皇侃把“大德”与“小德”解释为“上贤”与“中贤以下”，显然是对人所进行的分类。这种说法并不足取。朱熹则把“大德”与“小德”解释为人的行为方式。“大德、小德，犹言大节、小节。闲，阑也，所以止物之出入。言人能先立乎其大者，则小节虽或未尽合理，亦无害也。”② 此种解释更贴近文义。子夏认为大节或大的原则不可违背，小节可以权变，“人的德行，大处不可逾越界限，小处有一些出入是可以的”③。这也是一种实事求是的态度。

第三，要注意结交贤者，亲仁爱众。

> 子夏之门人问交于子张。子张曰：“子夏云何？”对曰：“子夏曰：‘可者与之，其不可者拒之。’”子张曰：“异乎吾所闻，君子尊贤而容众，嘉善而矜不能。我之大贤与，于人何所不容？我之不贤与，人将拒我，如之何其拒人也？”（《论语·子张》）

孔安国注曰：“问与人交接之道也。”④ 包咸注解说：“友交当如子夏，泛交当如子张。”⑤ 子夏交朋友以志同道合的贤人为主，

① 皇侃：《论语义疏》，高尚榘校点，中华书局2013年版，第502页。
② 朱熹：《四书章句集注》，中华书局2011年版，第177页。
③ 钱穆：《论语新解》，生活·读书·新知三联书店2002年版，第488页。
④ 皇侃：《论语义疏》，高尚榘校点，中华书局2013年版，第496页。
⑤ 皇侃：《论语义疏》，高尚榘校点，中华书局2013年版，第497页。

有选择性，不滥交。孔子曾说“道不同，不相为谋”（《论语·卫灵公》），可见子夏深得孔子的教诲。

> 司马牛忧曰：“人皆有兄弟，我独亡！”子夏曰：“商闻之矣：死生有命，富贵在天。君子敬而无失，与人恭而有礼，四海之内，皆兄弟也。君子何患乎无兄弟也？”（《论语·颜渊》）

学界多认为司马牛是司马桓魋的弟弟，“司马牛兄向魋，魋又有兄巢，有弟子颀、子车，皆与魋在宋作乱”①，“孔子卒在桓魋作乱后两年，子夏言此时，孔子当已卒。魋、巢等或奔或死，牛身栖异国，故有独无兄弟之感”②。但也有学者持不同见解，如杨伯峻根据司马迁的记载以及孔安国的注解，认为当时应有两个司马牛，一个名耕，孔子弟子；一个名犁，桓魋之弟。③

对“四海之内皆兄弟也”，学界多认为这是子夏宽慰司马牛之辞。如朱熹注“盖子夏欲以宽牛之忧，故为是不得已之辞，读者不以辞害意可也”④；钱穆云“然则本章四海皆兄弟之语，乃是当时一番极真挚恳切之慰藉”⑤；李泽厚也认为“‘四海之内，皆兄弟

---

① 钱穆：《论语新解》，生活·读书·新知三联书店 2002 年版，第 308 页。
② 钱穆：《论语新解》，生活·读书·新知三联书店 2002 年版，第 308 页。
③ 参见杨伯峻：《论语译注》，中华书局 1980 年版。
④ 朱熹：《四书章句集注》，中华书局 2011 年版，第 127 页。
⑤ 钱穆：《论语新解》，生活·读书·新知三联书店 2002 年版，第 309 页。

也’，本劝慰之词”[1]。这种解释固然有合理之处，但如果结合当时语境分析，这种说法值得商榷。此句的前提是“死生有命，富贵在天；君子敬而无失，与人恭而有礼”。“死生有命，富贵在天”强调的是个体在以天为代表的外在客观规律面前的无奈，只有顺应，而不能改变。

对此，皇侃在《论语义疏》中注曰：“言死生富贵，皆禀天所得，应至不可逆忧，亦不至不可逆求，故云‘有命’‘在天’也。然同是天命，而死生云命、富贵云天者，亦互之而不可逃也。死生于事为切，故云命；富贵比死生者为泰，故云天。天比命，则天为缓也。缪播云：‘死生者，所禀之性分；富贵者，所遇之通塞。人能命养之以福，不能令所禀易分。分不可易，命也。能修道以待贾，不能遭时必泰，泰不可必，天也。天之为言自然之势运，不为主人之贵贱也。’”[2] 从中可以看出，死生、富贵与天命相关，非人力所能改变。“命禀于有生之初，非今所能移；天莫之为而为，非我所能必，但当顺受而已。”[3] “命者不由我主。如人之生，非己自欲生。死，亦非己自欲死。天者，在外之境遇。人孰不欲富贵，然不能尽富贵，此为境遇所限。”[4]

很显然，“死生有命，富贵在天”所彰显的是外在规律对人的掌控，模糊了人的主体性，作为个体只能服从于上天的安排。在此基础上，子夏又说：“君子敬而无失，与人恭而有礼。”“死生富贵，既理

---

① 李泽厚：《论语今读》，生活·读书·新知三联书店 2008 年版，第 351 页。
② 皇侃：《论语义疏》，高尚榘校点，中华书局 2013 年版，第 302 页。
③ 朱熹：《四书章句集注》，中华书局 2011 年版，第 127 页。
④ 钱穆：《论语新解》，生活·读书·新知三联书店 2002 年版，第 308 页。

不易，故当委之天命。此处无忧，而此句以下自可人事易为修理也。敬而无失，是广爱众也。君子自敬己身，则与物无失者也。"[①]"此谓恭而亲仁也。人犹仁也，若彼有仁者，当恭而礼之也。"[②]皇侃将"敬而无失、恭而有礼"解释为爱众亲仁。如果说死生、富贵非人所能彻底改变，却可以做到爱众亲仁。在此前提下，四海之内皆为兄弟。"既安于命，又当修其在己者。故又言苟能持己以敬而不间断，接人以恭而有节文，则天下之人皆爱敬之，如兄弟矣。"[③]"疏恶者无失，善者恭敬，故四海九州皆可亲礼如兄弟也。"[④]

由此可知，"四海之内皆兄弟"不仅仅是子夏对司马牛的宽慰之辞，而且意蕴十分丰富。即人之有无兄弟非个体所能左右，但只要能做到亲仁爱众，即便没有兄弟，也可以被他人视为兄弟。这也是"后儒引申为'民吾同胞'"[⑤]之源头。

第四，要坚持不懈，持之以恒。

子夏曰："百工居肆以成其事，君子学以致其道。"(《论语·子张》)

皇侃注曰："亦勤学也……言百工由日日居其常业之处，则其

---

① 皇侃:《论语义疏》,高尚榘校点,中华书局 2013 年版,第 302—303 页。
② 皇侃:《论语义疏》,高尚榘校点,中华书局 2013 年版,第 303 页。
③ 朱熹:《四书章句集注》,中华书局 2011 年版,第 127 页。
④ 皇侃:《论语义疏》,高尚榘校点,中华书局 2013 年版,第 303 页。
⑤ 李泽厚:《论语今读》,生活·读书·新知三联书店 2008 年版,第 351 页。

业乃成也……君子由学以至于道，如工居肆以成事也。”[1] 朱熹注云：“工不居肆，则迁于异物而业不精。君子不学，则夺于外诱而志不笃。”并引尹氏曰：“学所以致其道也。百工居肆，必务成其事。君子之于学，可不知所务哉?”[2] 子夏以百工居肆为喻，旨在说明君子求道必须从坚持不懈、持之以恒的学习中求得，只有不断学习，才能像百工久居其肆那样不迁于异物、不被外界所诱惑，最终成其事业，求得圣人之道。

二、为学上：重在根本

子夏认为，学习是一生的事情，学习的目的在于修己成人，不是为了“学习”而学习。首先，学习的目的在于掌握为人之道。

> 子夏曰：“贤贤易色，事父母，能竭其力，事君，能致其身，与朋友交，言而有信，虽曰未学，吾必谓之学矣。”（《论语·学而》）

子夏认为，如果能够做到“对待妻子，应该从最初的品德与容貌并重逐步改变为重视品德、看轻容貌”[3]，竭尽全力侍奉父母，忠心事主，与朋友交往能够诚实守信，这种人虽说没有正式入学，但他一定是学习过了。此处提出了传统社会“五伦”中的四种关

---

① 皇侃:《论语义疏》,高尚榘校点,中华书局 2013 年版,第 500 页。

② 朱熹:《四书章句集注》,中华书局 2011 年版,第 176 页。

③ 对“贤贤易色”的注解,学界多有争议。本文认为,贤贤易色应旨在说明与妻子的关系。详见刘伟:《〈学而〉篇意蕴探微》,《孔子研究》2017 年第 6 期。

系：夫妻、父子、君臣、朋友。在子夏看来，学习的根本目的就在于学会与人相处，掌握为人之道，处理好人际关系。

其次，“学习”与“为政”相辅相成，相得益彰，共同提升。儒家是入世之学，提倡修身、齐家、治国、平天下，个人的价值在为社会服务的过程中得到彰显，而从政则是积极入世的主要渠道。

子夏曰：“仕而优则学，学而优则仕。”（《论语·子张》）

在此，子夏提出了学习与从政关系的命题。“仕，入官从职。仕与学，所事异，所志同。优，有余力。”① 皇侃《论语义疏》云：“优，谓行有余力也。若仕官、治官、官法而已。力有优余，则更可研学先王典训也。学既无当于立官，立官不得不治，故学业优足则必进仕也。”② 学有余力乃去从政，从政有余力再去学习，“为学”与“从政”相互辅助、密不可分。“仕与学理同而事异，故当其事者，必先有以尽其事，而后可及其余。然仕而学，则所以资其仕者益深；学而仕，则所以验其学者益广。”③ 学习与从政侧重点虽然不同，但“理同事异”，可以相互支持，“学”能“资其仕者益深”，“仕”能够“所以验其学者益广”。由此，致使传统社会知识分子形成了“学”“仕”密切结合的传统。“‘学优则仕’是中国

① 钱穆：《论语新解》，生活·读书·新知三联书店2002年版，第490页。
② 皇侃：《论语义疏》，高尚榘校点，中华书局2013年版，第505页。
③ 朱熹：《四书章句集注》，中华书局2011年版，第177页。

传统社会知识分子的人生道路，所以‘士’和‘大夫’（有官职）总连在一起……使知识分子个体的人生价值、终极关怀被导入‘济世救民’‘同胞物与’的方向，而求在尘世建立‘天国’（不管是‘复三代之盛’也好，‘通三统张三世’也好）。”①

最后，指出为学的具体路径。

一是要知新而不忘所能。

> 子夏曰：“日知其所亡，月无忘其所能，可谓好学也已矣。”（《论语·子张》）

皇侃说：“此劝人学也。亡，无也。谓从来未经所识者也。令人日新其德，日知所未识者，令识录也。所能，谓已识在心者也。既日日识所未知，又月月无忘其所能，故云识也。”② 子夏认为学习新知不忘旧能，“好学者日新而不失”③，乃是好学。

二是要做到学、问、志、思有机融合。

> 子夏曰：“博学而笃志，切问而近思，仁在其中矣。”（《论语·子张》）

朱熹注曰：“四者皆学问思辨之事耳，未及乎力行而为仁也。

① 李泽厚：《论语今读》，生活·读书·新知三联书店 2008 年版，第 552 页。
② 皇侃：《论语义疏》，高尚榘校点，中华书局 2013 年版，第 499 页。
③ 朱熹：《四书章句集注》，中华书局 2011 年版，第 176 页。

然从事于此，则心不外驰，而所存自熟，故曰仁在其中矣。”① 博学、笃志、切问、近思是做学问的方法，也是求仁之道，必须相互结合，融会贯通。否则，便是“博学而志不笃，则大而无成；泛问远思，则劳而无功”②。

三是要由浅入深、循序渐进。

> 子游曰：“子夏之门人小子，当洒扫、应对进退，则可矣，抑末也。本之则无，如之何？”子夏闻之，曰：“噫！言游过矣！君子之道，孰先传焉？孰后倦焉？譬诸草木，区以别矣。君子之道，焉可诬也？有始有卒者，其惟圣人乎！”（《论语·子张》）

对于此章，有许多学者认为子夏的反驳有道理，认为学习应该由浅入深、循序渐进，不可一蹴而就。马融曰：“言大道与小道殊异。譬如草木，异类区别，言学当以次。”“君子之道，焉可使诬言我门人但能洒扫而已。”③ 朱熹也持类似的观点：“言君子之道，非以其末为先而传之，非以其本为后而倦教。但学者所至，自有浅深，如草木之有大小，其类固有别矣。若不量其浅深，不问其生熟，而概以高且远者强而语之，则是诬之而已。君子之道，岂可如

① 朱熹:《四书章句集注》,中华书局2011年版,第176页。
② 朱熹:《四书章句集注》,中华书局2011年版,第176页。
③ 《十三经注疏》整理委员会整理、李学勤主编:《论语注疏》,北京大学出版社1999年版,第258页。

此？若夫始终本末一以贯之，则惟圣人为然，岂可责之门人小子乎？”①

与此不同的是，也有学者认为子游与子夏所说的都有道理。元许谦在《读四书丛说》云：“读此章者颇易失旨，但见‘言游过矣’四字，便谓子游之言全非。盖子游但言门人虽知洒扫之末，不即举大学之本以教之；子夏则言教之当有序。子游未尝讥子夏教洒扫之非，而子夏亦未尝言不教以大学也。”我认为此评价比较公允，因为子游与子夏在教学过程中所提倡的方法不一样，子游重视学之根本，子夏提倡循序渐进，二者角度不同，看法不一，也就谈不上谁是谁非，当然也就没有相互讥讽的理由。但从学习规律而言，循序渐进、由浅入深的学习方法更符合实际。

三、社会治理上：倡导以德治国

在社会治理上，孔子主张以德治国、以礼约束公众。“道之以政，齐之以刑，民免而无耻；道之以德，齐之以礼，有耻且格。”（《论语·为政》）在这一点上，子游和子夏深得孔子的真传。主要体现在：注重礼乐教化，讲究诚信，善于举贤人，交往有度。

第一，注重礼乐教化。

> 子之武城，闻弦歌之声。夫子莞尔而笑曰：“割鸡焉用牛刀？”子游对曰：“昔者偃也闻诸夫子曰：‘君子学道则爱人，小人学道则易使也。’”子曰：“二三子！偃之言

① 朱熹：《四书章句集注》，中华书局2011年版，第177页。

是也。前言戏之耳！”（《论语·阳货》）

对此章，有多种理解。一种观点认为孔子赞扬子游用礼乐教化百姓，有仁政之风。朱熹注曰：“子游所称，盖夫子之常言。言君子小人，皆不可以不学。故武城虽小，亦必教以礼乐。嘉子游之笃信，又以解门人之惑也。”① “一言其治小邑，何必用礼乐大道。其实则深喜之。一言子游之才而用于武城之小邑，则是深惜之也。然承上莞尔而笑，则终是喜深于惜。”② 第二种观点认为孔子叹惜子游大材小用。皇侃《论语义疏》中引缪播曰：“惜不得导千乘之国，如牛刀割鸡，不尽其才也。”③ 宦懋庸在《论语稽》中也表达了相同的看法：“礼乐之治，冉有以俟君子，公西华亦曰愿学，而皆无以自见。子游不得行其化于天下国家，而唯于武城小试焉，夫子牛刀割鸡之喻，其辞若戏之，其实乃深惜之也。”第三种观点认为孔子觉得子游的做法是小题大做。“其实孔子并非开玩笑，割鸡本不必牛刀，小官又何须大作。但孔子又不好认真如此说，当时神态似可见。”④ 上述说法，虽各有道理，但如果从儒家治国理政的理念来看，此章既有对子游运用礼乐教化治理武城的赞叹，也有对子游之才没有得到充分施展的惋惜。其一，儒家主张德治，子游的做法显然契合圣人之道，得到孔子赞叹应在情理之中，“戏言盖出

① 朱熹：《四书章句集注》，中华书局2011年版，第164页。

② 钱穆：《论语新解》，生活·读书·新知三联书店2002年版，第445页。

③ 皇侃：《论语义疏》，高尚榘校点，中华书局2013年版，第447页。

④ 李泽厚：《论语今读》，生活·读书·新知三联书店2008年版，第507页。

于嘉喜之情”[1]，钱穆的说法更有道理。其二，修齐治平是士人之梦想，也是外王之道。从治理武城的现实效果来看，子游既有治世之才，也有“修齐治平”之志，但没有得到大用，也是孔子为子游叹惜的原因。

第二，讲究诚信。

> 子夏曰：“君子信而后劳其民，未信，则以为厉己也；信而后谏，未信，则以为谤己也。”（《论语·子张》）

皇侃《论语义疏》引江熙曰：“君子克厉德也，故民素信之服劳役，故知非私。信不素立，民动以为病己而奉其私也……人非忠诚相与，未能谏也。”[2] 在子夏看来，为政的根基在于诚信，“事上使下，皆必诚意交孚，而后可以有为”[3]，如果如没有诚信，政府即便是为“公”也会被看成是为“私”；作为臣子，向君主谏言，如果没有诚信，忠言也会被认为是诽谤。“言君子若上位，当先示信于民，然后劳役其民，则民忘其苦也。若未尝施信而便劳役之，则民以为从欲崇侈、妄加困病于己也。若为人臣，当先尽忠于君，待君信己，而后可谏君之失。若君未信己，而便称君过失以谏诤之，则君以为谤讟于己也。”[4]

---

① 钱穆:《论语新解》，生活·读书·新知三联书店 2002 年版，第 446 页。
② 皇侃:《论语义疏》，高尚榘校点，中华书局 2013 年版，第 501—502 页。
③ 朱熹:《四书章句集注》，中华书局 2011 年版，第 176—177 页。
④ 阮元:《十三经注疏》，方向东点校，中华书局 2021 年版，第 462 页。

第三，善于举贤人。

子游为武城宰。子曰：“女得人焉耳乎?”曰：“有澹台灭明者，行不由径。非公事，未尝至于偃之室也。”(《论语·雍也》)

孔子问子游为政是否得人，子游便向孔子举荐了澹台灭明，并说出了理由。包咸注曰：“澹台姓，灭明名，字子羽。言其公且方。”① 朱熹引杨氏曰：“为政以人才为先，故孔子以得人为问。如灭明者，观其二事之小，而其正大之情可见矣。后世有不由径者，人必以为迂；不至其室，人必以为简。非孔氏之徒，其孰能知而取之?”② 澹台灭明处事公正，不徇私情，不谋私利，“非公事不至，则陈民间利病而无干谒请托之私，其举动之正大，风节之高，心术之仁，皆可见矣”③，子游认为这是难得的为政之才。《史记·仲尼弟子列传》载：澹台灭明，武城人，字子羽，少孔子三十九岁。状貌甚恶。欲事孔子，孔子以其材薄。既已受业，退而修行。行不由径，非公事不见卿大夫。南游至江，从弟子三百人，设取予去就，名施乎诸侯。孔子闻之曰：“吾以言取人，失之宰予。以貌取人，失之子羽。”通过孔子的叹息，可知澹台灭明的才学以及子游慧眼

① 阮元:《十三经注疏》,方向东点校,中华书局 2021 年版,第 149 页。
② 朱熹:《四书章句集注》,中华书局 2011 年版,第 86 页。
③ 《康有为全集》(第六集),姜义华、张荣华编校,中国人民大学出版社 2007 年版,第 420 页。

识珠的本领。

第四，交往有度。子游认为，无论是与人交往还是做事，都要把握好分寸。

子游曰：“事君数，斯辱矣；朋友数，斯疏矣。”（《论语·里仁》）

朱熹引胡氏曰：“事君谏不行，则当去；导友善不纳，则当止。至于烦渎，则言者轻，听者厌矣，是以求荣而反辱，求亲而反疏也。”① 在子游看来，无论是侍奉君主还是与朋友相处，所提的建议或者意见都要适度，屡谏不听，那就适可而止，不可一意孤行，否则便会受到侮辱或者疏远。邢昺曰：“数为速数。数则渎而不敬，故事君数，斯致罪辱矣；朋友数，斯见疏薄矣。”② 这种观点虽然有些保守乃至消极，但比较符合现实，指出了人与人之间要保持相对的独立性。“据原典儒学，君臣有相近于朋友一伦的地方，即应有某种独立性。即使臣下对君上的善意忠告，也只能适可而止，不可勉强。”③

子游曰：“丧致乎哀而止。”（《论语·子张》）

---

① 朱熹：《四书章句集注》，中华书局2011年版，第73页。
② 阮元：《十三经注疏》，方向东点校，中华书局2021年版，第110页。
③ 李泽厚：《论语今读》，生活·读书·新知三联书店2008年版，第144页。

孔安国注曰："毁不灭性。""言人有父母之丧，当致极哀戚，不得过毁以至灭性，灭性则非孝。"① 刘向《说苑·建本篇》云："孔子曰：处丧有礼矣，而哀为本。"子游主张居丧以哀痛为本，重在内心而不在外表。亲人去世，按照礼仪举行仪式表达内心伤悲，但不可过度悲痛以至伤身。这也体现了处事有度、不走极端的思想。

① 阮元:《十三经注疏》,方向东点校,中华书局 2021 年版,第 464 页。

第八章 《论语》中的祭祀与身份认同

“祭祀”与宗教密切相连，也是宗教活动中最核心的要素。在中国宗教发展史上，“绝地天通”是中国古代原始宗教向国家宗教转向的重要标志，对后期人文宗教的形成和发展产生了非常重要的影响。从一定程度上看，儒家之所以被称为“人文宗教”，也与此有千丝万缕的关系。探讨《论语》中的祭祀问题必须先弄清儒家宗教之源头，对“绝地天通”改革进行检讨。为此，本章首先对“绝地天通”进行分析，然后在此基础上，从“祭祀”的基本意蕴及其所彰显的“身份认同”两个层面，对《论语》中的“祭祀”问题进行探究。

第一节　“绝地天通”再讨论*

在中国古代，“绝地天通”是非常重要的历史事件，与宗教密切相关，有学者将其作为中国古代宗教形成的重要标志①，以及一次非常重要的宗教改革②。既然是宗教改革，其势必经历了承前启后、革故鼎新的过程，对其后古代宗教的发展产生深远影响。从目前来看，学界对“绝地天通”的研究多从史学、哲学及神话等层面切入，从宗教学层面的研究相对较少而且深度不够。为此，本文结合前人相关研究成果，运用宗教相关理论对“绝地天通”进行再探讨。

一、“绝地天通”研究评析与问题提出

从目前学界对“绝地天通”的研究来看，在资料采用和研究视角两个方面值得商榷。首先，在资料采用上，重视历史文献，忽视神话记载。先秦文献关于“绝地天通”的记载主要有三处：《尚书·吕刑》《国语·楚语》和《山海经·大荒西经》。《尚书·吕刑》记载相对简略，只是以“乃命重、黎绝天地通，罔有降格”一笔带过。几百年之后，楚昭王对此处记载不明向观射父请教，便有了《国语·楚语》里面较为详细的记载。《山海经·大荒西经》

---

* 本文原名《“绝地天通”：中国古代原始宗教的国家宗教转向》，发表于《深圳大学学报（人文社会科学版）》2021 年第 6 期，在此基础上又作了部分修改调整。

① 参见牟钟鉴、张践：《中国宗教通史》，社会科学文献出版社 2003 年版。

② 参见牟钟鉴、张践：《中国宗教通史》，社会科学文献出版社 2003 年版。

相关记载虽然比《尚书·吕刑》略微详细，但由于《山海经》是“古今语怪之祖”（胡应麟《少室山房笔丛》），被当作神话，可信度不高，采用较少。由于《尚书·吕刑》和《国语·楚语》属于历史文献，司马迁在《史记》中关于“绝地天通”的记载完全采用了观射父的观点：“昔在颛顼，命南正重以司天，北正黎以司地。”（《史记·太史公自序》）基于此，学界对“绝地天通”的研究多以《尚书·吕刑》和《国语·楚语》为据，《山海经·大荒西经》的记载常被忽略。

其次，在研究视角上，对“绝地天通”的真实性存在争议，且多从史学、哲学的层面切入，宗教层面研究深度不够。“绝地天通”是否符合历史事实，存在诸多争议。一种看法是彻底否定，认为“绝地天通”根本不存在。法国汉学家马伯乐在《书经中的神话》中认为，颛顼命重黎绝地天通是纯粹的神话故事，观射父的解释使神话被历史化。顾颉刚以司马迁《封禅书》对如此重要的历史事件“不录一字”等为据，认为“绝地天通”相关记载是西汉末年刘歆所伪造。① 黄玉顺认为，“‘绝地天通’是原始本真的天地人神关系的蜕变，是源始的生存之领会与解释的遮蔽，是中国形而上学建构的开端，是后来的专制主义意识形态在观念历史上的最初根据”。② 因此，“绝地天通”并不是一个事实上的历史事件，而是一次观念上的历史事件。另一种看法则完全相反，认为“绝地天通”是历史

① 参见顾颉刚：《古史辨自序》（下册），河北教育出版社 2000 年版。

② 黄玉顺：《绝地天通——天地人神的原始本真关系的蜕变》，《哲学动态》2005 年第 5 期。

事实。苏秉琦通过对出土文物“玉琮”的分析，认为“至迟开始于公元前第三千年中期的良渚文化，处于五帝时代的前后期之间，即‘绝地天通’的颛顼时代”。[①] 张践认为，“中国历史上确实存在‘绝地天通’的宗教改革大约无可怀疑”。[②] 从目前来看，学界普遍认为“绝地天通”反映了从“民神同位”到“民神异业”的历史进程，是巫觋专门化的宗教改革事件和权力集中化的政治事件。[③]

由于“绝地天通”关注的是民神关系，属于宗教领域，与其说是历史事件，毋宁说是宗教事件，仅从历史、哲学角度去探究还远远不够。在资料选择上，也应重视神话记载的重要性。如果仅从史学、哲学的角度去审视，神话无疑是荒诞无稽的。“一种流行于上古民间的故事，所叙述者，是超乎人类能力以上的神们的行事，虽然荒唐无稽，但是古代人民互相传述，却信以为真。”[④] 但是，如果从宗教层面来审视，神话与宗教显然密不可分，必然要承认神话的合理性。“神话所叙述者，是神或半神的超人所行之事。”[⑤] 神话也并非不可信，“神话既非‘古人的智慧’，亦非荒唐无稽的谰言，而是原始人生活思想的有趣的反映”[⑥]。因此，对“绝地天通”的研究不能仅从历史的角度探寻其真实性，正如伊利亚德所说，“‘历史’可以告诉我们宗教思想和宗教技术是如何传播的……一种宗教

---

① 苏秉琦:《中国文明起源新探》,生活·读书·新知三联书店1999年版,第145页。
② 牟钟鉴、张践:《中国宗教通史》,社会科学文献出版社2003年版,第85页。
③ 参见肖琦:《“绝地天通”考辨》,《中国哲学史》2019年第4期。
④ 茅盾:《神话研究》,百花文艺出版社1981年版,第3页。
⑤ 茅盾:《神话研究》,百花文艺出版社1981年版,第3页。
⑥ 茅盾:《神话研究》,百花文艺出版社1981年版,第14页。

现象的‘历史’，不能仅凭其历史表现就向我们展示全部内容”①。由此，应从宗教层面切入，结合神话记载，对“绝地天通”进行综合讨论。

二、“绝地天通”中心人物神圣性分析

在人类社会早期，人可以上天，神可以下地，人神交往比较自由。“人之初，天下通，人上通，旦上天，夕上天，天与人，旦有语，夕有语。”② 这种现象在世界各民族早期的传说中比较普遍，“绝地天通”应是在这种背景下发生的。先秦文献关于“绝地天通”的记载主要体现在《尚书·吕刑》《国语·楚语》和《山海经·大荒西经》。《尚书·吕刑》以周穆王之口首次提到“绝地天通”：

> 上帝监民，罔有馨香德，刑发闻惟腥。皇帝哀矜庶戮之不辜，报虐以威，遏绝苗民，无世在下。乃命重、黎，绝地天通，罔有降格。

后来，楚昭王对此处记载不明向观射父请教。《国语·楚语》对两人的问对作了比较详细的记载：

> 昭王问于观射父曰：“《周书》所谓重、黎实使天地不通者何也？若无然，民将能登天乎？”对曰：“非此之谓

① ［美］米尔恰·伊利亚德：《萨满教：古老的入迷术·前言》，载《萨满教：古老的入迷术》，段满福译，社会科学文献出版社2018年版，第3—4页。

② 《龚自珍全集》，上海人民出版社1975年版，第13页。

也。古者民神不杂，民之精爽不携贰者，而又能齐肃衷正，其智能上下比义，其圣能光远宣朗，其明能光照之，其聪能听彻之，如是则明神降之，在男曰觋，在女曰巫。是使制神之处位次主，而为之牲器时服，而后使先圣之后之有光烈，而能知山川之号、高祖之主、宗庙之事、昭穆之世、齐敬之勤、礼节之宜、威仪之则、容貌之崇、忠信之质、禋洁之服，而敬恭明神者，以为之祝。使名姓之后，能知四时之生、牺牲之物、玉帛之类、采服之仪、彝器之量、次主之度、屏摄之位、坛场之所、上下之神、氏姓之出，而心率旧典者为之宗。于是乎有天地神民类物之官，是谓五官，各司其序，不相乱也。民是以能有忠信，神是以能有明德，民神异业，敬而不渎，故神降之嘉生，民以物享，祸灾不至，求用不匮。及少皞之衰也，九黎乱德，民神杂糅，不可方物。夫人作享，家为巫史，无有要质。民匮于祀，而不知其福。烝享无度，民神同位。民渎齐盟，无有严威。神狎民则，不蠲其为。嘉生不降，无物以享。祸灾荐臻，莫尽其气。颛顼受之，乃命南正重司天以属神，命火正黎司地以属民，使复旧常，无相侵渎，是谓绝地天通。其后三苗复九黎之德，尧复育重、黎之后不忘旧者，使复典之。以至于夏、商，故重、黎氏世叙天地，而别其分主者也……”

除了上述两处，《山海经·大荒西经》也提到了“绝地天通”：

> 大荒之中，有山名曰日月山，天枢也。吴姖天门，日月所入。有神，人面无臂，两足反属于头上，名曰嘘。颛顼生老童，老童生重及黎。帝令重献上天，令黎邛下地，下地是生噎，处于西极，以行日月星辰之行次。

综合上述资料可知，“绝地天通”所涉及的人物主要有：上帝、皇帝、颛顼、重、黎和巫觋。近代西方宗教学奠基人麦克斯·缪勒认为，宗教是对某种无限存在物的信仰，“它使人感到有‘无限者’（the infinite）的存在”①，宗教乃是“领悟无限的主观才能”或“潜在机能”②。英国著名人类学家弗雷泽在《金枝》中说：“我说的宗教，指的是对被认为能够指导和控制自然与人生进程的超人力量的迎合或抚慰。”③ 奥托认为“numinous”（神秘）是任何一种宗教真正核心的东西。④ 因此，“异已力量”（即超自然力）或者神秘特质是宗教的核心要素⑤。由此观之，“绝地天通”所涉及的上帝、皇帝、颛顼、重、黎和巫觋或是“超自然力”，或具有“神秘”特质。

---

① ［英］麦克斯·缪勒:《宗教学导论》,陈观胜、李培茱译,上海人民出版社 1989 年版,第 10—11 页。

② ［英］麦克斯·缪勒:《宗教的起源与发展》,金泽译,上海人民出版社 1989 年版,第 14—15 页。

③ ［英］詹·乔·弗雷泽:《金枝》(上卷),徐育新等译,中国民间文艺出版社 1987 年版,第 77 页。

④ 参见［德］奥托:《论“神圣”·中译者序》,载《论“神圣”》,四川人民出版社 1995 年版,第 7 页。

⑤ 参见赵志毅:《宗教本质新论》,《世界宗教研究》1995 年第 4 期。

(一)“上帝”与“皇帝”所指各异

《尚书·吕刑》记载“绝地天通”中出现了“上帝”和“皇帝”,所指并不明确,后人的解读则见仁见智,意见并不统一。有的将二者等同,有的则认为“皇帝”是颛顼。假设编纂者原意是两者等同,“皇帝”即“上帝”,那么将两者分开表述的最大可能性就是文本编纂错误,误把“上帝”写成“皇帝”。不过,这种可能性极小。《礼记·玉藻》云:“动则左史书之,言则右史书之。”《尚书》的作者是历代史官,其是君王活动记录的汇编。从现行《尚书》内容来看,“《尚书》的多数篇目是上古君王的文告和君臣的谈话记录,内容都和政史相关”①。按照常理,这是一项非常重要且严谨的工作,编纂者在整理记录过程中应字斟句酌;况且,“上帝”与“皇帝”又在同一篇文本,这种笔误几乎不可能出现。如果不是笔误,那么就足以证明“上帝”与“皇帝”在当时已经区别使用。对此,后人对“上帝”和“皇帝”的注解则见解不一。

一种看法认为“上帝”与“皇帝”所指相同,把“皇帝”译作“上帝”。王世舜把“上帝监民”译作“上帝看到臣民的实情”,把“皇帝哀矜庶戮之不辜”译作“上帝十分怜悯民众无辜被杀的不幸”。② 屈万里则把“上帝监民”“皇帝哀矜庶戮之不辜”译为“上帝看了这些苗民们”“伟大的上帝怜悯这些受杀害的民众们无

---

① 钱宗武解读:《尚书》,国家图书馆出版社 2017 年版,第 1 页。

② 王世舜、王翠叶译注:《尚书》,中华书局 2012 年版,第 320 页。

罪”。[①] 尽管把“皇帝”等同为“上帝”，但此处的“上帝”并不是指颛顼。

另一种看法认为“上帝”和“皇帝”所指不同。有学者把“上帝”仍注释为“上帝”，“皇帝”则注释为颛顼。“皇帝指颛顼，传说中古代部落的首领，号高阳氏。按从这一句到‘罔有降格’都说的是颛顼的事。”[②] 还有学者认为“上帝”是“帝”和“天”观念发展的中间阶段[③]，“天”与“帝”的观念相通[④]，而“皇帝”则是指颛顼。

对这两种看法，笔者认为后者更为合理。因为从文理上来说，“上帝”与“皇帝”应该不是指同一个对象。况且，在颛顼之后的夏商时期，尤其在商代，“上帝”是法力无穷、威力无比的至上神，在殷人“天神—地示—人鬼”的信仰系统中占据主导地位。[⑤] 既然两者所指各异，那么“上帝”“皇帝”具体指谁呢？郭璞在《山海经·大荒西经》注曰：“古者人神杂扰无别，颛顼乃命南正重司天以属神，命火正黎司地以属民。重寔上天，黎寔下地。”郭璞把上帝与皇帝区别看待，明确把皇帝注解为颛顼。袁珂认为郭璞的注解是受《吕刑》和《楚语》的影响所致。[⑥] 不过，颛顼主导“绝地天通”的看法成为学界的基本共识。从行文来看，“上帝监民”“皇

---

① 王云五主编:《尚书今注今译》,屈万里注译,台湾商务印书馆 1969 年版,第 177—178 页。

② 江灏、钱宗武:《今古文尚书全译》,贵州人民出版社 1990 年版,第 436 页。

③ 参见韩立坤:《〈尚书〉中“上帝”观念与殷周宗教信仰的变迁》,《船山学刊》2009 年第 2 期。

④ 参见晁福林:《说商代的“天”和“帝”》,《史学集刊》2016 年第 3 期。

⑤ 参见牟钟鉴、张践:《中国宗教通史》,社会科学文献出版社 2003 年版。

⑥ 参见袁珂:《山海经校注》,巴蜀书社 1992 年版。

帝哀矜”，“上帝”在先，其地位应高于皇帝。由此可以推定，《吕刑》中的“上帝”与“皇帝”所指各异，“上帝”的地位高于“皇帝”，“皇帝”指颛顼，“上帝”应为至上神。

（二）颛顼的神秘特质

颛顼是黄帝之孙。《史记·五帝本纪》云：“帝颛顼高阳者，黄帝之孙而昌意之子也。静渊以有谋，疏通而知事；养材以任地，载时以象天，依鬼神以制义，治气以教化，絜诚以祭祀。北至于幽陵，南至于交阯，西至于流沙，东至于蟠木。动静之物，大小之神，日月所照，莫不砥属。”司马迁的记载是在《大戴礼记·五帝德》的基础上作了细微调整，删去了“乘龙而至四海”，并把“莫不祗励”修改为“莫不砥属”。① 从记载中可以看出，颛顼是半人半神，既具有人的属性，更具有神的特质。一方面，颛顼具有人的属性。从自然个体来说，其符合人之特征。颛顼是黄帝之孙、昌意之子、帝喾之父，生于若水，葬在顿丘。裴骃《史记集解》引皇甫谧曰：“在位七十八年，年九十八。”② 在社会角色上，颛顼承担帝王之责，是当时世俗社会最高的管理者。

另一方面，颛顼具有神的特质。其一，颛顼能够与天地诸神沟通。“依鬼神以制义”中的“鬼”指祖宗的亡灵，“神”指天、地、山、川诸神。颛顼能够“按照祖宗、神灵的旨意以规定人们该做什么与不能做什么”。郭嵩焘注解曰：“据史公所纪，则祭祀之礼实始

① 方向东：《大戴礼记汇校集解》，中华书局 2008 年版，第 703 页。
② 韩兆琦：《史记笺证》（第一册），江西人民出版社 2004 年版，第 13 页。

于颛顼氏。"[①] 祭祀是人与超自然力沟通的主要方式，颛顼创祭祀之礼，显然能够做到与神灵沟通。

其二，颛顼能够安排天上诸神位次，统领所有神灵。"星与日辰之位，皆在北维，颛顼之所建也，帝喾受之。"（《国语·周语》）"星，辰星也。建，立也。"[②] 对"大小之神"，《正义》释曰："'大'谓五岳四渎，'小'谓丘陵坟衍。"[③] "动静之物，大小之神，日月所照，莫不砥属"，即天上天下的所有神灵都归颛顼管理。

其三，颛顼被后人尊为神。"孟冬之月，日在尾，昏危中，旦七星中。其日壬癸。其帝颛顼，其神玄冥……季冬之月，日在婺女，昏娄中，旦氐中。其日壬癸。其帝颛顼，其神玄冥。"（《礼记·月令》）"北方，水也，其帝颛顼，其佐玄冥，执权而治冬；其神为辰星，其兽玄武，其音羽，其日壬癸。"（《淮南子·天文训》）颛顼被尊为北方神、冬神、水神，与炎帝（南方神，夏神，火神）、太昊（东方神，春神，木神）、少昊（西方神，秋神，金神）共同构成以天帝为核心的信仰系统。另外，司马迁删去"乘龙而至四海"，这样做无非是想降低颛顼的神性，但他把"莫不祗励"修改为"莫不砥属"无疑又彰显了颛顼的超自然能力。因为"祗励"释义为"敬慎而奋勉"，"砥属"释为"平定归服"，裴骃《集解》引王肃曰，"砥，平也，四远皆平而来服属"。张家英以

---

① 韩兆琦：《史记笺证》（第一册），江西人民出版社2004年版，第12页。
② 徐元诰：《国语集解》，王树民、沈长云点校，中华书局2002年版，第124页。
③ 韩兆琦：《史记笺证》（第一册），江西人民出版社2004年版，第12页。

“祗”同“祗”，“祗属”意即恭敬来服。[①] 幽陵、交阯、流沙、蟠木都“平定归服”或“恭敬来服”，不正是颛顼具有神力的表现吗？况且，古代交通不便，出行工具不发达，如果不“乘龙”又何以能至“四海”？由此可见司马迁的矛盾心理。“过分强调‘古帝王’是神而不是人，或反过来说是人而不是神，都是只取一面而不周全的做法。”[②] 因此，颛顼半人半神的特征非常明显，“确乎是一个手捧玉圭、恭谨事神、上可通天、下以教民的教主形象”[③]。

（三）重、黎的神秘特质

重、黎是颛顼之孙，二者是否为一人存在争议。《史记·楚世家》云：“卷章生重黎。”裴骃《史记集解》引徐广“《世本》云老童生重黎及吴回”的说法，认为重、黎为一人。对此看法袁珂则给予否定：“则重、黎古传实二人也，至于后来又以为一人者，则是神话传说之演变，错综分歧无定，不足异也。”[④]

学界多采用重、黎为两人的说法。作为半神半人的颛顼的后人，重、黎同样不仅具有人性，也具有神性。“帝令重献上天，令黎邛下地”，郭璞对“献”“邛”注曰“义未详也”，不能断定。有学者则认为“义未详也”是文本错误，“献”即“举”之义，“邛”通“印”，即“抑”。[⑤] 也有学者认为，“献”大约是登升之意，

① 韩兆琦：《史记笺证》（第一册），江西人民出版社2004年版，第12页。

② 张富祥：《由东夷古史探讨“绝地天通”》，载《齐鲁文化研究》（第3辑），山东文艺出版社2004年版，第12页。

③ 何浩：《颛顼传说中的神话与史实》，《历史研究》1992年第3期。

④ 袁珂：《山海经校注》，巴蜀书社1992年版，第461页。

⑤ 袁珂：《山海经校注》，巴蜀书社1992年版，第403—404页。

“卭”大约可以读作“降”。[①]“举”“登升”意即上天，“抑”“降”意即下地，上天下地显然非常人所能为。也有学者认为重、黎是火神。“重和黎，其实都是火神，不过一个管天界之火，一个管人间之火罢了，可以合称为重黎，二而一，一而二。”[②]

（四）巫觋的神秘特质

从观射父对巫觋的描述，可以得到如下信息：第一，巫觋来自于民，是人而不是神。第二，巫觋不是一般的人，必须具有非凡的特质。马林诺夫斯基认为，原始灵媒往往依靠个人天赋。[③]作为巫觋，必须具有“精爽不携贰”“齐肃衷正”“智能上下比义”“圣能光远宣朗”“明能光照之”“聪能听彻之”的非凡特质。“爽，明也……肃，敬也。衷，中也，义，宜也……圣，通也……光远者，广远也。广与远同义。宣朗者，明朗也。明与朗同义。”[④]只有那些精神纯一、态度虔诚、聪明睿智、高远明达、能够彻闻神之声音的人，才能成为巫觋。第三，巫觋必须得到神灵的认可。“如是则明神降之”，“降，下也”[⑤]，“神在巫师的邀请或召唤之下自上界以山为梯而走降下来”[⑥]。“如是”是神灵下到地面来到世间与巫觋沟

① 张富祥：《由东夷古史探讨“绝地天通”》，载《齐鲁文化研究》（第3辑），山东文艺出版社2004年版，第10页。

② 张正明：《楚文化史》，上海人民出版社1987年版，第6页。

③ ［英］马林诺夫斯基：《巫术科学宗教与神话》，李安宅译，中国民间文艺出版社1986年版，第76页。

④ 徐元诰：《国语集解》，王树民、沈长云点校，中华书局2002年版，第512页。

⑤ 徐元诰：《国语集解》，王树民、沈长云点校，中华书局2002年版，第513页。

⑥ 张光直：《中国青铜时代（二集）》，生活·读书·新知三联书店1990年版，第48页。

通的前提条件，巫觋是否做到“如是”，最终的裁判权在神灵手里。

因此，巫觋是具有神秘特质、得到神灵认可的少数人，即“见鬼者”①，能够出入阴阳两世、沟通天地神灵。

三、“绝地天通”改革创新之体现

观射父的描述呈现了古代宗教经历的三个历史时期：“民神不杂”“民神杂糅”和“绝地天通”。“绝地天通”虽然“使复旧常，无相侵渎”，但与“民神不杂”相比，仍然有很大的创新。

（一）从诸神无主向上帝主宰过渡：至上神初见端倪

在“民神不杂”时期，神灵众多，“使制神之处位次主”，“次主，以其尊卑先后”②。诸神虽有尊卑先后，但主神尚不明确。对“上下之神祇”，徐元浩引孔氏注曰：“上，谓凡在天之神，天及日、月、星。下，谓凡在地之神，谓地、山、林、川、谷、丘、陵也。”③“上下之神祇”涵盖天上人间所有神灵，但此处的“天”并不是“至上神”。

到了“民神杂糅”时期，“夫人作享、家为巫史”，即人人都可以祭祀，家家都可以与神灵交通，巫觋的专门与神灵交通的职能被取代，形成“民神杂糅”“民神同位”“神狎民则”的局面。既然众神与民众可以自由交通，那么可以确定在这一时期没有“至上神”。

颛顼进行“绝地天通”改革，“命南正重司天以属神”，“所以会群神，使各有分序，不相干乱也”④；“命火正黎司地以属民”，

① 徐元诰：《国语集解》，王树民、沈长云点校，中华书局2002年版，第513页。
② 徐元诰：《国语集解》，王树民、沈长云点校，中华书局2002年版，第513页。
③ 徐元诰：《国语集解》，王树民、沈长云点校，中华书局2002年版，第514页。
④ 徐元诰：《国语集解》，王树民、沈长云点校，中华书局2002年版，第515页。

重、黎各管天地，人神各行其序，彻底改变了“民神杂糅”的局面，复归“民神不杂”。需要注意的是，“使复旧常”亦即恢复“民神不杂”时期的民神有序交通。原来之所以民神交通有序是因为有人神交通的媒介——巫觋的存在。恢复之后，巫觋是否存在？文献中没有提到，但以常理推之，既然断绝了民众与神灵自由交通的渠道，那么肯定会有专职人员（如巫觋）来充当媒介，因为重、黎只是负责宏观管理，不可能从事具体的人神交通。徐旭生认为颛顼是一位敢作大胆改革的宗教主，除自己和南正重之外，“无论何巫全不得升天，妄传群神的命令”[①]。在人世间，神的命令又由谁来具体执行呢？很明显，只有巫觋才能担当这一重要职务。由此，“绝地天通”之后，巫觋之上又增加了重、黎及颛顼。无论是颛顼、重、黎还是巫觋，都是人神交通的管理者或媒介，并非信仰对象。

由此，信仰的对象除了诸神之外，上帝开始出现。“上帝监民”“皇帝哀矜庶戮之不辜”（《尚书·吕刑》），上帝的地位高于皇帝（颛顼），“至上神”的特征非常明显，这从夏商时期宗教中可以得到印证。牟钟鉴、张践认为，尽管资料缺少，但夏朝出现统一的“至上神”可以肯定；商朝的“上帝”则是无所不能、威力无比的至上神。[②] 郭沫若明确指出，殷时代是已经有至上神的观念的，起初称为“帝”，后来称为“上帝”。[③] 由此可知，从“民神不杂”和

① 徐旭生:《中国古史的传说时代》,广西师范大学出版社 2003 年版,第 95 页。

② 参见牟钟鉴、张践:《中国宗教通史》,社会科学文献出版社 2000 年版。

③ 参见郭沫若:《先秦天道观之进展》,载《郭沫若全集(历史编)》(第一卷),人民出版社 1982 年版。

"民神杂糅"时期多元混杂的神灵系统，到"绝地天通"时期"上帝"的出现，说明了"至上神"初见端倪。

（二）巫觋从主导降为从属：神职人员层级逐渐形成

在"民神不杂"时期，民神之间的交通主要通过巫觋，形成"民—巫觋—神"模式，这一时期的神职人员是巫觋，其他人员如当时的氏族首领是否是巫觋很难确定，可能会有部分氏族首领兼任巫觋的角色。到了"民神杂糅"时期，"夫人作享，家为巫史"，每个人都可以行使巫觋的职能直接与神沟通，"民—巫觋—神"模式便简化为"民—神"模式。在这种模式下，"烝享无度，民神同位。民渎齐盟，无有严威。神狎民则，不蠲其为"，人与神的角色模糊、职责不清，"人"在"民""神""巫觋"（神职人员）的角色中互换变动，"神"有时也客串为"民"。这一时期，神职人员大众化、普及化、全员化，失去了神职人员应有的神圣性。"绝地天通"以后，"民—神"模式变成了"民—巫觋—重黎—颛顼—神—上帝"模式。与"民神不杂"时期的"民—巫觋—神"模式相比，增加了"重黎""颛顼"和"上帝"，重黎、颛顼成为专职或兼职的神职人员，巫觋的地位从主导降为从属。由此，民神交通的层级增加，神职人员从一级（巫觋）变为三级（巫觋、重黎和颛顼），神职人员的层级正式形成。

（三）自然崇拜融入血统：祖先崇拜开始彰显

斯宾塞认为"祖先崇拜是一切宗教的根源"，此观点虽存在争议，但足以说明祖先崇拜在原始宗教中的重要地位。《正字通·鬼部》曰："人死魂魄为鬼。"《玉篇·鬼部》云："天曰神，地曰祇，人曰鬼。”“绝地天通”中的“上下之神祇”，虽不包含“人鬼”，但“鬼魂崇拜”在当时就已经出现了应确定无疑，而这正是祖先崇拜的前提。在“绝地天通”之前，无论是天地、日月星辰，还是山川、林谷、丘陵，都属于自然神灵，也无血统之说。“绝地天通”之后，以血统为基础的祖先崇拜开始出现。“颛顼生老童，老童生重及黎”（《山海经·大荒西经》），颛顼与重、黎具有直系血统关系。后来，颛顼、重、黎都被尊为神。黎翔凤案曰：“鬼神为始祖，人鬼尊为天帝氏者，例如颛顼。”① 这就把血统关系纳入信仰崇拜体系，并且祖先神灵在超世俗世界里的先后尊卑都是以其生前世俗世界中的血统关系为依据。由此，对“颛顼”和“重”“黎”的崇拜意味着祖先崇拜开始彰显。

四、“绝地天通”的双重影响

从宗教层面来看，“绝地天通”对中国古代宗教的发展产生了深远的影响。一方面，促进了古代国家宗教的形成与快速发展；另一方面，使原始宗教的核心要素得以传承创新，成为萨满教和民间信仰的底色及其发展的内生动力。

（一）以至上神和祖先崇拜为核心：古代国家宗教逐渐形成并日益成熟

首先，“上帝”作为“至上神”的身份逐渐清晰，主导地位得以确立。在“绝地天通”改革中，“上帝”作为“至上神”开始出

① 黎翔凤:《管子校注》,中华书局 2004 年版,第 7 页。

现，但身份比较模糊。在此后的发展过程中，“上帝”的“至上神”身份逐渐明确。在夏朝，由于资料所限，“至上神”是否为“上帝”或者“天”不好确定，但根据商代之“上帝”演化为周代之“天”的论断①，“上帝”应是“至上神”。“夏代已经建立了地上统一的王权，在天上塑造一个至上神保护自己的特殊利益是完全有可能的。”② 到了商代，“上帝”是名副其实的至上神：“卜辞使我们知道了一些不见于（或是未曾分辨出来的）新石器时代资料中的宗教观念，亦即帝（主）或上帝（在天之主），他是一位占据统治地位的至高无上的天神。帝驾驭着宇宙节律和自然现象（雨、风、干旱等）；可保国王获胜，庄稼丰收，或者相反，带来灾难，招致疾病和灭亡。”③

其次，祖先崇拜愈加受到重视，成为全社会的基础信仰。“绝地天通”以来，神权逐渐被王权所垄断，颛顼也被神化为“帝”，祖先崇拜越来越受到重视。《尚书·甘誓》载夏启讨伐有扈氏的誓词云：“用命，赏于祖；弗用命，戮于社。”“赏于祖，谓启告于祖之神牌而赏之。”④ 把向祖先报告其英雄事迹作为对士兵最高的奖赏，由此可见祖先崇拜在当时已经得到全社会的普遍认可。到了商代，祖先崇拜更为盛行，成为社会信仰的核心。先王之灵成了连接

① 杜维明:《儒教》,陈静译,上海古籍出版社2008年版,第19页。

② 牟钟鉴、张践:《中国宗教通史》,社会科学文献出版社2000年版,第86页。

③ [美]米尔恰·伊利亚德:《宗教思想史(第2卷)——从乔达摩·悉达多到基督教的胜利》,晏可佳译,上海社会科学院出版社2011年版,第464页。

④ 屈万里:《尚书今注今译》,台湾商务印书馆1969年版,第48页。

天国与现世的唯一桥梁，祖先崇拜不仅是维系宗族内部团结的需要，也是上帝崇拜的重要环节。“祭祖是殷代宗教中最重要、最隆重的活动。”①

总之，随着“上帝”至上神的确立、祖先崇拜的日益完善，以天神崇拜和祖先崇拜为核心的古代国家宗教渐趋成熟，“天神、人鬼、地祇的三层神灵结构，是三代至少商代已经形成了的神灵体系。其中的人鬼是祖先神”②。这为传统社会基础信仰宗法性传统宗教③的形成和发展奠定了基础。

（二）萨满教与民间信仰：以巫觋为交通媒介的原始宗教得以传承创新

“绝地天通”之后，以巫觋为沟通媒介的原始宗教在萨满教和民间信仰层面得到了传承与创新。首先，萨满教继续保留且长期存在。马林诺夫斯基认为：“巫术永远没有‘起源’，永远不是发明的，编造的。一切巫术简单地说都是‘存在’，古已有之的存在。”④ 萨满教是以巫术为核心的原始宗教，横贯古今，长期存在。“萨满最早产生于母系氏族社会，至今还保留着它明显的印记。”⑤“萨满”与“民神不杂”时期的巫觋极为相似，有学者认为两者等

---

① 牟钟鉴、张践：《中国宗教通史》，社会科学文献出版社2000年版，第98页。

② 陈来：《古代宗教与伦理：儒家思想的根源》，生活·读书·新知三联书店2009年版，第106页。

③ 牟钟鉴、干春松：《儒家思想与中国宗教的独特性——牟钟鉴先生访问》，《哲学分析》2016年第1期。

④ [英]马林诺夫斯基：《巫术科学宗教与神话》，李安宅译，中国民间文艺出版社1986年版，第57页。

⑤ 秋浦主编：《萨满教研究》，上海人民出版社1985年版，第55页。

同。美国学者伊利亚德认为：被神附体的女性称为“巫”，这个名字成为中国萨满的通称。这也似乎证明，中国很早就存在萨满教。(《萨满教：古老的入迷术》) 张光直引用亚瑟·瓦立的话说：“中国的巫与西伯利亚和通古斯地区的萨满有着极为相近的功能，因此，把‘巫’译为萨满是……合适的。”① 换言之，萨满教是以巫觋为交通媒介的原始宗教的集中体现。“绝地天通”之后，萨满教依然保留着原始宗教的核心要素。比如，萨满教奉行万物有灵、多神信仰；萨满是神职人员，专门负责与神灵交通；萨满的传承不依靠血统，要成为萨满必须像巫觋那样具有特殊潜质并得到神灵的认可。“萨满是作为一个被社会认为能直接与超自然界交往，因而有能力为人治病和占卜的人，同时在他与精灵世界的交往上会对社会有很大用处。”② 鄂温克人认为，“萨满是灵物的代表，他可以交往于人神之间。他有法术的力量，可以为病人赶鬼，为猎人祈福”③。所有这些足以说明，如今的萨满教依然是以巫觋为交通媒介的原始宗教在当代社会的折射。

其次，原始宗教成为民间信仰的底色。民间信仰不仅是民间风俗，而是“一种宗教形态”④，或者说“具有不可忽视的宗教性”⑤。这种“宗教性”源自“绝地天通”时期的原始宗教。“自

---

① 张光直:《美术、神话与祭祀》,郭净译,辽宁教育出版社1988年版,第35页。

② 孟慧英:《中国北方民族萨满教》,社会科学文献出版社2000年版,第219页。

③ 秋浦等:《鄂温克人的原始社会形态》,中华书局1962年版,第98页。

④ 金泽:《当代中国民间信仰的形态建构》,《民俗研究》2018年第4期。

⑤ 张志刚:《中国民间信仰研究的几个关键问题》,《民俗研究》2018年第4期。

'绝地天通'以来，原始的氏族-部落宗教发生了分化：一部分(如天地日月崇拜等)适应社会结构的剧变(阶级和国家的出现)，演化成上层建筑的组成部分(在归属上成为统治者们的专利品，在功能上成为统治者控制社会的精神工具)，演变成民族-国家宗教；另一部分则滞留在民间，成为民众的信仰。"①原始宗教的核心要素既是民间信仰的底色，也是民间信仰历久弥新的内生动力。"民间信仰的信仰对象主要是神灵与圣贤，它是原生性的和不断演变的，是历史悠久且当下活跃的一种宗教文化形态。"②

总之，"绝地天通"是非常重要的宗教改革，不仅是巫觋专职化、王权神圣化的逻辑起点，而且伴随着"上帝"至上神的出现、血统的纳入以及祖先崇拜的彰显，促使以天神崇拜和祖先崇拜为核心的古代国家宗教逐渐形成并日益成熟，也使原始宗教的核心要素得以传承创新，成为萨满教与民间信仰的底色及其不断发展的内生动力。从这个角度来说，这或许正是"巫史传统"③形成的根本原因之所在。后期周代以"天"取代商代之"帝"，从"鬼治主义"(顾颉刚语)转向"人文理性"，莫不与"巫史传统"密切相关。这也是儒家思想具有"宗教性"的根本原因。

---

① 金泽:《当代中国民间信仰的形态建构》,《民俗研究》2018 年第 4 期。
② 金泽:《当代中国民间信仰的形态建构》,《民俗研究》2018 年第 4 期。
③ 李泽厚:《新版中国古代思想史论》,天津社会科学院出版社 2008 年版,第 282 页。

第二节　《论语》中的“祭祀”意蕴*

“祭祀活动”是宗教仪式之一，也是任何宗教都具备的基本要素。《说文解字》云：“祀，祭无已也。”“祭”的基本含义从月（同肉）、从又（同手）、从示（祀神），意即人用手拿着肉（代表祭品）献给神享用。《孝经·士章·疏》曰：“祭者际也，人神相接，故曰际也。”“祭祀”是人与未知世界、超自然力量沟通的方式之一，也是“所有宗教行为中最典型的一种”①。在《论语》里，祭祀活动主要包括祭天、祭地、祭祖、祭祀神灵、丧事等方面，祭天、祭地、祭祖和祭祀神灵往往混说，通常以“祭”来代替，而“丧”则另外提出，指“丧事”。相关的记载共有 42 章，具体如下：《乡党》篇 12 章，《八佾》篇 10 章，《述而》篇 4 章，《子罕》篇 3 章，《为政》篇、《子张》篇各 2 章，《学而》篇、《雍也》篇、《泰伯》篇、《先进》篇、《颜渊》篇、《子路》篇、《宪问》篇、《阳货》篇、《尧曰》篇各 1 章。表面上看，这些章节散落在各篇之中，各自孤立，但如果把这些章节梳理出来，就可以发现这些章节之间的内在联系，它们分别从社会功能、外在形式以及对参加者

---

* 本文原名《〈论语〉中的“祭祀”意蕴探微》，发表于《世界宗教文化》2018 年第 5 期，在此基础上又作了部分修改调整。

① ［法］马塞尔·莫斯、昂利·于贝尔：《巫术的一般理论　献祭的性质与功能》，杨渝东等译，广西师范大学出版社 2007 年版，第 13 页。

的约束等层面对“祭祀”展开了讨论。

一、社会功能：明确祭祀活动的有益性

“祭祀”作为宗教仪式的一种，也是一种宗教行为，能够使属于个人的宗教体验变成群体成员的共同体验，强化个人与社会之间的联系，凝聚群体共同意识，增强彼此的认同感①，也能够“使人类的生活和行为神圣化，于是变为最强有力的一种社会控制”②。从社会作用来审视，“祭祀”有利于国家治理、社会教化以及个体在病重之际获得心理慰藉。

（一）祭祀活动事关社稷，有益于国家治理

《左传·成公十三年》曰：“国之大事，在祀与戎。”在古代社会，“祭祀”是政务活动的重要内容。“或问禘之说。子曰：‘不知也。知其说者之于天下也，其如示诸斯乎！’指其掌。”（《论语·八佾》）《尔雅·释天》曰：“禘，大祭也。”“禘”是古代社会极为隆重的祭祀之礼，包括祭天、祭地和祭祖，只有天子才能举行。在孔子看来，如果熟悉并掌握“禘”礼，治理国家就会像把东西放在手掌里那么容易，如同“了如指掌”。

对于“不知也”的理解，多认为孔子并非不知而是有难言之隐。朱熹注曰：“先王报本追远之意，莫深于禘。非仁孝诚敬之至，不足以与此，非或人之所及也。而不王不禘之法，又鲁之所当讳者，故以不知答之。”③“孔子逊言不知，盖以鲁人失礼，故不欲答

---

① 参见陈荣富：《宗教礼仪与文化》，新华出版社 1993 年版，第 31—32 页。
② ［英］马凌诺斯基：《文化论》，费孝通译，华夏出版社 2002 年版，第 86 页。
③ 朱熹：《四书章句集注》，中华书局 2011 年版，第 64 页。

之欤?”①

与此不同，钱穆则认为这是孔子在说反话，之所以出此言是为了告诫执政者要用“礼”治理天下。“孔子毕生崇拜周公，实深有契乎周公制礼以治天下之深旨。盖礼治即仁治，即本乎人心以为治。礼本乎人心，又绾神道人伦而一之，其意深远，非人人所能知。故孔子答或人曰不知，不仅为鲁讳，亦实有所难言。”②

不论事实如何，但从中可以看出“禘”礼对国家治理的重要性。《中庸》曰：“明乎郊社之礼，禘尝之义，治国其如示诸掌乎。”《礼记·祭统》亦云：“禘尝之义大矣，治国之本也。”“通过祭祀天地、祖先，可以调整人与人之间关系，稳定社会秩序，如此，则可以达到治国的目的。”③

（二）祭祀活动事关民众，有益于良好社会风气的形成

祭祀活动不仅会在政治上影响执政者的治国理念，而且对普通民众的生活习俗、社会风气的形成也有重要影响。“曾子曰：‘慎终，追远，民德归厚矣。’”（《论语·学而》）郑玄注：“老死曰终。”意指父母的死亡。《礼记·檀弓》引曾子曰：“丧三日而殡，凡附于身者，必诚必信，勿之有悔焉耳矣。三月而葬，凡附于棺者，必诚必信，勿之有悔焉耳矣。”面对离世的父母，装殓（附身）、埋葬（附棺）都要抱着真诚和相信的态度去做，不要有任何

---

① 《康有为全集》(第六集)，姜义华、张荣华编校，中国人民大学出版社 2007 年版，第 397 页。

② 钱穆:《论语新解》，生活·读书·新知三联书店 2002 年版，第 64 页。

③ 安德义:《论语解读》，中华书局 2010 年版，第 64 页。

疏漏，以免将来后悔。“追远”，即不忘却先祖。“追，逐也。远，犹久也。言凡父祖已殁，虽久远，当时追祭之也。”① “慎终追远”意指慎重办理丧事、深切长久地缅怀先人。办理丧事是外在形式，缅怀先人是内在精神，两者相辅相成。

从根本上讲，对父母以及祖先的感恩关乎“仁心”和“仁道”。“儒家不提倡宗教信仰，亦不主张死后有灵魂之存在，然极重葬祭之礼，因此乃生死之间一种纯真情之表现，即孔子所谓之仁心与仁道。”② “万物本乎天，人本乎祖。”（《礼记·郊特牲》）活着的人应该对逝去的父母以及祖先心存感激、永久缅怀。这种“纯真情”有利于社会教化和良好风气的形成。“上层的‘慎终追远’能使下层追随团结。”③ 《礼记·坊记》云：“修宗庙，敬祀事，教民追孝也。”“孝”意识的培养不仅有利于家族的繁衍相继，也有利于良好社会风气的形成，便于社会治理，维护社会稳定。

（三）祭祀活动事关生死，有益于个体安身立命

从个体层面来看，祭祀事关生死，使个体在病重之际能够获得心理慰藉。子疾病，子路请祷。子曰：“有诸?”子路对曰：“有之。《诔》曰：‘祷尔于上下神祇’。”子曰：“丘之祷久矣”。（《论语·述而》）包咸注曰：“祷，祷请于鬼神也。”④ “祷”是祭祀活动的一种。对于此章，一般认为孔子拒绝了子路，不让子路代表自

① 刘宝楠:《论语正义》,高流水点校,中华书局 1990 年版,第 24 页。
② 钱穆:《论语新解》,生活·读书·新知三联书店 2002 年版,第 13—14 页。
③ 李泽厚:《论语今读》,生活·读书·新知三联书店 2008 年版,第 42 页。
④ 皇侃:《论语义疏》,高尚榘校点,中华书局 2013 年版,第 180 页。

己向神明祈祷。原因在于孔子的日常行为都合乎神明要求，因此病重之际就不需要再去祈祷。孔安国曰：“孔子素行合于神明，故曰‘丘之祷久矣’。”[①] 钱穆认为，“孔子谓我日常言行，无不如祷神求福，素行合于神明，故曰祷久矣，则无烦别人代祷”[②]。此种观点有待商榷，原因有二：

其一，即便孔子日常言行完全合于神明，也不能断定“丘之祷久矣”就是指通过日常行为来实现祈祷。如果这种推理成立，只要日常言行符合神明要求就不需要再祈祷，那么，正常的祭祀活动也就没有存在的必要了，孔子所提倡的“礼”也会大打折扣。尤其对祭祀活动，孔子既重视内心情感，主张对神明要心存敬畏，如“祭如在，祭神如神在。子曰：‘吾不与祭，如不祭。’”（《论语·八佾》），又强调外在的程序细节，“入太庙，每事问”（《论语·乡党》）。如果按照这一逻辑，孔子的这些做法就多此一举了。因为只要日常行为符合神明要求，那就没有必要注重外在的形式。这显然有悖孔子提倡礼制的初衷。

其二，孔子并没有明确拒绝，而是以“丘之祷久矣”婉拒。这种模糊的态度可能带来两种后果：要么子路听从孔子的话，没有去做；要么子路自行其是，不让孔子知道而代其祈祷。我认为，根据子路的一贯表现，后者的可能性更大。因为子路伉直好勇，“由也喭”（《论语·先进》），自认为正确的事情会坚持去做，并不完全

① 皇侃：《论语义疏》，高尚榘校点，中华书局 2013 年版，第 182 页。
② 钱穆：《论语新解》，生活·读书·新知三联书店 2002 年版，第 196 页。

听从孔子的意见。比如，子路使子羔为费宰。子曰："贼夫人之子。"子路曰："有民人焉，有社稷焉。何必读书，然后为学？"子曰："是故恶夫佞者。"（《论语·先进》）很显然，孔子对子路让子羔为费宰的做法非常不赞成，但子路依然坚持己见，让子羔担任费宰。根据资料，子羔先后四次在鲁国、卫国为官，历任鲁国费宰、郕宰、武城宰和卫国的士师，是孔门弟子中从政次数最多、时间最长的一个。① 又如，孔子病重期间，子路违反礼制，"使门人为臣"，后被孔子埋怨，"久矣哉，由之行诈也！无臣而为有臣，吾谁欺？欺天乎？"（《论语·子罕》）从子路的这些行为可以推知，子路私自代替孔子祈祷的可能性非常大。

由此，孔子所说的"丘之祷久矣"可以这样理解：孔子明明知道子路很有可能代替自己去祈祷而没有明确反对，实际上是对这种行为的默许，以此恳请神明眷顾，使自己尽快康复。

二、外在形式：强调祭祀活动的制度性

在外在形式上，"祭祀"应严格按照等级、血统和程序进行，不能僭越、谄祭、简化程序或者废除。

（一）"祭祀"应严格遵循等级制度，不能僭越

1. 斥责当时鲁国国君及其贵族僭礼。"子曰：'禘，自既灌而往者，吾不欲观之矣。'"（《论语·八佾》）孔子之所以不愿意看下去，杨伯峻认为这是鲁国国君僭越礼制，因为"禘"礼只有天子才能举行。不过，杨伯峻也提到，"周成王曾因为周公旦对周朝有过

---

① 参见李启谦、王式伦：《孔子弟子资料汇编》，山东友谊书社1991年版。

莫大的功勋，特许他举行禘祭。以后鲁国之君都沿此惯例”。[①] 如果从这个角度来看，鲁国国君举行“禘”礼并不能算是“僭越”，因为这得到了天子的特许。为此，杨伯峻的说法似乎就自相矛盾了。

那么，为什么孔子不愿意继续观礼呢？我认为，可以这样来理解：即便得到周天子的许可，但作为臣子也应该严格遵守为臣之道，周公旦有功勋可以举行禘礼，而周公旦的后人并没有功勋，不应该再享受这一特权。因此，孔子认为这不合臣道，所以不愿意再往下观看了。“子曰：‘生，事之以礼；死，葬之以礼，祭之以礼。’”（《论语·为政》）孔子认为，人死后，应当按照礼制来办理丧事，进行祭祀。这是孔子针对当时鲁国三家大夫“僭礼”而发，“鲁国的三家是大夫，不但有时用鲁公（诸侯）之礼，甚至有时用天子之礼。这种行为当时叫作‘僭’，是孔子所最痛心的。孔子这几句答语，或者是针对这一现象发出的”[②]。孔子谓季氏：“八佾舞于庭，是可忍也，孰不可忍也?”三家者以《雍》彻。子曰：“‘相维辟公，天子穆穆’，奚取于三家之堂?”（《论语·八佾》）古代音乐、舞蹈都与祭祀活动有关，举行类似的活动都应该遵循礼制。在祭祀时，季氏使用“八佾”舞蹈，孟孙、季孙、叔孙使用《雍》诗来赞唱，而“八佾”、《雍》诗只有天子才能使用。这显然是违背礼制的行为，因此孔子强烈反对。季氏旅于泰山。子谓冉有曰：“女弗能救与?”对曰：“不能！”子曰：“呜呼！曾谓泰山不如林放

---

① 杨伯峻:《论语译注》,中华书局 1980 年版,第 26 页。
② 杨伯峻:《论语译注》,中华书局 1980 年版,第 14 页。

乎?”(《论语·八佾》)季氏以鲁国大夫身份去祭祀只有天子才能祭祀的泰山，显然是僭越礼制。在孔子看来，这种行为不仅会遭到人们反对，即便是被祭祀的泰山也不会接受。包咸注曰：“神不享非礼。林放尚知礼，大山之神反不如林放耶?”① “林放知问礼之本，如泰山之神亦能如林放，将不受此非礼之谄祭。”②

2. 责备弟子僭礼。子疾病，子路使门人为臣。病间，曰：“久矣哉，由之行诈也！无臣而为有臣，吾谁欺？欺天乎？且予与其死于臣之手也，无宁死于二三子之手乎！且予纵不得大葬，予死于道路乎?”(《论语·子罕》)《正义》曰：“夫子仕鲁为司寇，是大夫也。及去鲁，以微罪行，宜降用士礼。今子路尊荣夫子，欲用大夫丧葬之礼，故使门人为臣助治之。有臣死于臣手，礼也。夫子愿死于弟子手者，以弟子情益亲也。故皇《疏》云：‘在三事同，若以亲察而言，则臣不及弟子也。’又云：‘臣礼就养有方，有方则隔；弟子无方，无方则亲也。’”③ 此种说法有些牵强。从此章的语气来看，孔子对子路的做法是非常气愤的。“仲由呀，你这种欺骗的勾当太久了吧！”这便给后面的话定了基调，后面的话都应以此为中心。况且，后面的话用的是反问语气，旨在批评子路这种违反礼制的行为。至于后人解读为弟子情深，我认为这只是一厢情愿而已。对子路的这种做法，孔子是明确反对的。孔子一生提倡礼，重视礼，身体力行践行礼，病重期间也不会因此而违反礼制。这可以从

---

① 皇侃:《论语义疏》,高尚榘校点,中华书局 2013 年版,第 54 页。
② 钱穆:《论语新解》,生活·读书·新知三联书店 2002 年版,第 58 页。
③ 刘宝楠:《论语正义》,高流水点校,中华书局 1990 年版,第 342 页。

颜回的丧事来加以印证。

颜回是孔子最为得意的弟子，他死后，孔子言“天丧予！天丧予!”，并“哭之恸”（《论语·先进》），但对他的葬礼仍然坚守制度。这从以下两件事情可以看出来：其一，颜渊的父亲颜路“请子之车以为之椁”，孔子则说，“才不才，亦各言其子也。鲤也死，有棺而无椁。吾不徒行以为之椁，以吾从大夫之后，不可徒行也”。（《论语·先进》）尽管孔子非常喜欢颜回，也疼爱自己的儿子，但在礼制面前仍然坚持原则，这一点是非常明确的。其二，颜渊的同学想“厚葬之”，孔子说“不可”，但弟子们没有听他的话，仍然厚葬了颜渊。对此，孔子说：“回也，视予犹父也，予不得视犹子也。非我也，夫二三子也。”（《论语·先进》）“根据《檀弓》所记载孔子的话，丧葬应该‘称家之有亡，有，毋过礼。苟亡矣，敛首足形，还葬，县棺而封。’颜子家中本穷，而用厚葬，从孔子看来，是不应该的。”①

（二）祭祀活动应有自然血统依据，不能谄祭

孔子认为，在祭祀祖先方面，祭祀活动应遵循自然血统关系。子曰：“非其鬼而祭之，谄也。”（《论语·为政》）在孔子看来，不是自己的祖先却去祭祀，这就是献媚。只祭祀自己祖先的基础源于自然血统观念，祭祀是出于感恩和缅怀，没有任何功利性。去祭奠他人的祖先，就难免有功利性之嫌疑。“按原始礼制，只祭本氏族的祖先和成员。它的源起并非功利，是无条件的敬畏崇拜和情感依

---

① 杨伯峻：《论语译注》，中华书局 1980 年版，第 113 页。

托。祭祀别的鬼神大都有求恩宠、祈福禄、避灾祸等功利目的。”①

（三）祭祀活动应有相应仪式，不能擅自精简或废除

“祭祀”是一种仪式化的活动，必然有既定的程序。孔子认为，这些仪式是生者与鬼神等未知世界沟通的桥梁，也是历史经验的总结、时代的反映，不可以擅自简化或者废除。《论语》中提到了两件事情：“三年之丧”和“告朔饩羊”。

1. “三年之丧”不能简化。《论语》里有两处提到“三年之丧”：

> 子张曰：“《书》云：‘高宗谅阴，三年不言’，何谓也？”子曰：“何必高宗？古之人皆然。君薨，百官总己以听于冢宰三年。”（《论语·宪问》）
>
> 宰我问：“三年之丧，期已久矣。君子三年不为礼，礼必坏；三年不为乐，乐必崩。旧谷既没，新谷既升，钻燧改火，期可已矣。”子曰：“食夫稻，衣夫锦，于女安乎？”曰：“安。”“女安，则为之！夫君子之居丧，食旨不甘，闻乐不乐，居处不安，故不为也。今女安，则为之！”宰我出。子曰：“予之不仁也！子生三年，然后免于父母之怀。夫三年之丧，天下之通丧也。予也有三年之爱于其父母乎？”（《论语·阳货》）

上述两处的侧重点不同。第一处，主要说“三年之丧”的来

---

① 李泽厚：《论语今读》，生活·读书·新知三联书店2008年版，第84页。

源。“殷高宗守孝，住在凶庐，三年不言语。”① “三代之丧，齐疏之服，饩粥之食，自天子达于庶人，三代共之。”（《孟子·滕文公上》）一般认为，“三年之丧”在尧舜时期就已经存在，到了殷商时期，就成为全社会通行的制度。② 第二处，主要争论“三年之丧”是否应该随着时代变化、社会发展而改变。很显然，孔子明确坚持“三年之丧”，不同意宰我“期年”的观点。这两种说法都有道理，只是看问题的角度不同。许谦在《读论语丛说》中认为：孝子之于亲，其情无有穷已，圣人恐以死伤生，故立三年之中制，使贤者俛而就之，则不肖者亦当企而及。宰我亦非故欲薄其亲，直是自以心度之，谓期年其哀已尽，故欲短丧。

客观上来看，宰我的“短丧”从现实着眼，更符合人们生活需要；而孔子则是从社会治理的角度入手，考虑的较为长远。一方面，通过“三年之丧”可以强化自然血统传递意识，巩固“父慈子孝”的人伦之情。“孔子将‘礼’（‘三年之丧’）建立在心理情感原则（‘心安’）上。于是儒学第一原则乃人性情感……孔子的贡献在于将外在礼制（规范）变为内在心理（情感），此核心情感却非宗教性的‘畏’‘敬’‘庄’等等，而是以亲子关系为核心的‘孝—慈’。”③ 另一方面，“三年之丧”是“人道”使然，而“人道”则关系到政权的存亡。“儒家言，三年之丧，自天子达于庶人。

① 杨伯峻：《论语译注》，中华书局1980年版，第158页。

② 有学者提出异议，认为“三年之丧”只是在小范围实行，并未在全社会普遍实行。参见丁鼎：《“三年之丧”源流考论》，《史学集刊》2001年第1期。

③ 李泽厚：《论语今读》，生活·读书·新知三联书店2008年版，第523页。

庶人生事简单，时有哀思，犹所不妨。天子总理天下，一日二日万几，不能常哀思及于已亡之父母。然政权事小，人道事大。顾政权而丧人道，人道既丧，政权亦将不存。”①

2. “告朔饩羊”不能去除。子贡欲去告朔之饩羊。子曰：“赐也，尔爱其羊，我爱其礼。”（《论语·八佾》）“‘告朔饩羊’，古代的一种制度。每年秋冬之交，周天子把第二年的历书颁给诸侯。诸侯接受了这一历书，藏于祖庙。每逢初一，便杀一只活羊祭于庙，然后回到朝廷听政。这祭庙叫作‘告朔’，听政叫作‘视朔’，或者‘听朔’。到子贡的时候，每月初一，鲁君不但不亲临祖庙，而且也不听政，只是杀一只活羊‘虚应故事’罢了。所以子贡认为不必留此形式，不如干脆连羊也不杀。孔子却认为尽管这是残存的形式，也比什么也不留好。”② “告朔之礼”政、祭合一，既有政事的内容，也包含祭祀的成分。尽管在当时的鲁国这种制度已经名存实亡，杀羊也失去了原来的意义，但孔子仍然坚持保留这种仪式，目的也是通过这种仅有的形式，来提醒人们古礼的存在。“即使某种典礼仪文已失去其实用意义和具体内容，但其形式本身仍有某种价值在……古代的礼文仪典以可感知的‘物态化’（舞蹈、咒语、音乐、雕塑、图画、建筑、文字等）形式，在当时凝聚和呈现了那神圣不可违抗的行为规范、思想观念、情感体验和群体秩序。人们通过这些仪文形式的不断实践和反复巩固，以获得理性的内化（认

① 钱穆：《论语新解》，生活·读书·新知三联书店 2002 年版，第 390 页。
② 参见杨伯峻：《论语译注》，中华书局 1980 年版。

识）和理性的凝聚（道德）。”①

三、对参加者的约束：突出虔诚和理性

赫伯特·芬格莱特认为，孔子所构建的礼仪活动具有宗教礼仪的神圣性。他说：“社会在孔子的构想中成为一个宏大壮阔的礼仪活动，这种社会礼仪具有精致的宗教礼仪所拥有的所有的神圣之美，施行这种优雅而充满灵感的礼仪活动，既使人感到肃穆庄严，又使人感到心旷神怡。”② 这种神圣性对参加者有特殊的要求：一方面要有虔诚之心，祭出于情、发于心，重视细节；另一方面要保持理性，立足此世，不迷失于彼岸。

（一）参加者要有虔诚之心

《礼记·祭统》曰：“夫祭者，非物自外至者也，自中出生于心也；心怵而奉之以礼。”

1. 思想上高度重视。子曰：“禹，吾无间然矣。菲饮食，而致孝乎鬼神；恶衣服，而致美乎黻冕；卑宫室，而尽力乎沟洫。禹，吾无间然矣！”（《论语·泰伯》）大禹自己吃得很差，却把祭品办得极为丰盛；穿得很差，却把祭服做得十分华美。孔子赞赏大禹，彰显了其对祭祀的重视。日本学者物双松认为：致孝乎鬼神，言敬祖先也。致美乎黻冕，言敬圣人也。尽力乎沟洫，言敬民也。敬此三者，则先王之道尽矣。此孔子所以“无间然”也。（《论语征》）日常生活当俭则俭，祭祀活动当丰则丰，丰、俭各适其宜，显示出

---

① 李泽厚:《论语今读》,生活·读书·新知三联书店 2008 年版,第 105 页。

② ［美］赫伯特·芬格莱特:《孔子:即凡而圣》,彭国翔、张华译,江苏人民出版社 2002 年版,第 75 页。

祭祀的重要性。“所重：民、食、丧、祭。”（《论语·尧曰》）“重丧以尽哀，重祭以致敬。重食，重在生民。重丧、祭，则由生及死，由今溯往，民生于是见悠久。”① 子曰：“出则事公卿，入则事父兄，丧事不敢不勉，不为酒困，何有于我哉！”（《论语·子罕》）把丧事与出仕、居家并提，可以看出孔子对丧事的重视，自称没有做到，实乃自谦之词。章太炎在《广论语骈技》中认为：敦煌石室所得郑注《论语》残卷云“鲁读困为魁，今从古”。此言不为酒魁，谓不倡群饮也。文承“丧事不敢不勉”而言，《丧大记》云“九月之丧、五月三月之丧，食肉饮酒，不与人乐之”，乃所谓不为酒魁也。言虽轻丧，犹敕慎如是，则重丧可知。仲弓问仁。子曰：“出门如见大宾，使民如承大祭。”（《论语·颜渊》）“大祭，禘郊之属也。出门如见大宾，使民如承大祭，是敬。”② 用举办高规格的祭祀来比喻治理百姓，既彰显孔子的仁爱之心，也能看出其对祭祀的重视程度。

2. 祭祀应出于情、发于心。林放问礼之本。子曰：“大哉问！礼，与其奢也，宁俭；丧，与其易也，宁戚。”（《论语·八佾》）“丧与其易也，宁在于戚，则礼之本也。礼有其余，未若于哀，则情之实也。”③ 只有形式，却没有真正发自内心的敬畏、悲戚、缅怀之情，祭祀就会流于形式。“临丧之礼，为之衰麻哭踊之数，所以节之也。其本则哀痛惨怛，惟戚而已。若惟知有本，不文不节，

---

① 钱穆：《论语新解》，生活·读书·新知三联书店2002年版，第505页。
② 钱穆：《论语新解》，生活·读书·新知三联书店2002年版，第305页。
③ 刘宝楠：《论语正义》，高流水点校，中华书局1990年版，第83页。

亦将无礼可言。”[①] 祭如在，祭神如神在。子曰：“吾不与祭，如不祭。”（《论语·八佾》）在孔子看来，无论是祭祀天地神灵还是祭祀祖先，都应亲临现场并保持诚敬之心。“在祭祀中，人是把自己至诚的心呈奉给自己设定的、想象中的存在物。这才是祭祀的实质。”[②]

正如李泽厚所说：“整个《论语》谈到祭祀，强调的都是这种内心情感，以此而论证外在仪文和礼制的来由和必要。这虽然颠倒了历史真实，但足见注意心理结构即人性情感的塑造，是孔子所奠基的儒学特征。”[③] 子曰：“居上不宽，为礼不敬，临丧不哀，吾何以观之哉？”（《论语·八佾》）子张曰：“士见危致命，见得思义，祭思敬，丧思哀，其可已矣。”（《论语·子张》）朱熹注曰：“为礼以敬为本，临丧以哀为本。既无其本，则以何者而观其所行之得失哉？”[④]“致命，谓委致其命，犹言授命也。四者立身之大节，一有不至，则余无足观。故言士能如此，则庶乎其可矣。”[⑤] 诚敬、哀伤是生者敬畏神明、缅怀逝者的根本，发自内心，而非求诸于他人。如果祭祀神明无诚敬之心、面临丧事缺哀伤之情，那么，祭祀也就失去了本义。“凡为礼事在于庄敬，不敬则失于傲惰。亲临死丧当致其哀，不哀则失于和易。凡此三失，皆非礼意。人或若此，

---

① 钱穆：《论语新解》，生活·读书·新知三联书店2002年版，第56页。
② 赵又春：《我读〈论语〉》，岳麓书社2005年版，第299页。
③ 李泽厚：《论语今读》，生活·读书·新知三联书店2008年版，第100页。
④ 朱熹：《四书章句集注》，中华书局2011年版，第68页。
⑤ 朱熹：《四书章句集注》，中华书局2011年版，第175页。

不足可观，故曰：‘吾何以观之哉！’”①

3. 保有恒心。子曰：“南人有言曰：‘人而无恒，不可以作巫医。’善夫!” “不恒其德，或承之羞。”子曰：“不占而已矣。”（《论语·子路》）无论是巫觋还是医生，都与祭祀活动有直接或间接的关系。《正义》引杨泉《物理论》说：“‘夫医者，非仁爱不可讬，非聪明达理不可任，非廉洁淳良不可信。古之用医，必选名姓之后。’又云：‘其德能仁恕博爱，其智能宣畅曲解，知天地神祇之次，明性命吉凶之数，处虚实之分，定顺逆之理，原疾量药，贯微达幽。’观此，则巫医皆抱道怀德，学彻天人。故必以有恒之人为之解者。”② “巫所以交鬼神，医所以托死生，无恒之人何足任此。专一之业尚然，何论于广大之道，故孔子特取此言。”③ 孔子认为只有保有恒心，才能做好巫医，从而把祭祀活动做好。

4. 重视细节。一是重视祭祀活动过程中的细节。子入太庙，每事问。或曰：“孰谓鄹人之子知礼乎？入太庙，每事问。”子闻之曰：“是礼也。”（《论语·八佾》）入太庙，每事问。（《论语·乡党》）《正义》曰：“以夫子不知故问，然云‘每事’，容亦有所已知者，今犹复问于人，故为慎也。”④ 孔子熟悉周礼，但也并不是都完全掌握，有些细节也很可能不完全确定。即便知晓，也要通过

① 《十三经注疏》整理委员会整理、李学勤主编：《论语注疏》，北京大学出版社1999年版，第46页。

② 刘宝楠：《论语正义》，高流水点校，中华书局1990年版，第543页。

③ 钱穆：《论语新解》，生活·读书·新知三联书店2002年版，第345页。

④ 刘宝楠：《论语正义》，高流水点校，中华书局1990年版，第105页。

询问他人再熟悉巩固。“表述孔子谦虚而谨慎，既非假装不懂而故问，也非真正完全不懂得，而是问一遍以求确认，即实地印证自己所已知和未知。”① 也有学者认为，这是孔子通过“每事问”来提醒人们鲁国太庙存在诸多僭越礼制的行为，间接表达不满。“孔子非不知鲁太庙中之种种礼器与仪文，然此等多属僭礼，有不当陈设举行于侯国之庙者。如雍之歌不当奏于三家之堂，而三家奏之以彻祭。有人知其非礼，不欲明斥之，乃伪若不知，问适所歌者何诗。孔子入太庙而每事问，事正类此。此乃一种极委婉而又极深刻之讽刺与抗议。”② 这种观点有一定道理，但太过绝对。因为孔子当时入太庙的时候属于青年，“太庙，鲁祭周公之庙。时孔子当在青年，始仕于鲁，得入太庙助祭”③。其处于青年时期，经验不足，且为人助手，自然对祭祀过程中的每一件事情都秉承谨慎态度。而且，孔子虽然是“圣人”，但圣人并不是生而知之，而是学而知之，青年时期的孔子并不是全知全能，对礼制的重视更会促使他不断加强学习。正如他自己所说：“十室之邑，必有忠信如丘者焉，不如丘之好学也。”（《论语·公冶长》）简言之，这两章既有讥讽、警戒当时鲁国太庙僭越礼制行为之意，也彰显孔子谦虚好学之风，两者都体现了孔子对祭祀活动细节的重视。

二是重视个人事关祭祀活动的日常行为。子食于有丧者之侧，未尝饱也。子于是日哭，则不歌。（《论语·述而》）朱熹注曰：

---

① 李泽厚：《论语今读》，生活·读书·新知三联书店 2008 年版，第 103 页。
② 钱穆：《论语新解》，生活·读书·新知三联书店 2002 年版，第 69 页。
③ 钱穆：《论语新解》，生活·读书·新知三联书店 2002 年版，第 68 页。

"哭，谓吊哭。日之内，余哀未忘，自不能歌也。"① 《正义》说："丧者哀戚，饱食于其侧，是无恻隐之心。" "一日之中，或哭或歌，是亵于礼容。"② 面对丧事，无论是吃饭还是唱歌，孔子都非常注意，以此表达对逝者的悲戚之情，这也是其人性情感的体现。"两章均描写必须以一定时间内的持久性所展示的真实和诚挚，才是人性情感。"③ 子见齐衰者、冕衣裳者与瞽者，见之，虽少，必作；过之，必趋。(《论语·子罕》) 见齐衰者，虽狎，必变。见冕者与瞽者，虽亵，必以貌。凶服者式之。(《论语·乡党》) 对穿丧服的、戴着祭祀礼帽的和盲人，孔子都会用自己的方式表达敬意，因为前两者与祭祀活动有关，后者属于残疾人，这都应该予以尊敬。"表示敬意也。仍重在感情态度，朱注所谓内外一，是也。"④ 乡人傩，朝服而立于阼阶。(《论语·乡党》) "傩者，古人驱逐疫鬼，(兼及无主之殇鬼) 而祭之于道上。"⑤ 对乡人这种习俗，孔子穿朝服站在东边的台阶上，以示尊敬，合乎当时礼仪。朋友死，无所归，曰："于我殡。"(《论语·乡党》) "无所归" 意指没有亲属而无法办理后事。对乡人驱鬼的风俗和因没有亲属而无法办理丧事的朋友，孔子都用自己的方式来处理，说明孔子比较注重与祭祀活动有关的日常行为。

---

① 朱熹:《四书章句集注》,中华书局 2011 年版,第 92 页。

② 刘宝楠:《论语正义》,高流水点校,中华书局 1990 年版,第 260 页。

③ 李泽厚:《论语今读》,生活·读书·新知三联书店 2008 年版,第 213 页。

④ 李泽厚:《论语今读》,生活·读书·新知三联书店 2008 年版,第 273 页。

⑤ 钱穆:《论语新解》,生活·读书·新知三联书店 2002 年版,第 262 页。

三是重视生活细节。对言辞、饮食、服饰、起居等与祭祀活动相关的生活细节，孔子也都非常注意。“孔子于乡党，恂恂如也，似不能言者。其在宗庙、朝廷，便便言，唯谨尔。”“祭于公，不宿肉。祭肉不出三日。出三日，不食之矣。”“虽疏食、菜羹、瓜祭，必齐如也。”“侍食于君，君祭，先饭。”“朋友之馈，虽车马，非祭肉，不拜。”（《论语・乡党》）“古人临食，每品各出少许，置笾豆之间，以祭先代始为饮食之人，所以报功，不忘本。谓虽疏食菜羹瓜类，以祭则必斋如也。当孔子时，非贵品或不祭，而孔子临食，虽菲薄亦必祭，又必致其肃敬之容。”①“去丧，无所不佩。非帷裳，必杀之。羔裘玄冠不以吊。”“齐，必有明衣，布。齐，必变食，居必迁坐。”“寝不尸。”（《论语・乡党》）“斋戒时一定要洗澡，所以有浴衣。之所以必须是布做的，以及吃素、不性交，等等，都是为了节制自己的享受和快乐，以表示忠诚、崇敬和畏惧。此乃古代巫术仪式的残存。”②

（二）保持理性，立足此世

安乐哲认为，儒家宗教情感不是救世主义也不是末世主义，而是一种以人为中心的宗教感，而不是以上帝为中心的宗教。③ 因此，在祭祀活动中应保持理性，立足现世，而不是追求彼岸。

1. 谨慎对待。对鬼神等未知世界的事情，孔子非常谨慎。子之

---

① 钱穆：《论语新解》，生活・读书・新知三联书店2002年版，第260页。

② 李泽厚：《论语今读》，生活・读书・新知三联书店2008年版，第302页。

③ 参见［美］安乐哲：《儒家角色伦理学——一套特色伦理学词汇》，［美］孟巍隆译，山东人民出版社2017年版。

所慎：齐、战、疾。（《论语·述而》）斋戒与祭祀神明有关，战争与族群的存亡有关，疾病与人的生死相关，这三件事情也是当时社会的主要大事，孔子非常慎重。朱熹注曰："齐之为言齐也，将祭而齐其思虑之不齐者，以交于神明也。诚之至与不至，神之飨与不飨，皆决于此。战则众之死生、国之存亡系焉，疾又吾身之所以死生存亡者，皆不可以不谨也。"① 子不语怪、力、乱、神。（《论语·述而》）《集注》引谢氏曰："圣人语常而不语怪，语德而不语力，语治而不语乱，语人而不语神。"② "不语"就是不谈论。对未知的或者不好的事情，孔子一般不谈论，不妄谈，非常小心。季路问事鬼神，子曰："未能事人，焉能事鬼？"曰："敢问死。"曰："未知生，焉知死？"（《论语·先进》）何晏《集解》引陈曰："鬼神及死事难明，语之无益，故不答。"皇侃注曰："此章明孔子不道无益之语也。"③

对未知世界或者未知的事情，孔子往往不予直接回答。"此章极有名，解说丰硕。总之，足显中国之实用理性，不作无益无用之思辨和讨论。所谓'无益、无用'指与人事关系而言。重在此人生此人世，即我所谓'一个世界'观是也。联系'不语怪力乱神''祭如在''敬鬼神而远之'等章节，孔子对超乎此世此生的问题、对象，采取颇为一贯的'存而不论'的实用态度，既不肯定，也未否定。"④

① 朱熹：《四书章句集注》，中华书局2011年版，第93页。
② 朱熹：《四书章句集注》，中华书局2011年版，第95页。
③ 阮元：《十三经注疏》，方向东点校，中华书局2021年版，第268页。
④ 李泽厚：《论语今读》，生活·读书·新知三联书店2008年版，第323页。

“死生本属一体，蚩蚩而生，则必昧昧而死。生而茫茫，则必死而惘然。生能俯仰无愧，死则浩然天壤。今日浩然天壤之鬼神，皆即往日俯仰无愧之生人。苟能知生人之理，推以及于死后之鬼神，则由于死生人鬼之一体，而可推见天人之一体矣。孔子之教，能近取譬。或谓鬼神及死后事难明，语之无益。又或谓孔子只论人生，不问鬼神事。似孔子有意不告子路之问，其实乃所以深告之，学固不可以躐等而求。”①

无论是孔子“存而不论”还是“以生推死”，都体现了孔子对鬼神的慎重态度。正因为不好说、说不好，所以还是不说好。这种“知之为知之，不知为不知”的慎重态度比妄加推测要高明得多。仲弓问仁。子曰：“出门如见大宾，使民如承大祭。”（《论语·颜渊》）“大祭，禘郊之属也。出门如见大宾，使民如承大祭，是敬。”② 孔子用举办高规格的祭祀活动来比喻治理百姓，可以看出孔子对治国的重视，也体现了孔子的仁爱之心。如果从另一方面来理解，也能看出孔子对祭祀活动的重视态度。“为什么‘承事如祭’？谨慎敬畏，对待百姓的事务有如对待神灵的事务。宗教性道德转向社会，亦理性化之途径，宗教、政治合而为一，使政治具有宗教之神圣、严重义也。”③

2. 保持距离。对神灵、鬼怪等超自然力，孔子认为应保持一定距离，既不顶礼膜拜、迷失自我，又不妄自尊大、彻底否定，而是

① 钱穆：《论语新解》，生活·读书·新知三联书店 2002 年版，第 285—286 页。
② 钱穆：《论语新解》，生活·读书·新知三联书店 2002 年版，第 305 页。
③ 李泽厚：《论语今读》，生活·读书·新知三联书店 2008 年版，第 347 页。

持中庸态度，有一定限度。樊迟问知。子曰：“务民之义，敬鬼神而远之，可谓知矣。”（《论语·雍也》）《集注》引程子曰：“人多信鬼神，惑也。而不信者又不能敬，能敬能远，可谓知矣。”[①] 在程颐看来，“信”是“敬”的前提，没有“信”，“敬”也就失去了基础。但是，“信”又不是盲目的、无主见的，而是要与鬼神保持一定距离，有了距离就不会迷失。不能不信，又不能全信，既要有对鬼神的敬畏，也要有自己的主见，这也是理性的彰显。

3. 适可而止。子游曰：“丧致乎哀而止。”（《论语·子张》）《中庸》云：“喜怒哀乐之未发，谓之中；发而皆中节，谓之和。”所谓“中节”，就是人对情感的合理控制。对丧事，体现出悲哀就可以了，不能过度悲伤。孔安国曰：“毁不灭性也。”[②] “丧礼只以致极乎居丧者之哀情而止，不尚文饰。然若过而至于毁身灭性，亦君子所戒。”[③]

总之，作为儒学的元典，《论语》对祭祀的论述有着清晰的内在逻辑和层次，其从社会作用、外在形式以及对参加者的约束等方面进行了多维度的探讨。由此窥知，孔子对祭祀活动的重视程度。从这一角度而言，孔子对宗教的看法并非模棱两可，而是非常明确，无论是治理国家、管理百姓、社会教化，还是家族繁衍、个体修身，以祭祀为核心的宗教活动都具有举足轻重的作用。换言之，祭祀活动或者说宗教，是“个体—家—国—天下”这一逻辑线路之根源。

---

① 朱熹：《四书章句集注》，中华书局 2011 年版，第 87 页。

② 皇侃：《论语义疏》，高尚榘校点，中华书局 2013 年版，第 505 页。

③ 钱穆：《论语新解》，生活·读书·新知三联书店 2002 年版，第 491 页。

第三节　《论语》中的“身份认同”*

身份认同（identity）是一个心理学概念，意指单独的个体对自己的本质、信仰以及一生趋向相对一致和比较完满的意识。借用到社会学，身份认同则包含族群认同和个体自我认同，前者是对群体的共同认知，可以巩固群体身份、增强对群体的归属感；后者则是对“自我”的正确认知，可以增强与“他者”的区别意识。美国心理学家埃里克森认为宗教是人格发展的基础，人人都有宗教的一面①，而宗教在身份认同方面具有非常重要的意义。“祭祀是所有宗教行为中最典型的一种”②，也是任何宗教存在的基础以及外化的标志，在身份认同方面具有特殊作用。《论语》里关于祭祀的记载几乎遍及每一篇，但从身份认同方面的探究则明显不足。

20 世纪末期，以任继愈、何光沪、李申等为代表提出“儒教论”，在学界引起争议。时至今日，儒学是人文之学仍然是学界较为普遍的观点。即便如此，儒学具有宗教性也越来越得到学界的认

---

* 本文原名《身份认同:〈论语〉中的祭祀认知问题》，发表于《孔子研究》2019 年第 2 期，在此基础上又作了部分修改调整。

① 参见陈彪:《埃里克森宗教心理学思想及其贡献》，《世界宗教研究》2003 年第 4 期。

② [法]马塞尔·莫斯、昂利·于贝尔:《巫术的一般理论　献祭的性质与功能》，杨渝东等译，广西师范大学出版社 2007 年版，第 13 页。

可。如彭国翔认为，“具有宗教性的人文主义，较之世俗的人文主义，既符合儒家传统的精神方向与特质，或许也更为圆满”①。受此影响，学界对《论语》里的祭祀探究也多侧重于“人文性”，如李泽厚认为祭祀活动主旨在于“内心情感的培养与塑造”②；姚式川认为孔子对祭祀活动的论述基本上是“无神论”③；吕大吉、牟钟鉴则指出，“孔子放弃了有神论的论证，改从心理上亲情上去论证丧祭的重要性，认为丧祭是情感的需要”④。

即便从宗教层面检讨，人文色彩依然比较强烈。如杜维明认为儒教从来就不是一个有组织的宗教，也不是一个以宗教礼拜活动为核心的宗教，而是一种生活方式⑤；李申认为儒家祭祀的总原则是“事死如事生”，侍奉神灵最好的方式是增加自身的德行⑥；傅佩荣认为儒家并不否定鬼神的存在，对待鬼神的虔诚态度非常重要，强调的是宗教情感⑦。事实上，儒家思想既有孔子开创的世俗化的儒学，也有孔子从三代继承来的宗法性传统宗教，兼具人文性和宗教性，两者不能截然分开。本章从人文性与宗教性相结合的视角，对《论语》里祭祀在身份认同方面的实质及其实践路径的展

① 彭国翔：《儒家传统：宗教与人文主义之间》，北京大学出版社2007年版，第11页。
② 李泽厚：《论语今读》，生活·读书·新知三联书店2008年版，第100页。
③ 参见姚式川：《论语体认》，学林出版社1999年版。
④ 吕大吉、牟钟鉴：《中国宗教与中国文化（第一卷）：概说中国宗教与传统文化》，中国社会科学出版社2005年版，第142页。
⑤ 参见杜维明：《儒教》，陈静译，上海古籍出版社2008年版。
⑥ 参见李申：《儒教的鬼神观念和祭祀原则》，《复旦学报（社会科学版）》2007年第4期。
⑦ 参见傅佩荣：《傅佩荣解读论语》，线装书局2006年版。

开进行探讨。

一、祭祀：群体身份巩固与个体身份认同的“一体两用”

《说文解字》云：“祀，祭无巳也。” “祭”的基本含义从月（同肉）、从又（同手）、从示（祀神），意即人用手拿着肉（代表祭品）献给神享用。“祭者际也，人神相接，故曰际也。”（《孝经·士章·疏》）作为主体的人通过媒介（祭品）与客体神灵接触，达到人神正常沟通的平衡状态，从而把世俗社会与虚幻的神灵世界联结起来。当然，“祭祀”只是人与神灵世界沟通的一种方式，但无疑是比较重要的方式，人们通过这种特殊的形式来保持与超自然力量的正常交流。虚幻的神灵世界只存在于人们的信念之中，不能被人直观地认知，因此，祭祀指向的重点仍然是现实社会，“宗教是用神圣的方式来进行秩序化的”①。利用神圣的方式治理国家、约束规范群体的行为是宗教世俗功能的重要体现。“礼”源自“巫”，以祭祖为核心，是宗教、伦理、政治三合一②，国家治理、社会教化与祭祀融为一体。“礼，原是祭祀的仪节，以宗教性为其首要意义，但其外延则逐渐扩展到宗教范围之外。”③“外延”的扩展必然延伸到国家治理层面，祭祀是其重要的方式。“国之大事，在祀与戎。”（《左传·成公十三年》） “礼有五经，莫重于祭。”（《礼记·祭统》）比如“禘”礼。“禘，大祭也。”（《尔雅·释

① ［美］彼得·贝格尔：《神圣的帷幕：宗教社会学理论之要素》，高师宁译，上海人民出版社 1991 年版，第 33 页。

② 参见李泽厚：《新版中国古代思想史论》，天津社会科学院出版社 2008 年版。

③ 傅佩荣：《儒道天论发微》，中华书局 2010 年版，第 82 页。

天》）“凡禘、郊、祖、宗、报，此五者，国之典祀也。”（《展禽论祀爱居》）《八佾》篇有两处提到“禘”：“禘，自既灌而往者，吾不欲观之矣。”“或问禘之说。子曰：‘不知也。知其说者之于天下也，其如示诸斯乎！’指其掌。”学界多认为这两章体现了孔子对鲁国国君不遵守礼制的不满，“此章是孔子感叹鲁国禘祭的失礼”①，从中可以窥知“禘”礼对国家治理的重要性，诚如《中庸》云：“明乎郊社禘尝之义，治国其如诸掌乎。”

祭祀能够实现“秩序化”、成为社会治理的主要方式，根本在于祭祀具有双重功能：族群认同与自我认同。一方面，就群体而言，祭祀能够增强族群认同，巩固群体身份。“先祖者，类之本也。”（《荀子·礼论》）“类”是自我与他者区分的标志。“在中国和亚洲北部祖先崇拜特别突出”②，祭祖是祭祀的核心，也是区分不同族群的主要方式。儒家奉行差等之爱，“亲亲而仁民，仁民而爱物”（《孟子·尽心上》），分辨亲疏远近，强调等级差别。“礼者，法之大分，类之纲纪也。”（《荀子·劝学》）通过祭祀，缅怀祖先，增强族群成员的归“类”意识，厘清与他者的界限，从而将自我与他者分开。“非其鬼而祭之，谄也。”（《论语·为政》）祭祖应具有原始朴素的情感，“按原始礼制，只祭本氏族的祖先和成员。它的源起并非功利，是无条件的敬畏崇拜和情感依托”③，去祭祀

① 金良年：《论语译注》，上海古籍出版社 2012 年版，第 21 页。

② ［英］麦克斯·缪勒：《宗教学导论》，陈观胜、李培茱译，上海人民出版社 1989 年版，第 93 页。

③ 李泽厚：《论语今读》，生活·读书·新知三联书店 2008 年版，第 84 页。

他人的祖先，无血缘之基础，肯定有世俗之功利，这就丧失了祭祀的本义。祭祀属于典型的强化仪式（rites of intensification），而“仪式首先是社会群体定期重新巩固自身的手段”①，通过祭祖仪式，持续强化群体成员对本族群的接受认可程度，增强与他者区分的族群意识，从而使族群的共同身份得以巩固。

另一方面，就个体而言，祭祀能够增强自我认同。在不断强化成员对族群归属感的过程中，通过经常提醒和强化个体对自我身份的认知，“以申固其姓”（《国语·楚语》），正确认知自身在族群中的地位，享有相应的权利，承担相应的义务，从而使个体的身份在群体中更加明确和固化。《论语·学而》云：“慎终追远。”朱熹注曰：“慎终者，丧尽其礼。追远者，祭尽其诚。”② 对个体而言，庄严肃穆、等级分明、秩序井然的丧葬或祭祖活动，能够培养“自我意识”，增强对族群的皈依感，从而对个体身份的认知更为清晰，“丧葬礼仪给予混沌难分的原动物性的理知、情感诸心理因素以特定的社会族类的方向和意义，以确认自己属于此族类的存在，此即人的最早的‘类’的‘自我意识’”③。这种“自我意识”的强化，能够使“人们在祭祖以及祭祖师（行业神或文化英雄）的过程中，非常实际地感受到自己的血缘等级，直接地感受到自己在宗法社会

---

① [法]爱弥尔·涂尔干:《宗教生活的基本形式》,渠东、汲喆译,上海人民出版社1999年版,第507页。

② 朱熹:《四书章句集注》,中华书局1983年版,第50页。

③ 李泽厚:《论语今读》,生活·读书·新知三联书店2008年版,第41页。

中的地位、自已的权利和义务、自己与他人的相互关系等”[1]。

由此，通过相对稳固的祭祀或丧葬活动持续强化个体对群体共同身份的认知和接受程度，并以此来不断塑造个体的自我身份认同意识，追求社会群体共同身份与个体自我身份认同的“秩序化”，是祭祀“一体两用”的具体显现。

二、路径展开：宗教情感与人文理性有机融合

马克斯·韦伯认为，中国的宗教是面向今世而不是为了来世，祭祀的目的也是此岸而不彼岸。[2] 这与其他宗教明显不同。这种不同主要体现在祭祀在具体实践路径上实现了宗教情感和人文理性的有机融合。

（一）理性中融入宗教情感

周代以来，祭祀从宗教性开始向人文理性转变，“儒家的理性化……不仅具有对巫觋文化的排斥的一面，而且它的理性化更带有一种人文的理性化的倾向”[3]。但是，人文理性化并不能把宗教性彻底排除。“宗教仪式是‘礼’的重要组成部分，而孔子对于此类仪式并未表示过明确的怀疑，但是，孔子在讨论与他的学说有关联的‘礼’的时候，他通常是用非常理性和常识性的社会心理学的词语来谈论的。”[4] 针对具体的宗教活动，孔子往往把人文理性和宗

---

① 金泽:《宗教人类学导论》,宗教文化出版社 2001 年版,第 131 页。

② 参见[德]马克斯·韦伯:《儒教与道教》,江苏人民出版社 1995 年版。

③ 陈来:《古代宗教与伦理:儒家思想的根源》,生活·读书·新知三联书店 2009 年版,第 11 页。

④ [美]顾立雅:《孔子与中国之道》,高专诚译,大象出版社 2000 年版,第 101 页。

教情感结合起来评述，而且宗教情感的意蕴比较浓厚。“整个《论语》谈到祭祀，强调的都是这种内心情感……上帝鬼神作为情感呈奉、依托、归属的对象，而不是理知论证、逻辑推演（如西方中世纪神学和哲学对上帝存在的各种证明）的对象，乃孔门教义。”①

1. 把祭祀上升到国家层面，作为治国理政的重要方式。“所重：民、食、丧、祭。”（《论语·尧曰》）“重丧以尽哀，重祭以致敬。重食，重在生民。重丧、祭，则由生及死，由今溯往，民生于是见悠久”②，“丧”“祭”的指向是未知领域、精神世界，“食”则根植于世俗社会、物质世界，所有这些都与民生息息相关，必然成为国家治理的重要内容。《论语·泰伯》云：“菲饮食，而致孝乎鬼神；恶衣服，而致美乎黻冕；卑宫室，而尽力乎沟洫。”日本学者物双松认为：致孝乎鬼神，言敬祖先也。致美乎黻冕，言敬圣人也。尽力乎沟洫，言敬民也，“敬此三者”属于“先王之道”。（《论语征》）林希元在《四书存疑》中认为：欲从俭约者，或并其不当俭者而俭之。欲从丰厚者，或并所自奉者而丰之。大禹当俭处则从俭，当丰处则从丰。丰、俭各适其宜，所以无间然也。奉行先王之道，而且俭、奢得当，孔子两次赞叹“禹，吾无间然矣”（《论语·泰伯》）也在情理之中。

2. 从个体层面而言，祭祀以“情感”为本。一方面，情感必

① 李泽厚:《论语今读》,生活·读书·新知三联书店 2008 年版,第 100 页。
② 钱穆:《论语新解》,生活·读书·新知三联书店 2002 年版,第 505 页。

须发自于心，显示以“诚”。“诚者，天之道也；诚之者，人之道也。”（《中庸》）朱熹注曰：“诚者，真实无妄之谓。”① 无论祭祀神灵还是缅怀祖先，恭敬怀念之情都应真实无妄、发自内心。林放问礼之本。子曰：“大哉问！礼，与其奢也，宁俭；丧，与其易也，宁戚。”（《论语·八佾》）《正义》云：“丧与其易也，宁在于戚，则礼之本也。礼有其余，未若于哀，则情之实也。”② 只有形式的、外在的活动，而没有真正发自内心的敬畏、悲戚、缅怀之情，就失去了祭祀的本质。情出于心，才是礼的本质。“礼有内心，有外物，有文有质。内心为质为本，外物为文为末。”③

这种情感除发自于内心外，还要在特定的场合下相信祭祀对象之存在。“祭如在，祭神如神在。”“吾不与祭，如不祭。”（《论语·八佾》）“孔子虽极重祭礼，然尤所重者，在致祭者临祭时之心情。故言苟非亲自临祭，纵摄祭者亦能极其诚敬，而于我心终是阙然，故云祭如不祭。盖我心思慕敬畏之诚，既不能亲切表达，则虽有牲牢酒醴，香花管乐，与乎摄祭之人，而终是失却祭之真意。”④“居上不宽，为礼不敬，临丧不哀，吾何以观之哉？”（《论语·八佾》）“祭思敬，丧思哀。”（《论语·子张》）诚敬是生者敬畏神明、缅怀逝者的根本，发自内心，而非求诸于他人。如果祭祀神明无诚敬之心、面临丧事缺哀伤之情，祭祀活动也就从根本上失

---

① 朱熹：《四书章句集注》，中华书局1983年版，第31页。

② 刘宝楠：《论语正义》，高流水点校，中华书局1990年版，第45页。

③ 钱穆：《论语新解》，生活·读书·新知三联书店2002年版，第55页。

④ 钱穆：《论语新解》，生活·读书·新知三联书店2002年版，第65页。

去了应有之义。

另一方面，必须外化于行，审慎对待与祭祀相关的日常行为。否则，势必会对神灵不敬、对逝者不恭。相关记载主要集中在《乡党》《述而》和《子罕》篇，其中，以《乡党》篇最多。“孔子于乡党，恂恂如也，似不能言者。其在宗庙、朝廷，便便言，唯谨尔。”“祭于公，不宿肉。祭肉不出三日。出三日，不食之矣。”“虽疏食、菜羹、瓜祭，必齐如也。”“侍食于君，君祭，先饭。”“朋友之馈，虽车马，非祭肉，不拜。”“去丧，无所不佩。非帷裳，必杀之。羔裘玄冠不以吊。”“齐，必有明衣，布。齐，必变食，居必迁坐。”“寝不尸。”“朋友死，无所归。曰：‘于我殡。’”“乡人傩，朝服而立于阼阶。”“见齐衰者，虽狎，必变……凶服者式之。”（《论语·乡党》）“子见齐衰者、冕衣裳者与瞽者，见之，虽少，必作；过之，必趋。”（《论语·子罕》）“子食于有丧者之侧，未尝饱也。子于是日哭，则不歌。”（《论语·述而》）

由此可以看出，孔子对与祭祀相关的日常行为非常重视，身体力行、审慎对待。这样做，固然与宗教仪式有关，“斋戒时一定要洗澡，所以有浴衣。之所以必须是布做的，以及吃素、不性交，等等，都是为了节制自己的享受和快乐，以表示忠诚、崇敬和畏惧。此乃古代巫术仪式的残存”①；最重要的则是这些行为体现了对神灵、对逝者的尊重，“表示敬意也。仍重在感情态度，

① 李泽厚：《论语今读》，生活·读书·新知三联书店2008年版，第302页。

朱注所谓内外一，是也”①。从本质而言，情出于心、外化于行都是宗教情感的呈现。

3. 从制度层面而言，强调祭祀活动的权威性和严肃性。第一，强化制度约束，严守古制。祭祀必然附有外在的仪式，这些仪式是生者与鬼神等未知世界沟通的桥梁，不可以擅自简化或者去除。《论语》中提到了两件事情：“三年之丧”和“告朔饩羊”。

一是“三年之丧”不能简化。无论是子张对“高宗谅阴，三年不言”（《论语·宪问》）的疑问，还是宰我对“三年之丧”的质疑（《论语·阳货》），孔子的态度均非常明确，“何必高宗？古之人皆然。君薨，百官总己以听于冢宰三年”（《论语·宪问》），“夫三年之丧，天下之通丧也”（《论语·阳货》），言外之意是“三年之丧”不能简化，更不能废除。原因在于用居丧三年的哀思来缅怀父母给予的“三年之怀”，既是孝道，也是人道。对此，钱穆作了详细的阐述：“儒家言，三年之丧，自天子达于庶人。庶人生事简单，时有哀思，犹所不妨。天子总理天下，一日二日万几，不能常哀思及于已亡之父母。然政权事小，人道事大。顾政权而丧人道，人道既丧，政权亦将不存。且以不仁不孝之人而总领天下，天下事可知。故儒家言三年之丧自天子达于庶人者，其重在天子，乃言天子亦犹庶人，不可不有三年之丧。既三年常在哀思中，即无心再理大政，则惟有将政权交之冢宰。后世视政权如私产，不可一日放手，此与儒家义大背。孔子谓何必高宗，古之人皆然，言外深慨于

---

① 李泽厚：《论语今读》，生活·读书·新知三联书店 2008 年版，第 273 页。

近世之不然。”[①] 通过“三年之丧”外在的仪式，可以在整个群体中强化“血缘”意识，巩固“父慈子孝”的人伦之情，从而为“孝道治天下”埋下伏笔。

二是“告朔饩羊”不能去除。子贡欲去告朔之饩羊。子曰：“赐也，尔爱其羊，我爱其礼。”（《论语·八佾》）“告朔饩羊”是古代的一种制度，每年秋冬之交，周天子把第二年的历书颁给诸侯。诸侯接受了这一历书，藏于祖庙。每逢初一，便杀一只活羊祭于庙，然后回到朝廷听政。这种祭庙活动叫作“告朔”。到了子贡所处的时代，每月初一，鲁君不但不亲临祖庙，而且也不听政，只是杀一只活羊以“虚应故事”。因此，子贡认为不必留此形式，不如干脆连羊也不杀。“孔子却认为尽管这是残存的形式，也比什么也不留好。”[②]“告朔之礼”政、祭合一，既有政事的内容，也包含祭祀的成分。尽管在当时的鲁国这种制度已经名存实亡，杀羊已经失去了原来的意义，但孔子仍然坚持保留这种仪式，目的也是通过这种仅有的形式，来提醒人们古礼的存在。“即使某种典礼仪文已失去其实用意义和具体内容，但其形式本身仍有某种价值在……人们通过这些仪文形式的不断实践和反复巩固，以获得理性的内化（认识）和理性的凝聚（道德）。”[③]

第二，明确反对违反礼制的行为。其一，斥责当时鲁国国君及其贵族僭礼。子曰：“禘，自既灌而往者，吾不欲观之矣。”（《论

① 钱穆：《论语新解》，生活·读书·新知三联书店 2002 年版，第 390 页。
② 杨伯峻：《论语译注》，中华书局 1980 年版，第 30 页。
③ 李泽厚：《论语今读》，生活·读书·新知三联书店 2008 年版，第 105 页。

语·八佾》）孔子之所以不愿意看下去，杨伯峻认为这是因为鲁国国君僭越礼制，原因是“禘”礼只有天子才能用。不过，杨伯峻也提到，“周成王曾因为周公旦对周朝有过莫大的功勋，特许他举行禘祭。以后鲁国之君都沿此惯例”①。从这个角度来看，鲁国国君举行“禘”礼并不是“僭越”，因为得到了周天子的特许。杨伯峻的说法自相矛盾了。

孔子之所以不愿意继续看下去，我认为可以这样来理解：即便得到周天子的许可，但作为臣子也应该严格遵守为臣之道，周公旦有功勋可以举行“禘”礼，但其后人并无功勋，也没有再得到周天子的许可，便不应该继续享受这一特权。鲁国国君这样做，显然不守臣道，更不符合礼制，因此孔子不愿意继续观礼。“盖鲁祭非礼，孔子本不欲观，至此而失礼之中又失礼焉，故发此叹也。”② 子曰：“生，事之以礼；死，葬之以礼，祭之以礼。”（《论语·为政》）孔子认为，人死之后，应当按照礼制来办理丧事，进行祭祀。这是孔子针对当时鲁国三家大夫“僭礼”而发，“鲁国的三家是大夫，不但有时用鲁公（诸侯）之礼，甚至有时用天子之礼。这种行为当时叫做‘僭’，是孔子所最痛心的。孔子这几句答语，或者是针对这一现象发出的”③。孔子谓季氏：“八佾舞于庭，是可忍也，孰不可忍也？”三家者以《雍》彻。子曰：“‘相维辟公，天子穆穆’，奚取于三家之堂？”（《论语·八佾》）古代音乐、舞蹈都与祭祀活动

① 杨伯峻:《论语译注》,中华书局1980年版,第26页。
② 朱熹:《四书章句集注》,中华书局1983年版,第64页。
③ 杨伯峻:《论语译注》,中华书局1980年版,第14页。

有关，举行类似的活动应该遵循礼制。在祭祀时，季氏使用“八佾”舞蹈，孟孙、季孙、叔孙使用“《雍》诗”来赞唱，而“八佾”“《雍》诗”只有天子才能使用。这显然是违背礼制的行为，因此孔子强烈反对。季氏旅于泰山。子谓冉有曰：“女弗能救与?”对曰：“不能!”子曰：“呜呼！曾谓泰山不如林放乎?”（《论语·八佾》）季氏以鲁国大夫身份去祭祀只有天子才能祭祀的泰山，显然是僭越礼制。在孔子看来，这种行为不仅人们不会赞许，即便是被祭祀的泰山也不会接受。《正义》引包曰：“神不享非礼，林放尚知问礼，泰山之神，反不如林放耶!”① “林放知问礼之本，如泰山之神亦能如林放，将不受此非礼之谄祭。”②

其二，责备弟子僭礼。子疾病，子路使门人为臣。病间，曰：“久矣哉，由之行诈也！无臣而为有臣，吾谁欺？欺天乎？且予与其死于臣之手也，无宁死于二三子之手乎！且予纵不得大葬，予死于道路乎?”（《论语·子罕》）《正义》曰：“夫子仕鲁为司寇，是大夫也。及去鲁，以微罪行，宜降用士礼。今子路尊荣夫子，欲用大夫丧葬之礼，故使门人为臣助治之……有臣死于臣手，礼也。夫子愿死于弟子手者，以弟子情益亲也。故皇《疏》云：‘在三事同，若以亲察而言，则臣不及弟子也。’又云：‘臣礼就养有方，有方则隔；弟子无方，无方则亲也。’”③ 此种说法有些牵强。从此章的语气来看，孔子对子路的做法是非常气愤的。“仲由呀，你这种

① 刘宝楠:《论语正义》,高流水点校,中华书局1990年版,第85页。
② 钱穆:《论语新解》,生活·读书·新知三联书店2002年版,第58页。
③ 刘宝楠:《论语正义》,高流水点校,中华书局1990年版,第342页。

欺骗的勾当太久了吧!”这便给后面的话定了基调，而且，后面的话用的是反问语气，主旨是批评子路违反礼制的行为。至于后人解读为师生情深，我认为这只是一厢情愿而已。孔子一生提倡礼、重视礼，身体力行践行礼，病重期间也不会违反礼制。对子路的做法，可以肯定地说孔子是坚决反对的。这可以用颜回的丧事来加以印证。

颜回是孔子最为得意的弟子，他死后，孔子言“天丧予！天丧予”，并“哭之恸”（《论语·先进》），但对他的葬礼仍然坚守制度。从以下两件事情可以看出来：颜渊的父亲颜路“请子之车以为之椁”，孔子则说：“才不才，亦各言其子也。鲤也死，有棺而无椁。吾不徒行以为之椁，以吾从大夫之后，不可徒行也。”（《论语·先进》）颜渊的同学想“厚葬之”，孔子说“不可”，但弟子并没有听从，仍然厚葬了颜渊。对此，孔子说：“回也，视予犹父也，予不得视犹子也。非我也，夫二三子也。”（《论语·先进》）“根据《檀弓》所记载孔子的话，丧葬应该‘称家之有亡，有，毋过礼。苟亡矣，敛首足形，还葬，县棺而封。’颜子家中本穷，而用厚葬，从孔子看来，是不应该的。”①

其三，看重祭祀过程中的细节。子入太庙，每事问。或曰：“孰谓鄹人之子知礼乎？入太庙，每事问。”子闻之曰：“是礼也。”（《论语·八佾》）入太庙，每事问。（《论语·乡党》）《正义》曰：“以夫子不知故问，然云‘每事’，容亦有所已知者，今犹复问于

① 杨伯峻:《论语译注》,中华书局1980年版,第113页。

人，故为慎也。”① 孔子熟悉周礼，但并不能断定孔子完全掌握了周礼。即便如此，孔子也要通过询问他人进行进一步明确。“表述孔子谦虚而谨慎，既非假装不懂而故问，也非真正完全不懂得，而是问一遍以求确认，即实地印证自己所已知和未知。”② 也有学者认为，这是孔子通过“每事问”来提醒人们鲁国太庙有种种僭越礼制的行为，间接表达不满。“孔子非不知鲁太庙中之种种礼器与仪文，然此等多属僭礼，有不当陈设举行于侯国之庙者。如雍之歌不当奏于三家之堂，而三家奏之以彻祭。有人知其非礼，不欲明斥之，乃伪若不知，问适所歌者何诗。孔子入太庙而每事问，事正类此。此乃一种极委婉而又极深刻之讽刺与抗议。”③ 这种说法值得商榷。“太庙，鲁祭周公之庙。时孔子当在青年，始仕于鲁，得入太庙助祭。”④ 孔子当时入太庙尚值青年，又为人当助手，自然对祭祀过程中的每一件事情都要慎重。况且，孔子并不是生而知之，而是学而知之，对礼制的重视会促使青年的孔子不断向实践学习。正如他自己所说：“十室之邑，必有忠信如丘者焉，不如丘之好学也。”（《论语·公冶长》）简言之，这两章既有讥讽、警戒当时鲁国太庙僭越礼制行为之意，也彰显孔子谦虚好学之风，二者都体现了孔子对祭祀过程中细节的重视。

（二）情感中保持理性

对不能证实的超自然力现象，孔子既不明确肯定，也不断然否

---

① 刘宝楠:《论语正义》,高流水点校,中华书局1990年版,第105页。
② 李泽厚:《论语今读》,生活·读书·新知三联书店2008年版,第103页。
③ 钱穆:《论语新解》,生活·读书·新知三联书店2002年版,第69页。
④ 钱穆:《论语新解》,生活·读书·新知三联书店2002年版,第68页。

定，而是根据具体情况采取比较务实的态度，这是理性使然。

其一，谨慎。子之所慎：齐、战、疾。（《论语·述而》）朱熹注曰：“齐之为言齐也，将祭而齐其思虑之不齐者，以交于神明也。诚之至与不至，神之飨与不飨，皆决于此。战则众之死生、国之存亡系焉，疾又吾身之所以死生存亡者，皆不可以不谨也。”① 斋戒事关祭祀，战争事关族群存亡，疾病事关个体的生死，从根本上看，它们都事关社稷安稳，孔子不能不审慎对待。

其二，不言。不言的表达方式有两种：一种是不作任何评论。子不语怪、力、乱、神。（《论语·述而》）“不语”就是不谈论，不乱加评判。《集注》引谢氏曰：“圣人语常而不语怪，语德而不语力，语治而不语乱，语人而不语神。”② 之所以不谈，是因为这些事情不确定，如果谈论，往往会陷入妄加评判的困境。另一种是用反问的方式取代直接回答。季路问事鬼神。子曰：“未能事人，焉能事鬼?”曰：“敢问死。”曰：“未知生，焉知死?”（《论语·先进》）对未知世界或者不能充分认知的现象，孔子采取这种“存而不论”的处理方式，“足显中国之实用理性，不作无益无用之思辨和讨论”③。正因为不好说、说不好，所以还是不说好。这种“知之为知之，不知为不知”（《论语·为政》）的慎重态度比妄加揣测要高明得多。

其三，保持距离，不走极端。对神灵、鬼怪等超自然力，除了

---

① 朱熹：《四书章句集注》，中华书局 1983 年版，第 96 页。
② 朱熹：《四书章句集注》，中华书局 1983 年版，第 98 页。
③ 李泽厚：《论语今读》，生活·读书·新知三联书店 2008 年版，第 323 页。

谨慎、不言之外，孔子认为还应保持一定距离，既不膜拜皈依、迷失自我，也不妄自尊大、彻底否定。樊迟问知。子曰：“务民之义，敬鬼神而远之，可谓知矣。”（《论语·雍也》）程子曰：“人多信鬼神，惑也。而不信者又不能敬，能敬能远，可谓知矣。”①“信”是“敬”的前提，没有“信”，“敬”也就失去了基础。但是，“信”又不是盲目的、无主见的、完全顺从的，而是有自主性的，与鬼神保持一定距离的。“敬而远之”是认知鬼神的恰当方式，也是理性显现。子游曰：“丧致乎哀而止。”（《论语·子张》）对丧事，体现出悲哀就可以了，不要过度、走极端。《集解》引孔安国曰：“毁不丧性也。”“丧礼只以致极乎居丧者之哀情而止，不尚文饰。然若过而至于毁身灭性，亦君子所戒。”②

简言之，祭祀的最终落脚点仍然是现实世界，与超自然力量的沟通不在于“彼岸”而在于“此生”，身份认同的根本宗旨是保证族群的繁衍相续、个体价值在现实社会中的实现。基于此，只有保持理性才能把情感界定在“合理”“平衡”的状态，不迷失自己，不丧失自我，在“修齐治平”的实践中实现“超越”。

从上可知，以祭祀神灵和祖先为基础的祭祀，不仅具有一般宗教功能，可实现“慎终追远，民德归厚”（《论语·学而》）之目的，还在具体实践中具有巩固族群共同身份、强化个人身份认同的双重作用。在理性中融入情感，使外在的仪式充满神圣性，规范个

---

① 朱熹：《四书章句集注》，中华书局1983年版，第90页。

② 钱穆：《论语新解》，生活·读书·新知三联书店2002年版，第491页。

体对族群的正确认知，区分“自我”与“他者”，强化个体对族群的内在皈依感；在情感中保持理性，强化个体身份在现实世界的认同，规范塑造情感、欲望、意志，以现实世界为主，而不是沉溺甚至迷失于未知世界，从而承担起应尽的社会责任，在此世中实现“超越”。这正是儒学乃至中国文化实践理性精神的重要体现。

余论[1]

纵观20世纪《论语》学之发展历程，有两点值得关注：第一，从外部环境上，学术研究要做到与时俱进，紧跟时代思潮，回应时代关切，敢于面对“他者”，以开放的心态在与“他者”的碰撞、交流的过程中，吸纳借鉴对方的合理因素为我所用。康有为以西释中、马一浮援佛入儒、程树德创新解经体例、赵纪彬运用阶级分析法解经、李泽厚以“情本体”建构“半宗教半哲学”，无不是与“他者”交流、融会贯通的结果。第二，从自身规律上，学术研究要承先启后、继往开来，敢于自我革新，在继承前人优秀经验的基础上，注重破旧立新，老树发新枝，绝不能因循守旧、墨守成规。简朝亮的《论语集注补正述疏》补正朱注，使朱熹的思想在新的历史时

---

① 本章部分内容发表在《中国社会科学报》2021年7月20日第2版，在此基础上又作了修改。

代继续发扬光大；程树德的《论语集释》“荟萃贯串”、广征博引，《论语》注释“集大成”当之无愧；杨树达的《论语疏证》以史解经、经史互证，开辟了《论语》诠释的新途径。而且，在解经的过程中，它们都摒除门户，融会汉学和宋学，坚持学术研究的客观与理性。这都充分证明，学术研究必须根植传统、承袭创新，才能开新花、结硕果。否则，便是无源之水，无本之木。因此，《论语》学未来发展，必须与时俱进，回应时代关切，在根植传统的基础上，积极与中国马克思主义相呼应，在创造性转换创新性发展中开出新天地。

一、以骨气和底气为引领，积极融入儒学的创造性转换创新性发展的时代大潮

2021 年 5 月 9 日，习近平总书记在给《文史哲》编辑部回信中指出：“增强做中国人的骨气和底气，让世界更好认识中国、了解中国，需要深入理解中华文明，从历史和现实、理论和实践相结合的角度深入阐释如何更好坚持中国道路、弘扬中国精神、凝聚中国力量。回答好这一重大课题，需要广大哲学社会科学工作者共同努力，在新的时代条件下推动中华优秀传统文化创造性转化、创新性发展。”这既给整个哲学社会科学的未来发展指明了前进方向，也对儒学提出了新的要求。汉代以降，儒学在中国思想文化领域长期占据主导地位，所倡导的修齐治平、尊时守位、知常达变、开物成务、建功立业等道德理念和人文精神，已融入中国人的血脉，成为中华民族的独特标识。在培养和塑造中国人的骨气和底气方面，更是起到了不可替代的作用。中国共产党领导中国人民从站起来、富起来到强起来，又极大增强和提升了中国人的骨气和底气。在“世

界处在百年未有之大变局”和“实现中华民族伟大复兴”这一时代背景下，儒学要积极回应时代关切，以马克思主义为指导，以“深入阐释如何更好坚持中国道路、弘扬中国精神、凝聚中国力量”为核心，继续发挥“增强做中国人的骨气和底气”的历史优势，构建富有中国特色的儒学研究范式、学术体系、思想体系，注重发挥儒学的人伦日用功能，努力实现创造性转换与创新性发展。

（一）中国人的骨气与底气：厚植于以儒学为核心的中华文明，增强提升于马克思主义中国化的理论创新和伟大实践

在古代社会，孔子创立的儒家学说以及在此基础上发展起来的儒家思想，对中华文明的形成与发展产生了深远影响，在培养和塑造中国人的骨气和底气方面更是发挥了不可替代的作用。孔子的“仁者爱人”（《论语》），孟子的“富贵不能淫、贫贱不能移、威武不能屈”“自任以天下之重”（《孟子》），范仲淹的“先天下之忧而忧，后天下之乐而乐”（《岳阳楼记》），文天祥的“人生自古谁无死，留取丹心照汗青”（《过零丁洋》），张载的“为天地立心，为生民立命，为往圣继绝学，为万世开太平”（《横渠语录》），顾炎武的“天下兴亡，匹夫有责”（《日知录》）等以儒家思想为核心的中华优秀传统文化，涵养了中国人以天下为己任、敢于担当的家国情怀和舍生取义、保家卫国、勇于牺牲、甘于奉献的民族气节，从根本上铸就了中国人的骨气和底气。

近代以来，列强入侵，山河破碎，生灵涂炭，救亡图存的民族使命迫在眉睫。以太平天国运动、洋务运动、戊戌变法、辛亥革命等为代表，无数仁人志士进行了千辛万苦的探索和不屈不挠的斗

争，但最终都未能从根本上改变中国半殖民地半封建的社会性质和中国人民的悲惨命运。在内忧外患、民族存亡的紧要关头，中国共产党应运而生，团结带领中国人民进行28年浴血奋战，打败了日本帝国主义，推翻了国民党反动统治，完成了新民主主义革命，建立了中华人民共和国。这彻底结束了旧中国一盘散沙的局面和半殖民地半封建社会的历史，实现了中国从几千年封建专制政治向人民民主的伟大飞跃。自鸦片战争以来中国饱受列强欺凌的百年耻辱得以雪洗，中国人民真正站了起来，中国人的骨气和底气得到极大增强。

新中国成立以来，经过社会主义建设和四十多年的改革开放，从新中国成立初期的积贫积弱、“一穷二白”（毛泽东《论十大关系》）跃升为世界第二大经济体，实现了从站起来、富起来到强起来的伟大飞跃。尤其在新冠肺炎疫情全球肆虐的情况下，中国共产党团结带领全国各族人民取得了抗击新冠肺炎疫情斗争的伟大胜利，创造了人类同疾病斗争史上又一个英勇壮举。所有这些都进一步增强和提升了中国人的骨气和底气。习近平总书记指出：“中国共产党之所以能够完成近代以来各种政治力量不可能完成的艰巨任务，就在于始终把马克思主义这一科学理论作为自己的行动指南，并坚持在实践中不断丰富和发展马克思主义。”马克思主义立足中国革命、建设和改革具体实际，与新民主主义革命、社会主义革命以及中国特色社会主义相结合，形成了毛泽东思想和中国特色社会主义理论体系，开创了马克思主义发展的新境界。这正是中国人的骨气和底气不断得到增强和提升的根本之所在。

（二）坚持以马克思主义为指导，以增强提升做中国人的骨气和底气为宗旨，推进儒学创造性转换和创新性发展

儒学自被孔子创立以来，历经先秦儒学、汉唐经学、宋明理学、清初朴学、近代新经学、现代新儒学等六个主要阶段。在此过程中，儒学在保留其核心价值不变的基础上，与时俱进，充分借鉴其他学派思想，不断进行自我改造升级，如宋明理学会通佛道、现代新儒家贯通中西，体现出鲜明的“可塑性”特征。改革开放以来，儒学积极适应现代社会发展方向和世界哲学主导思潮，立足现代性、民族性，努力进行儒学理论的哲学建构，呈现出多样化的理论形态，如“情本体”（人类学历史本体论）、“天人、知行、情景”合一论、“一分为三”说、和合学、新仁学、情感儒学、生活方式儒学、政治儒学、现象学儒学、自由儒学、乡村儒学、社会儒学、文化儒学、经济儒学等等，都试图透过创造性的诠释，使作为“地方性”知识的儒学获得全球化的普遍意义。

诚然，儒学研究存在的问题也不容忽视。一是由于单纯对纯粹学术的追求使得思想与学术之间出现“分离”，儒学研究更多的展现为一种哲学思想史的研究，忽视了对哲学问题的回应以及对哲学理论的处理，往往会变成“材料加常识”，学术性较强而思想性不足。二是以现代西方哲学学科范式建构当代儒学，“以西范中”倾向比较严重。如“中国哲学合法性问题”以及儒学是否“在场”之争论，其实质就是以西方哲学为圭臬来反观中国哲学，缺乏文化自信。宋志明认为“中国哲学合法性问题”是个伪问题，不能成立。“从 1919 年算起，中国哲学史学科已经存在几十年了，然而在

质疑者眼里，其存在的合法性，竟一下子成了‘问题’。笔者认为，这是一个十足的伪问题。”① 三是与马克思主义以及中国化的马克思主义互动程度不够，“文化综合创新论”和“马魂、中体、西用”论为厘清中、西、马三种文化资源在综合创新中的地位及其相互关系提供了学术范式，但在如何真正实现三者的融会贯通上尚缺乏缜密的理论建构。

二、融马入中，继往开来，谱写《论语》学研究新篇章

时代是思想之母，实践是理论之源。儒学研究必须立足“坚持和发展中国特色社会主义、实现中华民族伟大复兴”这一根本大局，以研究我国改革发展稳定重大理论和实践问题、构建富有新时代特色的哲学话语体系为导向，以融会贯通中、西、马为核心，变“接着讲”（冯友兰）为“重新讲”，积极回应时代关切，努力为坚持中国道路、弘扬中国精神、凝聚中国力量提供学理支撑，从而进一步增强做中国人的骨气和底气。

一方面，要变“接着讲”为“重新讲”。冯友兰在代表作《新理学》中的《绪论》中说：“我们现在所讲之系统，大体上是承接宋明道学中之理学一派。我们说‘大体上’，因为在许多点，我们亦有与宋明以来底理学，大不相同之处。我们说‘承接’，因为我们是‘接着’宋明以来底理学讲底，而不是‘照着’宋明以来底理学讲底。因此我们自号我们的系统为新理学。”② “接着讲”就是

① 宋志明：《“中国哲学合法性”解疑》，《中国哲学史》2013 年第 4 期。

② 冯友兰：《贞元六书》（上），华东师范大学出版社 1996 年版，第 5 页。

把理学原来不明确的概念明确起来、解释清楚，根本目的是要用中国的思想抗衡日本的文化侵略。这在当时具有特殊的价值和意义。当今世界已今非昔比，儒学研究应紧跟时代，变“接着讲”为“重新讲”。所谓“重新讲”就是要坚守自身文化立场，切实打破和改变奉西方哲学为圭臬、以西范中的话语体系，保持民族性和独立性，立足中华优秀文化资源与学术传统，建构具有新时代特征和中国特色的儒学研究范式、学术体系以及思想体系。具体到《论语》学研究而言，就是要从理论层面变“接着讲”为“重新讲”，发展创新诠释理论，在继承发扬汉学、宋学特长的基础上，拓展国际视野，吸收借鉴“他者”合理成分，在中、西、马互动的过程中，博采众长，自我革新，回应哲学基本问题，提出原创性思想，提升《论语》研究的理论水平。

另一方面，要积极与中国化的马克思主义深度融合。中国共产党始终是中华优秀传统文化的忠实继承者和弘扬者，历史悠久、博大精深的中华优秀传统文化是构成马克思主义中国化的根本基础。因此，《论语》研究要以马克思主义的根本立场、科学方法和基本原理为指导，紧扣时代主题和中国国情，突出问题意识，从认识和改造世界、治国理政、道德建设等层面与以习近平新时代中国特色社会主义思想为代表的中国化的马克思主义互动融合，提炼出有学理性的新理论，概括出有规律性的新实践，推进《论语》学的中国化、时代化和大众化。

主要参考文献

一、基本古籍

[1]《十三经注疏》整理委员会整理、李学勤主编:《论语注疏》,北京大学出版社1999年版。

[2] 阮元:《十三经注疏》,方向东点校,中华书局2021年版。

[3] 阮元:《揅经室集》,邓经元点校,中华书局1993年版。

[4] 朱彝尊:《经义考》,中华书局1998年版。

[5] 严灵峰:《无求备斋论语集成》,台北艺文印书馆1967年版。

[6] 班固:《汉书》,中华书局1962年版。

[7] 范晔:《后汉书》,中华书局1965年版。

[8] 皇侃:《论语义疏》,高尚榘校点,中华书局2013年版。

[9] 陆德明:《经典释文》,张一弓点校,上海古籍出版社2012年版。

[10] 韩愈、李翱:《论语笔解》, 中华书局 1991 年版。

[11] 程颢、程颐:《二程集》, 王孝鱼点校, 中华书局 1981 年版。

[12] 晁公武:《郡斋读书志校证》(上), 孙猛校证, 上海古籍出版社 2011 年版。

[13] 朱熹:《四书章句集注》, 中华书局 2011 年版。

[14] 朱杰人等主编:《朱子全书》(第 14 册), 上海古籍出版社 2002 年版。

[15] 陈天祥:《四书辨疑》, 台湾商务印书馆 1986 年版。

[16] 金履祥:《论语集注考证》, 台湾商务印书馆 1986 年版。

[17] 陈士元:《论语类考》, 中华书局 1991 年版。

[18] 蕅益大师:《四书蕅益解》, 江谦补注, 雷雪敏点校, 中国水利水电出版社 2012 年版。

[19] 黄宗羲:《明儒学案》, 沈芝盈点校, 中华书局 2008 年版。

[20] 毛奇龄:《四书改错》, 胡春丽点校, 华东师范大学出版社 2015 年版。

[21] 陆陇其:《三鱼堂文集》, 台湾商务印书馆 1986 年版。

[22] 陆陇其:《松阳讲义》, 周军等校注, 华夏出版社 2013 年版。

[23] 全祖望:《全祖望集汇校集注》, 朱铸禹汇校集注, 上海古籍出版社 2000 年版。

[24] 翟灏:《四书考异》, 上海古籍出版社 1996 年版。

[25] 戴震:《戴震全书》，黄山书社1994年版。

[26] 王念孙:《广雅疏证》，中华书局1983年版。

[27] 姚鼐:《惜抱轩文集》，中国书店1991年版。

[28] 刘宝楠:《论语正义》，高流水点校，中华书局1990年版。

[29] 刘恭冕:《宝应刘氏集》，广陵书社2006年版。

[30] 马国翰:《玉函山房辑佚书》(第二册)，上海古籍出版社1990年版。

[31] 陈澧:《东塾读书记》，钟旭元、魏达纯校点，上海古籍出版社2012年版。

[32] 徐世昌等:《清儒学案》，沈芝盈、梁运华点校，中华书局2008年版。

[33] 黎翔凤:《管子校注》，中华书局2004年版。

[34] 简朝亮:《论语集注补正述疏——附〈读书堂答问〉》，赵友林、唐明贵校注，华东师范大学出版社2013年版。

[35] 程树德:《论语集释》，程俊英、蒋见元点校，中华书局2013年版。

[36] 杨树达:《论语疏证》，上海古籍出版社2013年版。

[37] 王世舜、王翠叶译注:《尚书》，中华书局2012年版。

[38] 王云五主编:《尚书今注今译》，屈万里注译，台湾商务印书馆1969年版。

[39] 袁珂:《山海经校注》，巴蜀书社1992年版。

[40] 方向东:《大戴礼记汇校集解》，中华书局2008年版。

[41] 韩兆琦：《史记笺证》（第一册），江西人民出版社 2004 年版。

[42] 徐元诰：《国语集解》，王树民、沈长云点校，中华书局 2002 年版。

[43] 杨伯峻：《论语译注》，中华书局 1980 年版。

[44] 傅亚庶：《孔丛子校释》，中华书局 2011 年版。

二、相关论著

（一）国内学者著作

[1] 安德义：《论语解读》，中华书局 2010 年版。

[2] 曹润青：《康有为〈论语注〉思想研究》，商务印书馆 2019 年版。

[3] 陈来：《古代宗教与伦理：儒家思想的根源》，生活 · 读书 · 新知三联书店 2009 年版。

[4] 陈来：《宋明理学》，华东师范大学出版社 2004 年版。

[5] 陈来：《中国近世思想史研究》，生活 · 读书 · 新知三联书店 2010 年版。

[6] 陈荣富：《宗教礼仪与文化》，新华出版社 1993 年版。

[7] 陈勇：《国学宗师钱穆》，北京大学出版社 2007 年版。

[8] 方骥龄：《论语新诠》，台湾中华书局 1977 年版。

[9] 费孝通：《生育制度》，天津人民出版社 1981 年版。

[10] 冯友兰：《中国哲学简史》，新世界出版社 2004 年版。

[11] 冯友兰：《贞元六书》，华东师范大学出版社 1996 年版。

[12] 傅佩荣：《儒道天论发微》，中华书局 2010 年版。

[13] 傅佩荣：《傅佩荣解读论语》，线装书局 2006 年版。

[14] 傅杰：《书林扬尘》，海豚出版社 2016 年版。

[15] 高尚榘主编：《论语歧解辑录》，中华书局 2011 年版。

[16] 顾颉刚：《古史辨》，上海古籍出版社 1982 年版。

[17]《郭沫若全集（历史编）》（第一卷），人民出版社 1982 年版。

[18] 胡志奎：《论语辨证》，台北联经出版事业公司 1978 年版。

[19] 黄怀信主撰：《论语汇校集释》，上海古籍出版社 2008 年版。

[20] 蒋鸿青：《汉代至北宋〈论语〉学史考论》，社会科学文献出版社 2017 年版。

[21] 金良年：《论语译注》，上海古籍出版社 1995 年版。

[22] 金知明：《论语精读》，学林出版社 2007 年版。

[23] 金泽：《宗教人类学导论》，宗教文化出版社 2001 年版。

[24]《康有为全集》（第六集），姜义华、张荣华编校，中国人民大学出版社 2007 年版。

[25] 匡亚明：《孔子评传》，齐鲁书社 1985 年版。

[26] 来可泓：《论语直解》，复旦大学出版社 2000 年版。

[27] 李鼎祚：《周易集解》（第十一卷），中国书店 1984 年版。

[28] 李启谦：《孔门弟子研究》，齐鲁书社 1987 年版。

[29] 李泽厚：《论语今读》，生活 · 读书 · 新知三联书店 2008 年版。

[30] 李泽厚：《新版中国古代思想史论》，天津社会科学院出版社 2008 年版。

[31]《梁启超全集》，北京出版社 1999 年版。

[32] 柳宏：《清代〈论语〉诠释史论》，社会科学文献出版社 2008 年版。

[33] 吕大吉、牟钟鉴：《中国宗教与中国文化（第一卷）：概说中国宗教与传统文化》，中国社会科学出版社 2005 年版。

[34]《马一浮全集》，浙江古籍出版社 2013 年版。

[35] 茅盾：《神话研究》，百花文艺出版社 1981 年版。

[36] 孟慧英：《中国北方民族萨满教》，社会科学文献出版社 2000 年版。

[37] 牟钟鉴、张践：《中国宗教通史》，社会科学文献出版社 2003 年版。

[38] 南怀瑾：《论语别裁》，复旦大学出版社 2003 年版。

[39] 牛泽群：《论语札记》，北京燕山出版社 2003 年版。

[40] 彭国翔：《儒家传统：宗教与人文主义之间》，北京大学出版社 2007 年版。

[41] 钱穆：《论语新解》，生活 · 读书 · 新知三联书店 2002 年版。

[42]《钱宾四先生全集》，台北联经出版事业公司 1998 年版。

[43] 钱逊：《〈论语〉讲义》，人民出版社 2012 年版。

[44] 钱行：《思亲补读录——走进父亲钱穆》，九州出版社

2011 年版。

[45] 钱宗武解读:《尚书》,国家图书馆出版社 2017 年版。

[46] 任铭善:《无受室文存》,浙江大学出版社 2005 年版。

[47] 单承彬:《论语源流考述》,吉林人民出版社 2002 年版。

[48] 宋志明:《儒家思想的新开展——贺麟新儒学论著辑要》,中国广播电视出版社 1995 年版。

[49] 孙钦善:《论语本解》,生活·读书·新知三联书店 2009 年版。

[50] 唐明贵:《论语学史》,中国社会科学出版社 2009 年版。

[51] 唐明贵、刘伟:《论语研探》,中国社会科学出版社 2014 年版。

[52] 王国维:《观堂集林》(第一册),中华书局 1959 年版。

[53] 吴林伯:《论语发微》,文化艺术出版社 1989 年版。

[54] 徐旭生:《中国古史的传说时代》,广西师范大学出版社 2003 年版。

[55] 谢保成、赵俊:《中国隋唐五代思想史》,人民出版社 1994 年版。

[56] 杨义:《论语还原》,中华书局 2015 年版。

[57] 姚式川:《论语体认》,学林出版社 1999 年版。

[58] 易玄:《谶纬神学与古代社会预言》,巴蜀书社 1999 年版。

[59] 张岱年主编:《孔子大辞典》,上海辞书出版社 1993 年版。

[60] 张岱年主编:《中国哲学大辞典》,上海辞书出版社 2010 年版。

[61] 张践:《中国宗教与中国文化(第四卷):宗教·政治·民族》,中国社会科学出版社 2005 年版。

[62] 张光直:《中国青铜时代(二集)》,生活·读书·新知三联书店 1990 年版。

[63] 张光直:《美术、神话与祭祀》,郭净译,辽宁教育出版社 1988 年版。

[64] 张正明:《楚文化史》,上海人民出版社 1987 年版。

[65] 张舜徽:《清儒学记》,齐鲁书社 1991 年版。

[66] 赵纪彬:《古代儒家哲学批判》,中华书局 1948 年版。

[67] 赵纪彬:《论语新探》,人民出版社 1976 年版。

[68] 赵又春:《我读〈论语〉》,岳麓书社 2005 年版。

[69] 朱华忠:《清代论语学》,巴蜀书社 2008 年版。

[70] 周予同:《群经概论》,岳麓书社 2011 年版。

[71] 周传儒、姚名达、吴其昌笔记:《古书真伪及其年代:梁启超演讲》,中华书局 1955 年版。

[72] 北京大学哲学系一九七〇级工农兵学员:《〈论语〉批注》,中华书局 1974 年版。

[73] 上海古籍出版社:《纬书集成》,上海古籍出版社 1994 年版。

[74] 李启谦、王式伦:《孔子弟子资料汇编》,山东友谊书社 1991 年版。

[75] 孔范今等主编:《孔子文化大典》，中国书店 1994 年版。
[76] 秋浦等:《鄂温克人的原始社会形态》，中华书局 1962 年版。
[77] 秋浦主编:《萨满教研究》，上海人民出版社 1985 年版。
[78] 沈云龙主编、简朝亮编:《近代中国史料丛刊第十三辑·朱九江先生集》，台湾文海出版社 1983 年版。
[79] 苏秉琦:《中国文明起源新探》，生活·读书·新知三联书店 1999 年版。
[80] 王素:《唐写本论语郑氏注及其研究》，文物出版社 1991 年版。
[81] 王廷信、崔大华主编:《盛世儒学与中原文化：河南省儒学文化促进会一届一次学术研讨会文选》，大象出版社 2010 年版。
[82] 吴光主编:《刘宗周全集》，浙江古籍出版社 2007 年版。
[83] 杨朝明主编:《论语诠解》，山东友谊出版社 2013 年版。
[84] 杨朝明、宋立林主编:《孔子家语通解》，齐鲁书社 2013 年版。
[85] 张志刚主编:《宗教研究指要》，北京大学出版社 2005 年版。
[86] 张心澂:《伪书通考》，商务印书馆 1957 年版。
[87] 中国社会科学院哲学研究所资料室:《孔子研究论文著作目录（1949—1986)》，齐鲁书社 1987 年版。

（二）国外学者著作

[1]［德］奥托：《论“神圣”》，成穷、周邦宪译，四川人民出版社 1995 年版。

[2]［德］马克斯·韦伯：《儒教与道教》，江苏人民出版社 1995 年版。

[3]［法］马塞尔·莫斯、昂利·于贝尔：《巫术的一般理论 献祭的性质与功能》，杨渝东等译，广西师范大学出版社 2007 年版。

[4]［法］马伯乐：《书经中的神话》，冯沅君译，国立北平研究院史学研究会 1939 年版。

[5]［法］爱弥尔·涂尔干：《宗教生活的基本形式》，渠东、汲喆译，上海人民出版社 1999 年版。

[6]［美］安乐哲：《儒家角色伦理学——一套特色伦理学词汇》，［美］孟巍隆译，山东人民出版社 2017 年版。

[7]［美］杜维明：《儒教》，陈静译，上海古籍出版社 2008 年版。

[8]［美］赫伯特·芬格莱特：《孔子：即凡而圣》，彭国翔、张华译，江苏人民出版社 2002 年版。

[9]［美］彼得·贝格尔：《神圣的帷幕：宗教社会学理论之要素》，高师宁译，上海人民出版社 1991 年版。

[10]［美］顾立雅：《孔子与中国之道》，高专诚译，大象出版社 2000 年版。

[11]［美］米尔恰·伊利亚德：《宗教思想史（第 2 卷）——

从乔达摩·悉达多到基督教的胜利》，晏可佳译，上海社会科学院出版社 2011 年版。
[12] [美] 米尔恰·伊利亚德：《萨满教：古老的入迷术》，段满福译，社会科学文献出版社 2018 年版。
[13] [美] 萧公权：《近代中国与新世界：康有为变法与大同思想研究》，汪荣祖译，江苏人民出版社 2007 年版。
[14] [美] 杨庆堃：《中国社会中的宗教》，范丽珠等译，上海人民出版社 2007 年版。
[15] [日] 狩野直喜：《中国学文薮》，周先民译，中华书局 2011 年版。
[16] [英] 马林诺夫斯基：《巫术科学宗教与神话》，李安宅译，中国民间文艺出版社 1986 年版。
[17] [英] 麦克斯·缪勒：《宗教的起源与发展》，金泽译，上海人民出版社 1989 年版，
[18] [英] 麦克斯·缪勒：《宗教学导论》，陈观胜、李培茱译，上海人民出版社 1989 年版。
[19] [英] 詹·乔·弗雷泽：《金枝》（上卷），徐育新等译，中国民间文艺出版社 1987 年版。

三、期刊论文

[1] 蔡莱莉、柳宏：《杨伯峻〈论语译注〉注释特点论》，《江苏社会科学》2014 年第 6 期。
[2] 昌切：《新保守主义泛起的背景》，《华中师范大学学报（哲学社会科学版）》1996 年第 5 期。

[3] 晁福林:《说商代的“天”和“帝”》,《史学集刊》2016 年第 3 期。

[4] 陈彪:《埃里克森宗教心理学思想及其贡献》,《世界宗教研究》2003 年第 4 期。

[5] 陈德和:《忠恕的实践与人间大爱的实现——〈论语〉与〈新约〉的一个共同关怀》,《鹅湖学志》1998 年第 21 期。

[6] 陈壁生:《刘宝楠〈论语正义〉的得与失》,《国际儒学》2021 年第 4 期。

[7] 陈来:《“国学热”与传统文化研究的问题》,《孔子研究》1995 年第 2 期。

[8] 陈洪杏:《钱穆先生〈论语新解〉探微——以“学为人之道”为致思线索》,《理论与现代化》2018 年第 2 期。

[9] 陈科华:《〈论语〉文本研究的几个问题》,《云梦学刊》2020 年第 2 期。

[10] 程志华:《台湾“鹅湖学派”的理论渊源、代表人物及义理走向》,《东岳论丛》2013 年第 6 期。

[11] 程俊英:《程树德教授及其〈论语集释〉》,《古籍整理研究学刊》1988 年第 4 期。

[12] 崔海东:《杨伯峻〈论语译注〉义理商榷》,《合肥师范学院学报》2014 年第 1 期。

[13] 戴朝富:《〈论语〉论礼及其精神方向》,《哲学与文化》1991 年第 6 期。

[14] 戴朝福:《论语的政治理念与从政情操》(上),《鹅湖月

刊》1993 年第 11 期。

[15] 戴朝福:《论语的政治理念与从政情操》(下),《鹅湖月刊》1994 年第 1 期。

[16] 戴晋新:《孔子历史思想的〈论语〉观》,《辅仁历史学报》1990 年第 8 期。

[17] 戴大明、何志魁:《〈论语 · 学而篇〉的内在逻辑》,《大理学院学报》2010 年第 3 期。

[18] 邓晓芒:《鲁迅精神与新批判主义》,《华中师范大学学报(哲学社会科学版)》1996 年第 5 期。

[19] 邓晓芒:《再谈新保守主义的思想误区——与郭齐勇先生商榷》,《华中师范大学学报(哲学社会科学版)》1997 年第 6 期。

[20] 丁鼎:《"三年之丧"源流考论》,《史学集刊》2001 年第 1 期。

[21] 方立天:《早期儒家人格建构及其现代意义》,《南京社会科学》1991 年第 2 期。

[22] 傅晏风:《〈论语〉"人""民"辨说——兼评赵纪彬〈论语新探 · 释人民〉》,《重庆文理学院学报(社会科学版)》2009 年第 2 期。

[23] 傅云龙、孙乃源:《赵纪彬一九七六年的〈新探〉究竟"新"在哪里?》,《哲学研究》1978 年第 7 期。

[24] 傅佩荣:《解析孔子的修养理论:以〈论语〉"难""必"二字为探讨焦点》,《文史哲学报》1998 年第 49 期。

[25] 高华平：《传统文化热已走向新保守主义了吗》，《华中师范大学学报（哲学社会科学版）》1997 年第 2 期。

[26] 高敏：《杨伯峻〈论语译注〉献疑》，《孔子研究》2015 年第 1 期。

[27] 高振铎：《〈论语别裁〉纠谬》，《古籍整理研究学刊》1992 年第 5 期。

[28] 顾銮斋：《从比较中认识“层累”理论的学术价值》，《齐鲁学刊》2005 年第 1 期。

[29] 郭沂：《〈论语〉源流再考察》，《孔子研究》1990 年第 4 期。

[30] 郭齐勇、廖晓炜：《改革开放四十年儒学研究》，《孔学堂》2018 年第 3 期。

[31] 郭齐勇：《从孔学的“人论”看儒学的现代价值》，《开放时代》1995 年第 2 期。

[32] 郭齐勇：《评所谓“新批判主义”》，《华中师范大学学报（哲学社会科学版）》1997 年第 2 期。

[33] 郭素红：《20 世纪中国〈论语〉文献学研究回顾与展望》，《东疆学刊》2007 年第 1 期。

[34] 关国康：《从〈论语〉看孔子的情感世界》，《鹅湖月刊》1997 年第 12 期。

[35] 龚霁芃：《〈论语正义〉的学术成就》，《孔子研究》2006 年第 3 期。

[36] 韩立坤：《〈尚书〉中“上帝”观念与殷周宗教信仰的变

迁》,《船山学刊》2009 年第 2 期。

[37] 韩焕忠:《蕅益智旭对〈论语〉的佛学解读》,《原道》2019 年第 2 期。

[38] 何沛雄:《从论语中看孔子论仁》,《现代学苑》1967 年第 3 期。

[39] 何元国:《孔子与亚里士多德的朋友观之比较》,《伦理学研究》2006 年第 1 期。

[40] 何浩:《颛顼传说中的神话与史实》,《历史研究》1992 年第 3 期。

[41] 胡振远:《〈论语译注〉疑义解读》,《赤峰学院学报(汉文哲学社会科学版)》2012 年第 12 期。

[42] 胡兰江:《文翁礼殿图小考》,《中国典籍与文化》2002 年第 3 期。

[43] 黄克剑:《〈论语〉的义理旨归、篇章结构及与“六经”的关系——我之〈论语〉观》,《哲学动态》2011 年第 6 期。

[44] 黄玉顺:《绝地天通——天地人神的原始本真关系的蜕变》,《哲学动态》2005 年第 5 期。

[45] 黄佳琦:《杨伯峻、毛子水〈论语〉译注差异简论》,《图书馆学刊》2016 年第 8 期。

[46] 黄彦伟:《〈论语新解〉:融铸一家之言的义理通释典范》,《社会科学论坛》2013 年第 11 期。

[47] 季羡林:《再谈东方文化》,《群言》1991 年第 5 期。

[48] 金泽:《当代中国民间信仰的形态建构》,《民俗研究》2018 年第 4 期。

[49] 金培懿:《伊藤仁斋〈论语古义〉在日本〈论语〉注释史上的地位》,《书目季刊》1997 年第 3 期。

[50] 汪玢玲:《赵纪彬先生六年祭》,《社会科学战线》1988 年第 3 期。

[51] 孔祥骅:《论康有为的〈论语〉学》,《上海交通大学学报(社会科学版)》1999 年第 4 期。

[52] 李长春:《廖平〈知圣篇〉中的〈论语〉诠释》,《社会科学研究》2011 年第 3 期。

[53] 李健胜:《李泽厚对〈论语〉的文本定位与思想阐释——以〈论语今读〉为中心》,《西北师大学报(社会科学版)》2011 年第 6 期。

[54] 李建国:《〈论语〉成书揭秘》,《宁波大学学报(人文科学版)》2012 年第 4 期。

[55] 李申:《儒教的鬼神观念和祭祀原则》,《复旦学报(社会科学版)》2007 年第 4 期。

[56] 李泽厚:《孔子再评价》,《中国社会科学》1980 年第 2 期。

[57] 李振纲:《民族虚无主义及其理论误区》,《东岳论丛》1992 年第 2 期。

[58] 黎红雷:《孔子"君子学"的三种境界——〈论语〉首章集译》,《孔子研究》2014 年第 3 期。

[59] 梁涛：《定县竹简〈论语〉与〈论语〉的成书问题》，《管子学刊》2005 年第 1 期。

[60] 梁启雄：《论语注疏汇考》，《燕京学报》1948 年第 34 期。

[61] 林安梧的《道的错置（一）：先秦儒家政治思想的困结——以〈论语〉及〈孟子〉为核心的展开》，《鹅湖月刊》1989 年第 2 期。

[62] 林安梧：《走向生活世界的儒学——儒学、〈论语〉与交谈》，《通识教育季刊》1997 年第 3 期。

[63] 林明照：《〈论语〉中“知者”的地位与意义试探》，《哲学与文化》1999 年第 8 期。

[64] 林义正：《〈论语〉“夫子之文章”章之研究》，《文史哲学报》1984 年第 42 期。

[65] 林韵：《通于古今，无物不然——从〈论语新解〉看钱穆的学术期待》，《许昌学院学报》2012 年第 4 期。

[66] 令狐国芳、王晶冰：《从〈论语别裁〉管窥南怀瑾的学问观》，《太原理工大学学报（社会科学版）》2014 年第 6 期。

[67] 刘伟：《试析历史上我国北方萨满教信仰群体宗教信仰的特点及成因》，《理论月刊》2010 年第 1 期。

[68] 刘伟：《〈创世纪〉前三章文本分析》，《吕梁高等专科学校学报》2010 年第 3 期。

[69] 刘伟：《浅析“宗教”》，《世界宗教文化》2011 年第

4 期。

[70] 刘伟:《汉民族宗教信仰品格:“形散”而“神聚”》,《聊城大学学报(社会科学版)》2012 年第 6 期。

[71] 刘伟:《浅析“乐感文化”的主要特征》,《世界宗教文化》2015 年第 1 期。

[72] 刘伟:《孟子的宗教生态思想——从宗教生态学之视角》,《孔子研究》2015 年第 5 期。

[73] 刘伟:《〈学而〉篇意蕴探微》,《孔子研究》2017 年第 6 期。

[74] 刘伟:《〈论语〉中的“祭祀”意蕴探微》,《世界宗教文化》2018 年第 5 期。

[75] 刘伟:《孔子弟子与先秦时期〈论语〉编纂探微》,《云梦学刊》2018 年第 6 期。

[76] 刘伟:《宗教生态学刍议》,《世界宗教文化》2019 年第 6 期。

[77] 刘伟:《身份认同:〈论语〉中的祭祀认知问题》,《孔子研究》2019 年第 2 期。

[78] 刘伟:《〈论语·尧曰〉结构与意蕴探微》,《山东社会科学》2021 年第 2 期。

[79] 刘伟:《“绝地天通”:中国古代原始宗教的国家宗教转向》,《深圳大学学报(人文社会科学版)》2021 年第 6 期。

[80] 刘振宁、马益英:《青岩多元同构格局的学理价值探

析——基于宗教多样性的维度》，《贵州大学学报（社会科学版）》2011 年第 5 期。

[81] 刘立志：《“〈论语〉学”名目溯源》，《江海学刊》2005 年第 5 期。

[82] 刘华民：《试论〈论语〉篇章结构的逻辑性》，《常熟理工学院学报》2011 年第 5 期。

[83] 柳宏：《〈论语〉文学研究 60 年》，《文学评论》2009 年第 6 期。

[84] 楼宇烈：《儒家“节欲”观的现代意义》，《北京大学学报（哲学社会科学版）》1991 年第 1 期。

[85] 楼宇烈：《论传统文化》，《北京大学学报（哲学社会科学版）》1989 年第 3 期。

[86] 牟钟鉴、干春松：《儒家思想与中国宗教的独特性——牟钟鉴先生访问》，《哲学分析》2016 年第 1 期。

[87] 牛鹏涛：《简帛〈五行〉与〈论语〉“贤贤易色”新释》，《孔子研究》2013 年第 5 期。

[88] 庞朴：《孔子思想的再评价》，《历史研究》1978 年第 8 期。

[89] 钱穆：《漫谈〈论语新解〉》，《孔子研究》1986 年第 3 期。

[90] 钱宗武：《〈尚书〉述略》，《益阳师专学报》1989 年第 3 期。

[91] 任继愈：《旧经新见——读赵纪彬同志一篇论文的感想》，

《哲学研究》1966 年第 1 期。

[92] 任菁:《“如何正确对待中国传统文化”学术座谈会述要》,《教学与研究》1991 年第 1 期。

[93] 任钟印:《试论“有教无类”——评〈论语新探〉》,《黄石师院学报(哲学社会科学版)》1981 年第 4 期。

[94] 阮忠:《传统与现代》,《华中师范大学学报(哲学社会科学版)》1997 年第 2 期。

[95] 散木:《哲学家赵纪彬的人生故事》,《党史博览》2007 年第 1 期。

[96] 孙福万:《〈论语今读〉与中国人的主体性问题》,《江苏广播电视大学学报》2002 年第 5 期。

[97] 宋志明:《“中国哲学合法性”解疑》,《中国哲学史》2013 年第 4 期。

[98] 汤一介:《在全球意识观照下发展中国文化寻求民族精神和时代精神的融合》,《北京大学学报(哲学社会科学版)》1994 年第 4 期。

[99] 汤一介:《儒学的现代意义》,《百科知识》1994 年第 3 期。

[100] 唐明贵:《中国学者近半个世纪以来的〈论语〉研究》,《古籍整理研究学刊》2005 年第 2 期。

[101] 唐明贵:《简朝亮〈论语集注补正述疏〉的特色》,《聊城大学学报(社会科学版)》2010 年第 1 期。

[102] 田静:《〈论语今读〉译注商榷五则》,《吕梁学院学报》

2011 年第 1 期。

[103] 王邦雄的《由论语“天”“天命”与“命”之观念论生命之有限与无限》,《鹅湖月刊》1975 年第 5 期。

[104] 王邦雄:《〈论语〉儒学的人文理想》,《鹅湖》1982 年第 2 期。

[105] 王浩仁:《论儒家价值观中“情义”“礼法”之标准及此标准间之关系》,《哲学与文化》1997 年第 10 期。

[106] 王世舜:《略论〈尚书〉的整理与研究》,《聊城师范学院学报(哲学社会科学版)》2000 年第 1 期。

[107] 王毅:《从〈论语今读〉看李泽厚〈论语〉哲学架构与现代人文情怀》,《美与时代》(下)2021 年第 1 期。

[108] 王又平:《新保守主义:当下的文化反讽》,《华中师范大学学报(哲学社会科学版)》1996 年第 5 期。

[109] 魏德尧:《孔子思想的逻辑结构——兼驳〈论语新探〉一书中的有关论点》,《延安大学学报(社会科学版)》1981 年第 Z1 期。

[110] 吴柱:《刘宝楠、刘恭冕父子合撰〈论语正义〉新证》,《历史文献研究》2021 年第 1 期。

[111] 肖琦:《“绝地天通”考辨》,《中国哲学史》2019 年第 4 期。

[112] 谢启武:《论语所见仁的十字义》,《哲学与文化》1989 年第 12 期。

[113] 谢幼伟:《孝经与论语中孝道思想的比较》,《哲学论

集》1972 年第 12 期。

[114] 徐庆文：《从注释性经学到观念性哲学——20 世纪〈论语〉诠释特点及其走向》，《齐鲁学刊》2015 年第 1 期。

[115] 许宁：《马一浮对〈论语〉的现代诠释》，《浙江社会科学》2017 年第 10 期。

[116] 颜炳罡：《五十年来孔子研究的回顾与展望》，《山东大学学报（哲学社会科学版）》1993 年第 3 期。

[117] 杨钟基：《陶集引〈论语〉考——兼论陶潜之儒学思想》，《中国文化研究所学报》1988 年第 1 期。

[118] 杨朝明：《新出竹书与〈论语〉成书问题再认识》，《中国哲学史》2003 年第 3 期。

[119] 禹菲：《何晏〈论语集解〉"儒玄并综"的学术特色》，《中国哲学史》2020 年第 5 期。

[120] 赵纪彬：《我对于"百家争鸣"方针的几点初步体会及意见》，《哲学研究》1956 年第 3 期。

[121] 赵纪彬：《关于在教学和科研中贯彻阶级分析方法的问题》，《开封师范学院学报》1960 年第 6 期。

[122] 赵林：《新保守主义产生的历史背景问题浅析》，《华中师范大学学报（哲学社会科学版）》1997 年第 2 期。

[123] 赵贞信：《〈论语·尧曰章〉来源的推测》，《北京师范大学学报（社会科学版）》1962 年第 3 期。

[124] 赵贞信：《〈论语〉究竟是谁编纂的》，《北京师范大学学报（社会科学版）》1961 年第 4 期。

[125] 赵志毅:《宗教本质新论》,《世界宗教研究》1995 年第 4 期。

[126] 郑力为的《试论〈论语〉里的利、命、仁》,《鹅湖月刊》1984 年第 7 期。

[127] 郑力为:《论语“如其仁!如其仁!”意义的检辨》,《鹅湖月刊》1980 年第 10 期。

[128] 曾春海:《论语中礼义与仁的关系》,《哲学论集》1975 年第 5 期。

[129] 曾春海:《由论语、孟子看“仁”的自觉》,《鹅湖月刊》1976 年第 8 期。

[130] 曾昭旭:《论知命、安命与改过之道——论语选章疏解》,《鹅湖月刊》1993 年第 5 期。

[131] 周海平:《深情的体悟,卓然的阐释——〈论语新解〉的学术情怀与境界》,《孔子研究》2002 年第 6 期。

[132] 周晓明:《一种值得注意的思想文化倾向:新保守主义》,《华中师范大学学报(哲学社会科学版)》1996 年第 5 期。

[133] 张刚:《六艺之旨,散在〈论语〉——马一浮〈论语大义〉概述》,《乐山师范学院学报》2014 年第 1 期。

[134] 张慕岑:《中华孔子研究所成立大会暨第一届孔子思想学术讨论会综述》,《历史教学》1985 年第 10 期。

[135] 张纹华:《简朝亮对朱次琦学说的传承与发展——兼与钱穆先生榷议》,《江南大学学报(人文社会科学版)》

2015 年第 3 期。

[136] 张佳方:《〈论语〉论礼之管窥》,《辅大中研所学刊》1999 年第 9 期。

[137] 张洪义:《钱穆〈论语新解〉对朱子〈集注〉的继承与损益——以“仁”的解释为中心》,《平顶山学院学报》2018 年第 6 期。

[138] 张志刚:《中国民间信仰研究的几个关键问题》,《民俗研究》2018 年第 4 期。

[139] 张秉楠:《礼—仁—中庸——孔子思想的演进》,《中国社会科学》1990 年第 4 期。

[140] 张天杰:《陆陇其的〈四书〉学与清初的“由王返朱”思潮》,《浙江社会科学》2016 年第 10 期。

[141] 张作耀:《孔门先进弟子异同论——兼评〈论语新探·先进异同考〉》,《东岳论丛》1990 年第 5 期。

[142] 庄荣贞:《杨伯峻〈论语译注〉质疑》,《长春师范学院学报(人文社会科学版)》2008 年第 5 期。

[143] [日] 吉田贤抗:《日本关于〈论语〉撰者与编辑方式的研究与〈论语〉的注释工作》,《孔子研究》1988 年第 1 期。

[144] 中国科学院考古研究所资料室:《唐景龙四年写本〈论语郑氏注〉残卷说明》,《考古》1972 年第 2 期。

四、硕博论文

[1] 陈锦源:《〈傅佩荣解读论语〉商榷》,南京大学硕士学位论

文，2007 年。

[2] 刘斌：《民国〈论语〉学研究》，山东大学博士学位论文，2008 年。

[3] 刘倩：《方骥龄〈论语新诠〉辨疑》，曲阜师范大学硕士学位论文，2013 年。

[4] 马瑞霞：《杨树达〈论语疏证〉研究（一）》，兰州大学硕士学位论文，2010 年。

[5] 宋红宝：《新时期国人经典观念的转变与释读方法的多元化——以〈论语〉释读为例》，曲阜师范大学硕士学位论文，2010 年。

[6] 郑子慧：《新时期〈论语〉研究述评》，曲阜师范大学硕士学位论文，2008 年。

后记

当初，我的官场文学小说《拾级而上》[①] 出版后，送给老舍研究专家、文艺评论家石兴泽教授审阅，他读后发表了两篇学术论文[②]，并问我对论文有何看法。当时我笑着问他："是听假话还是听真话？"他问："假话怎讲？"我答道："于我心有戚戚焉，你所写的就是我当时所想的。"他又问："真话呢？"我回答说："你所分析的这些我当时根本没有想过。我当时写这本小说的时候，完全是随意而为，想到哪写到哪。"话音未落，我俩开怀大笑。读者与作者在对作品的理解方面，永远不可能完全契合。由此，可见一斑。

---

① 参见刘伟:《拾级而上》,新世界出版社 2010 年版。

② 参见石兴泽:《官场小说别样写——读刘伟长篇小说〈拾级而上〉》,《南都学坛》2011 年第 1 期;《知识型官员的底色和官场小说的品味——读刘伟长篇小说〈拾级而上〉》,《海南师范大学学报(社会科学版)》2011 年第 1 期。

从诠释学的角度而言，诠释实质上是借助经典阐发己意，是读者与作者思想碰撞交融之体现，或者说是由读者与作者共同创作而成，已经超越了作者之“原意”。所谓“原汁原味”地阐发作者“原意”只是一种理想状态，现实不可能做到，原因在于“作者—文本—读者”三者之间存在“语意”间距。从作者与文本来看，所形成的文本并非完全是作者思想真实体现，在下笔成文之前，文本内容在头脑中必定经过了作者的深思熟虑、多次加工，所形成的初稿与定稿一定存在“语意”间距，头脑之“意”与形式之“言”的张力不可避免。现实文本的固定性与作者脑中初稿的随意性客观上造成了作者“原意”的不确定性，这种不确定性也就给读者理解作者“原意”留下了广阔的空间。从读者与文本来看，由于存在个体差异，读者对文本的理解必将带有个性化特征，见仁见智在所难免。文本的不确定性、读者的个性化正是经典诠释常解常新的根源所在。作为儒家学说的元典，《论语》无疑是圣人思想的直接体现。《论语》之所以流传千年而不衰，不仅在于孔子思想深邃具有时空穿透力，而且还与历代学者的诠释密不可分。通过诠释，圣人思想便可与时俱进，具有时代感和现实性，让人常读常新。时人读《论语》，其实在读自己。如程子所云：“读《论语》，未读时是此等人，读了后又只是此等人，便是不曾读。”“理解”必然具有个体差异，完全契合圣人之意存在困难，但以圣人思想为根据阐发己意以适应时代之需当是《论语》诠释的应有之义。20世纪的《论语》学研究充满时代特征，富有个性色彩，也是诠释者之个性使然。纵观20世纪《论语》学之发展历程，有两点值得关注：第一，正视外部环境。学术研究要做到与时俱进，紧跟时代思潮，回应时代关切。敢于面对“他者”，以开放的心态在与“他者”的碰撞、交流的过程中，吸纳借鉴对方的合理因素为我所用。康有为以西释中、马一浮援佛入儒、程树德创新解经体例、赵纪彬运用阶级分析法解经、李泽厚以“情本体”建构“半宗教半哲学”，无不是与“他者”交流、融会贯通的结果。第二，尊重学术研究自身规律。学术研究要承先启后、继往开来，敢于自我革新，在继承前人经验的基础上，注重破旧立新，老树发新枝，绝不能因循守旧、墨守成规。《论语集注补正述疏》补正朱注，使朱熹的思想在新的历史时代继续发扬光大；《论语集释》“荟萃贯串”、广征博引，《论语》注释“集大成”当之无愧；《论语疏证》以史解经、经史互证，开辟了《论语》诠释的新途径。而且，在解经的过程中，它们都摒除门户，融会汉学和宋学，坚持学术研究的客观与理性。这都充分证明，学术研究必须根植传统、承袭创新，才能开新花、结硕果。否则，便是无源之水，无本之木。基于此，《论语》学未来发展，必须与时俱进，回应时代关切，在根植传统的基础上，积极与中国马克思主义相呼应，在创造性转换创新性发展中开出新天地。

从项目立项到拙作付梓，其间得到王钧林教授、颜炳罡教授、刘要停主编、彭彦华研究员、董世峰主编、吴文立主席、王路社长、魏德鹏编辑、廖吉广编辑等学界前辈及师友的大力提携与无私帮助，在此表示衷心的感谢！白驹过隙，时光荏苒，弃政从教已十余载，自己也已过天命之年。重读当初博士论文后记，抚今追昔，岂不慨乎？现抄录（部分）如下，以此作结：

张载有句名言："为天地立心，为生民立命，为往圣继绝学，为万世开太平。"一介书生，唯一能做的就是传承道义、著书立说。尽管半路出家、才疏学浅，且乏颖悟，虽勤奋不能补拙，但海纳百川不拒细流，泰山危高不弃垒土，尽力而为，增砖添瓦，唯愿不为后人所笑。按照自己的方式，度过自己的一生。这在有些人看来，虽然迂腐，但只要在仰望星空的时候，能够聆听到自己真实的声音，也就足够了。

书桌上面的先师孔子仍然像往常一样心事重重地看着这个世界，明知不可而为之，也许每个有良知的知识分子都有这种情节吧！岁月如梭，斗转星移，时光的飞逝、世俗的繁华并没有把这种情结消磨干净，也许这正是中华文化的根柢之所在。

天已亮，路正长，我将欣然前行。

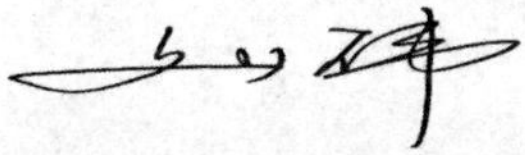

壬寅年冬於聊城清风斋